U0106247

饒宗頤國學院漢學譯叢

百歲選堂

王安國漢學論文集

王安國（Jeffrey Riegel）著 ——————— 黃冠雲 譯

中華書局

本叢書出版承蒙「香港浸會大學饒宗頤國學院 – Amway 發展基金」慷慨贊助，謹此致謝。

目　錄

前言

　　本書所收錄的論文代表了我所從事有關中國學術的研究，起自我學術生涯剛剛開始的上世紀 70 年代初，一直到我在 2010 年代完成和發表的文章。因此，這些論文代表了我作為「中國研究者」的不同發展階段，請讀者帶著這樣的眼光合併讀之。有一些要素和主題，將這些論文聯繫在一處，主要是我對早期文獻的興趣，尤其是我視為「哲學文獻」的部分。我從上世紀 60 年代開始在斯坦福大學當研究生，研究清代考據學者所搜集的儒家學派殘篇。從那時起，我就對孔子、孟子、荀子以及其弟子有關修身養性的作品很感興趣。這樣的興趣一直持續，後來我的博士論文就是關於《禮記》中傳統上歸於孔子之孫子思的幾篇。也正是這一時期，在斯坦福大學倪德衛（David Nivison）教授指導下，我開始閱讀《孟子》。後來，我寫了一篇論《孟子·公孫丑上》二章有關「不動心」的論文（這一章的中譯也收在本集中）。

　　雖然我後來也對其他題目和主題產生興趣，比如早期詩歌、古代神話、寫本，以及寫本中的古文字，但是與細讀儒家哲學文本相關的問題一直隱伏在我研究的背後。這些問題在上世紀 80 年代後期和 90 年代早期凸顯出來，那時王志民（John Knoblock）邀請我為他後來出版的三卷本《荀子》英譯本撰寫注釋。我很樂意從事這項工作，我也一直沒有忘記從中學到的東西。我知道我的注釋只有一部分為王志民教授所採用。他的書完全體現了他個人獨特的意見和對文本的研究角度（多年之

後，我在評論他最近出版的《荀子》翻譯書評中，有機會思考和評估王教授的貢獻）。在我後來和王志民合寫的著作中（我們合作翻譯了《呂氏春秋》和《墨子》），我認為我自己的方法和聲音可以和他的看法相頡頏。

回顧本集所收的論文，有些文章經受得起時間的考驗，有些則沒有。此點不用多說。沒有經受住時間考驗的部分，包括我在博士論文中對《禮記》中子思所作的幾篇所得出的結論，還有我發表於 1980 年分析《孟子・公孫丑上》二章的相當一部分內容，以及我在 2013 年《墨子》英譯本中有關《孟子・滕文公上》五章的一條不盡如人意的附錄。以上只是三個較為顯著的例子。還有其他錯誤，每一念及，都讓我深感不安。當我感到慚愧時，有時我會想到有些中國古代學者會將他們的少作付之一炬，如此就可以從學術記錄中抹去他們後來不願意承認的學術痕跡。如今，我們不可能清除這些痕跡，而且即使我有能力，我也不願意這樣做。我認為，我們的著作，包括其缺陷和業績，都應該完整保留，以方便別人理解那些更好經得起時間檢驗的學術成果。何況，我已有機會發表了對自己舊說的修正，相當於我對別人如何整體評估我的工作也產生了一點影響，對此我已經感到非常滿意。

我對很多人——我的老師、同事和朋友——都懷有深深的感激之情。如果讀者能對我的學術研究有些許肯定，這都要歸功於這些人。但是我覺得隱去他們的名字會更好。然而，我必須寫出黃冠雲教授的名字，感謝他為這部論文集的翻譯所做的工作。出版這部論文集，最初是他的倡議。而且他多年來，雖面臨諸多困難，卻一直堅持不懈，將這項工作最終完成。雖然我對自己的作品不甚滿意，但我慢慢贊同黃教授的意見：讓我們那些以閱讀中文為主的同事能有機會研究國外學者用英文和

其他語言發表的著作，這對學術大有裨益。在我們熱愛的話題裡，我們一直受益於中文學術著作，如今我希望能有機會有所回饋。只是就我個人而言，他人惠我良多，我的回饋則不免顯得有限了。

王安國

暹粒，柬埔寨

2022 年 5 月 16 日

第一部分

《詩經》與
古代文學中的「欲望」

性愛、內省與《詩經》注解之起源 *

對《詩經》中的詩句進行闡釋這項工作，幾乎與這部經典本身一樣古老。[1] 在《左傳》的記載中，春秋時代貴族時常表達意見的手段，是以一種符合宮廷演說中所必需的典雅與審慎，來引用《詩經》中的句子。他們所引用的句子的適當性和有效性依賴於一些並未言明但廣為人知的規定。這些規定說明了《詩經》的引文應如何被使用和詮釋。《論語》部分章節保存了孔子對閱讀這部經典的一些片段。根據這些章節，這位大師勸誡他的弟子研習這些詩歌，且暗示了它們的重要性和道德意義。[2] 諸如《孟子》和《荀子》等前四至前三世紀的儒家文獻

* Jeffrey Riegel, "Eros, Introversion, and the Beginnings of *Shijing* Commentary," *Harvard Journal of Asiatic Studies* 57.1 (1997): 143–177；中文翻譯見於〈情愛、內向性與早期《詩經》詮釋〉，《中華國學研究》創刊號（北京：中國人民大學書報資料中心，2008 年），頁 42–53。

1 本章所引《詩經》的原文和注解見阮元編（1816 年）《十三經注疏》本《毛詩正義》。十三經的相關文獻也引自阮元的版本。除非另行說明，否則本章所使用的其他原始文獻都引用自《四部備要》。

2 范佐倫富有洞見地分析了《左傳》和《論語》如何引用詩歌，見 Steven Van Zoeren, *Poetry and Personality: Reading, Exegesis, and Hermeneutics in Traditional China* (Stanford: Stanford University Press, 1991), 17–51。

引用個別《詩經》的文句，目的是為它們的哲學立場提供經典的依據，也因此透露它們對這些文句的解釋。[3] 然而，《左傳》、《論語》和儒家文獻的解釋只是含蓄地說明，而並非正式地解釋這些引自《詩經》的文句。這些文獻講述一首詩歌的寓意為何，卻未有解釋其語言特徵是如何支撐這種解釋的。因此，它們與漢代注釋的專門著作有很大的不同；後者在注釋中詳細檢視這些詩歌，並系統地解釋它們的語言特徵和意象。

1973 年長沙馬王堆漢墓出土了一部寫本，為現代學術界揭示出詮釋學上從含蓄解釋轉變為明確注解這個在過去沒有文字記錄的階段。[4] 這部被發現者命名為《五行篇》的文獻，是一部屬於早期儒家道德修養傳統的前三世紀中期的作品。[5] 它強調

3　關於《詩經》在早期儒家論述中的地位，見 John Knoblock, *Xunzi: A Translation and Study of the Complete Works* (Stanford: Stanford University Press, 1988–94), vol. 1, 42–44。

4　在此我們無需詳細介紹湖南長沙馬王堆這個廣為人知的漢墓，但最近出版的一部著作附有精美的照片以及對三號墓所出土的文獻的全面概括，值得我們注意：傅舉有、陳松長：《馬王堆漢墓文物》（長沙：湖南出版社，1992 年），尤其是頁 106–162。

5　本章附錄附記與本研究有關的《五行篇》段落完整的中文原文與英文翻譯。《五行篇》最權威的釋文與版本是池田知久：〈「馬王堆漢墓出土老子甲本卷後古佚書五行篇」譯注〉，《二松學舍大學論集》第 32 期（1989 年）至第 35 期（1992 年）。下文提到池田氏這個分作四個部分的研究時，會以第 1–4 部分來稱呼它們。《五行篇》最早的照片與正式的釋文見馬王堆漢墓帛書整理小組編：《馬王堆漢墓帛書〔壹〕》（北京：文物出版社，1974 年）。龐樸對該釋文做了修訂與校注，見龐樸：〈帛書《五行篇》校注〉，收入朱東潤、李俊民、羅竹風主編：《中華文史論叢》第 12 輯（上海：上海古籍出版社，1979 年），頁 47–69。此文的修訂本，包括他對這篇文獻所作的相關研究，見龐樸：《帛書五行篇研究》（濟南：齊魯書社，1980 年）。
　　書寫習慣顯示馬王堆寫本寫成的時間不晚於前 195 年。例如，抄寫者所使用的「邦」字為漢代開國皇帝的名，而它在前 195 年

持久的自省，並以連環推理的形式提出從內心培養道德力量程式的基本原則。它認為這種內在修養與僅僅是善的外在表現不同。通過大量的連鎖論證，關於仁與禮的討論，以及一些道德模範的描述，《五行篇》為〈關雎〉、〈燕燕〉與《詩經》其他詩歌中的一些句子提供重要的注釋和解說。[6]

跟《孟子》、《荀子》與其他漢代之前的文獻一樣，《五行篇》援引《詩經》中的詩句作為其教條的經典依據。但與其他漢代之前的文獻不同，它亦明確關注詩歌的語言特徵、意象與敘事結構。這一種注釋可見於《五行篇》的一個章節中。現代學者將這個章節稱為「說」，這是因為它審慎地重複、注解並轉述《五行篇》中如今名為「經」的部分。後者陳述的是這部文獻的基本學說。[7]

後已被禁用。根據一些內部的證據，主要是這篇文獻與其他儒家文獻在文本上有相似之處的情形，可以推斷該篇最初是在前 275– 前 250 之間寫成的，而這段時間稍早於秦在前 221 年所取得的勝利。在隨後的時間，秦代的法家條規使得《五行篇》所致力的那種道德思考被迫中斷。

　　《五行篇》通過在開首羅列五種亦見於《孟子·盡心下》二十四章之中有關道德行為的元素來建立它與儒家的隸屬關係，並將這些元素稱為「五行」。現代學者於是把該篇稱為「五行篇」。由於荀子曾批評孟子和孔子之孫子思信奉五行，於是有學者認為《五行篇》代表儒家學派之中，子思和孟子這個分支的學說，見龐樸：《帛書五行篇研究》，頁 71–88。但是這種判斷是值得懷疑的，因為《五行篇》對早期儒家內在性問題的討論顯然在概念上受到了荀子的影響【編按：作者後來根據郭店戰國竹簡，對此處所論有更精確的說法，參看本書第一部分之〈好賢與好色〉】。

6　《五行篇》一共討論或提到七首詩歌的部分內容，即〈關雎〉、〈草蟲〉、〈燕燕〉、〈鳲鳩〉、〈文王〉、〈大明〉、〈長發〉。

7　「經」共佔去《五行篇》首 45 行的文字，由一些精煉的短語所組成。這些短句有時還會連結起來構成一些冗長、重複的連句。「說」的長度大約是「經」的三倍，它引述並解釋「經」部簡潔的短語和

《五行篇》的注釋和解說比漢代《詩經》學派的注釋早了大約一個世紀。這些學派包括我們如今只能通過隻言片語來認識的「三家詩」，和《毛詩》這個唯一完整地保存至今的古老詮釋傳統。[8] 在《五行篇》預示後世《詩經》注解的眾多做法中，特別值得注意的是它使用「興」來作為一個《詩經》詮釋的術語。在這一點上《五行篇》不但在時間上比《毛詩》的頻繁使用要早，而且它也闡明了該術語的含義，包括它是如何被《毛詩》學派所使用的。

此外，《五行篇》以挑釁而有趣的方式，與後世很多對〈關雎〉和〈燕燕〉的傳統注解產生分歧。由於《五行篇》對〈關雎〉作出了另類的解讀，故它應當引起人們的注意。自從孔子在《論語》中對〈關雎〉作出評論後，這首詩歌便一直在中國古代文學中有著特殊的地位，並且激發起許多人的興趣。近來，文學研究者根據新穎的批評理論和術語對它進行了分析。[9]

詞彙。關於古書中的經－說格式，參考 A. C. Graham, *Later Mohist Logic, Ethics, and Science* (Hong Kong: The Chinese University Press, 1978), 23–24。

8　我們並不清楚《五行篇》出現至漢代學派興起的這段時間，即約前 230– 前 180 年所發生的事情，而這段時間似乎是《詩經》流傳產生混亂的一個時期。這部文獻在人們時常提起的那些攸關秦代興亡的劫難中倖存了下來，部分原因是人們記住和背誦了它。儘管如此，在漢初似乎不再有任何學者知道這部收錄了古代詩歌的文集的全貌。可能一直要到前二世紀中期才有一部稍為完整的《詩》的版本面世。《漢書》指出：「凡三百五篇，遭秦而全者，以其諷誦，不獨在竹帛故也。」見班固：《漢書》（北京：中華書局，1962 年），卷三十，〈藝文志〉，頁 1708。劉歆的話表明，在武帝初即位的幾年（約前 140），通《詩》的經生剛剛出現時，「一人不能獨盡其經，或為《雅》，或為《頌》，相合而成」。見班固：《漢書》，卷三十六，〈楚元王傳〉，頁 1968。

9　關於近年對〈關雎〉的研究，見 Pauline Yu（余寶琳），"Allegory,

然而，這首古老的詩歌似乎不為所動，至今仍未顯露其「真正的」含義。

為了充分分析《五行篇》對〈關雎〉和〈燕燕〉的理解，本章將對《五行篇》的注釋和大約前二世紀中期為官方所認可的「三家詩」，即魯、韓、齊學派的觀點作出比較。[10] 這種比較建立在王先謙（1842-1917）和其他清代學者的著作之上。他們鑑別了三家《詩》的佚文，且根據這些佚文重建了這些學派的詮釋立場。[11] 由於三家《詩》把這些詩歌解讀為歷史事件的記錄，故此他們舉出了那些晦澀的比喻、類比和其他形式的指

Allegoresis and the Classic of Poetry," *Harvard Journal of Asiatic Studies* 43.2 (1983): 377–412，以及 Zoeren, *Poetry and Personality*, 90–100 等處。

10 James R. Hightower, "The *Han-shih wai-chuan* and the *San chia shih*," *Harvard Journal of Asiatic Studies* 11 (1948): 241–310。海陶瑋此文是有關漢代眾多《詩經》學派之起源與性質的權威著作。魯、韓、齊三家（此順序是根據其學術地位而排列的）在文帝（前179-前157在位）和景帝（前156-前141在位）在位時期獲得了朝廷的認可。

11 那些被假定為「三家詩」的佚文在十八和十九世紀被學者進行搜集。范家相（1754年進士）、阮元（1764-1849）、丁晏（1794-1875）、馬國翰（1794-1857）、陳壽祺（1771-1834）、陳喬樅（1809-1869）和魏源（1794-1856）對此作出了最重要的貢獻。陳喬樅的三部作品是當中最為詳細者，它們是《魯詩遺說考》、《韓詩遺說考》、《齊詩遺說考》，都收錄於王先謙編纂：《皇清經解續編》（江蘇：南菁書院，1886-1888年）。王先謙在他1915年的權威著作中綜合了上述清代權威的研究成果，見土先謙：《詩三家義集疏》（北京：中華書局，1987年）。

考古發現也為我們理解漢代《詩經》學派提供資料。武漢博物館收藏的一枚極其稀有的漢代銅鏡上刻有銘文，這篇銘文是〈碩人〉的前三章（原詩共四章）。羅福頤認為這篇非比尋常的鏡銘代表了《魯詩》所傳承的詩歌版本，見〈漢魯詩鏡考釋〉，《文物》1980年第6期，頁80。

涉手段所暗指的人名和時間地點的細節。

　　以《五行篇》與《毛詩》進行比較，也具有相當的意義。《毛詩》最早出現在河間獻王劉德（卒於前 133）的朝廷。[12] 但它在後漢就挑戰了三家《詩》受到優待的地位，並最終取而代之。[13] 在討論《毛詩》時，我們一方面必須區別前二世紀中期的「上序」[14] 與《毛傳》[15]，另一方面則是區別明顯不同的「下序」[16] 與鄭玄 [17]（127–200）的注解。「上序」通常在不多申述的情況下指出一首詩是否對某一特定歷史人物的行為或事件作出褒貶。《毛詩》以字詞注釋為主，甚至其中最具論述性質的訓

---

12 見孔穎達：《毛詩正義》，卷一之一，〈詩譜〉，頁 2 上，以及班固：《漢書》，卷三十，〈藝文志〉，頁 1708。

13 《毛詩》最早於平帝在位時期（1–6 年）獲得朝廷的認可。

14 「上」序和「下」序是一首詩歌通常被稱為「小序」的兩個不同部分。我稱它們為上、下是為了辨別兩者在《詩經》豎行文本中各自的位置。唐代學者成伯璵（活躍於 713–742）最先意識到「小序」是由兩個部分所組成的，見成伯璵：《毛詩指說》（《通志堂經解》本），頁 86，以及董誥等編：《全唐文》，卷四〇二，〈成伯璵〉，頁 18 上–18 下。「上序」極其簡略，並在虛詞「也」第一次出現時作結。傳統認為它的作者是孔子的弟子子夏。

15 很多有關《毛傳》的早期證據已被高本漢所羅列，見 Bernhard Karlgren, "The Early History of the *Chou Li* and *Tso Chuan* Texts," *Bulletin of the Museum of Far Eastern Antiquities* 3 (1931): 12–13。這些證據在注解作者為誰的問題上，表現得模糊不清，但它們顯示《毛傳》大約在前 150 年編撰而成。

16 衛宏是一世紀時期的《詩經》專家，並經常被人認為是「下序」的作者。他的傳記說他最先跟隨謝曼卿學習《毛詩》，隨後撰寫了這些序言。他在這些序言中擅於拿捏《風》、《雅》之義，見范曄：《後漢書》（北京：中華書局，1965 年），卷七十九下，〈儒林列傳〉，頁 2575。

17 關於鄭玄，見范曄：《後漢書》，卷三十五，〈張曹鄭列傳〉，頁 1207–1213。

釋，也沒有對一首詩歌作出一個整體的解釋。儘管如此，它還是足以顯示它其實是針對言簡意賅的上序而發揮。[18]《毛詩》在特徵上的改變，可能是為了爭取官方承認所作的努力，和它從在野狀況轉而在朝取得一席之地所導致的結果。或許是受到與之競爭的三家《詩》激發，《毛詩》在此時撰寫了下序。下序有時花費極長篇幅記錄相關詩歌創作的歷史背景。鄭玄完全信奉這種歷史解讀，並努力使之與詩歌語言相協調。[19]

　　本章表明，《五行篇》對〈關雎〉和〈燕燕〉的詮釋與漢代詮釋之間存在著意識形態上的差異。馬王堆寫本採用了三家

---

18 《毛傳》的作者顯然知道「上序」的存在，因為《毛傳》注意到六篇由單句組成的序言（它們屬於上序的類型）。雖然它們所引用的詩歌在當時已經佚失，但這些序言依然得以保留下來。其中三首詩歌位於今本〈魚麗〉之後，而另外三首則位於今本〈南山有臺〉之後。《毛傳》提到這些情況，曰：「有其義而亡其辭。」相同的評論被重複兩次，見孔穎達：《毛詩正義》，卷九之四，〈校勘記〉，頁 10 下；卷十之一，〈蓼蕭〉，頁 5 上。這兩處的評論均用大字書寫，且附有鄭玄對它們所作之注解。孔穎達（574–648）認為它們屬於《毛傳》。《毛傳》在他處極少關注序的問題，因為作為一部「傳」，它著重解釋文本自身的語言和結構。

19 儘管鄭玄真誠地表明他對《毛詩》學派傳統的忠誠，而孔穎達也同樣誠摯地嘗試消弭《毛傳》與鄭玄之間的分歧，但我們很難想像有比這兩套注解更南轅北轍的組合了。在很早的時候，鄭《箋》的真實性和可靠性就受到了質疑：在魏國朝廷召開的古代文獻辯論會上，王肅（195–256）抨擊了鄭玄的注解。有關這場辯論，見 R. P. Kramers, *K'ung Tzu Chia Yü: The School Sayings of Confucius* (Leiden: E. J. Brill, 1950), 79–90。孫毓（四世紀）通過模仿解釋佛經時所使用的辯論技巧，系統地陳述了鄭玄和《毛詩》學派之間的差異。關於孫毓的著作及其所受到的佛教影響，見白川靜：《詩經研究——通論篇》（京都：朋友書店，1981 年），頁 15。根據孔穎達所言，鄭玄謙虛地以箋（或作牋）作為他的注解的名稱，表明他僅僅是為了闡明和確認《毛詩》已完成的工作，見孔穎達：《毛詩正義》，卷一之一，頁 3 下。

《詩》和《毛詩》在絕大多數情況下所忽略的儒家專門概念。
它將〈關雎〉中的三行文字解釋為一種性欲的描述，並從很少
受到人們頌揚的〈燕燕〉中，找到說明深切內省和捨棄物質世
界的例子。這兩首詩的注解顯示，漢代的注釋相信欲望和情欲
應當為了保證社會和諧而受到禁止。此外，它們也認為對外界
事物不聞不問的自我反省，對於道德教育來說，具有顛覆性的
威脅。

一、《五行篇》對〈關雎〉的解釋

〈關雎〉[20]

關關雎鳩，	Guanguan the ospreys call one to the other,
在河之洲。	dwelling on the River's isle.
窈窕淑女，	The pure maid lovely and lithe;
君子好逑。	a good mate for a Prince.
參差荇菜，	Long and short the watercress,
左右流之。	left and right I seek it.
窈窕淑女，	The pure maid lovely and lithe;
寤寐求之。	awake and asleep, I desire her.
求之不得，	Seeking but not getting her,
寤寐思服。	awake and asleep, I lie prostrate with longing.
悠哉悠哉，	Oh, the yearning, the yearning,
輾轉反側。	the tossing and turning from side to side.
參差荇菜，	Long and short the watercress,

20　見孔穎達：《毛詩正義》，卷一之一，〈校勘記〉，頁 20 上 –24 上。

左右采之。	left and right I pick it.
窈窕淑女，	The pure maid lovely and lithe;
琴瑟友之。	as a lute with a zither I befriend her.
參差荇菜，	Long and short the watercress,
左右芼之。	left and right I cull it.
窈窕淑女，	The pure maid lovely and lithe;
鐘鼓樂之。	as a bell with drum I delight her.

二、《五行篇》「說」概要

　　《五行篇》「說」引用〈關雎〉第 4 至 6 行作為《五行篇》「經」部所言之「諭」的例子。「諭」是《五行篇》所提出的三個修辭與說教工具的術語之一。一個能手能通過它來推「進」其學問和認識。[21]〈關雎〉第 4 至 6 行情感充沛，與詩中其餘幾行所呈現的格式化重複以及比喻用法有極大不同。通過寥寥數語的評論，《五行篇》「說」指出這是性欲迫切的描述：「『窈窕

---

21 「經」部將「目」和「譬」視為另外兩種修辭手段。就像「諭」一樣，它們有助於一個人的自我提升。「說」部將「目」定義為「比」。「說」部所提供的例子（見池田知久，第 4 部分，頁 111，注 17 同時引用這些例子以及其他相似的段落）表明，「目」揭示的是人們獨有，且適合加以陶冶及完善的道德品質。以「譬」學習，意謂將同類而只是程度不同的事物進行對比。「說」部以大山與小丘之間，或傳說中的舜之仁與普通人之仁之間在大小上的差別作為例子。它指出這種數量上的差異乃起因於「積」。荀子頻繁地使用「積」這個術語來指一些人們可資以改變和改善自己的日常努力，比如《荀子》，卷一，〈勸學〉，頁 3 上。故一個人大概可通過學習譬喻領悟到反覆的努力，從而達至道德上的昇華。

淑女，寤寐求之』，思色也。『求之不得，寤寐思伏』，[22] 言其急也。『悠哉悠哉，輾轉反側』，言其甚急也。」《五行篇》「說」以主人公即使如此迫切，又是否可「交諸父母之側」，或甚至是在他的兄弟和鄰人面前交媾這個反詰句作結。作為回應，這篇文獻聲稱他對於如斯做法會感到十分羞愧。

與大多數現存的早期文獻一樣，《詩經》的注解在遇到性這個話題時就會一本正經地閃爍其詞。故《五行篇》對〈關雎〉所作解釋的坦率是很引人注意的。但以下事實比它對〈關雎〉所採取的新穎而直白的方法更為重要，即《五行篇》「說」是最早對這首詩的語言和意象給出正式解釋的注釋。

《五行篇》認為〈關雎〉的第 4 至 6 行就是韻文式的「諭」，這一點尤其值得注意。「說」將「諭」這個術語定義為「自所小好喻乎所大好」，這暗示「諭」必然擺脫作為「諭」的字面意思的「小好」，而指向深探其內涵的「大好」。諸如「色」的「小好」可以闡釋諸如「禮」的「大好」──《五行篇》以此為例，重申上述三行詩句，並在隨後加上了一些散文式的評論，例如「思色也」等等。其目的是要證明該首詩事實上是一種對性欲的描寫。它接下來又做出一系列的反問：「如此其甚也，交諸父母之側，為諸？」等等，它如此做是意圖使讀者意識到禮儀更為重要。

《孟子‧告子下》一章中的段落或許是「諭」的另一個例子，它在內容和形式上都酷似《五行篇》所給的例子：「逾東家牆而摟其處子則得妻，不摟則不得妻，則將摟之乎？」《孟子》和《五行篇》的段落都講述了某一個年青人的自制，以此證明人們即使是在強烈的性欲驅動下仍能奉守禮儀。此外，這

---

22 相對《毛詩》的「服」，《五行篇》的「伏」意思更為明確。

兩段文字都使用了同一種修辭形式：在對情境進行非常簡略的描述以後，它們都提出一個對人們行為有新穎見解的反詰句。

　　儘管《五行篇》與《孟子》和《荀子》這類儒家文獻有著緊密的聯繫，但其在引用《詩經》的方法上卻與它們不同。《荀子》一般引用《詩經》的文字來總結這位哲學家已詳細論證的論點。《五行篇》引用〈關雎〉的第 4 至 6 行說明正確解讀一首詩，可以如何為某個迄今尚未得到解釋的主題提供見解。就此處所言，這個主題即禮儀的優越本質。

三、與《五行篇》「說」同時期的古代文獻

　　在現存的文獻中，將〈關雎〉解讀為一種用來說明禮儀勝於性欲的描述並非是史無前例的。司馬遷（前 145– 前 86）的《史記》以及《荀子》都對性欲和禮儀作了類似的評論。但在《五行篇》被發現以前，這些為理解〈關雎〉而作的評論的重要性大多為人所忽視。

　　《荀子》在一系列對《詩經》所作的評論中指出：「〈國風〉之好色也，《傳》曰：『盈其欲而不愆其止。其誠可比於金石，其聲可內於宗廟。』」[23] 司馬遷在為屈原這位傳奇詩人和官員所作的傳記中，以下列評論總結《詩經》對屈原〈離騷〉所作影響：「〈國風〉好色而不淫。」[24]《荀子》和《史記》以稍有不同的詞彙和含蓄的方式來陳述《五行篇》評注中予以詳細說明的內容。《荀子》宣稱這一注釋來自所謂的《傳》，這顯示出一個

---

23 《荀子》，卷十九，〈大略〉，頁 13 上；Knoblock, *Xunzi*, vol. 3, 230。

24 司馬遷：《史記》（北京：中華書局，1962 年），卷八十四，〈屈原賈生列傳〉，頁 2482。

現在已失傳，但對《荀子》乃至《五行篇》和《史記》都產生過影響的一個詮釋傳統。

《荀子》所引之《傳》以及《史記》和《五行篇》段落中的解釋都有相似之處。而最終能夠說明這種相似性的，是它們都借用了《論語・八佾》二十章的第一部分：「子曰：〈關雎〉樂而不淫，哀而不傷。」[25]《史記》的段落是一則較為簡單的轉述文字，其中《論語》原文中的「樂」更換為一種更為直白的欲望，「好色」。司馬遷通過這種轉述對整部〈國風〉作出籠統的描述。他很可能將〈關雎〉視為《詩經》這個部分中的首要例子。《荀子》那個同樣與〈國風〉中所有詩歌相關的段落把「樂」訓釋為「盈其欲」，並將「不淫」訓釋為「不慇其止」。《五行篇》「說」將第 4 至 6 行指稱為「諭」，通過描寫不斷高漲的性欲來論述《論語》中的「樂」，這跟《荀子》對它的解釋十分一致。「不淫」引發出《五行篇》「說」的一系列問句。它們的目的是指出詩歌的主人翁不會以在父母、兄弟、乃至陌生人之前性交來逾越禮儀的界線。因此，人們可能深深地感受性欲，卻不會將它付諸實際行動，這種《史記》、《五行篇》和《荀子》所共有的詮釋思路乃來自《論語》。這表明孔子的學說對後世的《詩經》注解產生了巨大的影響，而就《五行篇》來說，這種影響也涉及到《詩經》注解之起源。

然而，《五行篇》的段落與其他文獻有著根本的差異。當《論語・八佾》二十章指出〈關雎〉的特點為「樂而不淫」，而《荀子》和《史記》轉述孔子的話來描寫《國風》時，這些文獻所論述的並不是詩歌的意義，而是這些詩歌如何表達其意

---

25 劉寶楠：《論語正義》（北京：中華書局，1990 年），卷四，〈八佾〉，頁 116–118。

義。它們指出詩歌的特點而非解釋詩歌本身，它們評論詩歌的語言而非詩歌所講述的故事。當孔子說人們可從〈關雎〉看到「樂而不淫」，他並不是把詩歌的主人翁描繪成一個羞怯的模範，而是讚揚這首詩本身是文學表達中高雅地克制的一個榜樣。[26] 相反，《五行篇》「說」則切實討論〈關雎〉的內容。它對《論語・八佾》二十章的詳細闡述並非在於陳述〈關雎〉如何表達性欲，而是描述主人公如何體驗性欲。《五行篇》對〈關雎〉內容的強調使它的闡述成為注解，而不是一種對詩歌特點的描述。

四、儒家的性欲觀

《五行篇》將主人翁描繪成一位有能力約束其性欲的人，這種描述與儒家文獻普遍呈現的欲望和情欲觀念完全一致。在上文已經引用的段落中，孟子指出一個正常的男子不管多麼渴望滿足其食欲和性欲，也不會冒險攫取兄弟的食物或是奪走鄰居的女兒而冒犯他們（《孟子・告子下》首章）。正如《五行篇》所描述，〈關雎〉的主人翁與孟子提到的男子有著同樣的平民身分。此外，在尊重他人與做出下流行為的界線前，他們因為一種自然產生的畏懼而不敢逾越，且願意控制自我的衝動。在《孟子・告子上》十章中，孟子又對自我控制的自然根源作出另一種描述。他講述了一個饑餓的乞者的故事。這個乞丐寧願

---

26 《左傳》成公十四年，卷二十七，頁 19 下。在很可能是這部文獻成文較晚的段落中，《左傳》描述《春秋》的表達方式說：「君子曰：『《春秋》之稱，微而顯，志而晦，婉而成章，盡而不汙，懲惡而勸善。』」這一描述近乎《論語》和其他文獻描述《詩經》時所使用的方法。

餓死也不接受辱罵而得到食物。在這種情況下,人們不願行動的原因並非是他們本能地害怕對別人不禮貌,而是因為他們本能地討厭受到他人不禮貌的對待。這說明孟子認為當人們被迫在生存與義之間作出抉擇時,人們會因為更渴望擁有後者而選擇它。孟子聲稱這種選擇就如同捨棄魚而取得熊掌那麼簡單。一個事物之所以被選中,只是因為它比其他事物更值得人們擁有。《五行篇》同樣指出,當一個人的性欲與合乎禮節的行為發生衝突時,他能夠約束自己:他認識到要是讓他選擇的話,他對性(即「小好」)的需要並沒有強烈到他對禮儀(即「大好」)需求的程度。對他來說,控制他的熱情所涉及的只不過是選擇他最需要的東西而已。故根據《五行篇》和《孟子》所言,所有人都會因為他們天生的好惡而本能地選擇自我約束。

對荀子來說,由於欲望確實如孟子所稱那般「是人之所生而有也」,故人們必須以理智引導並節制其欲望。荀子說明愛好、風俗、慣例和學習所產生的影響是如何改變人類的天性,以致人類的行為得以符合其思想的意圖。[27] 在荀子的構想中,人們在性與禮儀之間所作的抉擇,至少在一開始是建基於他們對如此問題的反思,亦即縱欲將如何攪亂個人生活與整個社會。通過衡量和反省何事對自己最為有利,人們認識到他們最重要的是對禮儀的愛護。因此,不管約束自己的決定是出於主動和天性,或是出於深思熟慮和盤算,所有儒家文獻都認為,人們一旦意識到滿足性欲與維持禮儀之間存在衝突,他們對秩序的渴望將壓倒純粹的性欲。

儒家認為性欲是一個可以控制的東西,特別《五行篇》對於〈關雎〉的主人翁故意抑制其迫切渴望的描述,都與早期道

---

27 我在此處轉述王志民的觀點,見 Knoblock, *Xunzi*, vol. 3, 148。

家自我約束性欲的技巧十分類似。例如，在有關「還精補腦」的描述中，真人退居於與世隔絕的密室內，仰面平躺，運用包括精神與肉體的方法保持其精液不往下流。[28]〈關雎〉主人翁的直接目的並非保存其維持生命所需的精力與延長其壽命，而是維持其尊嚴以及促進社會和諧。然而，他採取的方法與道家真人所採用之方法一樣，都是要獨處兼平臥，而這種相似之處暗示肉體和精神的修養密不可分。它們也揭示如下可能，亦即道家傳統以諸如〈關雎〉一類的詩歌作為其技巧的權威依據。

　　儒家對於性欲提出一種樂觀的觀點。它認為，對於那些即使其熱情已到了「甚急」的地步，仍想要約束自己的普通人來說，性欲是可以控制的。意識到縱欲所具有的危險是否足以使人們實行自我約束？自我約束是否為一種達至社會秩序井然的有效方法？漢代的思想家和經典詮釋者為這些問題提出了一些與儒家樂觀的論斷截然不同的答案，並在解讀〈關雎〉時，徹底顛覆了《五行篇》「說」的解釋。

五、三家《詩》對〈關雎〉的解釋

　　根據王先謙和其他清代學者所指出，三家《詩》一致認為〈關雎〉乃一首諷刺之作，其主人翁對欲望的表達，是對一個被欲望所吞噬的男子所作的一種具諷刺性的自我描述。[29]《漢

28　關於這種技巧，見 Kristofer Schipper, *The Taoist Body* (Berkeley and Los Angeles: University of California Press, 1993), 157。

29　王先謙：《詩三家義集疏》，頁 4–7。王先謙引用那些能闡釋「三家詩」之解讀的文獻。王先謙認為「三家詩」一致將這首詩聯繫到周康王遲到朝廷以及其后妃試圖誘惑他的這些事情上（頁 7）。陳喬樅與王先謙認為這些《魯詩》的論述見於劉向：《列女傳》（《四部叢刊》本），卷三，〈魏曲沃負〉，頁 22 下 –24 上；司馬遷：《史

書‧杜周傳》所提供的典型例子，可以說明所謂《魯詩》如何解釋〈關雎〉的來歷：「后妃之制，夭壽治亂、存亡之端也……是以佩玉晏鳴，〈關雎〉歎之，知好色之伐性短年。」[30] 眾所周知，佩玉晚到的聲響，暗示周康王（前 1005/1003– 前 978 在位）的后妃誘使他無法遏制欲望，以致他沒有在早朝接見大臣。[31] 認為〈關雎〉寫於周康王統治時期，是三家《詩》所採用的整個詮釋策略的一部分。這種策略促使他們認為〈關雎〉與其他詩歌記錄的是導致周王室衰亡的各種過失。三家《詩》作注的目的之一就是認為這些詩歌可以警告漢帝國的監護者，讓他們避免重蹈覆轍。但是，這種歷史的指認亦同樣反映了一種沒有明言，且認為性欲是一種可怕事物的觀念。而這種觀念在那些影響《五行篇》的儒家文獻中並沒有出現。

　　《五行篇》和《魯詩》學派均從性欲和避免縱欲兩方面來解釋〈關雎〉，但他們對欲望的作用卻持有完全相反的觀點。對《五行篇》而言，對性的渴望只是一種次要的欲望，而對性欲的體驗則揭示其適當的範圍。對《魯詩》而言，對性的熱情是一種無法控制的癡迷，而唯有取消它的誘惑，人們才能避免性欲體驗所導致的放縱。《魯詩》的解讀再度提醒我們道德修養與肉體長壽之間存在關係。但是，在那些看來與《五行篇》

記》，卷一二一，〈儒林列傳〉，頁 3115；《論衡》，見黃暉：《論衡校釋》（臺北：臺灣商務印書館，1968 年），頁 564；范曄：《後漢書‧皇后紀論》，見蕭統輯、李善等注：《文選》（《四部叢刊》本），卷四十九，頁 16 上。

30　班固：《漢書》，卷六十，〈杜周傳〉，頁 2669。

31　這裡提到的周康王在位年分，根據夏含夷（Edward L. Shaughnessy）的意見，見 Michael Loewe ed., *Early Chinese Texts: A Bibliographic Guide* (Berkeley: The Society for the Study of Early China, 1993), 509。

解讀〈關雎〉十分相似的道家實踐中，真人可以體驗欲望，且通過改變精液流動方向來增加其壽命。《魯詩》學派的段落卻認為性欲本身會「伐性短壽」。

《呂氏春秋・本生》是記載好色對壽命有害這種觀念的一篇重要文獻：「靡曼皓齒，鄭衛之音，務以自樂。名之曰伐性之斧。」[32]〈本生〉的中心論點是一個人確保壽命的唯一方法就是取物之利，但避開任何它可能造成的傷害：「是故聖人之於聲色滋味也，利於性則取之，害於性則舍之。」[33]人們應當採用的策略是抗拒過度沉溺於感官享受，避免使用車輛以及其他會減少活動的便利工具，乃至拒絕豐厚的飲食與另外兩大誘惑，亦即美女和靡靡之音。根據葛瑞漢（A. C. Graham）和其他學者的看法，這篇文獻和《呂氏春秋》他處關於避免放縱性欲的觀念乃源於楊朱（約前 350）的哲學，而其學說所受歡迎的程度，在孟子看來，可能是對公眾道德的一個威脅。[34]

六、《毛詩》對〈關雎〉的解讀

《毛詩》和《魯詩》一樣，也認為男性的欲望將導致墮落。但《毛詩》對〈關雎〉敘事的解釋與後者相當不同，並認為后妃對其丈夫的道德生活有積極的影響。在隱晦的「上序」影響下，[35]《毛傳》忽視此詩的主人翁，將這首詩解讀為對賢良淑德

32　陳奇猷編：《呂氏春秋校釋》（上海：學林出版社，1984 年），卷一，〈本生〉，頁 21。

33　同上注。

34　見《孟子・滕文公下》九章和 A. C. Graham, *Later Mohist Logic, Ethics, and Science*, 15–18。

35　關於上序，見孔穎達：《毛詩正義》，卷一之一，〈上序〉，頁 3 下；而〈下序〉則見，卷一之一，頁 18 下。

的后妃，即所謂「窈窕淑女」的讚美。[36] 這使得《毛詩》學派以轉述《論語》的方式，指出這位后妃「樂」其夫之德，但「不淫其色」。其他對上述同一段落的轉述文字都強調主人翁的欲望受到其自我約束而被抑制，而《毛傳》則重視如下一點：正如這位貴族后妃之例所說明的那樣，女性的責任乃是避免炫耀其美貌，以致對那些顯然無力自控的男性造成誘惑。《毛傳》總結，只要女性與男性保持距離，那麼「父子親，則君臣敬。君臣敬，則朝廷正。朝廷正，則王化成」。[37] 這種對女性堅貞的頌揚，意味著《毛詩》不可能像三家《詩》那樣把這首詩與周康王淫亂的統治聯繫起來。《毛詩》早期的權威並沒有指明這對王室夫婦的姓名。儘管如此，後來的傳統卻明確地指出這首詩歌，以及〈周南〉、〈召南〉中其他緊隨其後的詩歌均寫於周文王（前 1099/1056– 前 1050）與其后妃太姒的統治時期。[38]

「下序」和鄭《箋》以一種獨特的方法將《五行篇》對主人翁自我約束所作的描述與《毛傳》對后妃的重視加以折衷。兩者均聲稱貞潔的后妃才是〈關雎〉的主人翁，並認為這首詩所作的目的，就是為了讚揚她代表君，即其丈夫尋找「淑女」，並教導她們不要互相妒忌。[39] 這種怪異解釋徹底刪去了男性欲

---

36 許多古代文獻都用這種方式解讀《毛傳》，比如《漢書‧匡衡傳》，見班固：《漢書》，卷八十一，〈匡張孔馬傳〉，頁 3342；《易林》（《叢書集成》本），卷三，〈姤之無妄〉，頁 206；卷一，〈履之無妄〉，頁 45。

37 孔穎達：《毛詩正義》，卷一之一，〈下序〉，頁 18 下。

38 〈漢廣〉的「下序」提到周文王，見孔穎達：《毛詩正義》，卷一之三，〈漢廣〉，頁 4 下。孔穎達則認為這篇序文中的「夫人」就是太姒，見孔穎達：《毛詩正義》，卷一之三，〈漢廣〉，頁 13 上。周文王的生卒年根據夏含夷的意見，見 Loewe ed., *Early Chinese Texts: A Bibliographic Guide*, 509。

39 「下序」沿用《毛傳》的看法而改寫《論語‧八佾》二十章的第一

望或詩中所出現的任何男性，這種做法是鄭玄對整部《詩經》作注的最極端的一個例子。鄭玄描述了一個由不同等級的無私女性所組成的完美後宮。這些女性互相勸誡切勿妒忌。這種描述更多是對野心勃勃的后妃和後漢紛擾的宮闈鬥爭所提出的善意批評，而並非對《詩經》所作的注解。

七、《五行篇》對〈燕燕〉的解釋

〈燕燕〉[40]

燕燕于飛，　　　When the swallows fly away,

個部分。但在其闡述中，王后所「樂」者並不是君的美德，而是找尋一位能成為其君之匹配的「淑女」。「下序」同時收錄《論語》這個段落的第二句話：「哀而不傷。」它將這句話解釋為后妃「哀」悼女性，並渴望得到一位有道德，且「無傷善之心」的人。「下序」和鄭玄在解釋時可能都受到了諸如《呂氏春秋》十二紀和《禮記·月令》篇所記載的春季禮儀的影響。在上述兩篇文獻中，王后會帶領後宮的成員登上位於高媒的祭壇，而這是她們與天子進行交合的地方。見《呂氏春秋》，卷二，〈貴生〉，頁 1 下；《禮記》，卷十五，〈月令〉，頁 1 上 –2 下。關於與高媒相關的春季禮儀，見 Derk Bodde, *Festivals in Classical China: New Year and Other Annual Observances during the Han Dynasty, 206 B.C. –A.D. 220* (Princeton: Princeton University Press, 1975), 243–261。又見 M. Kaltenmark, "Notes a propos du Kao-Mei," *École Pratique des Hautes Études, Section des Sciences Religieuses* 24 (1966–1967), 5–34。〈關雎〉位列《詩經》之首，這可能暗示它在某些方面與這些春季禮儀有關。

40 原文與注釋見孔穎達：《毛詩正義》，卷二之一，〈燕燕〉，頁 11 下 –13 下。我對第 1、4、7 行所作的翻譯儘管是前所未有的，卻是建立在《五行篇》「說」有關〈燕燕〉的解釋上。《五行篇》「說」假定詩中有兩隻燕子，其中一隻陪伴著即將死去的另一隻，並為牠哀悼。「說」又假定詩中所描寫的羽毛、飛行和哭泣都只屬於那隻哀痛的燕子，而不是牠所陪伴的那隻燕子。

差池其羽。	one's feathers are in disarray.
之子于歸，	When the girl goes back,
遠送于野。	I accompany her far into the wilds.
瞻望弗及，	My stares do not reach here,
泣涕如雨。	my tears fall like rain.
燕燕于飛，	When the swallows fly away,
頡之頏之。	one now lowers, now raises its neck.
之子于歸，	When the girl goes back,
遠于將之。	far do I go escorting her.
瞻望弗及，	My stares do not reach here,
佇立以泣。	I stand here and cry.
燕燕于飛，	When the swallows fly away,
下上其音。	one's cry is now low, now high.
之子于歸，	When the girl goes back,
遠送于南。	I accompany her far to the south.
瞻望弗及，	My stares do not reach here,
實勞我心。	this wears at my heart.
仲氏任只，	Oh Second-Born Madame, so dutiful;
其心塞淵。	her heart buried deep within.
終溫且惠，	To the end so warm and kind,
淑慎其身。	pure and watchful of her person.
先君之思，	To think of our former lord
以勖寡人。	— this you taught me, the bereft one.

八、《五行篇》「說」之概要

《五行篇》「經」引用〈燕燕〉前三行文字，並認為該詩對

燕子羽毛「差池」的描寫與「至哀」等同。這篇文獻隨後提及以下句子：「君子慎其獨也。」這個句子的意思是君子專注於自身的思想，而不是周遭的世界。[41] 這句廣為人知的警語顯然是《五行篇》的一個關鍵，因為《五行篇》「經」也在上文引用此句，並將它與〈曹風‧鳲鳩〉[42] 首行詩句放在一起。《五行篇》「說」則說明了《五行篇》「經」援引〈燕燕〉詩句與其他陳述內容在字面上的聯繫。

《五行篇》「說」開宗明義指出〈燕燕〉是「興」，並在隨後提出一則簡短寓言式的陳述。在這個陳述中，一隻燕子（與另一隻燕子）「相送於海也」，而後者則在海中「化」去，意即死去。[43]《五行篇》「說」詳盡闡述燕子的寓言與《五行篇》「經」間接提到的「至哀」之間的關係。它指出該詩首行下半句所描述的燕子羽毛混亂不齊，象徵著哀悼者因為哀傷以致無心顧及其喪服。《五行篇》「說」解釋，如果這個人因為其首經和衣領的散亂而分心的話，那麼他哀傷的程度就會減輕。[44] 它在隨後

---

41 〈燕燕〉與這句話之間的關係最初可能是由最後一章所提出的。在這一章中，主人翁表示他已從仲氏這位「淑慎其身」和「其心塞淵」的人身上學會應當如何哀悼。

42 孔穎達：《毛詩正義》，卷七之三，〈鳲鳩〉，頁 7 上 –9 上。《五行篇》（見附錄所引相關段落）引用該詩開首兩句：「鳲鳩在桑，其子七兮。叔人君子，其宜一兮。」

43 古代文獻經常將死亡稱為「化」。其中一個例子談及死亡，且在措辭上可能對《五行篇》有關「化」的討論造成影響，見《莊子》，卷三，〈大宗師〉，頁 12 下：「若化為物，以待其所不知之化已乎！且方將化，惡知不化哉？方將不化，惡知已化哉？」郭象（卒於312）說「已化」意謂已死。《五行篇》「說」意圖用「化」來解釋第 2 行的「歸」字。在早期文獻中，「歸」字也被用來象徵死亡，比如《呂氏春秋》，卷十二，〈士節〉，頁 622：「士之為人，當理不避其難，臨患忘利，遺生行義，視死如歸。」

44 劉安：《淮南子》，卷八，〈本經〉，頁 12 上 –12 下。其中以三個

將哀悼者這種極度超然的心境描述成「至內者之不在外也」，並將之視為「獨」的定義。「獨」作為關鍵詞語，出現在一個有關「慎獨」的警句中，而後者在《五行篇》「經」中與引自〈燕燕〉的詩句相並置。

《五行篇》「說」所講述的燕子寓言是圍繞預兆之鳥所組成的複雜傳說的一部分。在早期中國神話中，這首詩中稱為「燕燕」的鳥，在其他文獻中則被稱為鳦或玄鳥。牠的來臨經常與春天的重生與分娩聯繫在一起。[45] 但是，這首詩間接提到的燕子離去則被認為預示著秋冬，以及伴隨而來的死亡與凋零。因此，古代曆書對於由陽變陰、由生轉死所象徵的季節變化會作出如下記錄：「魚游于水，鳥飛于雲，故立冬，燕雀入海化為

不連貫的句子表達類似的思想：「被衰戴絰，戲笑其中，雖致之三年，失喪之本也」、「喪者，所以盡哀，非所以為偽也」、「處喪有禮矣，而哀為主」。

45 關於這些名字，見邢昺：《爾雅疏》，卷十，頁 4 下〈燕燕〉下的郭璞（276–324）注。在《詩經·玄鳥》中，尚無子嗣的簡狄吞下了玄鳥所墮之卵，並奇跡地誕下了傳說中商王朝的始祖契。《史記》保存契之感生的完整記錄，見司馬遷：《史記》，卷三，〈殷本紀〉，頁 91。根據見於《呂氏春秋》和《禮記》之中的周代晚期的月令記載，不孕的女性會在春分日祈求孩子，而這天正是玄鳥北歸之日，見陳奇猷：《呂氏春秋校釋》，卷二，〈仲春紀〉，頁 63；《禮記》，卷十五，〈月令〉，頁 4 上。亦見 Bodde, *Festivals in Classical China*, 244–247。這類信仰亦反映在古代的書寫系統中。故在《說文解字》中，「鳦」（意即燕子）字寫作「乚」（即「乙」字的古代字形），而這個字又被認為是《說文》「乳（乳）」字（意即生產、哺乳）的詞根。相同的部件也被認為是「孔（孔）」的詞根。「孔」是一個使人高興的名字，而得到這個名字的孩子被認為是一位不孕之女在向燕子祈禱後，得到神靈回應而誕生的孩童。見段玉裁：《說文解字注》（上海：上海古籍出版社，1981 年），卷十二上，一上–二上，頁 584。

蛤。」[46] 相同的俗諺亦構成《五行篇》「說」的一個短篇寓言的基礎，目的是解釋〈燕燕〉中燕子離去的意義。

《五行篇》「說」清楚地把〈燕燕〉理解為悲傷之情的一種韻文式表達。這種悲傷之情大概是詩中第 12 行那位自謙為「寡人」[47] 的匿名統治者，對第 2、5、8 行中被簡單稱為「之子」，以及在第 10 行中更確切地被稱為「仲氏」的女子所作。[48] 第 11 行提到她面對其「終」時表現得溫和而親切，顯示出這首詩事實上是在哀悼其逝世。

九、「興」的原出處

《五行篇》「說」對〈燕燕〉第 1 行的解釋中有一個引人注意的特徵，就是「興」的運用。[49] 這個術語在《毛詩》的注解

---

46 《大戴禮記》（《四部叢刊》本），卷十三，〈易本命〉，頁 7 下和劉安：《淮南子》，卷四，〈墜形〉，頁 6 下。相似的段落亦見陳奇猷：《呂氏春秋校釋》，卷九，〈季秋紀〉，頁 467，以及《國語》（《國學基本叢書》本），〈晉語〉，頁 178。這些月令頻繁地提到春季時萬物所產生的變化。這些變化標誌著出生的過程正向著相反方向發展，而陰在這時亦轉變成陽，比如《呂氏春秋》：「季春之月⋯⋯田鼠化為鴽。」見陳奇猷：《呂氏春秋校釋》，卷三，〈季春紀〉，頁 121。

47 在早期文獻中，「寡人」一直都是統治者用來稱呼自己的謙稱。

48 「之子于歸」在《詩經》他處出現時，「之子」都是指一位女性。見〈桃夭〉、〈漢廣〉、〈鵲巢〉、〈東山〉。《毛詩》的解釋認為主人翁和「之子」都是女性，這可能是該傳統強調女性之間和睦關係的又一例證。

49 在馬王堆寫本中，「興」字被誤寫作「與」字。這個錯誤在此段中兩次出現，也在《五行篇》「經」第 18 段中出現。「興」字在後者的意思是「興起」、「興旺」。池田知久以無可置疑的古文字證據說明這個錯誤在古代寫本中十分常見，見池田知久，第 1 部分，頁

和《五行篇》「說」對〈鳲鳩〉的解釋中也有顯著的地位（三
家《詩》則似乎並未使用它）。《五行篇》「說」引用這首詩的
開首兩句：

> 鳲鳩在桑，其子七兮。
> 淑人君子，其儀一兮。

　　隨後簡練地指出「七」這個數字是一種「興言」：與牠們
為數眾多的雛鳥相比，作為父母的鳩鳥就只有兩隻。《五行篇》
「說」隨後將鳲鳩比作一個以統一的使命感來調和他所有道德
追求的君子。因此，《五行篇》「說」簡短的說明一定是一個描
述老鳩如何餵養眾多雛鳥的極度縮略的譬喻。[50]
　　《毛傳》在討論〈燕燕〉時沒有使用「興」這個術語，故
它在這點上無法與《五行篇》作比較。但同樣的術語卻出現
在《毛傳》對〈鳲鳩〉的解釋。後者認為〈鳲鳩〉的首行就是
「興」，並使用一個與《五行篇》似乎相符的短篇寓言來解釋
它：「鳲鳩之養其子，朝從上下，暮從上下，平均如一。」
　　《毛傳》在分析〈關雎〉第 1 行時也使用「興」這個術語。
它在確定這首詩首行為「興」之後，以一個關於一對雎鳩的短
篇寓言對它進行詳細的解釋：兩隻雎鳩以「妙音」關關互相應

　　187，注 18。

50　劉向：《說苑》，卷二，〈反質〉，頁 20 上有一段意思與《五行篇》
　　「說」非常相近的文字：「《詩》云：『鳲鳩在桑，其子七兮。淑人
　　君子，其儀一兮。』《傳》曰：『鳲鳩之所以養七子者，一心也；君
　　子所以理萬物者，一儀也。以一儀理物，天心也；五者不離，合而
　　為一，謂之天心。在我能因自深結其意於一，故一心可以事百君，
　　百心不可以事一君，是故誠不遠也。夫誠者一也，一者質也；君子
　　雖有外文，必不離內質矣。』」

和，但身為「鷙」鳥，它們不居住在一起。《毛傳》解釋這個寓言的象徵意義為某位后妃並沒有引誘其丈夫，而是「慎故幽深，若關雎之有別焉」。[51] 與《五行篇》中的燕子寓言一樣，《毛傳》有關雎鳩的故事反映了當時流行的傳說。例如，〈離騷〉曾說過鷙鳥並不與人聚集在一起，而《淮南子》則曰：「日月不並出，狐不二雄，神龍不匹，猛獸不群，鷙鳥不雙。」[52]

陸德明（556–627）就《毛傳》對「興」的運用來界定這個術語的意思：「興是譬喻之名，意有不盡，故題曰興。」[53] 陸德明的定義似乎同樣適用於《五行篇》與《毛傳》。二者都使用「興」來將韻文式的語言指定為一則寓言，而二者在注解中亦為該寓言提供了更為詳盡的版本。陸德明的定義暗示「興」可能與其他形式的「譬」和「諭」不同，它的含義比「興」字本身所表達的意思要多得多。換句話說，「興」可以被定義為一種省略的表述，一種濃縮了更為廣泛和複雜意義的簡略暗示。毫無疑問，聽眾和讀者被預期能掌握這種暗示的重要性。[54] 而後人無法做到上述事情時，必然導致諸如《五行篇》和漢代學派等注解的興起。

根據《毛傳》所說，被稱為「興」的簡略暗示是由整行對

51　孔穎達：《毛詩正義》，卷一之一，〈關雎〉，頁 20 上。

52　屈原：《楚辭》，卷一，〈離騷〉，頁 12 下和劉安：《淮南子》，卷十七，〈說林〉，頁 6 下。

53　陸德明：《經典釋文》，引文見孔穎達：《毛詩正義》，卷一之一，〈關雎〉，頁 20 上。

54　這首詩本身已對言簡意賅的「興」進行闡述，並因此為理解其譬喻式的意義提供線索。細心的讀者一定能注意到，〈燕燕〉的第 4行和第 7 行句子是開首那則引喻的另一個版本。他們也會注意到這三行比喻性的詩句與詩中那些較為具體的敘事有平行關係。在〈關雎〉這個例子中，開首雎鳩的互相鳴叫與結尾所提到的音樂相呼應。

句所構成。但是，《五行篇》卻獨立抽出那些本身便能傳達意思的單字或詞語。由於這兩部文獻均認為「興」與詩歌的開首句子有關，故這個術語有可能是因為其一般意義，即「開始」、「興起」而被採用。[55]《五行篇》和《毛傳》闡述「興」的方式，是提供同一則寓言的一個更具論述性的版本，雖然它們的版本也是很簡略的。有鑑於古人對精煉警句的普遍偏好，我們懷疑即使是流行的口頭傳統也會包含其他古代文學傳統中所見那種詳盡描述的傳說和寓言。

最後，我們亦需注意鄭玄對「興」的運用反映出他與《五行篇》和《毛傳》的分歧。例如，他在對〈燕燕〉的箋注中不單將首行，而且也將第 4 行和第 7 行標示為「興」。上述所有句子都描述燕子的飛行。[56]此外，鄭玄無視所有流行的有關燕子的象徵意義，因此並未將各種「興」視為這些民間傳說的精簡版本，而是視其為一種反映「之子」容貌和舉止的簡單比喻，而她的離去則是此詩其他幾行的主題。[57]

十、內省與對〈燕燕〉之詮釋

《五行篇》「說」曾兩次提及「君子慎其獨也」這個句子。而在現存的文獻中，此句首次出現在《荀子‧不苟》篇中。[58]

---

55 《毛傳》在超過兩百個例子中使用「興」，解釋的都是某首詩的首句或首組對句。

56 孔穎達：《毛詩正義》，卷二之一，〈燕燕〉，頁 12 上 –13 上。

57 王先謙指出，三家《詩》將〈燕燕〉理解為兩隻燕子，而以《毛傳》為開端的《毛詩》則錯誤地認為〈燕燕〉指的僅是一隻孤燕，見王先謙：《詩三家義集疏》，卷三上，〈燕燕〉，頁 139。

58 這個訓誡以擴大的形式出現在《荀子‧不苟》，見《荀子》，卷二，〈不苟〉，頁 4 上 –5 上，亦見 Knoblock, *Xunzi*, vol. 1, 177–179。〈不

這篇篇章異常精巧地體現了荀子最成熟的思想，以及他熟練運用中國古代哲學論述的格言和詩歌意象的能力。荀子在這裡描繪君子如何小心地注意（「慎」）他的內在和最真實的自我（「獨」），這是君子得以與小人區別開來的特徵。後者強行展示其權力與財富，試圖影響他人或獲取他人的效忠，但最後卻注定徒勞無功。荀子認為君子的內省等同於天、地和四季的不言之功。他隨後將君子的虛靜視為一種為君子所秉持的方法，目的是為了擺脫其原始罪惡的本性，並將自己重塑為能改變「天下」萬物的內在力量（「德」）的化身。[59]

荀〉的結構是由荀子對十個有關君子如何修身和如何持己處世的訓誡進行解釋構成，而涉及到君子之內省的訓誡則是其中的第九條。王志民認為此篇的成書時間為前 255– 前 238 之間，見 Knoblock, "The Chronology of Xunzi's Works," *Early China* 8 (1982): 46。他在私下的交流指出：「這篇篇章最早成書於前 275 至前 265，當時荀子是齊國稷下學宮的首席祭酒。這篇篇章不可能早於這段時間，因為荀子在文中提到了公孫龍子的悖論，而他不可能在前 275 年之前就熟知這個悖論的內容。」

59 成書於前三世紀中期至二世紀中期、時代稍晚的文獻為我們提供了額外的視角來理解君子內省的意思和重要性。《大學》認為「君子慎其獨也」是一種君子可由此不斷檢驗自己的方法，以此保證其最隱私的念頭不會與其高雅的情感互相違背，見《禮記》，卷六十，〈大學〉，頁 1 上 –2 上。《中庸》和《五行篇》對〈鳲鳩〉的解釋都將「君子慎其獨也」與君子冷靜公正對待他人的態度聯繫起來。見《禮記》，卷五十一，〈孔子閒居〉，頁 1 上 –1 下。（《毛傳》對〈鳲鳩〉的解釋與它們相同：「鳲鳩之養其子，朝從上下，暮從上下，平均如一。」見孔穎達：《毛詩正義》，卷七之三，〈鳲鳩〉，頁 7 上。）另一方面，《文子‧精誠》和《淮南子‧繆稱》解釋這個句子，認為它所指的是君子在一般人感到駭人的情境下，那種無所畏懼的鎮定和沉著。這兩部文獻都通過強調君子風度來說明外表的柔弱與真正的怯懦並不等同。見《文子》上，卷二，〈精誠〉，頁 13 上和《淮南子》，卷十，〈繆稱〉，頁 4 下。

人們過去認為《文子》是對《淮南子》和其他文獻加工之後形

《五行篇》將這種既代表著又造就了君子內在力量的自省
方式，與〈燕燕〉通過燕子羽毛的混亂不齊所象徵的哀悼者的
極度哀傷聯繫起來。以哀悼來代表君子內省的方法不乏其例。
儒家文獻認為哀悼既是對死者表達敬意的方式，也是一種生者
領悟紀律和自我貶低的方法。[60]《五行篇》有關哀悼的論述的不
同之處在於它將君子超然的本質定義為「舍體」。這個注解使
人們聯想到一些主要見於《莊子》，有關捨棄肉身的極端冥想
方式。[61]《五行篇》亦在別處將「中心」理解作「誤然」，亦即
使人們的精神轉向凝視自身。[62]

其他大約成書於同一時間的文獻要不質疑，要不徹底排斥
《荀子》和《五行篇》所主張的自省之道。何謂君子的適當舉
止——對於這個問題的分歧為我們討論有關〈燕燕〉的不同觀

成的一部書，但由於定縣漢代遺址發現了《文子》的佚文，故人
們得以確定它是早於漢代的真實文獻。《文子》佚文發現的報導見
《文物》1981 年第 1 期，頁 12。安樂哲對此發現有所討論，並推斷
它「使我們有望將這部文獻的成書年代推至我們過去所想的數個世
紀之前」，見 Roger Ames, *Sun-Tzu: The Art of Warfare* (New York:
SUNY Press, 1993), 10–11。

60 此外，以哀悼為例的動機，在一定程度上可能是為了對抗那些關於
儒家的刻板印象，甚至醜化的做法，它們認為儒家注重禮儀這些外
在標記多過於真實感受和信仰。關於這類諷刺的典型例子，見《墨
子》，卷十二，〈公孟〉，頁 6 下 –7 上。

61 《莊子》收錄三段描述這種冥想的著名段落。《莊子》描述孔子的弟
子顏回是如何忘卻仁、義、禮、樂和事實上由其他所有儒家生活方
式所造成的陷阱：「墮肢體，黜聰明，離形去知，同於大通。」見
卷三，〈大宗師〉，頁 14 下。《莊子》則記錄道家聖人鴻蒙所吟誦的
養心之術：「墮爾形體，吐爾聰明。」見卷四，〈在宥〉，頁 20 下。
《莊子》借孔子之口描述老子處於沉思之中：「向者先生形體掘若槁
木，似遺物離人而立於獨也。」見卷七，〈田子方〉，頁 17 下。

62 「經」第 15 段、第 16 段以及對應的「說」，見池田知久：第 2 部
分，頁 190、199、201–202，以及頁 205，注 19。

點提供了一個普遍的背景。根據〈禮器〉及《禮記》其他篇章，禮儀並不僅僅是一種表達尊敬的方式，它亦同時是聖人所提出的外在形式和做法，目的是引導人們適當地崇拜以及進行人際互動。〈禮器〉十分重視「君子慎其獨也」的概念，並將它視作一個傳統的警句而加以引用。但是，它也對這個觀念無法應付公眾模範的說教需要而不滿。故該文獻在原有的警句之上補充：「君子樂其發也。」[63] 這篇文獻認為「獨」和「發」都是君子的特質，而何者在個別禮儀場合中才是適當的行為——這是由君子隨機決定的。相對「君子慎其獨也」這個迫使儒家專注於追尋自省之道的學說，這種對君子的描述不僅是矛盾的，更大大削弱前者的傳統權威性。

甚或是在〈禮器〉編成之前，賈誼（前 201– 前 169）就認為自省之道具有反社會性和唯我性，從而對其否定。賈誼並且提出「君子慎其友也」這個格言來取而代之。[64] 為了重塑古老的訓誡，他主張社交能力的拓展和擇友的慎重——而不是自我隔離和自我中心——才是優秀人物為自己開創美好運途的方式。由於公元前一世紀後再無文獻提倡「自視」，故〈禮器〉中的修正主義和賈誼之批評很可能導致了儒家對君子之舉止所作思考的重大變化。

十一、《齊詩》內省的遺留

雖然賈誼和〈禮器〉的無名作者挑戰了內省概念——這個在《五行篇》對〈燕燕〉的解讀處於中心地位的重要概念——

---

63 《禮記》，卷二十三，〈禮器〉，頁 15 下 –16 上。
64 賈誼：《新書》，卷九，〈大政〉，頁 10 上 –10 下。

但《五行篇》對〈燕燕〉所作的整體解釋，似乎也曾被《齊詩》，或至少是王先謙以及其他學者認為是這個學派所殘留下來的兩段文字所採用。[65]《禮記·坊記》贊同《五行篇》所說的，〈燕燕〉的主題是對亡者適當的紀念。[66]而《易林》則記有一些似乎是在映射《五行篇》語言的詩句。這部著作大約成書於漢代中期，它的形式是將《周易》六十四卦的其中一個卦與所有其他的卦互相配對，並在由此產生的卦名之下繫以預言性質的詩句。[67]

> 燕雀[68]衰老，悲鳴入海。
> 憂不在[69]飾，差池其羽。
> 頡頏上下，寡位獨處。[70]

這幾句具有預言性質的詩句間接提及〈燕燕〉，如此的方式必定源自《五行篇》「說」，或是一個產生《易林》和《五

---

65 王先謙：《詩三家義集疏》，卷三上，〈燕燕〉，頁138。

66 《禮記》，卷五十一，〈坊記〉，頁13下。《禮記》此段的翻譯和討論見 Jeffrey Kenneth Riegel, "The Four 'Tzu Ssu' Chapters of the *Li Chi*," (Ph.D. dissertation., Stanford University, 1979), 182。

67 傳統認為《易林》的作者是焦延壽（活躍於前87–前74），但現代大多數學者都斷定其作者當為崔篆（一世紀早期）。關於崔篆，見范曄：《後漢書》，卷七十九上，〈儒林列傳〉，頁2560，以及頁2563孔僖的注釋。關於《易林》，見羅常培、周祖謨：《漢魏晉南北朝韻部演變研究》（北京：科學出版社，1958年），第1冊，頁89–90。

68 「燕雀」是「燕子」的另一個雙音節名稱，並非兩種鳥的名字。

69 《易林》原文誤作「在不」，多位學者已指出了。

70 《易林》，卷三，〈恒之坤〉下，頁148。

行篇》的《詩經》詮釋傳統。[71] 與《易林》的比較進一步揭示出燕子的作用：這個被《五行篇》稱作「興」的詩歌意象，在占卜語境中具有徵兆的作用。詩歌與占卜之間的這種聯繫在其他漢代文獻中亦同樣顯然。[72] 而這種聯繫顯示人們可能曾經認為，傳注對詩歌「興」的指認以及它對相關文學意義所作的解釋，在性質上類似於占卜者對徵兆所作的判定和說明。[73]

無論《荀子》和《五行篇》的自省之道究竟對《齊詩》造成何種性質的影響，它對魯、韓、毛三家都沒有任何明顯的衝擊。這三家皆將〈燕燕〉視作一首訣別之詩，而它們的不同之處只在於它們對這首詩所指之歷史人物的指認。根據《魯詩》所言，〈燕燕〉是定姜（其夫衛定公於前 588– 前 577 在位）為

---

71 島森哲男認為《易林》的引文是《五行篇》屬於《齊詩》的證據，見島森哲男：〈馬王堆出土儒家古佚書考〉，《東方學》1978 年第 56 輯，頁 19–20。

72 我們找到一些說明「興」這項功能的額外證據。根據班固等：《東觀漢記》（《叢書集成》本），卷七，〈列傳二〉，頁 54 的記載，62 年的旱災促使漢明帝以蓍草和卦書進行了一次占卜。這次占卜得出《易林》，卷四，〈震之謇〉，頁 239 中一首三行詩的第一行：「蟻封穴戶，大雨將集。」當次日發生大洪水時，漢明帝讓精通京房《易》學的沛獻王劉輔解釋《易林》卦象與那句占卜性的詩句。劉輔答曰：「謇，艮下坎上，艮為山，坎為水，出雲為雨，蟻穴居而知雨，將雲雨，蟻封穴，故以蟻為興文。」劉輔以「蟻」為「興文」。又上下文表明他將「蟻」解釋為不單一種文學手法，更是一種預示未來的徵兆。關於《東觀漢記》，見 Hans Bielenstein and Michael Loewe, *"Tung kuan Han chi,"* in Loewe ed., *Early Chinese Texts*, 471–472。關於劉輔師從京房的記載，見其《後漢書》的傳記，范曄：《後漢書》，卷四十二，〈光武十王列傳〉，頁 1427。

73 有關占卜與傳注之關係的討論，見 John B. Henderson, *Scripture, Canon, and Commentary: A Comparison of Confucian and Western Exegesis* (Princeton: Princeton University Press, 1991), 65–67。

了與另一位女子訣別所作的——此人是定姜養子衛獻公的遺孀，因為其夫的早逝而需要返回家鄉。重構的《韓詩》則認為定姜是在送別其親妹時撰寫這首詩歌的。[74]

十二、《毛詩》對〈燕燕〉的解讀

《毛詩》認為〈燕燕〉寫於衛國歷史上另一個完全不同的時間。「上序」認為這首詩所講述的內容為衛莊公的遺孀護送某嬪妃回家的旅程。《毛傳》認為這個嬪妃就是戴媯，而鄭玄則為這位女子提供了一篇詳盡而細緻的傳記。這篇傳記與他對這首詩的構想相符，卻對其他歷史文獻的記載造成扭曲。[75]

---

74 關於清人所重構之「三家詩」對〈燕燕〉的解釋，見王先謙：《詩三家義集疏》，卷三上，〈燕燕〉，頁 137–139。

75 鄭玄指出戴媯有子名完。「完」是桓公（前 734–前 719 在位）之名，他在莊公死後登基，但又被其弟州吁暗殺。鄭玄的敘述在一定程度上是依據《左傳》對那些最終導致州吁殺害桓公的一系列事件的記載。見《左傳》隱公三年，卷三，頁 10 上 –11 下，以及隱公四年，卷三，頁 15 下 –16 上。但《左傳》的敘述根本沒有提到桓公被謀殺後戴媯返家之事。而且，司馬遷在《史記》的轉述中指出，戴媯在其子出生不久後就死了，而其子則由莊公的正宮王后所撫養長大，見司馬遷：《史記》，卷三十七，〈衛康叔世家〉，頁 1592。如果司馬遷的解讀正確無誤，那麼該詩就不可能是戴媯在其子死後返回陳國時王后對她所作的訣別（孔穎達指出《史記》的陳述有誤，但他卻無法提供其他證據來支持鄭玄的說法，見孔穎達：《毛詩正義》，卷二之一，〈擊鼓〉，頁 12 上）。

鄭玄在其學術生涯的早期曾親自為〈燕燕〉的歷史背景寫過注釋，但相關的意見與他對《詩經》所作的箋注互相矛盾。鄭玄在注釋與《齊詩》有關的《禮記》段落（見上文注 66）時指出，〈燕燕〉為定姜所作，目的是指責其養子獻公對她的無禮，連帶地也沒有維護他父親死後的名聲。當時一位名叫炅模的人（我們對他一無所知）問鄭玄為何他對《詩經》的注釋與其對《禮記》的注釋互相矛

在鄭玄之前，《毛詩》已認為「君子慎其獨也」的概念既不正確又與這首詩的內容無關而排斥之。這可能導致了鄭玄對「差池」定義的判斷。「差池」這個詞語對於《五行篇》至為關鍵，故《五行篇》將燕子羽毛凌亂的樣貌視作主人翁深深哀傷一事的象徵。鄭玄沒有提供證據即斷言，「差池」描述的是燕子如何「張舒其尾翼」。對鄭玄而言，燕子展示其羽毛的意象象徵主人翁在道別時仔細地注視其服飾。[76] 鄭玄因此忽視了君子內省的概念，與賈誼和〈禮器〉無名作者那樣的人站在同一陣線上。他們偏好這樣一個鮮明的君子形象：君子對其服飾相當重視，而且以殷切的姿態參與社會儀式和習俗。

十三、一些結論

本章探討了儒家哲學與《五行篇》「說」對〈關雎〉、〈燕燕〉所作解釋之間的緊密關係。為了解釋《詩經》詮釋的起源和發展，本章也致力於指出漢代《詩經》學派與早期儒家價值觀和原則在意識形態上的分歧。這些分歧導致漢代《詩經》學派脫離《五行篇》，並在解讀《詩經》一事上提供另類的途徑。

《五行篇》為了傳達詩歌的重要性，運用了一些獨特的詮

盾。鄭玄回答指出，他是在完成《禮記》注後才得到《毛傳》的，又由於前者早已流傳於世，他因而無法對其進行修改。鄭玄的說明被孔穎達所引述，見孔穎達：《毛詩正義》，卷二之一，〈校勘記〉，頁 13 下。

76 王先謙：《詩三家義集疏》，卷三上，〈燕燕〉，頁 139。王先謙援引上文所引的《易林》段落，用以證明《齊詩》將「差池」理解為「凌亂」。換言之，這種理解與《五行篇》「說」的理解是完全相同的。《左傳》襄公二十二年清楚使用「差池」一詞，見卷三十五，頁 2 下。這表明這一解釋才是正確的，而非鄭玄的注釋。

釋手法，這使它在早期《詩經》詮釋中顯得與眾不同。《五行篇》分析〈關雎〉的詩句為「諭」，並且認為〈燕燕〉開首的幾個詞語暗指一則寓言。它將這些詩歌簡潔而富有比喻性的語言轉化為一些散文式，卻依然是相當簡略和零碎的敘述。《五行篇》「說」的關鍵特徵，似乎是它對這些詩歌語言所隱沒的故事作出辨識和發揮。而這些也是三家《詩》和《毛詩》對《詩經》所作注解的特徵。《毛詩》傳統中較早的層次，尤其是《毛傳》對「興」的解釋，可能顯示出該學派在某些方面承襲了《五行篇》「說」所使用的分析方法。大致而言，漢代學派講述故事的方法與漢代之前的《詩經》詮釋是不同的。

三家《詩》和《毛詩》（尤其是「下序」和鄭《箋》所反映的內容）顯然與眾多戰國晚期和漢代的文獻一樣，偏好於贊同歷史性的解釋而並非其他的說教方法。因此它們將《詩經》的詩歌解釋為一種以韻文進行講述的歷史。這些學派在任何可能之處，都會確定詩中那些匿名人士的歷史身分，並為這些詩歌提供一些其詩性語言難以釐清的具體細節。然而，這些學派之間，尤其是三家《詩》與《毛詩》之間的分歧，顯示出詩中的歷史訊息並非來自詩歌本身，而是每個詮釋者基於其《詩經》注釋傳統中所特有的觀念架構而強加在這些詩歌之上的。

《五行篇》只選擇對〈關雎〉和〈燕燕〉部分詩句，而不是全首詩歌進行評論，這個做法與漢代繼承它的注解一樣饒富說教意味。同時，它亦解讀簡潔詩句背後的重要意義。但在所有對〈關雎〉和〈燕燕〉所作的古老解釋中，《五行篇》在解釋這兩首詩時所講述的故事，卻是對相關語言和意象最為完整和一貫的解釋。相反，漢代學派在〈關雎〉和〈燕燕〉中所看到的歷史故事，相對於這兩首詩的語言和意象，充其量只是一個拙劣的搭配。這種詩歌與歷史之間的牽強附會導致了一些注

解和解釋的出現，對詩歌語言及其假定的歷史背景都造成了破壞。

　　唯獨《五行篇》考慮到〈關雎〉的主人翁在詩歌最生動的句子中用以描述自己的語言。雖然詩中並未表達出任何反諷意味，但三家《詩》卻將主人翁深厚情感的表達方式貶低為一種諷刺。這很可能就是他們的解讀最終遭到《毛詩》注釋者排斥的原因。但《毛詩》同樣未能對主人翁在詩歌敘事中的角色作出具說服力的解釋。「上序」僅提到「后妃」，而《毛傳》的內容則是對主人翁的欲望和躊躇加以簡略、重複作出模糊不清的注釋，這與《五行篇》的細緻刻畫形成了鮮明對比。人們根本無法通過《毛詩》的評論，將這首詩解讀為渴望追求「窈窕淑女」的表述。而「下序」和鄭《箋》根本與常識不符。難道真有讀者相信這些後漢注釋所認為的必要的性別轉換？

　　與《五行篇》的解讀（以及那些可能屬於《齊詩》的佚文）相比，魯、韓、毛對〈燕燕〉的解釋似乎同樣不牢靠。他們認為這是一首由某位女性為他人吟誦的訣別詩，但這種看法卻無法充分解釋主人翁為何反覆地表達他那催人淚下的哀傷。當這首詩被解讀為一首哀悼之作時，這種哀傷便更容易得到解釋。有一些做法試圖指出這兩位失去友誼而引發哀傷的歷史女性究竟為何人，但它們是相互矛盾的，而且亦無法解釋下列幾個關鍵問題：詩歌開首那隻燕子的意象，其離去象徵死亡；主人翁使用帝王自稱的稱謂；以及詩歌提到「仲氏」保持其美德直至其「終」，即直至死亡為止。《五行篇》「說」因此向我們介紹了另一種遠比傳統注釋更為可取的研究《詩經》的途徑，並提醒我們有的解讀就是比其他的解讀要好。

附錄：《五行篇》對〈關雎〉和〈燕燕〉的注解

　　根據龐樸和池田知久所提出的系統，我為下文《五行篇》的段落編配了序號，並區分它們屬於「經」部與「說」部的內容。比如 J7 是指「經 7」，而 S25 則是指對「經 25」所作的「說」。這篇翻譯對段落所作的劃分，以及為各段落所編配的序號均是由我本人提出的。在下文所列的所有《五行篇》段落中，除卻那些從《詩》所引用而來的句子外，我填補了那些可被填補的脫字，以及對生僻字作了標準化處理。我保存了從《詩經》引用而來的句子之中一些文字的原始字形，以便與其他版本進行比較。

　　在對中文文本進行修復和標準化處理時，我使用了下列縮寫符號：

< >	符號中的文字是我根據《五行篇》重複的文字而增補的。
{ }	符號之中的文字是我根據《毛詩》版本中相似的句子增補上去的。
（ >	符號中的文字應被理解成緊隨其後的文字。在這些情況下，LC ＝假借字（loan character），SF ＝簡化字（short form），GV ＝異體字（graphic variant），以及 GE ＝錯字（graphic error）。因此，（廁 GV >側的意思是，《五行篇》「廁」這個字體根據上下文推斷是「側」這個正體字的異體。我這樣做只是為了製造一份清晰可讀的文本而已，而讀者亦不應將以下版本理解為這部被引用文獻的定本。[77]

---

77 《五行篇》定本參考池田知久的著作。有關池田知久和龐樸的著作，見上文注 5。除非特別說明，否則這裡的釋文和修訂都引自池田知久。他的校注對相關的問題有全面的交代。

J7[78]

尸叴在桑，其子七氏，叔人君子，其宜一氏。能為一，然後能為君子。君子慎其獨＜也＞。＜嬰嬰＞于蜚，扺池其羽，之子于歸，（袁SF＞遠送于野。瞻望弗及，汲沸如雨。能扺池其羽，然＜后能＞至哀。君子慎（亓GV＞其獨也。

J7.1. "The cuckoo is in the mulberry, its chicks are seven. / The good man, the gentleman, his propriety is one." Only after you are capable of unity are you capable of being a gentleman. A gentleman minds his innermost self.

J7.2. "When the swallows fly away, one's feathers are in disarray. / When the girl goes back, I accompany her far into the wilds. / My stares do not reach there, my tears fall like rain." Only after you are capable of "one's feathers are in disarray" are you capable of true grief. A gentleman minds his innermost self.

S7

尸叴在桑，直之。亓子七也。尸叴二子耳，曰七也，（與GE＞興[79]言也。＜叔人君子＞，其＜宜一氏，叔＞人者□。＜宜＞者，義也。言（亓GV＞其所以行之義之一心也。能為一，然（笱GE＞后能為君子，能為一者，言能以多＜為一＞。以多為一也者，言能以夫＜五＞[80]為一也。君子慎（亓

---

78 這些「經」和「說」的段落見於池田知久：第1部分，頁180。

79 這個錯誤在這個段落中一共出現兩次，在「經」中出現一次。後者的「興」有「興起」、「興旺」這些更為廣泛的意思。見池田知久：第1部分，頁187，注18。

80 參看「舍夫五」和「夫五夫為（一）心也」，見池田知久：第1部分，頁183–184。

GV ＞其（蜀 GV ＞獨。慎（亓 GV ＞其（蜀 GV ＞獨也者，
言舍夫五而慎（亓 GV ＞其心之謂＜也＞。口然（筍 GE ＞后
一。一也者，夫五夫為＜一＞心也。然（筍 GE ＞后德。之一
也，乃德已。德猶天地，天乃德已。嬰嬰于罪，䳀䳖（亓 GV
＞其羽。嬰嬰，（與 GE ＞興也，言（亓 GV ＞其相送海也，
方（亓 GV ＞其化，不在（亓 GV ＞其羽矣。之子于歸，（袁
SF ＞遠送于野，詹忘弗及，＜泣＞ [81] 涕如雨。能䳀䳖其羽，然
（筍 GE ＞后能＜至＞哀，言至也。䳀䳖者言不在（㗸 GE ＞衰
絰，不在（㗸 GE ＞衰絰也，然（筍 GE ＞后能＜至＞哀。夫
喪正絰脩領而哀殺矣。言至內者之不在外也。是之（胃 SF ＞
謂（蜀 GV ＞獨。（蜀 GV ＞獨也者，舍（體 SF ＞體也。

S7.1. "The cuckoo is in the mulberry" means simply
that.[82] "Its chicks are seven." The cuckoos are only two. The
text saying "seven" is a *xing* expression. "The pure man,
the gentleman, his propriety is one." "The pure man"……
"Propriety" means sense of duty. It describes the one mind with
which he practices his duty. "Only when you are capable of
unity can you be a gentleman." "Capable of unity" means you
can make the many into one. To make the many into one means
you can make the five activities into one. "A gentleman minds
his innermost self " "Minds his innermost self" describes how
he puts aside these five and minds his heart. Only after……
is there unity and unity is to [make] these five into one heart.
Only then is there virtue. With unity virtue is complete. It is as

---

81 見池田知久：第 1 部分，頁 187，注 14。
82 即是說，我們無需對其意思作任何詳細闡釋。

if his virtue were natural. When it is natural, virtue is complete.

S7.2. "When the swallows fly away, one's feathers are in disarray." The phrase "the swallows" is a *xing*. It speaks of one accompanying another to the sea. At the time of its (i.e., the departing bird's) transformation, (the accompanying bird) is not mindful of its feathers. " 'The girl goes back, far I keep her company going into the wilds / My stares do not reach there, my tears fall like rain.' Only after you are capable of 'one's feathers are in disarray' are you capable of true grief.' " This describes reaching a goal. "Feathers in disarray" refers to not paying heed to the dangling lapel and headband. Only after one pays no heed to the dangling lapel and headband is one capable of reaching true grief. When in mourning, if one adjusts the headband and fixes the lapel then the grief diminishes. That which is innermost does not heed the external. This refers to isolating his innermost heart. One who isolates his innermost self puts aside the body.[83]

J23[84]

<目而＞知之（胃 SF ＞謂）之進之。

J23.1. To know it through scrutiny is termed "advancing in it." [85]

83　池田知久：第 1 部分，頁 183–184。

84　這些「經」和「說」的段落見池田知久：第 4 部分，頁 105–129。

85　龐樸讀「目」為「侔」。這是因為「侔」出現在墨家邏輯篇章的〈大取〉，相關的定義有「比」這個術語的出現。關於這些術語的討論，見 A. C. Graham, *Later Mohist Logic, Ethics, and Science*, 483。池田知久認為不煩改讀，且提供具有說服力的證據，見池田知久：第 4 部分，頁 106。

J24

（辟 SF ＞譬而知之（胃 SF ＞謂之進之。

J24.1. To know it through analogy is termed "advancing in it."

J25

諭而知之（胃 SF ＞謂之進＜之＞。

J25.1. To know it through illustration is termed "advancing in it."

S25

（榆 GV ＞諭而＜知＞之（胃 SF ＞謂之進之。弗（榆 GV ＞諭也，（榆 GV ＞諭則知之＜矣＞，知之則進耳。（榆 GV ＞諭之也者自所小好（榆 GV ＞諭（虖 GV ＞乎所大好，荄芛｛淑女｝，＜唔＞眛求之。思色也。求之弗得，唔眛思伏。言其急也。繇才繇才，倦縛反廁。言其甚＜急也。急＞如此其甚也，交諸父母之（廁 GV ＞側，為諸。則有死弗為之矣。交諸兄弟之（廁 GV ＞側，亦弗為也。交＜諸＞邦人之（廁 GV ＞側，亦弗為也。＜畏＞父兄，其殺畏人，禮也。（繇 LC ＞由色（繪 GV ＞諭於禮，進耳。

S25.1. "To know it through illustrations is termed 'advancing in it.'" If one has not illustrated a thing, then should he do so he will know it, and knowing it is to make advances in it. "To illustrate it" is to use a minor desire to illustrate a major desire.

S25.2. "The pure maid lovely and lithe: awake and asleep, I desire her." This is about longing for sex. "Seeking but not getting her, awake and asleep, I lie prostrate with longing" This speaks of his urgent need. "Oh, the yearning, the yearning, the tossing and turning from side to side." This speaks of his extremely urgent need. If the urgency is as extreme as this, would he copulate in the presence of his parents? He would rather die than do that. Would he copulate in the presence of his brothers? He would die before doing that. Would he copulate in the presence of a countryman? He still would not do it. To fear family and to a lesser extent to fear others, is ritual principle. To use sex to illustrate ritual, is but to advance.

好色與好賢 *

一、引言

在古代中國，「德」被認為是一種可以用來滿足感官需求的事物：「德」被比喻成多種有價值的物品，包括諸如美食和華服等可觸摸的物質，以至通過聽覺和視覺等非觸覺感官所感受到的音樂、美色和性吸引力。[1] 同時，儘管「德」被視作比上述的任何一種物品都優越，因為它常被當作與上述東西相

---

*　Jeffrey Riegel, "A Passion for the Worthy," *Journal of the American Oriental Society* 128.4 (2008): 709–721；中文翻譯見於〈賢賢易色 —— 試論早期儒家思想中的欲望理念〉，《出土文獻》第三輯（上海：中西書局，2012 年），頁 187–196。本章最初作為會議論文在 2008 年 5 月於香港中文大學哲學系主辦的 "Virtue: East and West" 會議上宣讀。感謝會議組織者以及與會者，尤其信廣來（Kwong-loi Shun）教授的接待。我亦感謝悉尼大學語言文化學院非正式讀書會成員，尤其何德睿（Derek D. Herforth）博士對本章的批評指正。最後，我亦感謝兩位匿名讀者為 *Journal of the American Oriental Society* 審閱此文。

1　關於「德」，請參看 John Knoblock, *Xunzi: A Translation and Study of the Complete Works* (Stanford: Stanford University Press, 1988), vol. 1, 89–94。近年來中國新出土的寫本對我們理解「德」的概念有很大幫助，而涉及到這方面內容的討論可以參看 Mark Csikszentmihalyi, *Material Virtue: Ethic and the Body in Early China* (Leiden: Brill, 2004)，尤其第 2、3、4 章。

類似的事物，相應地「德」也被看作可被評價和珍視、計算和量化，乃至信奉和累積的東西。它可以被有德之人培養和提煉，或可能被其他無德而仍能對掌權者造成影響之人所偽造、冒充、損壞，或在其他情況下被他們削減其價值。最後，「德」可能會被一些人忽視和低估；他們有著不當的欲望，或將「德」看作像魚子醬或熊掌等後天所養成的愛好，因而對德不予喜好。

真正擁有或實施德的人，是所謂的「賢者」。[2] 由於他們的德優於常人，因而被視作為可以被收藏和恭敬崇拜的貴重物品。有的人讚揚這些賢者，因為他們相信賢者所展示出來的高雅與才能激勵人們視其為模範，並因此仔細地學習和模仿他們。其他人則認為對賢者真正的讚美，意味著給予賢者與其德的價值相匹配的物質報酬。他們認為這樣做會鼓勵賢者為國效力，並因此為任用他們的君王及其臣民帶來光榮和財富。

上述是構成本章的背景，有關「德」與「賢」的一些概念方面的輪廓。本章的目的是要將一些主要是來自《論語》和《墨子》的段落放在一起討論。這些段落說明將「德」和擁有德的人看作是感官愉悅的對象，可以幫助我們理解「德」這個古代中國道德哲學的根本概念，並且說明為何在關於治國之道和政府官僚機構如何得到妥善治理的辯論中，賢者被公認是具有才能和卓越的模範。

本章另一個背景因素是我早前對馬王堆寫本《五行篇》所作的研究。在前作中，我探討了這一寫本關於《詩經》開首名為〈關雎〉一篇的論述：它認為是性愛的經驗讓體驗者領悟到

2　邢昺對《論語‧學而》七章的注釋將「賢」定義為「有德之人」，見《論語注疏》，阮元（1816）編：《十三經注疏》，卷一，頁6上。

禮儀規範的正確形式。[3] 在本章中，我將對前作的一些觀點進行
更詳細的闡述，同時考察《五行》關於欲望的論述，是否與《論
語》其中一段文字有平行之處。儘管《論語》該段文字的言辭
十分簡略，但是它似乎揭示了如下的觀點：對賢者適當地表達
敬意，即是對他們懷有激情。

　　在《墨子》和《論語》的一些著名段落中，我們可以對
「德」能夠滿足人們欲望的這個概念，有一個初步的瞭解。例
如，《墨子・明鬼》複述了一個故事，說的是上帝由於「享」，
亦即品嘗了秦穆公的「明德」（或者「享」受了其味道），故
派遣其使者句芒來延長秦穆公十九年的壽命。[4] 秦穆公「德」之
「明」大概是指諸如潔淨與精緻這類令人食欲大振的特質。這
些特質區分了上帝或許曾品嘗過的那些較為普通，而其味道因

3　Jeffrey Riegel, "Eros, Introversion, and the Beginnings of *Shijing*
　　Commentary," *Harvard Journal of Asiatic Studies* 57.1 (1997): 143–
　　177（以下簡稱 Riegel 1997）。在 Riegel 1997 中，我主要依據池田
　　知久的釋文和分析。他的觀點最初見於一系列期刊論文（參 Riegel
　　1997, 144, n. 5）。但是我沒有注意到這些論文已收於同一部著作
　　中，見《馬王堆漢墓帛書五行篇研究》（東京：汲古書院，1993
　　年）。王啟發已將此書譯作中文，見池田知久：《馬王堆漢墓帛書五
　　行研究》（北京：中國社會科學出版社，2005 年）。Riegel 1997 亦
　　同樣出版了中譯本，見王安國：〈情愛、內向性與早期《詩經》詮
　　釋〉，《中華國學研究》創刊號（北京：中國人民大學書報資料中
　　心，2008 年），頁 42–53。【編按：已收入本書。】
4　有關《墨子》的段落，見王煥鑣編：《墨子校釋》（杭州：浙江文藝
　　出版社，1984 年），〈明鬼下〉，頁 248–249。有關這段文字的討
　　論，見 Jeffrey Riegel, "Kou-Mang and Ju-Shou," *Cahiers d'Extrême-
　　Asie* 5 (1989–1990): 55–83。《墨子》此段指出該統治者是鄭穆公，
　　但學者一向認為此處文本有誤。我們從《墨子・尚賢中》中得知，
　　上天「品嘗」了三位聖王：禹、稷、皋陶之德（孫詒讓認為「鄉」
　　應作「享」），見王煥鑣編：《墨子校釋》，〈尚賢中〉，頁 61。

此較差的「德」，甚或是那些低劣或變質的「德」。由於《墨子》引用這則簡短的佚聞只是為了證明世上存在著諸如句芒這種報答他人善行的神靈，所以它並沒有闡述秦穆公是否保持其「德」原來的純潔，或為了使其「德」擁有這些特質，而通過某種方式烹調和精煉之。我們亦無法從中得知上帝是如何品嚐其「德」的。

《論語・子罕》十八章，孔子曰：「吾未見好德如好色者也。」[5] 我們可以立即注意到它在談及「色」和「德」時都使用同一個動詞「好」。這不僅說明「德」可以像「色」一樣滿足人們的欲望，也顯示在孔子甚或其他人眼中，「德」像美色一樣引人入勝和眩惑心思。這段文字使用「如」一詞，說明一個人應該通過某種方式平衡這兩種欲望。理解這種平衡所導致的結果，對於本章整體的論述至為重要，需要詳細說明。

儘管「德」在《墨子》和《論語》中是一種可滿足感官欲望的品德，但它在《墨子》中並不如《論語》一樣重要。雖然《墨子》頻繁地使用「德」一詞，但後者最常出現在一些或許比較古老的佚聞之中，被引用的目的是為墨子和其追隨者所主

5　見劉寶楠：《論語正義》（臺北：世界書局，1968 年），卷六，〈子罕〉，頁 188–189。（《論語・衛靈公篇》十三章幾乎一字不變地重複這句話。）當這句話首先出現在《論語・子罕》十八章時，孔安國注認為根據傳統的描述，這是孔子在陳、衛流亡期間所提出的。這個解釋部分建立在司馬遷《史記・孔子世家》為它所提供的背景之上，見司馬遷：《史記》（北京：中華書局，1972 年），卷四十七，〈孔子世家〉，頁 1921。（對於孔子在陳、衛之間的一些相關傳統的討論，見 Jeffrey Riegel, "Poetry and the Legend of Confucius's Exile," *Journal of American Oriental Society* 106.1 (1986): 13–22【編按：已收入本書。】）雖然這種為有關表述提供具體歷史背景的做法是可疑的，但孔安國評論云：「疾時人薄於德而厚於色。」很能夠反映品德是可量化物品的概念。

張的論點提供證據和先例。「德」似乎不是《墨子》所提倡之哲學系統的核心部分。「賢」這個術語在《墨子》一書中則遠比「德」重要。但「賢」亦見於《論語》，而乍看之下，似乎用法與《墨子》頗為接近。顯然，兩部文獻在使用「賢」這個術語時有重疊的地方。如何釐清兩部文獻，這是促成本章的部分原因。我在分析時將首先探討《論語》中人們在某種程度上較為陌生而且相對不太理解的一個段落。這段文字使用「賢」這個術語，內容涉及的是「德」作為感官欲望之對象和「德」在道德修養中之角色。

二、解讀《論語・學而》七章

在《論語・學而》中，孔子的弟子子夏以一系列韻文的格言，講述人們應如何盡力地以適當的方式對待他人：

賢賢易色	In treating the worthy as worthy he replaces those he finds sexually alluring with them;
事父母能竭其力	In serving his parents he endures exhausting his physical strength;
事君能致其身	In serving his ruler he endures pushing his body to the limit;
與朋友交 言而有信	In intercourse with friends, He offers his life as his token when making a promise.

子夏隨後評論了這些句子所描述的匿名人士：

> 雖曰未學，　　　　Even though others may say of
> 吾必謂之學矣。　　him that he is unlearned I would
> 　　　　　　　　　certainly call him learned.

　　子夏提及的所有格言似乎都涉及非比尋常的自我犧牲，以及為他人承受肉體上的痛苦。或許是這些學說所要求之事的極端本質，以及它們對於竭力行為的強調，人們對那些實踐上述學說的人是否已「學」的問題產生了分歧，而子夏亦間接提到這些分歧。當然，一個人為了他人而願意承受肉體上極大痛苦的這種需求，在孔子學說中並不如在墨子學說中如此具代表性。[6] 我們因此能夠想像孔子的其他追隨者會反對這些學說的意義，而子夏認為這些人已「學」的意見，或許在孔子學派中是較為特殊的。因此，上述所有格言都值得我們仔細考察。但是本章只會專注於上述第一句格言。

　　第一句格言開首的重文「賢賢」與諸如「親親」、「長長」這類相似的詞組平行，[7] 其字面意思為將賢者看待成賢者，即是要掌握賢者的意義和重要性，認識和描繪出使他們成為賢者的特質為何，以及不要將之誤認為其他事物，或誤將其他事物當作他們。如此將焦點聚集在賢者之所以為賢者的特質的做法，提示我們應將賢能與擁有賢能之人視為目的本身，而不是

6　《墨子・尚賢中》有一段與子夏另外一個格言非常相似的段落：「賢人唯毋得明君而事之，竭四肢之力，以任君之事，終身不倦。」見王煥鑣編：《墨子校釋》，〈尚賢中〉，頁 51。

7　劉寶楠：《論語正義》，〈學而〉，頁 11。劉寶楠在注釋中指出這些文句都是相互平行的。

達到某些目的的手段。這是因為，當賢者被視為某些事物的手段時，我們實際上就將他真正的價值和重要性，看作是某些外在的事物了。這種做法與「賢賢」這個詞組的意思有著根本的矛盾。

　　首句格言的第二部分，尤其是「易」的意思比較難以理解，而學者已對它作出了各種解釋，儘管這些解釋並不一定相互矛盾。我將「賢賢易色」理解為：「通過將賢者看待成賢者，他以賢者取代那些他認為充滿性誘惑的人。」意思是說，人們應該將他們因為性愛情景所產生的激情，應用在一些完全不同的情況中：向賢者表示尊崇，因此以性伴侶和賢者作為同樣企求的對象。正如其他格言講述的是人們應如何服侍父母和君王，或與朋友和伙伴交往一樣，這句格言亦說明人們向賢者表達尊崇和注意的方式，是訴諸那些通常保留給性愛的激情。這種識別誰是賢者的能力，建基於一種技巧，亦即人們對賢者的企求是否能夠比擬為他們對性伴侶的企求。賢者擁有道德的素質，這些素質本身就具有價值，不是作為贏得財富和尊敬的手段。如果一個人並非真心地對賢者懷有激情，如果並非真切地依戀，那麼他就未能完全欣賞賢者的內在價值。

　　我對《論語・學而》七章的理解受到現存最早、相傳為孔安國所撰的《論語》注釋的影響。他將這句話解釋為：「以好色之心好賢則善。」[8]這句解釋並沒有明確界定「易」的意思為何，但是劉寶楠和其他研究《論語》的學者都假定，它是以「更易」的意思來理解「易」的，亦即賢者能取代性伴侶作為被企

8　轉引自劉寶楠：《論語正義》，〈學而〉，頁11。在初稿完成後，筆者亦有機會查閱李零的注釋，見李零：《喪家狗：我讀〈論語〉》（太原：山西人民出版社，2007年），頁58–59。李零的看法和我大致相同。

求的對象。[9] 這無疑是正確的。

　　這種用法在古代文獻中十分普遍。例如,《孟子·公孫丑下》十章云:「古之為市也,以其所有易其所無者。」[10]「易」一般涉及的是價值明顯相等的物品交換。無論某次交易之中所涉及的物品是物質或非物質性的東西,如果它們可用以比較的特質並不明顯,那麼它便可被視為一次不恰當、不對等或不公平的交易。在《呂氏春秋·重己》中,一位匿名的哲學家聲稱他不會將其生命賣掉(「易」),因為對他來說,其生命遠比「富有天下」重要。[11]

　　此外,如果有人試圖以一些不等價的物品進行交易的話,那麼他便會被認為是不可靠和不道德的。在齊宣王以羊取代(又一次「易」的用例)一隻即將被屠宰之牛的著名事件中,他的下屬指責他吝嗇,這是因為牛遠比羊貴重。孟子在此事件中為宣王辯護,並解釋宣王如此的行為——「見牛未見羊」——是基於其憐憫之心,而並非貪婪。[12](不能忽略的是,當孟子與齊宣王鬧翻並辭去官職後,他開始從相當不同的角度來看待其動機。[13])上述所有例子提供佐證,說明《論語·學而》七

9　劉寶楠:《論語正義》,〈學而〉,頁 11。

10　我採用了劉殿爵的翻譯,見 D. C. Lau, *Mencius* (Harmondsworth, Middlesex: Penguin, 1970), 92。

11　John Knoblock and Jeffrey Riegel, *The Annals of Lü Buwei: A Complete Translation and Study* (Stanford: Stanford University Press, 2000), 67.

12　《孟子·梁惠王上》七章。

13　我們從《孟子·公孫丑上》二章得知,孟子誤判了君王能夠以德為政的能力。我們應該將《孟子·公孫丑下》十章視為另一段孟子被這位齊國君主所疏遠的故事。根據此章,這位君王給予這位哲學家一匹馬和一萬斗米的補償金,試圖慫恿他留在齊國。孟子深感冒犯:如此的行為預設他的忠誠可以補償金代替,而補償金又是如此

章使用「易」一詞，意味著「賢」和「色」被想像成一些貨品，也意味著至少在子夏看來，它們是完全可以用來互相交換的，而兩者的價值亦因此是相等的。

就《論語》這個句子而言，孔安國的解釋，即「以好色之心好賢則善」，有可能是在化用《孟子·梁惠王上》七章這個措詞相似，而且相當著名的段落。在這段文字中，孟子勸告齊宣王要「舉斯（同理）心」，並將之「加」即用在其臣屬身上。[14]在上文已間接提及的另一則《孟子》的著名故事中，孟子認為齊宣王已擁有憐憫之端倪，因為他不忍看到牛受苦。孟子希望齊宣王知道，他那種基於厭惡動物受苦的憐憫心，會影響到他對人民的統治。

孔安國注化用《孟子》一段文字，說明子夏所具有的已「學」的典範，使得他成功地將他在看到美色時所產生激情的能力，應用在他與有德之士所進行的交流之中。我認為《論語·學而》七章和《孟子·梁惠王上》七章所教導人們的，都是將攸關一個情況的情緒，應用在另外一個情況，目的是為了賦予後者一個與前者相同的情感內涵。這種將情緒從一個領域延伸至另一個領域的做法，實際上就是將兩個領域連繫和等同起來。[15]

之少（「如使予欲富，辭十萬而受萬，是為欲富乎？」）。孟子所認為的公平交易，是君主恭敬地接納哲學家的思想和價值觀。可是，這項交易並沒有得到實現。《孟子》此章在結尾提及古代一位「賤丈夫」，他以謀求利潤的作法，破壞了市集中交換對等價值貨品的一貫作法。

14 《孟子·梁惠王上》七章：「言舉斯心加諸彼而已，故推恩足以保四海，不推恩無以保妻子。」

15 在《孟子·梁惠王上》七章，齊宣王受到勸告，要將他在看到動物受苦時所感受到的似乎更為自然的情緒，擴展至可以決定影響人民

　　清代語文學家王念孫（1744–1832）支持這個解釋，他將
「易」釋為「如」，並因此表明他如此理解這個段落的意思：
人們對賢者的尊崇應與他們對性愛的企求等同。[16] 王念孫如此
訓釋，明確將《論語‧學而》七章的格言與上文所引孔子的控
訴聯繫起來：「吾未見好德如好色者也。」李零教授進一步指
出子夏所言與孔子的控訴在意思上是相同的，即人們應一如他
渴望美色一樣渴望品德。[17] 根據上文對「賢賢易色」的含義所
作的討論，我認為孔子在《論語‧子罕》十八章所關注的，並
不是人們無法像珍視品德一樣那麼珍視性愛，而是人們在渴望
品德時，無法像渴望性愛時那樣具有相同強烈的激情。陳澧
（1871 卒）在《論語話解》中解釋這種情緒轉移可能會涉及何
事，並且試圖補充《論語‧子罕》十八章那些極為簡略的表述
意思：

　　　　孔子說，色是人人同好的，德也是人人同好的。
　　好色是人欲，好德是天理。如今好色的人，一心專注
　　在色上，纏綿輾轉，夢寐不忘；若將此心移在德上
　　用，何德不成？無如世上好德的少。[18]

生活的一個較具政治性的領域中。在《論語‧學而》七章的格言
中，子夏稱讚某位匿名人士為已「學」之人，這是因為他在尊敬品
德時投注的情緒，與他在受到美色誘惑而激起性欲時所感受到的情
緒一樣強烈。

16 轉引自劉寶楠：《論語正義》，〈學而〉，頁 11。

17 李零：《喪家狗：我讀〈論語〉》，頁 59。他在增補附錄的第 37 頁
　重申這一點，並同時指出「賢」與「德」在這個語境下意思是相同
　的。王念孫與李零從孔子兩次提及的控訴來解釋子夏的格言，可能
　依據的是邢昺的注釋，引文見《論語注疏》，卷一，〈學而〉，頁
　6 上。

18 陳澧：《論語話解》（香港：太平書局，1963 年），〈子罕〉，頁

　　本章對《論語・學而》七章的解釋，有第三個要素：實踐這些格言的已「學」之人，通過他對賢者的激情得知，賢者和他們所應得的尊重在其生命的規劃當中，要比性愛和性愛所產生的情感重要。但是，我認為意識到尊敬賢者和激發性欲之間存在等級的差異，並不代表那些已「學」之人在選擇其中之一、且排斥或無視另一方的同時，必定會感到矛盾或不情願。相反，我們可以肯定這種對事物相對重要性的瞭解，能夠讓他將那些與性欲所激發的有關情感，引導至他對賢者的愛慕之上。無論如何，我看不到有任何語法或詞彙的理由，需要對這句格言做出如此的解釋：因為性欲會對晉升賢者這個更為重要的任務造成危害，所以人們應當限制之或消滅之。賢者並不是那種因為被愛就需要否定所有其他激情的超越的神人。相反，他們是最值得人們企求的人，而對賢者的激情是人們在一生眾多激情中最令人難以抗拒的。

　　我做出這種區別，是因為劉寶楠在其對《論語》這段文字所作的注釋中，將「易」訓作「易怠」，似乎理解這句格言的意思為已「學」的實踐者「尊敬賢者，輕略女色」。[19] 劉寶楠的解讀似乎是建立於某種假設之上，亦即尊重品德與渴望性愛之間存在著衝突或矛盾，而這種假設很可能是根據一種對《論語》此段文字所作的不合時宜的解讀。《漢書・李尋傳》載有李尋撰寫的一則著名奏章。李尋的一個身分是朝廷的占星學家，並

105。陳濬對《論語・子罕》第十七章的解釋間接提及上文已討論過的《孟子・梁惠王》七章。他的解釋亦證實了將某種激情與另外一種等同起來（「如」），必然涉及到將某個對象的欲望和激情應用到另一個對象之上。同樣值得注意的是，陳濬認為在解釋孔子這番言論的動機時，我們沒有必要提及某件特定的歷史事件或某位特定的歷史人物。

19　劉寶楠：《論語正義》，〈學而〉，頁 11。

在漢成帝（前 33– 前 7 在位）和漢哀帝（前 7– 前 1 在位）時
受到一些高級官員的諮詢。在這則奏章中，李尋認為構成北斗
的各顆恆星以及鄰近不同恆星的所在位置，是對聖王應當晉升
賢臣以及防止女性干涉朝政的一個訓誡，他更利用子夏在《論
語》中的四字格言作為這種解讀的經典佐證。[20] 唐代的《漢書》
權威顏師古在解釋被置放在另一個語境下的「賢賢易色」這句
格言時，明確區別品德與性愛：「尊上賢人……輕略於色。」[21]
顏師古將「易」的意思理解為「輕略」，即忽視、不尊敬之意，
較劉寶楠的注釋為先行，可能是構成後者理解的基礎。然而上
述奏章是由漢代一位占星學家所寫，他和其他要員擔心的是女
性在朝廷中佔有過度的影響力。這個解釋或許在此背景中能夠
成立，但它顯然不是孔子《論語》在原來語境中所應有的解
釋。[22]

　　劉寶楠為了證明這句格言實際上是要人在品德與性愛之間

20　參看《漢書》所載的李尋傳記，見王先謙：《漢書補注》（北京：商
　　務印書館，1959 年），卷七十五，〈眭弘夏侯勝翼奉〉，頁 4716–
　　4735。與這篇奏章有直接關係的段落見第 4718 頁。魯惟一有關於
　　李尋很好的概括，他亦轉述這份奏章的內容，見 Michael Loewe,
　　Crisis and Conflict in Han China (London: George Allen & Unwin,
　　1974), 276–278。正如魯惟一在頁 280 指出，當時在位的皇帝相信
　　李尋與一些顛覆者有關連，所以將他流放到西部的敦煌，而其職
　　業生涯亦因此終結。德效騫對這些事件提供了更多的背景敘述，
　　見 Homer H. Dubs, *The History of the Former Han Dynasty*, vol. 3
　　(Baltimore: Waverly Press, 1995), 7–8。
21　王先謙：《漢書補注》，卷七十五，〈眭弘夏侯勝翼奉〉，頁 4718；
　　班固：《漢書》（北京：中華書局，1975 年），卷七十五，〈眭兩夏
　　侯京翼李傳〉，頁 3180，注 8。顏師古提出「易」的訓釋，亦指出
　　它的讀音乃根據「弋二」的反切讀音而定。
22　我們亦應注意，顏師古將「賢賢」解釋為「尊上賢人」，他明確地
　　以一種更接近墨家，而非儒家的方法來理解這個詞組。

作出選擇，所以他表示贊同地引用了一些文獻，它們將《論語》
此段落與《毛詩》對於〈關雎〉的部分解讀聯繫起來。按照傳
統說法，子夏與《毛詩》學派有關，這或許是如此聯繫做法的
依據。劉寶楠和他所引用的材料指出，《毛詩》序認為〈關雎〉
的主人公「憂在進賢，不淫其色」。[23]

子夏很可能如傳統所言專長於《詩經》。而他在《論語‧
學而》七章提出一系列格言時，亦有可能心目中正在想著〈關
雎〉。但是，像劉寶楠一樣在那些流傳下來的《毛詩》學說中
尋找子夏解《詩》的論述，這個做法是錯誤的，也無疑是不合
時宜的。因為劉寶楠依賴《毛詩》的解讀，他確認了自己已進
入漢代道德主義的詮釋世界之中。在這裡，李尋和《毛詩》的
經師都認為有必要將古代經典文獻改寫成對性愛關係所作出的
警告。

但是，我們現在能重新建構另一個〈關雎〉的古代注釋
傳統，而且它可能與子夏在《論語》這個段落所表達的觀點有
關。馬王堆《五行》寫本將〈關雎〉第 4 至 6 行這些深刻表達
情愛渴望的詩句，理解為一段關於一位匿名男士的敘述的一部
分。這位男士雖然對某位無名女性有著性的欲望，但他卻沒有
按照其激情而行動，這是因為這些有關性欲的經驗本身使他
明白到禮儀的限制。[24] 因為其欲望，故此他在心中對於何為父

23　劉寶楠：《論語正義》，〈學而〉，頁 11，其中引用《毛詩正義》的
　　內容見孔穎達：《毛詩正義》（1816 年本），頁 19（跟劉寶楠一樣，
　　我認為此行的正確讀法是將 1816 年本中的「愛」字改作「憂」，
　　參見阮元於頁 28 的校勘記）。

24　在我發表了有關馬王堆《五行》寫本的研究以後，其他與〈關雎〉
　　有關的出土材料亦相繼被發現。郭店村一個約在前 300 年密封的
　　墓穴中出土了一個時代比馬王堆《五行》更早，且與之稍為不同
　　的《五行》寫本。有關郭店《五行》及其釋文，見荊門市博物館：

母、兄弟、鄰居所接受，而何為所不接受有著比平常更為清楚
的瞭解。雖然他有著極端而迫切的性欲，但有些事情，諸如在
他人面前性交，是他完全不會做的。事實上，《五行》「說」聲
稱他寧死也不會做這樣的事情。這段論述的主人翁從這種經驗
中洞悉他的性欲只不過是「小好」，與其相對的是他應當遵守
社會之禮儀的「大好」。[25] 這篇文獻最後指出，通過如此一個故
事的述說，亦即令人無所作為的性欲如何最終導致一個人對行
為舉止的重視，這首詩「由色諭于禮」。[26]

《郭店楚墓竹簡》（北京：文物出版社，1998年），頁 149–151。雖
然這件寫本現存的部分，並沒有出現見於馬王堆本中有關〈關雎〉
的內容，但它成書較早這一點，提示我們注意馬王堆本「說」的時
代比我先前假定的要早。此外，郭店本證實這篇文獻的正確標題
為《五行》，而非《五行篇》這個我在較早著作中所使用的名稱。
Mark Csikszentmihalyi, *Material Virtue: Ethics and the Body in Early
China* (Leiden: Brill, 2004) 一書的附錄 2、3 中有《五行》郭店本和
馬王堆本的全文翻譯。

25　《五行》對〈關雎〉涵義的討論並非全無前例。同樣地，它對欲望
　　之於道德修養的作用這個更廣泛的議題也是如此。其他早期的文獻
　　亦有類似內容。在馬王堆寫本出土之前，它們在某種程度上遭到了
　　忽視。這些文獻見 Riegel 1997, 151–152。讀者也可參看下文注 26。

26　柯馬丁發表了三篇論文，涉及郭店以及其他早期寫本發現，並且詳
　　細分析了它們對我們理解《詩經》，乃至中國詩歌的廣泛貢獻："Early
　　Chinese Poetics in the Light of Recently Excavated Manuscripts," in
　　Recarving the Dragon: Understanding Chinese Poetics, ed. Olga Lomová
　　(Prague: Charles University, Karolinum Press, 2003), 27–72; "Western
　　Han Aesthetics and the Genesis of the 'Fu'," *Harvard Journal of Asiatic
　　Studies* 63 (2003): 383–437; "The Odes in Excavated Manuscripts," in
　　Martin Kern, ed, *Text and Ritual in Early China* (Seattle: University of
　　Washington Press, 2005), 149–193。在第一篇的頁 54–55，柯馬丁指
　　出，與《五行》解釋〈關雎〉相關的文獻，並非如我早前所認定的
　　那樣，是司馬遷〈屈原列傳〉中的原創解釋（Riegel 1997, 152），
　　而是從劉安（前 179– 前 122）的《離騷傳》所借用而來。

　　在馬王堆文獻被發現很久之後，出現一件被整理者題作
《孔子詩論》的寫本，現藏於上海博物館。這件寫本包括一些
與〈關雎〉有關的零碎片段，分別記於四根竹簡上（整理者給
四根竹簡的編號是簡 10、11、12、14）。[27]《孔子詩論》對〈關
雎〉的討論以「〈關雎〉之改」（簡 10）的標題開始。如此的
格式顯然是要確認潛藏在這首詩的意思和結構之下的一個主要
基礎概念，即「改」。[28] 這篇文獻在對這個概念進行闡述時指出
「〈關雎〉以色喻於禮」（簡 10 底部）。這句話顯示《孔子詩
論》對〈關雎〉的理解儘管不是保存得完好無缺，但我們仍可
認為它是馬王堆《五行》所反映注釋傳統的一部分。事實上，
馬王堆寫本關於那位匿名男子通過性的渴求而學習到禮儀的故
事，或多或少在《孔子詩論》其餘的段落中被延續下去；《孔
子詩論》將〈關雎〉的第 7 至 10 行，亦即《孔子詩論》認為
是第 4 章的內容視為敘述的高潮。《孔子詩論》以「喻」指稱
該節，認為詩歌的第 8 行的意思是主人翁「以琴瑟之悅，擬好
色之願」，通過有弦樂器彼此產生共鳴的這種更為禮貌和得體

---

27 《孔子詩論》是上海博物館於 1994 年在香港古玩市場所購得的一
　　篇竹簡。這批竹簡至今已整理出版了 6 冊。有關《孔子詩論》的釋
　　文，見馬承源編：《上海博物館藏戰國楚竹書（一）》（上海：上海
　　古籍出版社，2001 年），頁 139–144。下文所採用的釋文與簡序見
　　李學勤：〈《詩論》的體裁和作者〉，收入朱淵清、廖名春編：《上
　　博館藏戰國楚竹書研究》（上海：上海書店出版社，2002 年），頁
　　58。

28 這篇文獻亦以相同的方式來指稱《詩經》其他的詩歌，如「〈樛木〉
　　之時」、「〈漢廣〉之知」、「〈綠衣〉之思」、「〈燕燕〉之情」。有
　　關這些指稱與其他篇題的討論，見李學勤：〈《詩論》說〈關雎〉等
　　七篇釋義〉，收入《清華簡帛研究》第二輯（北京：清華大學思想
　　文化研究所，2002 年），頁 16–19。

的語言來表述其欲望。[29] 這與第 4 至 6 行相去甚遠：主人翁在後者使用了充滿激情的語言表達他深切渴望情愛。這樣的差異所涉及的應該不只是語言如何表達欲望的問題，還應該包括如下的主題，亦即詩歌的主人翁在意識到這是一些他所不為的情況下，將其欲望控制在禮儀的規定之中。[30] 主人翁並非不負責

---

29 在《孔子詩論》中，緊接此句之後的內容是關於〈關雎〉第 10 行詩句的一個片段：「以鐘鼓之樂。」這個句子可能是以敲擊樂器的迴響來表達主人翁渴望的一個平行類比。我將簡 14 的「擬」訓為「比擬」（analogy）乃根據李學勤和周鳳五的說法，見李學勤：〈《詩論》說〈關雎〉等七篇釋義〉，頁 16；周鳳五：〈《孔子詩論》新釋文及注解〉，收入《上博館藏戰國楚竹書研究》，頁 160。除了《孔子詩論》使用「擬」字的做法，以及它將第 4 章內容視為「諭」，我們應該認為〈關雎〉提及多種樂器，並非是間接討論一個在詩歌敘述架構中所進行的音樂或其他禮儀表演，而是在暗指一場溫和而和諧的性交。這種音樂式的隱喻也見於《詩經》其他詩歌（如〈常棣〉）以及《左傳》，比如昭公元年的一個著名段落。在該段文字中，一位醫生通過音樂式的隱喻來勸戒一位淫蕩的君王如何節制其放縱的性行為，見楊伯峻：《春秋左傳注》（北京：中華書局，1990年），第 4 冊，頁 1222 的相關注釋。楊伯峻的注釋不僅與《左傳》相關，而且也與《詩經》的詩歌相關。

30 簡 11 記有一個馬承源釋為「〈關雎〉之改，則其思瞋矣」的句子，見馬承源編：《上海博物館藏戰國楚竹書》，頁 141。所有對這篇文獻進行研究的學者，事實上都承認他們不確定「瞋」字的意思為何，並認為應將它視為某字的假借字。李學勤讀「益」，即「大、增加、溢出」一類的意思，並且將「思」解作「意思」。因此他認為此句的意思是「因為〈關雎〉的改易，它的意義很大。」我認為這個解讀，以及李學勤讀「瞋」作「益」的建議欠缺說服力。這是因為「思」在〈關雎〉中的意思是「渴望」或「欲望」。此外，主人翁的渴望在敘述的這個地方並沒有氾濫。相反，其欲望似乎被他有關行為舉止的感覺所約束了。這使我得出以下嘗試性的解釋。我認為「瞋」或應讀作「隘」。這個字代表的字面意思，包括「狹窄、細小」。因此，這個句子的意思大概為「因為〈關雎〉的改易，他的欲望被削減了。」由於《孔子詩論》只有零碎的斷簡殘存下來，

任地沉溺於其欲望之中，並因此在其家庭和鄰里中製造破壞，而是根據《孔子詩論》所言：「反內於禮。」（簡 12）[31] 由於他如此的行為，故此這篇文獻反問：「不亦能改乎？」在這裡以及作為相關討論的標題中，「改」字指的是詩歌主人翁在態度和舉止上的轉變，以及他用來描述其個人轉變經歷的語言，亦即此詩的詩句。[32]

劉寶楠認為〈關雎〉與《論語‧學而》七章有關，這是因為他假定這首詩是對不正當性關係所作的警告，假定這會直接影響到人們如何解釋子夏的學說，亦即已「學」之人如何對待具有性吸引力之人和有德之士。但是，《五行》和《孔子詩論》這兩件寫本中有關〈關雎〉的敘述，與劉寶楠認為它禁止與女性發生性接觸的看法大相徑庭。相反，我們在詩句中找到與《論語‧學而》七章所言相似的道德修養和成長軌跡：一位匿名人物對於道德價值比他對性愛有著更多的激情。在《論語》中，這種道德價值是賢，而在〈關雎〉，此則為禮儀舉止。《孔子詩論》表明這種軌跡涉及到詩歌主人翁的「改」。而我們在

而且我們亦不肯定這篇文獻的簡序為何，故我並不清楚應如何準確地調和這個句子以及這篇文獻其餘有關〈關雎〉的討論。

31 我對這個句子的瞭解乃根據李學勤的詮釋，見〈《詩論》說〈關雎〉等七篇釋義〉，頁 16。

32 我強調〈關雎〉的意思和其架構所反映的「改」即轉變之意，但這並不表示我不認同有關這種「改」的另一個議題，亦即此詩對那些經歷此詩之人所造成的影響。相反，我相信《五行》和《孔子詩論》注釋的其中一個目的，是要指出《詩經》的詩歌是如何影響和改變他人的。但我認為達到這種效果的力量來自詩句的意思和安排，而不是那些短暫而無論如何也難以理解的表現元素。我傾向認為〈關雎〉和其他詩歌的這種造成轉變的影響力，是在人們自己記憶、內化、吟誦詩歌的詩句，以及向他人傳授和教授有關技藝的背景下進行的。

《論語》的記述裡亦找到類似的改變。當子夏的模範人物以賢者「易」，即取代那些具有性吸引力的人時，這並非單純是一種以一物換一物的表面交易。這種交易發生在一個人的「心」中，而不是在兩個參與者之間。因此，這是一種發生在子夏的模範人物的思想和潛在價值觀之間的交易。這種交易與我們在〈關雎〉主人翁身上所看到的轉變一樣意味深長：此人以規範對待其父母、兄弟和鄰居而產生的一種強烈的責任感，取代其對性欲的渴求。為了全面解釋《論語・學而》七章「易」字有何意義，我們必須理解它亦同時指向這種潛在的轉變。換言之，《論語》的「易」即《孔子詩論》對〈關雎〉之解讀中的「改」，而反之亦然。[33]

上述分析專注於《論語・學而》七章的細讀，有幾個問題卻沒有處理。首先，本章偏好使用文本和語文學的方法，卻忽略了一些較為比較性和哲學性的議題。一個更關注這些議題的研究，會試圖較為全面地處理諸如肉欲這類身體欲望究竟本質為何的問題，包括它們為何可以同時追求品德與性愛兩種如此不同的對象。孔子的意思是，是否的確無論對象，人們都會對它們有相同的渴望？抑或借用陳澔的話，當色欲是與天理而非人欲相關時，孔子是否會呈現出強烈程度不一的情緒，或者會呈現如同酒神（Apollonian）和太陽神（Dionysian）的區別一般，不同形式的欲望？如果人們對某一類事物的渴望能導致他們對另一類事物的渴望，以致這兩類事物即使不是密不可分，也是緊密相關的，這種想法又如何影響我們對欲望的理解？一個較為哲學性的研究途徑，或許還需要探討諸如視覺等感官，

---

33 邢昺注釋《論語・學而》七章，將「易」定義為「改」，此外也顯示他認為這段文字是將大量喜歡性愛的人轉變成愛慕賢者的人這個龐大規模計畫的一部分。見《論語注疏》，卷一，〈學而〉，頁 6 上。

乃至記憶與視覺形象這些相關的能力，對於我們渴望不同對象，乃至隨後所做出的反應，如何發揮作用和做出相關的評價。最後，我們必須承認，當人們認真地進行文本與哲學分析時，儘管他們所討論的文本涉及到性愛的因素，但如果需要將這種分析延伸至下面所說的課題，依然極其困難：亦即我們如何思考性興奮的實際體驗為何，包括人們如何引導和培養這種經驗，從而使之成為對賢者的激情？

三、墨子與賢者的價值

《墨子·尚賢》在今本中分別以上、中、下三種不同的版本而得以保存。此篇幾乎所有的篇幅都在討論墨子認為人們應如何適當尊敬那些在治國方面有出眾表現的人。[34] 對本章而言，我只集中討論中篇幾段有關《論語·學而》七章的段落。

此篇的一段文字指出，那些被授予崇高頭銜，但薪酬卻與之不相稱之人將會懷疑其上司，並作出以下控訴：「此非中實愛我也，假藉而用我也。」[35] 另一個緊接其後的段落解釋為何君王會在給予有德之士薪酬時表現得如此吝嗇：「處若官者，爵高而祿厚，故愛其色而使之焉。」[36] 此篇第三段文字認為，君王應模仿古代的聖王，後者只會獎賞表現傑出的官員，並迴避那些毫無價值的人，無論其有何親屬關係、其財富為何、或

---

34 三個不同版本的內容幾乎完全相同。它們不同之處僅在於其篇幅和用字。王煥鑣認為《墨子》核心篇章之中的這三章和其他章節並未反映出墨子思想的三個分支或學派，而是三個不同的寫本傳統，見王煥鑣編：《墨子校釋》，〈尚賢上〉，頁 40。我贊同他的看法，而葛瑞漢（A. C. Graham）則支持另一種看法。

35 見王煥鑣編：《墨子校釋》，〈尚賢中〉，頁 52。

36 同上注，頁 55。

其美色和性吸引力為何。[37]

當我們將這三段文字並列閱讀時，我們可能會認為它們所反映的觀點與構成《論語‧學而》七章子夏格言的觀點十分接近。這些段落試圖推廣一個方案，藉此君王能「實愛」，即真誠地愛慕賢者且認識到其價值。此外，當君王意識到賢者比美色更為珍貴時，他便會因其所好而以品德取代美色。儘管《墨子》與《論語》乍看下有著驚人相似之處，而其程度大得甚至有可能使人懷疑子夏格言的正統性，但這兩部文獻實際上仍有著重要且歸根究柢相當明顯的差異。事實上，我們可以將《墨子》此篇看成對《論語‧學而》七章及其所屬傳統的批評。

我在上文已指出，我們在《論語‧學而》七章中，找到了一個說明人們對賢者的愛慕是如何建基於某種自我反省的例子。在進行這種自我反省時，人們會經歷轉變，且意識到在所有人們可能會抱有激情的事物中，賢能自身是最為重要的。整部《墨子》清楚地指出促使和改變行為的，並非道德反思和自我修身的方案，而是賞善罰惡的完整和一貫的系統。統治者並沒有被豁免於這個系統之外。在墨家的系統中，指望某人能夠直接偏愛有德行之人，這是不切實際和違反人性的。如果某人希望君王愛慕賢者，那麼他必須為君王提供足夠的動力。因此，《墨子》此篇指出喜愛有德之士會帶來的好處，和人們在無法如此做時所接踵而來的災難。同時，它提出如何促使君王愛慕有德之士的方案。《論語》並沒有提及這種動力，而在墨子和其追隨者的眼中，這類道德改進的方案變得不是無意義，就是不切實際。

---

37 同上注，頁 48：「故古者聖王甚尊尚賢而任使能，不黨父兄，不偏富貴，不嬖顏色，賢者舉而上之，富而貴之，以為官長；不肖者抑而廢之，貧而賤之，以為徒役。」

《墨子》亦認為人類的激情、情感或性情作為判斷人們真誠標準是不可靠的。〈尚賢〉篇因此指出，君王必須以恰如其分的薪金獎賞賢者，以如此的方式來表現他愛慕賢者的真誠。這裡所要求的，實際上是向公眾說明君王所偏愛之事。這種需求與《墨子》一書較為廣泛的另一個立場頗為一致，亦即證明是由多種第三者親自目擊的經驗證據所組成。[38]

統治者被要求將公眾的投資賦予這些賢者，而賢者將會加倍地回報這些投資：

> 賢者之治國也，蚤朝晏退，聽獄治政，是以國家治而刑法正。賢者之長官也，夜寢夙興，收斂關市、山林、澤梁之利，以實官府，是以官府實而財不散。賢者之治邑也，蚤出莫入，耕稼樹藝、聚菽粟，是以菽粟多而民足乎食。[39]

這段文字強調賢者辛勤工作，以及他們會為君王和國家產生財富。因此它有效地顛覆了愛慕賢者是目的本身的觀念。人們應該愛慕賢者，因為後者將為達成君王和人民迫切嚮往的目的提供一個可靠的辦法。這些目的並不是君王本身任何深切的情感，而是驅使統治者尊敬賢者和任用賢能之士的事情。在〈尚賢〉此處和其他段落，《墨子》有效地反駁了「賢賢」這個

---

38 《墨子·非命上》羅列三種用來判斷一個理論的有效性是否符合標準的辦法，其一是普羅大眾所見識的證據，見王煥鑣編：《墨子校釋》，〈非命上〉，頁283。〈明鬼〉經常提到人們親眼目擊鬼神的描述，藉以證明鬼神的存在，如王煥鑣編：《墨子校釋》，〈明鬼〉，頁246。

39 《墨子·尚賢中》，見王煥鑣編：《墨子校釋》，〈尚賢中〉，頁49。

作為子夏格言開首的重文。雖然「賢」這個詞語對《墨子》十
分重要，但整部書都沒有使用對子夏學說至為關鍵，將「賢」
字重疊在一起的做法。這是因為勸勉君王採納子夏的學說，意
味著他之所以認為賢者有價值，是因為他們所擁有的品德，而
不是因為他希望賢者將帶來那些令人嚮往的成果。《墨子》向
君王創造了一個自己杜撰的口號，即「尚賢」，來鼓勵那些掌
權者估算賢者對他們有何價值，並繼而非常公開而又毫不猶豫
地向他們作出回報。

治癒不可為者 *

> "Eros......dissolver of flesh, who overcomes the
> reason and purpose in the breasts of all gods and men."
>
> – Hesiod, *Theogony*[1]
>
> 「厄洛斯⋯⋯肉體銷蝕者，她勝過所有神人胸中
> 的理性與意志。」
>
> —— 赫西俄德《神譜》

一、引言

在春秋晚期以及戰國時代，貴族之所以與百姓有別，並不
僅是因為其財富與特權。他們耽溺於財富與特權所帶來的奢侈
和感官愉悅，這意味著他們以特殊的原因染上疾病，與一般的
老百姓不同。大量古代文獻描述了漢代之前貴族的放縱無度，
而這些文獻無可否認都帶有思想的偏見。諸如《呂氏春秋》一
類的著作對貴族放蕩的行為表示震驚，提倡窮人與陋者那種簡
單而平安的生活，並警告富者要採用一種節制的養生方法，使

* Jeffrey Riegel, "Curing the Incurable," *Early China* 35 (2013): 225–
246.

1 M. L. West, trans, *Hesiod, Theogony and Works and Days* (Oxford:
Oxford University Press, 1988), 6, line 120–122.

其生命恢復健康，從而防止那些削弱其體魄、並折損其原有壽命的疾病的猛擊。[2]

這篇文章收入李學勤教授的祝壽論文集，其目的是要研究晉平公這位古代歷史人物的案例。相關文獻提及晉平公前557–前532[3] 在位，他放蕩不羈，並因此患上了一種使其變得虛弱的病症。作為傳世文獻中最著名的病弱者之一，晉平公患病在身，甚至可能其在位二十五年的大部分時間都臥病在床。在《左傳》的敘述中，來自秦國的醫和為晉平公做出診斷。這段記述將晉平公的疾病歸咎於其過度的性生活，且宣稱其疾「不可為也」。這個結論促使我詳細地考察這個文本，目的是確認晉平公究竟罹患何種疾病，以及此病為何發生。

《左傳》有關醫和診斷晉平公的故事，可以說是一種故事類型的一個例子。在這故事中，患病的君王會向一位聖人般的人物詢問其疾病的來源以及治癒疾病的辦法。讓我們首先回顧這類故事的其他例子，其中有部分可見於近年的出土文獻中。我相信這種做法是有益處的，因為這些例子使我們更為概括地理解與《左傳》晉平公故事相似的材料，如何定義統治精英所患疾病的病因、如何確定那些進諫者的身分、如何描繪神靈的

---

2 見陳奇猷編：《呂氏春秋校釋》（上海：學林出版社，1984 年），卷一，〈孟春紀〉，頁 21。《呂氏春秋》的原文指出，貴族享受充裕的物質和愉悅，使得他們容易受到各種威脅其性命的傷害與攻擊：「貴富而不知道，適足以為患。不如貧賤，貧賤之致物也難，雖欲過之奚由？出則以車，入則以輦，務以自佚，命之曰招蹶之機；肥肉厚酒，務以自彊，命之曰爛腸之食；靡曼皓齒，鄭、衛之音，務以自樂，命之曰伐性之斧。」英文翻譯見 John Knoblock and Jeffrey Riegel, *The Annals of Lü Buwei* (Stanford: Stanford University Press, 2000), 66–67。

3 除非特別說明，否則本章所提及的所有年分皆指公元前【編按：為方便讀者，譯文中的所有相關年分前都逕直加上「前」】。

角色，以及為求解脫而向他們所作之禱告有何成效、如何解釋
君主的疾病與困擾其國家的其他災禍間的相應之處，以及如何
為治癒統治者疾病而開出一張有效的處方，使其改變行為與改
革政治。

　　為了更好地理解晉平公的疾病及其病因的性質，我把《左
傳》的敘述從更為常見的史學語境中抽離出來，轉而根據《引
書》這部在過去已經佚亡，並在 1983 年湖北一處古墓出土的
「醫書」來對它進行解讀。[4] 對讀這兩部文獻，我們不僅能發現
有關貴族疾病的各種態度與療法之間的異同，亦意識到諸如
《左傳》一類歷史文獻的內容在《引書》這類作品的編輯過程
中所可能扮演的角色，以及技術性質的醫書與其他作品是如何
可能被歷史敘述所借用，並在後者的語境中被賦予超越其原有
範圍的道德和政治意義。

二、患病君主的故事

　　有關患病君王故事類型的另一個例子，見於《左傳》醫和
診斷晉平公這段敘述的前一段文字中。這段在《左傳》中較早
出現的文字敘述了鄭國政治家子產（前 522 卒）到訪晉國，詢
問晉平公的健康狀況。[5] 子產在一篇甚長的說辭中，批評晉國朝

4　在此我要向夏德安（Donald Harper）表示感謝，是他最早提醒我這
　　兩部文獻可以對讀，這對我很有幫助。當然，我通過對讀所得到的
　　結論是我自己的。我同樣感謝為《古代中國》（*Early China*）審閱
　　本章的匿名評審。審閱報告中的建議幫助我避免了一些事實與詮釋
　　的錯誤。有關《引書》，見下文注 41。
5　參見楊伯峻：《春秋左傳注》（北京：中華書局，1981 年），第 4
　　冊，頁 1217–1221。（本章提及的其他《十三經》文獻，皆出自阮
　　元編：《十三經注疏》〔江西：南昌府學，1816 年〕。）子產廣為人

廷占星學家所提出的說法；後者認為是星神和水官導致了君王的疾病。子產提出另一個解釋：平公與後宮中幾位同姓妃子過度頻繁性交，以致耗盡了精力。[6]子產警告，如果這的確是平公疾病的起因，那麼他就「弗可為也」。據子產所言，平公需要做的，是採取一種嚴格的日常養生法來預防疾病。為此需要將每日的時間加以區分，而平公僅可在夜間進行房事以及其他帶給身體安逸和舒適的活動：

> 君子有四時：朝以聽政，晝以訪問，夕以修令，夜以安身。[7]

子產隨後解釋，以這個方式劃分每日時間，可確保平公有足夠的時間處理安身之事以外的政務，而人們正是通過上述方法來使體內之氣得以正常流通，使之不致壅閉而令自身衰弱。儘管子產並未向他提供任何治療方法，但平公仍稱子產為「博物君子也」，並給予他大量奢華的禮物來符合官方訪問結束時的禮儀需要。

第三個例子是齊景公（前 547– 前 490 在位）的故事。他患病整整一年，並向傳奇的聖人晏嬰詢問應該如何是好。這個故事有三個版本：《左傳》的敘述發生在前 522 年（《晏子春秋》

知的是他在鄭國頒布了一部法典，並且推行了一系列改革措施。見 V. A. Rubin, "Tzu-Ch'an and the City-State of Ancient China," *T'oung Pao* 52.1 (1965): 8–34。

6 這位朝廷的占星學家認為平公之病是由實沈和臺駘造成的，但他們卻無法進一步識別這兩位神靈的身分。子產解釋實沈是與參宿有關的神靈，而臺駘則是汾水中的一個神靈。雖然它們都與晉國及其國君的運數有關，但子產認為他們不應該為平公的病痛負責。

7 楊伯峻：《春秋左傳注》，第 4 冊，頁 1220。

中有一段與此幾乎完全相同的記載）；第二個版本見於《晏子
春秋》另一段文字中（它有別於與《左傳》相似的那段文字）；
而第三個版本則是一篇近期出土、題作《競公瘧》的竹簡寫
本，現藏於上海博物館。[8]

　　在這個故事的《左傳》版本中，景公據說患了「疥遂痁」。[9]

8　有關這三個版本，見楊伯峻：《春秋左傳注》，第 4 冊，頁 1415–
　　1418（《晏子春秋》有一處文字與之極為相似〔以下簡稱《晏子春
　　秋》1〕，見吳則虞：《晏子春秋集釋》〔北京：中華書局，1962 年〕，
　　卷七，〈外篇〉，頁 446–447）；吳則虞：《晏子春秋集釋》，卷一，
　　〈內篇諫上〉，頁 42（以下簡稱《晏子春秋》2）；以及馬承源編：
　　《上海博物館藏戰國楚竹書（六）》（上海：上海古籍出版社，2007
　　年），頁 157–191。這件寫本標題中的「競」是景公諡號「景」的
　　另一種寫法。該故事在《左傳》版本長約 700 字，《晏子春秋》2
　　的版本則長約 450 字。至於竹簡寫本則已經損毀：十三根竹簡每根
　　都斷為三截，而上海博物館的學者只能修復三截中的兩截而已。現
　　存的殘篇一共 489 字。如果當初整篇竹書都被保存下來的話，那麼
　　這件寫本的總長將是大約 750 字，比另外兩個版本都長。為了本章
　　的目的，我將闡述《左傳》這個最長且最完整的版本，必要時指出
　　它與另外兩個版本之間的不同。

9　當「疥」字用在《左傳》及本章提到的其他早期文獻時，我們應
　　將其意思理解為一種結痂性的疥瘡，而不是由疥蟎（Sarcoptes
　　scabiei）所引起的寄生性皮膚病。夏德安正是如此理解馬王堆醫
　　學文獻中的「痂」，認為它表示疥瘡，見 Donald Harper, *Early
　　Chinese Medical Literature: The Mawangdui Medical Manuscripts*
　　(London: Kegan Paul International, 1998), 285, n. 6。他還指出，
　　只有較晚的文獻，比如年代大約在 610 年的《巢氏諸病源候總
　　論》（《四庫全書》本，見卷五十，頁 9 上），提供臨床上的確切
　　證據，證明疥蟎與被確診為「疥」的疾病有關。「痁」與「瘧」同
　　義，人們通常將之翻譯成 "malaria"。段玉裁將「痁」定義為「有
　　熱瘧」，意為所患瘧疾只令病者發熱而不會發冷，見《說文解字
　　注》（上海：上海古籍出版社，1986 年），卷七下，頁 31。《晏子
　　春秋》1 同樣提及兩種疾病：「疥」、「痁」。《晏子春秋》2 則說
　　齊景公患了「疥」、「瘧」。正如其標題所言，齊景公在《競公瘧》

梁丘據和裔款這兩位受景公寵信的人，都認為不悅的鬼神在以
這些身體狀況折磨景公。他們建議景公處死負責齊國獻祭事宜
的祝者和史者。[10] 當景公以其建議向晏嬰詢問時，晏嬰以如下
的故事作為回應：一位晉國貴族將家事管理得十分妥善，故其
祝史無需祈禱。景公詢問他處死祝史的決定與晏嬰的回答有何
關係。晏子直率地解釋，鬼神感到不悅，正是因為祝史為了掩
蓋其主人的罪行而被迫撒謊。景公對這個回答感到惶恐，並問
到他應該有何作為。晏子的回答是「不可為也」。這句話所透
露的訊息是統治者的國家與其身體是緊密聯繫的：前者所遭遇
的問題，表現為後者身上的疾患。這也是我們在這個故事類型

中據說患了瘧疾，而這篇文獻並未提到「疥」。文樹德認為「我
們把『瘧』譯為 malaria［是正確的］，只要我們記住，中國有關
瘧疾作為一種由『風』引起的疾病的觀念，從來都不包括歐洲人
認為『空氣』被有害物質污染就會引起這種特殊疾病的看法」，
見 Paul Unschuld, *Huang Di Nei Jing Su Wen: Nature, Knowledge,
Imagery in an Ancient Chinese Medical Text* (Berkeley: University of
California Press, 2003), 191。當然，無論是創造了 "mala aria"【編
按："malaria" 的詞源，中古意大利語，即髒污的空氣】一詞的歐洲
人，抑或是創造了「瘧」這個詞語的中國人，他們都不知道瘧疾的
起因來自瘧蚊所攜帶之寄生蟲。楊伯峻在《春秋左傳注》頁 1415
引用顏之推（531–591）所沿用的梁元帝（552–555 在位）的做法，
建議將《左傳》此段文字中的「疥」讀作「痎」。「痎」是瘧疾的
一種形式，其中熱痙攣每隔 42 至 47 小時便會出現一次。見顏之推
撰、王利器集解：《顏氏家訓集解》（上海：上海古籍出版社，1980
年），卷六，〈書證〉，頁 391。根據這種解讀，齊景公經歷了兩種
雖然互相有關，但卻不同的瘧疾形式的折磨。楊伯峻也指出這種對
《左傳》的解讀遭到了陸德明（556–627）的駁斥，且在後來受到清
代許多文獻批評學家的反對。

10 在《晏子春秋》2 中，是齊景公本人，而並非其兩名寵臣想出處死
祝史的主意。在《競公瘧》中，是君主的兩名寵臣聯同高氏和國氏
家族的領導人，一起提出處死祝史的建議。

以及其他早期文獻中可以觀察到的眾多例子之一。儘管晏子聲稱齊國的問題「不可為也」，但他還是做出診斷：官員正在壓迫平民，且其行為十分放縱，而景公的祝史用禱告掩蓋了人民的詛咒。「公說，使有司寬政、毀關、去禁、薄斂，已責。」[11]《左傳》沒有再提到景公之疾。它的下一條記載指出，齊國的統治者於當年十二月出外打獵。《晏子春秋》與《左傳》記述的相似段落——如同這個故事的其他兩個版本——明確地指出景公之疾已獲得治癒。

上海博物館所收藏的竹書收錄了另一個患病君王尋求痊癒建議的故事。最初研究這件寫本的學者根據其開首第一句話將它命名為《柬大王泊旱》。這篇文獻講述柬王，即楚簡王（前431–前408在位）的故事。他的國家遭遇旱災，而他亦同時受到「瘕」的折磨，與齊景公受到疥瘡困擾的情形很相似。[12]齊景公不但染上與楚簡王相似的疾病，而且根據《晏子春秋》有關故事的版本，他在位期間也因為齊國嚴重的旱災而感到困

11　在《晏子春秋》2 和《競公瘧》中，晏子給景公的建議都是罷黜兩名鼓動他處死祝史的寵臣，因為他們——而非祝史——才是問題的根源。

12　這件寫本見馬承源編：《上海博物館藏戰國楚竹書（四）》（上海：上海古籍出版社，2004 年），頁 191–215。濮茅左撰寫了釋文與注釋。《史記・楚世家》簡略地提到楚簡王，見司馬遷：《史記》（北京：中華書局，1959 年），卷四十，〈楚世家〉，頁 1719–1720。而楚簡王在其他早期歷史文獻中亦沒有顯得非常重要。這件寫本所提及的旱災並不見於傳世文獻。「瘕」見於這篇文獻的簡 8，濮茅左指出它應讀「瘙」，後者在馬王堆醫學文獻集中是疾病的一個種類。夏德安將它譯作 "dry itch"，見 Harper, *Early Chinese Medical Literature*, 296。他又說：「『瘙』字面上的意思是『抓痕』（scratch），其引申義則泛指皮膚瘙癢。」（頁 297，注 6）這種解釋與上文注 9 提到有關「疥」的理解十分相似。

擾。[13] 這個故事描述景公如何為了減輕旱災而希望徵收賦稅，以向山河之神獻上祭品。晏子勸阻他，並指出由於山河之神未能保護自己的管轄範圍免於旱災，故向祂們獻祭是毫無意義的。他告訴景公，他應該避開宮殿清涼的掩蓋物，而要把自身「暴露」於旱災的狂怒之下，並因此與受苦的山河之神「共憂」。在景公把自己暴露於「野」三天以後，豪雨傾盆而下並終結了旱災。[14] 儘管《柬大王泊旱》嚴重殘缺，以致我們無法完整地理解此篇文獻，但經過整理，有關故事的敘述使得我們能夠辨別出它不僅是君王尋求治病建議這種故事次類型的一個例子，而且亦確認它與《晏子春秋》中景公與齊國旱災之故事極其相似。[15]

《柬大王泊旱》開首即提及楚王因旱災帶來的影響而患病，並在隨後描述為了結束這場災難，「王向日而立，王汗至」。這令人聯想到《晏子春秋》景公為了制止正折磨著齊國的旱災，而將自己暴露在烈日之下。[16] 然而楚王暴露在烈日之下並沒有減

13 見吳則虞：《晏子春秋集釋》，卷一，〈內篇諫上〉，頁 55。

14 關於君主暴露自身以求雨的這種古代習俗，見 Edward Schafer, "Ritual Exposure in Ancient China," *Harvard Journal of Asiatic Studies* 14 (1951): 130–184。

15 這件寫本似乎基本保存完整，與許多其他的竹書不同，但它在文字釋讀以及二十三根竹簡的排序方面依然存在著很多問題。有興趣的讀者可以參考季旭昇：〈《柬大王泊旱》解題〉，《哲學與文化》第 34 卷第 3 期（2007 年），頁 55–65；以及淺野裕一：〈上博楚簡《柬大王泊旱》之災異思想〉，2009 年 9 月 13 日。下載自復旦大學出土文獻與古文字研究中心，網址：http://www.fdgwz.org.cn/Web/Show/904。這兩篇文章補充了濮茅左在《上海博物館藏戰國楚竹書》所作的工作，並對相關的研究作出概述。我對這篇文獻的解釋很大程度上是建基於季氏和淺野氏所復原的簡序之上的。

16 在有關這個主題的大量學術研究中，我們至少找到六種對這件寫本首句「泊」字的解釋。濮茅左將此字訓作「止」，亦即「停止、

輕楚國的旱災，反而令他感到不適。他的隨從發現其不適，並
試圖為他遮蔭。這個舉動最終導致他患上嚴重的皮膚瘙癢。楚
王因為病痛所帶來的不適而心煩意亂，這使他把楚國旱災的災
難性影響拋諸腦後，且堅持要負責執行獻祭的官員迅速安排對
山河之神進行獻祭，以減輕他的痛苦。這些官員反對這種他們
認為有悖楚國禮制的儀式，並向大宰這位主管典禮和儀式的大
臣提出申訴。這位大宰在文中被讚譽為「聖人」和「聖人之子
孫」。這種讚譽在早期文獻中通常只用於那些被認為異常聰明且
博學的人。[17] 儘管他的身分無法確定，但這位在此故事中可與子
產和晏嬰相提並論的智者告訴幾位官員，楚王不會希望他們因
其個人利益而改變楚國的禮制，並教導他們向楚王說，他所患
的皮膚瘙癢即日便將開始痊癒。他向疑惑的官員解釋，神靈一
定會知曉他們的正直和楚王的美德，並因此使楚王痊癒。大宰
的目的可能是為了使楚王專注於消弭旱災，而把楚王的注意力
從其很可能只是暫時的身體狀況上轉移開來。無論如何，這正
是楚王所作，而這篇文獻再也沒有提到他的疾患。

使停止」，見馬承源編：《上海博物館藏戰國楚竹書（四）》，頁
195。我基本上跟隨季旭昇的看法。他將此字的意思理解為「受壓
迫、受折磨」這類的意思，見季旭昇：〈《柬大王泊旱》解題〉，頁
64。王准認為「泊」其義為「暴露」之「暴」的同義詞，見王准：
〈上博四《柬大王泊旱》中的祈雨巫術及相關問題〉，《江漢論壇》
2008 年第 5 期，頁 105–110。在頁 110 中，王准也指出這篇寫本與
《晏子春秋》有關齊國旱災的段落有相似之處。

17　對這位大宰所作的讚美見於簡 10 和簡 19，見馬承源編：《上海博
物館藏戰國楚竹書（四）》，頁 204、212。《左傳》有關於魯國一
位具有貴族身分的孟僖子的記載。他稱孔子為「聖人之後」，見楊
伯峻：《春秋左傳注》，頁 1294。這部文獻又稱這位大宰為晉侯或
子步，但這些稱呼都不足讓我們準確地確定他究竟為何人。關於這
些名稱，見馬承源主編：《上海博物館藏戰國楚竹書（四）》，頁
204、214 中簡 10 和簡 22。

　　這個故事的轉捩點發生在：楚王堅持向山河進行獻祭但遭到反對，於是他請大宰為他解釋一個令人不安的夢。這位官員借此機會向簡王解釋，王遭受到旱災這一「旱母」女神的懲罰。這位女神按照上天的命令止雨不降，以此懲罰疏忽的君主。[18] 楚王獲悉，向天大喊，以低沉而啜泣的語調向大宰承認他未能善理國政。楚王詢問是否有辦法制止這場災難，大宰則建議他在四郊的祭壇獻祭，一個遙遠且荒無人煙的地方，就如同齊景公暴露自己之處一樣。而整個儀式期間，楚王以及一同參加祭禮的隨從都不得執持任何用來遮陽的傘或扇子。[19] 在故事的最後，楚王遵從這些指導，雖然「王有野色，屬者有喝人」[20]，但他仍堅持暴曬在烈日下達三日之久。三日之後，天空下起大雨，而楚王在巡視時發現楚國四方之內的穀物均已成熟。

　　以上述故事為背景，下文轉而討論《左傳》中醫和為晉平公看診的故事。

18 這位主掌旱災的女性神祇通常被稱為「旱魃」，而其他稱呼則為「女魃」或「女妭」。正如我們在《詩經・雲漢》（《毛詩》卷十八之二，頁 661）中看到的那樣，她有時被描繪成像惡魔一樣。這位女神在他處則表現為一位較為溫和的人物。薛愛華對這位女神在上古與中古時期的名字與外表有相關討論，見 Schafer, "Ritual Exposure in Ancient China," 162–169。〈東大王泊旱〉是有關「旱母」這個名字的最早出處。這件寫本對她所作的描述大大地增加了我們對這位古代女神的理解。

19 淺野裕一認為這段文字的意思是大宰建議楚王修繕城牆。見淺野裕一：〈上博楚簡《東大王泊旱》之災異思想〉。

20 見馬承源主編：《上海博物館藏戰國楚竹書（四）》，頁 209，簡 16。

三、醫和對晉平公的診斷

晉平公求醫於秦時，他已經被疾病持續困擾了一段時間。秦景公（前576–前537在位）的回應是派遣醫和去檢視這位患病的君王。[21] 醫和為平公作檢查，且以一首六行的四言詩概括其診斷，而其診斷呼應子產對平公身體狀態之分析的重點：平公的疾病已無法治癒，而這種疾病是過多接觸女性所導致的後果。於是平公向醫和詢問他是否應該徹底遠離女色，而醫和回覆他唯需有所「節」，即節制之意。醫和提出兩種方法使這位君王達到目的：第一種方法涉及一個「先王之樂」的類比；而第二種方法則涉及一些術語的使用，這些術語通常用於天氣、空氣、時辰，但在此處則用來描述激情在人體內的運作。

長久以來，醫和所作的音樂類比被認為是一種對合宜的性交技巧所作的隱晦說明。醫和以此類比來描述他所稱為「五節」的正確音樂演奏。此時，人們通過琴瑟（男與女的象徵）所奏出的音調，完美地互相配合對方，亦即交合。[22] 當上述情

---

21 醫和拜訪晉平公的故事有兩種描述，其一是《國語》有關晉平公在位期間事件的記載，見《國語》（臺北：里仁書局，1980年），〈晉語八〉，頁473–474。其二比前者稍長，但更為詳細，見《左傳》昭公元年，即前541年的記載，楊伯峻：《春秋左傳注》，第4冊，頁1221–1223。《左傳》有關醫和到訪與看診的故事比《國語》的版本長約百分之四十，且更加複雜。此外，它本身也具有一些特點，下文將提到。故本章在大多數情況下將集中討論《左傳》中的版本。

22 孔穎達（574–648）在《春秋左傳正義》所作的疏中指出：「女之為節，不可得說，故以樂譬之。」見《春秋左傳正義》，卷四十一，頁26上。楊伯峻引用《詩經》（〈關雎〉、〈常棣〉）同樣的用法，並從而指出「琴瑟」是與女性交合的比喻，見楊伯峻：《春秋左傳注》，第4冊，頁1222。「相及」這個被醫和用來描寫琴瑟之音應

況發生時，演奏者應終止音調，從而將五聲音階中的五個音調都演奏一遍。在完成這個過程以後，樂器即應置放一旁，不再彈奏，否則便會產生「淫聲」，瓦解人們意志、而使人們無法正確地聆聽並使人「忘平和」。近來發現的一些房中書文獻，以一定程度上更為露骨的語言來描繪古人所認為正確的性愛活動。[23] 儘管如此，卻必須留給讀者自己去思索這一類比，亦即醫和所描述的，因為由過度的音樂演奏所產生「淫聲」，與因為漫無節制的性行為所產生的影響——後者瓦解人的意志、妨礙人的聆聽能力，且使人失去理性與平衡。

醫和將一個人與女性性交時的自我克制的解釋，訴諸第二種類比。這種類比建基於一種似乎廣為人們接受的想法，亦即人體內部運作反映宇宙的一個縮影。醫和因此列出「六氣」，即陰、陽、風、雨、晦、明。它們共同構成一個人的所有情感。[24] 醫和聲稱這些方面的放肆無度是產生「六疾」的原因：「陰

如何相和的詞彙也指男女之間的性交，見《國語》（臺北：里仁書局，1980 年），〈晉語四〉，頁 356。

23 例如馬王堆《合陰陽》和《天下至道談》兩件寫本，它們的釋文見馬王堆漢墓帛書整理小組編：《馬王堆漢墓帛書〔肆〕》（北京：文物出版社，1985 年），頁 153–156、161–167。夏德安較早對這些文獻所作的研究與翻譯見 Donald Harper, "The Sexual Arts of Ancient China as Described in a Manuscript of The Second Century B.C.," *Harvard Journal of Asiatic Studies* 47.2 (1987): 239–283，近期的研究見 Harper, *Early Chinese Medical Literature*，尤其頁 412–438。又見 Li Ling and K. McMahon, "The Contents and Terminology of the Mawangdui Texts on the Arts of the Bedchamber," *Early China* 17 (1992): 145–185。Douglas Wile 的研究同樣值得參考，見 *Art of the Bedchamber: The Chinese Sexual Yoga* (Albany: SUNY Press, 1992), 77–83。

24 由於醫和談到「六氣」是如何降生五味、發為五色，以及被五聲證明，這段話因此被認為是有關「五行」理論的重要早期證

淫寒疾，陽淫熱疾，風淫末疾，雨淫腹疾，晦淫惑疾，明淫心疾。」[25] 醫和隨後指出女性會使其中兩種「氣」，即陽和晦變得淫佚，而它們正是引發熱疾和妄想症的原因。

毫無疑問，醫和指的並非宇宙失衡，而是晉平公以及其他貴族在情感方面的混亂。儘管如此，文本本身並未透露哪些激情與醫和「六氣」體系中的陽和晦相等。《左傳》另一段與此密切相關的文字為我們作出提示。這段文字是一則更長紀錄的一部分，記錄了醫和探訪平公二十五年以後所發生的事情：鄭國的一位貴族游吉向趙鞅，即晉簡子介紹了一套他認為源自子產、將「六氣」與所謂「六志」聯繫起來的學說。[26] 游吉列舉這六種情緒：哀、樂、喜、怒、好、惡。[27] 但我們依然不清楚如何將「氣」與「志」對應起來，從而得知陽與晦對應的是哪兩種激情。與此相關，也不清楚是哪種激情因此被縱容至醫和所言淫佚的程度，而導致晉平公的疾患。由於這位良醫偏好於使用如此隱晦的語言，故我必須再一次將這個問題的答案留給

據，見 A. C. Graham, *Disputers of the Tao* (Illinois: Open Court Publishing Company, 1989), 325; Donald Harper, "Warring States Natural Philosophy and Occult Thought," in Michael Loewe and Edward Shaughnessy, eds., *The Cambridge History of Ancient China* (Cambridge: Cambridge University Press, 1999), 862。

25 楊伯峻：《春秋左傳注》，第 4 冊，頁 1222。

26 楊伯峻：《春秋左傳注》，第 4 冊，頁 1458。

27 游吉所說的「志」在《禮記·禮運》中被稱為「人情」（一個人的自然情緒）。〈禮運〉羅列七種人情，而不是六種，而這個列表多少與《左傳》中的列表有所差異，見《禮記注疏》，卷二十二，〈禮運〉，頁 4 上。〈中庸〉只列出這六種人情之中的四種而已，見《禮記注疏》，卷五十二，〈中庸〉，頁 1 下。孔穎達在對〈禮運〉篇所作的疏中轉述《左傳》昭公二十五年的文字，並認為其意思是指天之「六氣」與人體的「六情」相符，見《禮記注疏》，卷二十二，〈禮運〉，頁 4 下。

讀者自己斟酌。[28]

　　醫和以下文總結他對晉平公的診斷：「今君不節不時，能無及此乎？」[29] 這位醫生呼應的是子產的學說，亦即只在夜間進行諸如性交這類令人愉悅的活動，而一位盡職的君王應將一天時間放在國家要務上。[30] 在其他幾個患病君王的故事中，這些統治者同樣被認為有怠職務。故此，晏嬰告訴景公，為了治癒他自己，他必須改革政府；而大宰則找到方法，讓楚簡王不注意其皮膚瘙癢所帶來的不適，並將注意力轉移到消弭正在摧毀楚國的旱災上。

　　醫和結束了與晉平公的會面，在離開以後，向晉相趙孟報告他對病情的預測。此外，他強調先前已告知晉平公的一點：由於趙孟縱容其國君，故他對平公的過錯負有直接責任，並因此必須死去。醫和在此前對平公說：「天命不祐〔趙孟〕。」[31] 在其他君王因縱欲過度與政治失當而確診患病的故事中，都是

28　東漢的《左傳》學者賈逵（30–101）如此對應「六志」與「六氣」：

好＝陽
惡＝陰
喜＝風
怒＝雨
哀＝晦
樂＝明

　　如果這個做法可以成立，那麼它就意味醫和認為平公之疾是由過度的「好」與「哀」所引起的。孔穎達在《春秋左傳正義》昭公二十五年所作的疏中亦引用賈逵的觀點，見《春秋左傳正義》，卷五十一，頁 14 上。下文討論的《引書》寫本指出，「喜」是引起「陽」過度的原因，見下文注 50。因此，古代以「志」與「氣」對應的方法或許不只一種。

29　楊伯峻：《春秋左傳注》，第 4 冊，頁 1222。

30　在《國語》的版本中，醫和曰：「今君一之。」亦即將日夜混同為一。

31　楊伯峻：《春秋左傳注》，第 4 冊，頁 1221。

君主本人負有責任，而對於那些與他們沆瀣一氣的下屬而言，最糟糕的下場則是被罷免官職。顯然趙孟因過失引致死亡的下場，遠較前者嚴重。[32] 然而，就趙孟本人而言，礙於待客之道，他必須誇讚醫和，並將他連同奢華的禮物一起送回家中。趙孟在該年結束之前便去世了。

對平公進行診斷，醫和展現出他對於醫學、音樂、宇宙和人體小宇宙的氣象活動，以及晉國的政事有深刻的瞭解。故《左傳》較少把他描繪成一位醫學專家，而更多是一位如同子產、晏嬰和服侍楚簡王的大宰一樣博學多識的人。患病君王的故事告訴我們，這種淵博人物的勸諫應該盡量得到人們的遵從。這並非一個專家所擅長。而後者的活動範圍是《引書》以及其他個別領域知識的著作。

整段文字需要處理的一個大問題是，據醫和所言，晉平公因為縱欲過度與為人失敗所引起的究竟是何種疾病？就此而言，平公的故事與其他患病君王尋求治療的故事稍微有一些不同：我們知道齊景公的疾病是「疥遂痁」，而楚簡王忍受的是一種明顯輕微，卻令他感到十分不適的皮膚炎。醫和在面對晉平公時，通過兩種方式確認他的疾患。他在與平公會面的初始即通過他所吟誦六行韻語的部分內容，指出這位君王患上的乃是一種「如蠱」之疾。因為這種病症，平公受到「惑以喪志」之苦。這很可能意指他喪失了「六志」，所以比如說他對美麗的東西毫無欲望，而面對醜陋之物時卻沒有任何本能的厭惡。

---

32 在《左傳》和《國語》中，醫和的診斷只是記錄晉相趙孟生涯的一篇篇幅更長的歷史敘述中的一則插曲而已。在醫和的診斷與隨後的事件中，這兩部文獻都預言這位權傾一時的官員之死。這位官員又名趙武或趙文子，他侍奉晉平公有七年之久，並於前 541 年早於平公逝世。

然而，與「蠱」不同，平公的病因「非鬼非食」，[33] 而是他「近女」的行為。

　　醫和為平公作出診斷以後，趙孟隨即與他交談，並請他界定「蠱」的意義。這位醫生以四種方式作出回應，而綜合看來，這四種方式都將下述兩者等同起來：一是與某人進行放蕩行為的女性，一是「皿蟲」這個以「蠱」字的偏旁所表達、導致疾病的事物。[34] 由於平公放肆地與她們尋歡作樂，他已經使

33　據《左傳》的描述，晉國卿大夫胥克（活躍於前 620– 前 600）患了一種使他過於虛弱而需要離職的蠱疾。楊伯峻認為胥克之疾是食物中毒所致，見楊伯峻：《春秋左傳注》，第 2 冊，頁 697。根據《說文解字》所言，被處死之人的鬼魂是蠱的來源，見段玉裁：《說文解字注》，卷十三下，頁 6 下。西方對於「蠱」的經典研究見 H. Y. Feng（馮漢驥）and John K. Shryock, "The Black Magic in China Known as Ku," *Journal of the American Oriental Society* 55.1 (1935): 1–30。又見 Michael Loewe, *Crisis and Conflict in Han China* (London: George Allen & Unwin, 1974), 82–87; Donald Harper, *Early Chinese Medical Literature*, 74–75。

34　首先，醫和定義「蠱」的方式，是描述淫亂與放蕩如何引發了此病。他隨後分析此字的字形，其方法是將它拆成上「蟲」、下「皿」兩個部件。醫和隨後指出稻穀所生之蟲子導致了這種疾病。這位醫生最後分析《周易》的「蠱」卦（見《周易》卷三，頁 46 上 –46 下），並發現其中上卦與下卦的組合證實蠱與女性的毀滅能力有關。在《國語》的版本中，醫和診斷平公，對「蠱」的意思提出一種儘管更為複雜，但卻相關的解釋。這段文字指出以積極活躍和繁榮興旺為其特性的「穀」是男性美德的象徵，而相反地，「蠱」意謂「容器內的害蟲」，且具有伏藏、靜止，具傷害性等特性，而這些則是女性之德的象徵。據醫和所言，理想的生活方式是既食穀，又「伏」蠱，亦即複製穀物的光明而在男性之德的陪伴下度過白天，又在晚間與女性之德恬靜地共臥，抑制蠱所帶來的傷害。《國語》的版本強而有力地表明醫和對平公所作的批評是針對他作為一位君主的失敗，而其在性事方面的不當行為只不過是其中一個例子而已。醫和在《國語》的文字中，評論平公無法區分適合於日間與

自己的身體受到感染，這對他履行一國之君之職責的能力造成損害。

　　醫和認為平公之疾與「鬼」毫無關聯，這與其他患病君主的故事若合符節。子產駁斥晉國占星學家的理論，在分析平公疾病的根本原因時也表達了相同的意思。晏嬰同樣不信不悅鬼神會以「疥」、「痁」折磨景公；他勸諫景公應注意其個人行為和政事管理，希望以此找出他生病的真正原因。《柬大王泊旱》中的相關情節是一個較難解決的問題，部分原因源自重構其敘述時所遇到的困難。儘管大宰改變了簡王為治癒自己而倉促地獻祭山河之神的願望，但在使君主患病這件事情上，這篇竹簡文獻可能認為鬼神的角色要比其他已知文獻更加重要。

　　醫和在與平公會面的最後階段詳細說明他的診斷。他指出女色與晦和陽相關，隨後他推斷平公與女子的荒淫行為導致「惑蠱之疾」這種他已確認的疾病以及「內熱」。馬王堆出土的一部房中術文獻也提到，內熱是一種經由無節制性交所引起的疾病。[35] 我們並不清楚「惑蠱之疾」和「內熱」如何聯繫。它們是否同一種病的兩個不同特點？抑或醫和的意思是平公正受到兩種不同疾病折磨？無論它們之間關係為何，我們似乎可以肯定「內熱」與所謂「癙」這種身體機能障礙具有密切的關係。

　　「癙」是一個其意義多少有些模糊不清的術語。許慎（120卒）在其《說文解字》中將此字釋為「罷病」，即使人虛弱的

　　夜間所從事的活動，因而使得本來僅限於晚上才能做的事在白晝釋放其不良影響。注 29 已強調了這段評論。

35　馬王堆的房中術文獻《天下至道談》認為「內熱」的原因是衝動進行性交所產生的那種無法治癒的燥熱：「弗能治，產內熱。」見 Harper, *Early Chinese Medical Literature*, 429。另有關《天下至道談》，見上文注 23。

疾病。這個字也見於《淮南子》，高誘（活躍於 205–212）在
其中一處以「篤疾」這個同樣有「無行動能力」與「動彈不得」
之義的詞語訓釋之。「癃」以及複合詞「罷癃」亦見於睡虎地
以及張家山出土的法律及行政文書，而它們在其中的意思為
「殘障」、「殘疾」。[36] 另一方面，我們從諸如《黃帝內經》等早
期醫學文獻以及出土寫本中得到足夠證據，證明「癃」常常指
「尿滯留」這種特定的生理症狀。馬王堆出土的醫學文獻也顯
示「癃」經常與同樣意謂「體內的熱力」的「熱中」或「炅中」
同時發生，或可能就是由後兩者所導致。[37] 由於「熱中」和「炅
中」的意思與「內熱」接近，故這或許意味著三者即使不是同
義，也是互相有關聯的。然而，正如前文所言，內熱被清楚確
認為放縱性欲過度的後果。出土和傳世的早期醫學文獻都沒有

36 段玉裁：《說文解字注》，卷七下，頁 34 上；服部宇之吉校訂：《淮
南子》（《漢文大系》本；東京：富山房，1915 年），第二十卷，
卷六，〈覽冥訓〉，頁 1；John Major, et al., trans., *The Huainanzi: A
Guide to the Theory and Practice of Government in Early Han China*
(New York: Columbia University Press, 2010), 214；睡虎地秦墓竹簡
整理小組編：《睡虎地秦墓竹簡》（北京：文物出版社，1990 年），
簡 32–33、簡 133。張家山二四七號漢墓竹簡整理小組編：《張家
山漢墓竹簡》（北京：文物出版社，2006 年），頁 58、64。又見
班固：《漢書》（北京：中華書局，1962 年），卷二十四上，〈食貨
志〉，頁 1143；以及 A. F. P. Hulsewé, *Remnants of Qin Law* (Leiden:
Brill, 1985), 115, n. 4。

37 有關「癃」為「尿液滯留於膀胱」的定義，見山東中醫學院、河北
醫學院校釋：《黃帝內經素問校釋》（北京：人民衛生出版社，1982
年），頁 328–330、617–620。夏德安引用能證實這種定義的一系列
早期醫學文獻，見 Harper, *Early Chinese Medical Literature*, 252，
注 1。在同書頁 209，夏德安翻譯馬王堆文獻《陰陽十一脈灸經甲
本》中的一段文字，其中「熱中」和「癃」被列為「陰經不通」所
引起的五種疾病中的前兩種。他還指出在馬王堆醫學文獻中，「熱
中」和「炅中」是同義詞，見該書頁 315，注 2。

提到這是導致「熱中」和「炅中」的原因。

　　晉平公患病的故事在《韓非子》中再度出現。隨後劉安（前179–前122）的《淮南子》亦間接提及同一則故事，而王充（27–100）在《論衡》中則又將之重複了一遍。[38] 這則奇怪的故事說明「內熱」與「癉」密切相關。顯然晉平公的病痛帶有傳說意味。在這個故事中，我們得知平公患病是因為他堅持聆聽包括據說由黃帝聚集鬼神所創作的《清角》等禁樂：「師曠不得已而鼓之，一奏而有玄雲從西北方起。再奏之，大風至，大雨隨之，裂帷幕，破俎豆，隳廊瓦。坐者散走，平公恐懼，伏於廊室之間。晉國大旱，赤地三年，平公之身遂癉病。」

　　平公患病故事的這個版本與《左傳》的版本有兩點不同。第一，在《左傳》的敘述中，醫和以音樂作為象徵的說明，對「六氣」也作出同樣帶有隱喻性的討論。而在這則古怪的故事版本中，為了解釋平公所患之病，則相應表現為一次真實的音樂演奏與一場暴風雨。此外，「內熱」在《左傳》的版本中是平公所患的不治之症，而它在《韓非子》對此故事所作的描述中，則已經變成了「癉」這種症狀。

　　我們可以將《韓非子》這則故事的意思理解為由演奏禁樂而引發的暴風雨，導致晉國三年大地炙烤的炎熱，且同時在國家統治者身體內造成一場個人的旱災，使其變得與其國家一樣，既無行動力，又無法生養。《韓非子》對平公故事的描述因此呼應其他患病君王故事所陳述的事情：君王所承受的身體病痛並非單獨出現，而是伴隨著一場影響其整個統治範圍，而且通常是一場乾旱的災難。然而，平公的病在《左傳》和《韓

38 陳奇猷編：《韓非子集釋》（臺北：成文出版社，1980 年），頁172；服部宇之吉校訂：《淮南子》，卷六，〈覽冥訓〉，頁 1；黃暉校釋：《論衡校釋》（臺北：臺灣商務印書館，1968 年），頁 241。

非子》中被分別鑑定為「內熱」和「癃」一事，並不表示這兩
種身體機能障礙在過去被認為是完全相同的。反之，人們可能
是以「內熱」導致「癃」來設想兩者之間的聯繫。正如乾旱期
或一次熱浪並不會造成旱災這種持續少雨與高溫而對植物、動
物和人類產生不利影響的狀況，《左傳》和馬王堆房中術文獻
描述平公因過度性交而導致「內熱」，其本身持續時間甚短，
而它對平公健康的影響亦因此有限。然而，《韓非子》故事所
言的那些不斷重複，且以統治者因為沉迷音樂而最後毫無節制
的行為，可能已擴大並加劇了平公的「內熱」，直到完全令他
喪失行動能力，並因此變成古人所認為的「癃」。[39] 我們在這裡
提出病情發展過程的原因，是為了說明《左傳》和《韓非子》
中平公所患之疾的不同。而這種過程或許能解釋前文所提及的
馬王堆醫學文獻，為何將「熱中」（及其同義詞「炅中」）列於
「癃」之前。這可以理解為不僅是兩種疾病並列一起，而是從
一種疾病發展到另一種疾病的過程。[40]

四、彭祖之道

　　晉平公所患的這類貴族病是幾種不同文獻的主題。一種是
《左傳》這類歷史敘述所賴以建構的歷史佚聞與道德說教。一
種是專門的醫學文獻。這種文類最主要的例子是《引書》。這

---

39 《黃帝內經》提到「癃」與「身熱」同時出現，也提到這種機能障
　　礙是「胞移熱於膀胱」的結果。關於這些對「癃」所作的描述，
　　見山東中醫學院、河北醫學院校釋：《黃帝內經素問校釋》，頁
　　486–487、617–620。這些證據顯示在早期中國的醫學傳統中，有一
　　部分人認為「癃」是由那些逐漸蒸乾尿液，從而導致無尿可排的體
　　內熱力所造成。

40　見上文注 36。

件寫本出土於張家山的一座漢代墓葬，按照考古學家的判斷，
其成書年代不會早於前 186 年。[41] 它的標題源自「導引」，即引
導氣息的治療運動；它們的作用是治癒威脅身體健康的特殊疾
病。我們可根據其內容與格式，非常粗略地將《引書》分作三
個部分：引言部分提出一些為防止疾病而設計的日常養生法；
中間長篇部分列出一些治療運動，以及能被各種「引」方所治
癒的疾病；最後總結部分解釋人們最初為何得病。

　　《引書》的第一部分介紹四種依季節變化而不同，有關個
人衛生、飲食、呼吸吐納技巧、鍛煉與房事的日常養生方法。
這四種養生法都以一個套語作為開首，它概述不同季節活動
之間的本質差異：「春產，夏長，秋收，冬（臧＞藏，此彭祖
之道也。」[42] 例如，夏季的養生法為：「夏日，數沐，希浴，

---

41 有關張家山漢墓及其中內涵的綜合討論，見《文物》1985 年第 1
期，頁 1–8。有關《引書》的釋文，見張家山二四七號漢墓竹簡
整理小組編：《張家山漢墓竹簡》，頁 169–187。彭浩對這件寫本
做了重要的初步研究，且討論了這座漢墓被發現的時間，見〈張
家山漢簡《引書》初探〉，《文物》1990 年第 10 期，頁 87–91。高
大倫：《張家山漢簡〈引書〉研究》（成都：巴蜀書社，1995 年）
對這篇文獻做了很好的綜述。又見 Harper, *Early Chinese Medical
Literature*, 110–111; Vivienne Lo（羅維前）, "On the Nature and
Purpose of Early Chinese Medical Writing: A Study of the Structure
of Zhangjiashan *Yinshu*"，收錄於李建民編：《從醫療看中國史》（臺
北：聯經出版，2008 年），頁 29–43。本章概括《引書》的內容，
從這些學者的研究成果獲益良多。

42 張家山二四七號漢墓竹簡整理小組編：《張家山漢墓竹簡》，頁
171。在此處以及下文所引用的《引書》文字中，「（X ＞ Y」表示
X 字應作 Y 字）。在前四世紀至前三世紀的傳世文獻中，彭祖當然
就是長壽的模範人物，而且對於實踐《引書》所載技巧的人來說，
他顯然是位「祖」師爺。因此，彭祖之「道」就不僅是指這些特殊
的處方，也指《引書》中詳細提及的所有活動，即養生保健、呼吸
技巧、鍛煉、性交。我們從《莊子》一段著名的文字中至少可以肯

毋（莫＞暮［起］，多食（采＞菜。（蚤＞早起，棄水之後，
用水澡（歈＞漱疏齒，被髮，步足堂下，有間而（癒＞飲水一
（梧＞杯。入宮從昏到夜半止，益之傷氣。」[43] 以這種方式劃分
每日行為，特別是把行房事（「入宮」）的時間限定在黃昏到
午夜這段時間內 [44] 的做法，強而有力地呼應子產對平公所作、
有關「君子有四時」的勸告，以及醫和認為平公忽視了「時」
的評論。

　　《引書》的第二部分包含一個羅列一些治療運動與呼吸吐
納技巧的清單，它也包含一個列表，記錄那些能通過個別鍛煉
與技巧而得以成功治癒的疾病。[45] 這篇文獻一共列出四十一種
鍛煉與呼吸吐納技巧的名稱，且解釋它們如何操作，以及它們
作為治療方法的意義所在。正如李學勤教授所言，[46]《引書》原
文的這個部分是補充馬王堆題作《導引圖》寫本的一個重要資
料，這是因為後者雖然如眾所周知地闡釋了一套四十四式的治
療運動，但它僅提供這些運動的名稱標題，並沒有詳細說明這

　　定，彭祖很多時與《引書》中所描述這類治療性鍛煉活動有關。但
　　是，《莊子》的文字同時批評彭祖之道並非真正的道：「吹呴呼吸、
　　吐故納新、熊經鳥申，為壽而已矣。此導引之士、養形之人、彭祖
　　壽考者之所好也。」見王先謙：《莊子集解》（北京：中華書局，
　　1987 年），卷四，〈刻意〉，頁 87。

43　張家山二四七號漢墓竹簡整理小組編：《張家山漢墓竹簡》，頁
　　171，簡 4–5。

44　陳奇猷編：《韓非子集釋》，頁 627。《韓非子》這段文字是把「入宮」
　　理解為進行性交的最早出處。

45　張家山二四七號漢墓竹簡整理小組編：《張家山漢墓竹簡》，頁
　　172–184。

46　李學勤：〈《引書》與《導引圖》〉，《文物天地》1991 年第 2 期，
　　頁 7–9。

些運動是如何操作、為何要如此操作。[47] 相應地,《引書》則作出說明,其所描述的好幾項運動亦正好符合馬王堆《導引圖》所闡述的治療運動。[48]

《引書》在某種意義上屬於其總結的第三個部分,解釋為何人們得病。這部分的大部分內容專注於解釋天氣與環境如何影響大部分人的健康。這部分的開首句子指出:「人之所以得病者,必於暑、濕、風、寒、雨、露,(奏 > 腠理啟闔,食(歙 > 飲不和,起居不能與寒暑相(應 > 應,故得病焉。」[49]《引書》這個部分——亦是從本章的角度來看整部《引書》——最引人注目的,是它明確區別了那些折磨貴族和困擾平民的疾病。對於那些在這篇文獻中被稱為「賤人」的平民而言,他們的疾病來自那些他們過於無知以及因為窮困而無法控制的嚴酷外部狀況。處於最底層的人民尤其容易受到天氣與環境影響,這是因為他們工作至身體筋疲力盡、因為他們僅有最破爛的衣物保護自己,以及因為他們過於愚蠢,而不知道應該避開潮濕

---

47 已出版的《馬王堆漢墓帛書:導引圖》(北京:文物出版社,1979年)包括《導引圖》的一張照片,對其內容所作的一幅手繪臨摹圖,以及一本收錄了唐蘭與其他學者對這件圖文並茂的寫本及其上的文字所作的簡單討論,名為《導引圖論文集》的小冊子。也可參馬王堆漢墓帛書整理小組編:《馬王堆漢墓帛書〔肆〕》(北京:文物出版社,1985年),頁 49–52。

48 夏德安詳細說明了《引書》對於詮釋《導引圖》的意義,見 Harper, *Early Chinese Medical Literature*, 310–327。又見 Vivienne Lo, "Imagining Practice: Sense and Sensuality in Early Chinese Medical Illustration," in *Graphics and Text in the Production of Technical Knowledge in China,* eds. Francesca Bray et al. (Leiden: Brill, 2007), 383–423,尤其是頁 406–413。

49 張家山二四七號漢墓竹簡整理小組編:《張家山漢墓竹簡》,頁 185,簡 298。

及寒冷的地方，不知道可以通過一些治療方法以保護他們在此環境下的健康。

另一個極端則是「貴人」。他們是最為尊貴與最受尊敬的人、各國的君主以及為其服務的高官大臣。他們逍遙的生活、飲食，以及穿著適合各種氣候材料所精心製作的衣物，都有助他們免受環境的影響。因此他們不會受到那些威脅普通百姓的極端氣候影響。所以還有何物能傷害他們？能傷害他們的是另一種大風暴。《引書》解釋：「貴人之所以得病者，以其喜怒之不和也。喜則陽氣多，怒則（陰＞陰氣多。是以道者喜則急（眴＞呴，怒則劇（炊＞吹以和之。吸天地之精氣，實其（陰＞陰，故能毋病。」[50]

如同醫和對晉平公的診斷，「貴人」致病的原因一般最為嚴重的是導致其人體內部氣象失衡的極端感情。同時，正如這位醫生所提出一些可用以防治疾病的措施，即節制欲望並注意一天中的不同時辰，《引書》亦勸勉貴族階層練習那些平衡激情的呼吸吐納技巧，從而確保遠離疾病的威脅。

貫穿《引書》與《左傳》的醫學智慧，包括人體之氣或激情的失衡會導致疾病、君王必須嚴格地按照不同時辰的框架來管理公共與私人的活動，以及人們必須採取有益健康的步驟來確保人體充滿激情的氣不會引起疾病。這些醫學智慧表明，組成《左傳》歷史敘述的那些文本材料可能也影響了《引書》及類似醫學文獻的編纂。在《左傳》有關平公的段落中，最核心的文本材料包括子產對平公之疾的分析、醫和的診斷，以及（見於《左傳》稍後敘述中的）另一段有關游吉對「六氣」和「六

---

50 張家山二四七號漢墓竹簡整理小組編：《張家山漢墓竹簡》，頁185，簡 107–108。

志」之間關係的解釋──游吉聲稱這個解釋源自子產。這些文本材料都使用同一套技術性的語言，它們也有一共同理論，其關注的是貴族階層內部生活的運作以及平衡公共責任與個人享受的必須性。此外，它們對某一種獨特的數術表達關注，這種數術與這些文本材料的直接語境、與《左傳》的其他部分都不相同。這些醫學智慧可能來自同一個來源，在某種程度上與子產這位「博物君子」相關。如所言屬實，那麼它們出現在《左傳》一書作為例證就可以說明，一部文獻的作者為了支持及強化其目的，而借用另一種材料；這種現象在漢代以前的文獻中十分常見。在這個例子中，作者的目的是闡明一個教訓：淫蕩的君王將患上重病，而失於責備君主的大臣則會遭受懲罰或身亡。其他幾個有關春秋晚期與戰國時期諸侯和君王患病的故事，至少在某種程度上支持著這個教訓。

　　《左傳》的記載與《引書》對貴族病因所作的解釋具有相似之處，但前者卻忽略了大多數人患病的原因。這點並不令人感到驚訝。晉平公畢竟是早期中國「貴人」的一個模範。我們不能指望《左傳》作者會如實或象徵性地談論平民的疾病。這是因為作為平民，他們的病痛並沒有任何歷史意義，也不能提供任何值得宣傳的道德教訓。《左傳》是一部關於貴族生活的文獻，通過貴族的美德和惡習，人們可以從中學得道德的教訓。

　　但是，《左傳》與《引書》探討貴族疾病的方法卻有著值得我們注意的差異。《左傳》將平公送入不治者的專用病房之中。另一方面，《引書》除了提供我們在《左傳》也能看到的那種預防療法，也為折磨貴族和富人的具體疾病提出治療措施。因此在這篇文獻第二部分我們找到治療「癃」這種折磨平公的疾病（根據《韓非子》）的詳細建議：「引癃：端立，抱

柱，令人□其（要＞腰。毋息，而力引尻。」[51] 就其本身而言，
《導引圖》使用圖像來說明另一種用於治療「炅中」這種如前
文所言，可能與「內熱」、「癉」有關疾病的鍛煉方法（見圖
1）。這幅圖展示一個肥壯之人，他雙拳緊握，並將之置於靠近
其鼓起腹部的位置。這幅圖亦有一句可以辨識的標題：「沐猴

圖 1. 《導引圖》治療「內熱」的鍛煉方法。影印自傅舉
有、陳松長主編：《馬王堆漢墓文物》（長沙：湖南
出版社，1992 年），頁 150。

---

51 張家山二四七號漢墓竹簡整理小組編：《張家山漢墓竹簡》，頁
179。

讙引炅中。」[52] 他的嘴巴張開，而其嘴唇則像一隻咆哮的猿猴那樣突出。[53]

這些出土材料為那些《左傳》認為「不可為」的病痛提供治療之法。這個事實可能表明，保存在這些出土寫本的療法，代表了一種進步，勝於那些由子產與醫和所提出的醫學知識。換言之，《左傳》敘述的作者可能確實不知道大量收錄於《引書》和《導引圖》中的那些「導引」練習。但我認為另一種對《左傳》敘述所作的解釋更有說服力：對於其作者而言，平公疾患曠日持久的唯一解釋，是那些根深柢固的淫亂行為令當時的醫療專家都束手無策。君王這些行為所造成的影響並不能簡單地通過查閱一本技術手冊就得以消除，或不可能通過抱著柱子並像猿猴一樣大吼兩聲就得以痊癒。作為一種黑暗、令人抑鬱的力量，它會留存且繼續侵蝕平公的身體，並奪走他身邊大臣的性命。至少，這是《左傳》作者所選擇講述的故事。

---

52 這句話可按通行字轉寫作「沐猴讙引炅中」。關於「沐猴」的考證，見唐蘭在《導引圖論文集》，頁 9–10 所作的評論。有關討論是 1979 年出版的《導引圖》的一部分（這部著作見上文注 46）。

53 《引書》與「導引」傳統中的其他文獻，都把動物與其規定的鍛煉活動聯繫起來。羅維前討論了這種鍛煉在文化上更廣泛的意義，見 Vivienne Lo, "Imagining Practice: Sense and Sensuality in Early Chinese Medical Illustration," 409–413。

詩歌與孔子流亡的傳說 *

在構成孔子生平傳說的眾多故事中，最廣為人知且最具有戲劇性者，是那些關於夫子自魯國流亡後遭受苦難的故事。根據《左傳》與《史記》所記，孔子於前 497 年離開，或者是被驅逐出他的家鄉。起因是他支持拆除圍繞著季、孟、叔這三個強大氏族所掌控都邑的防禦城垣，卻以失敗告終。[1] 孔子與一小群追隨者一共流浪了十三年，期間他們途經衞、陳、蔡與其他魯國西邊與西南邊的國家。[2]

* Jeffrey Riegel, "Poetry and the Legend of Confucius's Exile," *Journal of the American Oriental Society* 106.1 (1986): 13–22。我很榮幸將本章獻給加州大學伯克利分校（University of California, Berkeley）東方語言與文學阿加西（Agassiz）講座榮休教授薛愛華（Edward H. Schafer）。本章所有引自《十三經注疏》的內容皆來自阮元（1764–1849）監修、於 1816 年在江西南昌所刊印的版本。《史記》的引文來自臺灣藝文印書館所編的《二十五史》。除非另外說明，其他所有文獻的版本皆為《四部備要》本。我很感謝柯睿（Paul K. Kroll）對本章初稿所提出的批評。

1　導致孔子流亡的事件，見《左傳》定公十年，卷五十六，頁 5 上 –6 下，以及定公十二年，卷五十六，頁 9 下 –10 下。《公羊傳》定公十二年，卷二十六，頁 11 上，其中提到孔子是最初提議拆除這些城邑的人。但《左傳》認為這是由其弟子子路所提出的。有關這些材料的進一步討論，見 Homer Dubs, "The Political Career of Confucius," *Journal of America Oriental Society* 66 (1964): 273–282。

2　劉殿爵根據《論語》與《孟子》提供了一份簡便、且按照時序先

　　有關孔子遭受困厄的故事，經常以下列套話式的短語開始：「孔子在衛」，或是「孔子困於陳、蔡之間」。這些短語見於多部古代文獻之中，包括收錄孔子言論的《論語》，以及《孟子》、《墨子》、《莊子》，當然還有《史記·孔子世家》這篇司馬遷（約前 145– 前 86 年）專門用來講述與孔子有關傳說的篇章。[3] 對孔子傳記進行細緻研究的學者，約定俗成地視《論語》與《孟子》的記述為「真實」，並將對孔子懷有敵意的《墨子》與《莊子》中的故事貶低為虛構且誇張失實的記載。由於〈孔子世家〉內容駁雜，而其內容也因為司馬遷企圖將其材料塑造成一個在時序上連貫一致的整體（或許也包括後來文本的篡改）而變得混亂，故此，它所提供的故事版本，除非有《論語》和《孟子》的佐證，向來是被視作不可靠的。[4]

　　毫無疑問，由於諸如《莊子》和《墨子》這類著作公然反對孔子的學說，故它們的作者在接受傳統時比較自由、隨意，由此塑造出一個作為其批評對象的孔子形象。與此相對，我們至少可以認為除卻個別例外，《論語》對孔子是很友善的，而《孟子》亦然。因此，它們可能較忠實地反映了那些有關夫子流亡時期的最早故事版本。然而，儘管孔子的流亡可能真的在歷史上發生過，我們還是懷疑任何與其流亡有關的記述能夠具有嚴格意義的歷史真實性。它們都是複雜且經過非常精心製作的文學作品，也都包括那些從我們的角度可以稱作「事實」與「虛構」的內容。所有這些記載都展現出「歷史傳奇」（historical

　　　後的敘述，見 D.C. Lau, tr., *The Analects* (Harmondsworth: Penguin Books, 1979), 170–177。

3　顧立雅對這些材料進行了討論，見 H. G. Creel, *Confucius and the Chinese Way* (New York: Harper & Row, 1960), 7–11, 192–194。

4　同上注，頁 10。

romance）的成分。[5] 本章即試圖展示這一點，辦法是論證一些有關孔子的文獻，包括古代詩歌的一些片段，而它們不僅在來源上與孔子無關，甚至在時間上也為之更早。

《詩經‧邶風》有〈匏有苦葉〉、〈式微〉和〈旄丘〉這三首詩歌。[6] 在主題上，它們與圍繞孔子自魯國流亡在外十三年這段著名經歷的傳說有著驚人相似性。具體而言，這三首早期詩歌與後世一些有關他流亡的佚聞在語言與結構方面均頗為類似，甚至在某些情況下完全相同。後者在今天主要見於《論語》、〈孔子世家〉，再來則是前文提及的有關孔子流亡傳說文

5　有關古代中國文學中「小說」（roman）的經典研究，見 Henri Maspero, "Le Roman de Sou Ts'in," in *Etudes Asiatiques publiées par l'Ecole Francaise d'Extrême-Orient à l'occasion de son 25e anniversaire*, vol. 2 (Paris, 1925), 127–142。又見 Maspero, F.A. Kierman, tr., *China in Antiquity* (Amherst: University of Massachusetts Press, 1978), 357–365。在這些研究中，馬伯樂（Henri Maspero）試圖證明早期文獻有關蘇秦這位戰國政治策略家所作的許多描述，都是「純粹想象」（pure imagination）的產物。他相信這些有關蘇秦的零碎故事並不是源自一部歷史著作，而是現已亡佚、他稱之「小說形式的政治哲學著作」的《蘇子》。馬伯樂所立論的根據，並不是蘇秦傳說的起源，而是這些傳說在時序方面的不一致性與內部矛盾。對於他的結論，即蘇秦是虛構的觀點，我們應該有所保留，正如他本人所表示的那樣。此外，馬伯樂似乎沒有充分意識到，圍繞著某一人物引發出信仰之間的競爭，導致了今日所見文獻的巨大分歧。這無疑正是發生在孔子身上的情況。姜士彬通過伍子胥信仰的例子，討論了這些相關問題。這一信仰在早期以及中古時期得到發展，同時也影響了這位吳國偉大英雄的傳說，見 David Johnson, "The Wu Tzu-hsu Pien-wen and Its Sources," *Harvard Journal of Asiatic Studies* 40.1 (1980): 93–156; 40.2 (1980): 465–505。

6　如果不是因為與這三首詩無關的〈谷風〉夾雜其中，這三首詩可以組成一個單獨的系列。而〈谷風〉應與〈邶風〉中另外三首，即〈終風〉、〈凱風〉與〈北風〉並讀，它們是一個有關四方風的組合。

獻。本章認為這些相似的地方近似得足以讓我們將這些詩歌都視為孔子故事的模型，或主題原型（thematic archetypes）。本章將會論證，由於這些詩歌來自一部傳統認為深受孔子推崇的文學典籍，故此即使它們原來的意義與他相去甚遠，但是對於那些嘗試闡明孔子生平典範的人而言，這些文學材料仍被認為是能夠說明其行為與學說的合適例子。將這些詩歌置回其原來語境，並比較那些受到它們影響的故事，我們能夠為孔子的傳說如何利用這些古老材料提供一個相對詳細的例證。

　　長久以來，人們都認為〈衛風〉以及〈鄘風〉、〈邶風〉的所有詩歌都和古老的衛國有關。[7] 部分原因是邶和鄘皆為衛國的附庸。更重要地，許多〈邶風〉、〈鄘風〉的詩歌和〈衛風〉一樣，都記錄衛國的地名，而有些詩歌則間接提及某些我們從其他記述能夠肯定的衛國人物及歷史名人（雖然葛蘭言〔Marcel Granet〕、高本漢〔Bernhard Karlgern〕、韋利〔Arthur Walcy〕以及歐洲傳統《詩經》的其他學者普遍否定〈國風〉的地方屬性，但其他學者，尤其是白川靜，卻強調〈國風〉的區域起源不容忽略[8]）。無論如何，《毛詩》的始祖，亦即一般認為是《故訓傳》作者毛亨、漢代偉大的學者鄭玄（127–200），以及介紹《詩經》詩歌的〈小序〉——他們都從

7　我們在一件《詩經》殘本中，看到北（＝邶）的國名。這件零碎的寫本約於前 185 至前 165 年間寫成，而且其中一些重要的細節與《毛詩》相當不同。這無疑說明將衛國的詩歌分配給三個不同國家的做法並非只見於《毛詩》。正如清代一些權威學者所認為的那樣，這種做法是多個漢代《詩經》傳統所流傳下來的古老特徵。（1977 年在安徽省阜陽附近兩座西漢墓葬的其中一座發現了眾多物品，這件寫本是其中一件。下文將會討論同出此地的另一篇文獻。有關這件《詩經》寫本，見《文物》1984 年第 8 期，頁 1–21。）

8　見白川靜：《詩經研究──通論篇》（京都：朋友書店，1981 年），頁 51–177。

衛國人物、地方與事件來解釋這三首詩歌的意思、重構它們原來的語境。他們自然而然地漠視這三首詩歌在後世所產生的作用，而我們亦不應預期他們會注意到這些詩歌對孔子傳說所造成的影響。

我們亦應注意很多有關孔子傳說的研究，包括崔述（1740–1816）與（較近期的）藤原正的重要著作，但其中都沒有提到這三首詩歌對孔子傳統所作出的貢獻。[9]本章將試圖揭示後世傳說及其化用《詩經》文本這一過去未曾受到關注的聯繫，並且闡明這一聯繫形成的原因。就此而言，下文將會提出一種全新且必定是試驗性的方法來思考和評價孔子故事的性質。

$$* \qquad * \qquad *$$

以下按照三首詩在《詩經》出現的先後次序，對它們進行分析。本章會對每首詩歌進行英文翻譯，闡述它們的意思，並探討它們與孔子流亡故事之間的關係。

〈匏有苦葉〉

匏有苦葉，	The gourd has bitter leaves,
濟有深涉。	the ford is deep to cross.
深則厲，	Where deep step on stones;

9　然而，崔述在《洙泗考信錄》中卻從其相對的歷史真實性角度來討論下文將檢討的傳說，見崔述：《洙泗考信錄》，收入王雲五主編：《叢書集成》（上海：商務印書館，1937年），第143冊，卷二，頁47–51；卷三，頁63–70。藤原正的著作十分有用，一共兩冊，見藤原正：《孔子全集》（東京：岩波書店，1931年）。

淺則揭。	where shallow wade.
有瀰濟盈，	How fully the ford swells,
有鷺雉鳴。	'Evil!' the pheasant cries.
濟盈不濡軌，	The swelling ford will not wet your axle;
雉鳴求其牡。	the pheasant cries out to seek her mate.
雝雝鳴雁，	How harmoniously honk the geese,
旭日始旦。	when the genial sun first rises.
士如歸妻，	If a knight goes to take a wife,
迨冰未泮。	he acts before the ice breaks.
招招舟子，	Beckoning, beckoning, is the boatman,
人涉卬否。	Others cross, not I!
人涉卬否，	Others cross, not I!
卬須我友。	I await my friend.

〈匏有苦葉〉講述一位男子的故事，他對娶妻一事感到猶豫不決。這個故事的呈現方式，是一名男子與他人所進行的一段語焉不詳的對話。與他對話之人可能是他的未婚妻，或者是一位嘗試說服他行動卻沒有成功的媒妁之人。[10] 這首詩的開

---

10 Arthur Waley, tr., *The Book of Songs* (New York: Grove Press, 1960), 54。韋利已將這首詩歌翻譯成一篇對話。

首，是第一人比喻自己是「匏有苦葉」，即有苦葉的瓠瓜。這種瓠瓜如果過於成熟，便不能食用而僅具觀賞性，故說者把自己描繪成一個無用的老者。[11] 同一個人物又補充了另一個有關河流的淺灘（「濟」）因為太深而無法徒步涉過的比喻。在《詩經》中，越過河水這個意象的比喻用詞較為頻繁地出現在與愛情相關的詩歌之中。這些比喻用詞表達強烈的欲望，或者暗指誘惑。對〈匏有苦葉〉的第一人來說，象徵性地指出河水過深而無法渡過一事，意味著他可能因為某種沒有挑明的原因而不願意或不情願結婚。第二人回答的方式，是以符合渡河這個意象的詞語來駁斥第一人：「深則厲，淺則揭。」[12] 如此鼓勵第一人無視危險，並要勇敢和堅持不懈。[13]

第一人在第二章的開首繼續抗拒。在他前文提出、有關水深的表達之上，他現在補充指出河水也十分遼闊，藉以象徵性地強調有關自己不適合婚娶的恐懼。他增加了一個有關雄雞不祥啼聲的詩句。雄雞的啼聲作「鷕」，其音似「夭」和「祅」，

---

11 《毛傳》認為匏葉的苦味意味著它們無法被食用。這些葉子明顯要到晚秋、當匏不再新鮮時才變得不宜食用。這是因為，根據〈匏有苦葉〉，《毛傳》認為與匏相同的「瓠」葉是獻給祖先的佳餚。見《詩經》，卷十五之三，〈匏有苦葉〉，頁 3 下。何晏《論語》注指出，由於匏無法被食用，故此它們被人認為無用，並因此懸掛在牆上不被拿下。見《論語》，卷十七，〈陽貨〉，頁 4 上。

12 段玉裁：《說文解字注》（1815 年刻本），卷十一上，頁 21 將「砅（厲）」訓作「履石渡水也」。《毛傳》和《爾雅》則較具體地將「揭」訓釋為「揭衣」，見《爾雅》，卷七，頁 21 上 –21 下。因為這些內容以及這首詩的其他詩句都鼓勵這位主人翁不要猶豫，故此這首詩經常被視作表達堅定的主題。

13 《左傳》襄公十四年，卷三十二，頁 11 上 –11 下與《國語》，卷五，〈魯語〉，頁 2 下 –3 上均收錄如此一則故事：一位男子通過吟誦〈匏有苦葉〉來表明他決心渡河追擊敵人。

而這句詩句要指出的是時機不對。但是，第二人再次以前者所選擇的比喻用語來反駁他。這是因為第二人在回應時指出第一人聽錯了，「鷊」的聲音與〈草蟲〉中草蟲渴望性的鳴叫「喓」很接近，[14] 並指出其叫聲的意思是雉雞正在尋覓其伴侶。此外，他保證雖然河水看似很深，但它不會濡濕他馬車的車軸。[15]

第二人繼續鼓勵第一人立刻行動（第 3 章），並利用兩句有關克服膽怯與把握時機的至理名言來勸告他：假如他等待的話，那麼合適的狀況就注定會改變，正如鵝會在早上和諧地鳴叫，而不會在一天稍晚的時候這樣做。如果他拖延的話，那麼他將無法行動，如同一位尋找新娘的士人無法在冬天寒冰融解而河水泛濫時將她娶回來。第一人依然未被說服（第 4 章），並使用他先前所提到淺灘的隱喻，悲傷地將自己描述成一位被留在岸邊等待朋友的人，而船夫卻已運送他人到達幸福的對岸。

這首詩歌的語言、其對話形式的結構，以及它有關遲疑不決的主題，都與孔子流亡至衛國記述中的一段情節十分相似。這段記述保存在《論語》和〈孔子世家〉中。然而，前者與《論語》這部書似乎互不相關；而後者所保存的記述則較為完整和連貫。

根據傳統紀年，孔子在約前 493 年至前 490 年之間在衛國逗留。在接近尾聲的時候，晉國貴族趙簡子向他的敵人，范氏家族與中行家族，發動了進攻。佛肸是范氏家臣，其根據地是晉國黃河以北的中牟。此時他發動叛變並攻下城池，顯然是表

---

14 《詩經》，卷一之四，〈關雎〉，頁 1 下。

15 有關「軌」的討論，見 Bernhard Karlgren, *Glosses on the Book of Odes* (Stockholm: Museum of Far Eastern Antiquities, 1970), 118, gloss 91。

明他向趙簡子效忠。[16] 他隨後派遣使者到衛國邀請孔子加入他的行列。記錄孔子回應的文字見於《論語·陽貨》七章和〈孔子世家〉中：[17]

> 子欲往。子路曰：「昔者由也聞諸夫子曰：『親於其身為不善者，君子不入也。』佛肸以中牟畔，子之往也，如之何！」子曰：「然。有是言也。不曰堅乎，磨而不磷；不曰白乎，涅而不緇。」（《論語·陽貨》七章）

孔子隨後說出一段與〈匏有苦葉〉開首之隱喻十分相近的話：「吾豈匏瓜也哉？焉能繫而不食？」孔子藉由這句話道出他對投靠佛肸的強烈渴望。然而他卻沒有這麼做。在〈孔子世家〉中有一段文字緊接在上述引文之後，但卻收錄在《論語》中的另一處。根據這段文字，孔子引退歸鄉，並通過擊打石磬來表達他對此事的感想。[18] 此時有一個人背負著竹籃路過，所有注釋皆指出他是一位未獲賞識的聖人。他在聽到音樂後斷

---

16 中牟在當時已歸范氏家族所有，而不是如一些早期注釋所認為的那樣，是趙國的城邑。相關證據見瀧川龜太郎：《史記會注考證》（東京：東方文化學院東京研究所，1932–1934 年），卷四十七，〈孔子世家〉，頁 46–47 所引黃式三說。

17 此處引文見《論語》，卷十七，〈陽貨〉，頁 3 下 – 4 上，以及司馬遷：《史記》，卷四十七，〈孔子世家〉，頁 14 下。有關後者的完整翻譯，見 E. Chavannes, *Les mémoires historiques de Se-Ma Ts'ien* (Paris, 1905), vol. 5, 347–348。

18 《論語》三十九章，見卷十四，〈憲問〉，頁 15 下；司馬遷：《史記》，卷四十七，〈孔子世家〉，頁 14 下 –15 上，以及上引 Chavannes, *Les mémoires historiques de Se-Ma Ts'ien*, vol. 5, 348–349。

言：「有心哉，擊磬乎！」但當音樂終了，這位聆聽者卻並不理會它所表達出的孔子的決定：「鄙哉，硜硜乎！莫己知也，斯已而已矣！深則厲，淺則揭。」

這句話的最後幾個字詞與〈匏有苦葉〉首章最後的偶句相同。藉由這句話，這個陌生人鼓勵孔子要勇敢和堅決，最後成功改變了孔子的想法：「果哉！末之難矣！」[19] 在〈孔子世家〉中，這裡出現一段與此無關、涉及音樂的文字。它是由孔子擊打石磬的故事而引起。緊接其後（完全不見於《論語》），這則故事提到孔子來到黃河河畔，試圖渡過黃河，並加入晉國趙氏家族陣營。[20] 如此一來，〈匏有苦葉〉有關涉灘的比喻，在孔子的傳說中就成為了故事的實際情節：我們應該假設孔子確實來到了河邊。然而，他在河邊聽「聞」兩位品德高尚的卿大夫遭受趙簡子殺害的消息。孔子因此再一次改變他的想法，並通過與〈匏有苦葉〉末章中第一人的傷感之情相呼應的言辭來表明他不渡河的決定：「美哉水，洋洋乎！丘之不濟此，命也夫！」當被問及他為何不行動時，孔子解釋被殺之人是「夭」，即年幼和無辜者暴死的一個例子，而一位品德高尚的人不會去發生這些事情的地方。孔子稱被害者為「夭」一事是很重要的，這是因為它顯示了孔子聽到凶訊的這個情節，所根據的是〈匏有苦葉〉中，此詩的主人翁所提到、表示時機不當、有關雉雞不祥啼聲的比喻。

總的來說，〈匏有苦葉〉和上述孔子佚聞的主題有相似處，

---

19 〈匏有苦葉〉引文與孔子對它的回應，見《論語‧憲問》三十九章，但〈孔子世家〉卻省略了有關內容。

20 參見司馬遷：《史記》，卷四十七，〈孔子世家〉，頁 15 上–15 下，以及 Chavannes, *Les mémoires historiques de Se-Ma Ts'ien*, 351–353。

是某人猶豫於涉灘所表達的遲豫不決。在經過延伸的故事中，孔子多次被賦予的言行，要麼與〈匏有苦葉〉一詩的意象完全相同，要麼十分接近。當中特別值得我們注意的是他對瓠瓜的提及、渡河的引喻、不管水有多深也要涉過的一組文字、他在河邊聽到凶訊、河水的浩瀚，以及孔子最後不渡河的決定。這則佚聞利用一種與〈匏有苦葉〉相似的方法來組成一系列對話。此外，孔子行動以及言辭的順序，一如〈孔子世家〉版本中所載一樣，與〈匏有苦葉〉敘述中的順序是相同的。

〈式微〉

式微，式微！	Oh, One so reduced, so reduced!
胡不歸？	Why not return?
微君之故，	If it were not for the lord's misfortune,
胡為乎中露！	why would we be here in the open?
式微，式微！	Oh, One so reduced, so reduced!
胡不歸？	Why not return?
微君之躬，	If it were not for the lord's impoverishment,
胡為乎泥中！	why would we be here in the mire?

　　〈式微〉是一首流亡者的追隨者寫給他的作品。〈小序〉和鄭玄都同意這首詩和〈旄丘〉是一組有關一位黎侯的作品，他被狄人驅逐出自己領地並逃亡到衛國。除卻這些注釋，《左傳》

亦簡略地提到在前 594 年，晉國軍隊如何幫助一位黎侯在狄人土地上建立其勢力，[21] 但沒有描述他曾被狄人驅逐，或逃到衛國的事情。儘管如此，《詩經》學者將〈式微〉、〈旄丘〉視為一組相當重要的詩歌，因為它是一組影響孔子傳說的詩歌。

我們可以籠統地概括〈式微〉所揭示這位流浪者的性格，以及他與那些寫這首詩歌給他的追隨者的關係。後者以「式微」指稱他，意味他是一位曾經顯赫，但已失去威望，現在生活在卑微環境中的人物。[22]「胡不歸？」這個問題顯示他如果作出選擇的話，他是能夠結束其流浪生活的。但是，他或許固執地拒絕返回原來的國家，這也是為何其追隨者前來勸告他。他的同伴責備其為「故」與「躬」，[23] 這是因為他們「露」且「為乎泥中」。這些都是用來描述悲慘處境的誇張隱喻。[24]

固執的流亡者隨附著不情願追隨者的主題，也可見於一段有關孔子在小國陳無家可歸時所發生的一件事的敘述。吳國在前 489 年攻打陳國，而孔子及其追隨者有可能被夾在其間。

---

21 見《左傳》宣公十五年，卷二十四，頁 11 下 –12 上。

22 「微」在〈式微〉有兩種意思。它在每一章首行作為名詞使用，意謂「卑微、低下的人」，而在第二行則是一個否定詞，意謂「假若不是……」。「式」在《詩經》中主要有兩個意思。在動詞之前，它是一個情態助動詞（modal）。丁聲樹對「式」字這方面的特點已有研究，見丁聲樹：〈詩經「式」字說〉，《中央研究院歷史語言研究所集刊》第 6 本第 4 分（1936 年），頁 487–495。在名詞之前，我將它看作是一個突顯格（emphatic），與其他幾個古音接近的詞彙相關。這似乎也是郭璞的觀點，見《爾雅》，卷四，頁 12 上。他將「式微」釋為「至微」，而我在翻譯時則沿用了這個訓釋。

23 馬瑞辰：《毛詩傳箋通釋》，卷四，〈式微〉，頁 21 上 –21 下。馬瑞辰論證「故」應作「禍災」解，即災難或不幸，而「躬」則是「窮」字的省字。

24 《毛傳》認為「中露」與「泥中」指衛國城池，並不將其定義為地名，而僅是將衛國城池與痛苦的情景連繫在一起。

根據多種文獻中所載傳說，這小隊人挨餓且瀕臨死亡。〈孔子世家〉並沒有特別提到這些困境，而只隱約地提到陳國在當時受到土匪的滋擾。《荀子》一則故事提到孔子在陳、蔡兩地的困窘境況，而子路在故事中更表達疑惑：何以上天要以這種災難來獎賞孔子的美德？[25]《荀子》這則故事使用「戹」和「禍」這兩個詞彙，或許反映它受到了〈式微〉的影響。[26]《論語・衛靈公》首章同樣虛構的文字中指出孔子的弟子在食物耗盡時「莫能興」。這句短句使人聯想到〈式微〉中追隨者隱喻式地抱怨他們正暴「露」在外且「為乎泥中」。這個段落提到子路隨後走近夫子並憤慨地向他詢問：「君子亦有窮乎？」這個問題似乎受到了〈式微〉對於流亡者困窘境況所作描述的啟發。[27]

〈旄丘〉

旄丘之葛兮，	'The kudzu on Long Hair Hill,
何誕之節兮！	how long its joints extend.'
叔兮伯兮，	Oh, my brethren!
何多日也？	how many have been the days?
何其處也？	Wherever I have rested,
必有與也！	I have always had friends.
何其久也？	Wherever I have tarried,

25 《荀子》，卷二十，〈宥坐〉，頁 4 下 。《墨子》，卷九，〈非儒〉，頁 15 下 –16 上有一段文字包括幾乎與《荀子》完全相同的程式化引言，卻用來嘲笑孔子的虛偽。它聲稱孔子對其食用的食物一般都是一絲不苟的，然而，儘管他有理由相信子路給他的食物是偷來的，他還是照吃不誤。

26 見上文注 23。

27 見《論語》，卷十五，〈衛靈公〉，頁 1 下。

必有以也！	I have always had helpers.
狐裘蒙戎，	The fox-furs, crazed and confused,
匪車不東。	complain that chariot comes not to the east.
叔兮伯兮，	Oh, my brethren!
靡所與同。	I am without friends or comrades.
瑣兮尾兮，	Oh, my pretty little things!
流離之子。	sons of the vagabond bird.
叔兮伯兮，	Oh, my brethren!
褎如充耳。	billowing sleeves and ear-plugs.

〈旄丘〉記錄一位流亡者悲傷與怨恨的言辭。他的追隨者已對他的理想感到厭倦，並且為了名望與更舒適的生活而離棄他。〈小序〉與鄭玄再次指出此人是黎侯。他首先將自己比作「旄丘」，[28] 一座形狀怪異的山丘。《毛傳》稱其「前高後下」，而在其上懸掛著大量的葛藤，即山丘之「髮」，其長度象徵主人翁與追隨者之間的距離。他高聲地向他在全首作品中稱為「叔伯」的追隨者說，他流亡已久，他宣稱無論他選擇到訪哪裡或停留哪裡，他都可以與志同道合且具備品德之人在一起。[29]

但他的處境已有不同，故這位主人翁在第 3 章引用了一句話：「狐裘蒙戎。」[30]「狐裘」是貴族的轉喻（metonymy）。

---

28 「旄」讀「髦」。

29 根據《毛傳》的轉述。

30 有關這句話的另一個例子，見司馬遷：《史記》，卷三十九，〈晉世家〉，頁 8 下。它在該處指稱的是晉國貴族在三家篡奪權力時群龍

稱他們是「蒙戎」，有瘋狂和狼狽之意，是指他們狂亂與失去
理智的行徑，彷彿他們的頭被籠罩住，以致完全無法看見。[31]
這句詩通過隱喻的方式間接地提到主人翁的追隨者拋棄了他。
緊接其後是一個疑難甚多的句子。在此句中，主人翁似乎是
在講述他的追隨者：他們不滿且不認同他的理想，抱怨[32]為何
馬車沒有來到東方，指的或許是他的故鄉沒有邀請他回去這
件事。

　　流亡者進一步對「叔伯」的不忠表達悲痛，然後在第 4 章
將他們標籤為叛徒。他用「瑣尾」[33]這個象徵性的稱謂，意指
他們地位不高，或許還帶有一些蔑視成分，並隱喻地將他們視
為「流離之子」來譴責他們的叛逆和奸詐。正如《毛傳》所言，
「流離」這種禽鳥是一種「少好長醜」的禽鳥。[34]在這首詩最後
一句偶句中，這些「叔伯」被描述成擁有「褎如充耳」這種高
級官員優雅而精美的徽章。他們亦因此被認為在某些地方得到
了官位。

無首的混亂情形。

31 「蒙戎」，或阜陽《詩經》寫本（見本文注 7）的「蒙茸」，描述的
　　是某些被茂盛生長的植物所完全覆蓋且隱藏的事物，由此引伸出被
　　如此蒙蔽的人之義。由於較早學者沒有意識到「狐裘」是那些穿著
　　它們的貴族的轉喻，故「蒙戎」被錯誤理解為骯髒且雜亂的毛皮。

32 我沿用阜陽《詩經》寫本（見本文注 7）的用法，並將這個字讀作
　　「誹」，即抱怨，而不是見於《毛詩》、作為否定詞的「匪」。《毛
　　詩》解讀長久以來都被認為是有問題的，例如馬瑞辰：《毛詩傳箋
　　通釋》，卷四，〈旄丘〉，頁 29 下。馬瑞辰認為「匪」在這裡並不
　　是一個否定詞，而是一個聲音相同的指示代詞。

33 「瑣尾」只不過是「稍微」的另一個寫法。

34 此鳥被名為「流離」之原因在於此鳥乘風不息。幼鳥具體所指為
　　何，我們尚不清楚。馬瑞辰：《毛詩傳箋通釋》，卷四，〈旄丘〉，
　　頁 29 下 –30 上指出牠並不是貓頭鷹。

　　這個主題——一個流亡者表達他渴望尋得忠誠的朋友，又同時批評和抱怨其追隨者的恣意妄為和不忠——亦見於一則有關孔子流亡的記載中。上面提到孔子與其所帶領的弟子幾乎餓死，此後的某個時間，他的弟子開始離開他。根據〈孔子世家〉對孔子流亡所作記載，當孔子與弟子仍在陳國時，季康子這位甫在魯國掌權的獨裁者即考慮是否邀請孔子返回故鄉。[35] 季康子的一位顧問向他警告孔子的性格並不隨和，於是他轉而邀請孔子弟子冉有來為其效勞。冉有立刻接受了邀請。孔子直接表達了他的擔憂：這個邀請意味季康子打算僱用冉有為高級官員。當孔子看見冉有時，這位弟子的服飾和矯情的樣子使得孔子作出尖酸刻薄的評論。這段評論同樣見於《論語‧公冶長》二十二章中，不過其中卻省略了〈孔子世家〉中的引介與背景：[36]

　　　歸與歸與？吾黨之小子狂簡，斐然成章，不知所以裁之。

　　孔子的問題「歸與歸與？」刻意呼應了〈式微〉中流亡者的不悅同伴們對其所作的勸誡。「狂簡」這個孔子用來指稱冉有的冗詞，乃是對〈旄丘〉中用來描述不忠貴族的罕見重疊詞「蒙戎」所作的訓釋。孔子稱冉有為其中一位「小子」，這一他

35　司馬遷：《史記》，卷四十七，〈孔子世家〉，頁 16 上–16 下；Chavannes, *Les mémoires historiques de Se-Ma Ts'ien*, vol. 5, 357–359。

36　《論語》，卷五，〈公冶長〉，頁 10 上–10 下。這段文字過去被認為是針對某些孔子流亡時期仍然待在家中的匿名弟子。但《史記》明確指出孔子批評的人是冉有。

處孔子用來稱呼弟子的稱謂與詩歌中的「瑣尾」相平行。〈旄丘〉的「褎如充耳」在這則散文式佚聞中，成為冉有「斐然成章」這一不太形象的表述。

《論語‧公冶長》二十二章的內容同樣見於《孟子》中：「吾黨之士狂簡，進取，不忘其初。」[37] 因為一些不明的原因，〈孔子世家〉將〈公冶長〉二十二章與《孟子》中與之對應的段落視為兩段沒有關係的文字。[38] 很多權威學者認為這必定是個錯誤，並認為孔子應只有一次對「小子」作出如斯責難。[39] 但是，過去沒有注意的是，〈孔子世家〉在簡單提及陳國盜賊為禍的情況後，立刻提到《孟子》的故事。這對組合正好與〈式微〉、〈旄丘〉並置的傳統相重合。假如這兩首詩歌在事實上真的是這些佚聞的來源，那麼〈孔子世家〉對事件所作這一排序有可能是構思相關傳說之人的刻意安排。因此，一方面是與〈旄丘〉內容十分相似的、冉有不忠與充滿野心的故事；一方面是衍生自〈式微〉、有關孔子早期困窘境況的故事。它們應該被放在一起，且前者可以視作後者的續篇。

＊　　　＊　　　＊

上述對孔子傳說的文學起源作出分析的起始點是，就其完

37　見《孟子》三十七章，卷十四下，〈盡心下〉，頁 8 上。最後一句以否定詞「不」開首的句子應被讀作一個反詰問句。同樣的用法亦見《孟子‧公孫丑上》二章等處。

38　司馬遷：《史記》，卷四十七，〈孔子世家〉，頁 13 下重複了《孟子》這段文字。

39　梁玉繩：《史記志疑》（廣雅書局叢書 1887 年刻本），卷二十五，〈孔子世家〉，頁 18 下 –19 上。

整性和連貫性而言，〈孔子世家〉所保存的故事版本一般要比
《論語》更為可取。而界定這種完整性和連貫性的根據，是它
們何者與三首詩的語言和結構更為接近。這在有關孔子猶豫涉
灘到晉的故事中尤為明顯。〈孔子世家〉一段內容與〈匏有苦
葉〉十分相似的單一敘述，在《論語》中卻被分為兩個不同的
段落，後者更完全省略了見於〈孔子世家〉中的故事高潮。我
並不是說〈孔子世家〉在孔子相關事跡上比《論語》更為可靠。
我也並非沒有認識到司馬遷十分熱衷撰寫出一個時序連貫的敘
述，因此對原始傳說做了若干刪改。我要指出的是在上述的一
些例子中，〈孔子世家〉所作的排列和陳述要比《論語》更為
貼近這些傳說的最早形式。

我們不需要——因為某種關於《論語》時代古老的錯誤信
心——過度相信《論語》如何放置和劃分有關段落的做法。儘
管這部文獻肯定早在鄭玄之時就已經出現與傳世本一般的面
貌，但我們不知道這種情況是在鄭玄撰寫其注釋多久以前出現
的。〈坊記〉這篇屬於《禮記》的作品與《韓詩外傳》都提及《論
語》的書名，但在這方面它們並不能構成充足的證據。這不單
是因為它們無法證明整部《論語》內容和其中段落劃分，亦因
為這些文獻的成書年代本身就存在著問題。它們肯定無法證明
《論語》現存版本的成書年代比〈孔子世家〉的編纂要早。[40]

由於《孟子》多次引用不見於《論語》的孔子言論，故或

___
40 有一個古代傳統認為〈坊記〉是孔子之孫子思所撰。這使清代很
多學者都認為〈坊記〉是子思已經失傳著作中的一篇佚文。我在
自己的博士論文中說明了這個古代傳統是錯誤的，並認為〈坊記〉
成書年代不會早過前一世紀太多。見 Jeffrey Kenneth Reigel, "The
Four 'Tzu Ssu' Chapters of the Li Chi" (Ph.D. dissertation, Stanford
University, 1978)。

許如同韋利所認為的那樣，在周朝晚期，有關孔子言論與傳說
的整體內容可能比《論語》所載的要多很多，在性質上亦與《論
語》有著相當的差異。[41]〈孔子世家〉也許暗示另一種有關這些
較早時期孔子傳說的編排做法。這些較早時期的孔子傳說今天
已經佚亡了，但它們可能與《孟子》首兩卷的做法有著相似之
處。《孟子》首兩卷對於時序所作的標示、對敘述連貫和完整
性的關注，都要比今本《論語》明顯。

　　本章認為這些早期孔子言論和傳說不單數量眾多，並且
得到廣泛、甚至民間的流傳。至少就漢代而言，諸如劉向（前
79– 前 6）所編收錄大量相當簡短、有關孔子及弟子警誡故事
的《說苑》、《新序》，以及其他兼容並包的道德佚聞可以說明
這一點。《孔子家語》聲稱網羅了古代的孔子故事，有助於反
映孔子傳說在戰國和漢代初期的全豹與流傳程度。然而它有大
量羼入的文字與記載的扭曲，原因是王肅（195–256）為了其
私心的學術目的，試圖詆毀鄭玄的學術權威。這就使人懷疑其
可靠性。[42]

　　在安徽省阜陽市第二代汝陰侯夏侯竈的墓穴中出土了眾多
倖存下來的零碎寫本，其中有一塊木牘，其正反面記有一個收
錄 46 個孔子和弟子故事文集的目錄。就上文所言內容來說，
這個發現的意義極大。[43] 我們很不幸無法找到該部文集的文本

41　Arthur Waley, *The Analects of Confucius* (New York, 1952), 22–23.

42　夏倫（Gustav Haloun）在其權威研究中討論了圍繞《孔子家語》
　　的問題，以及王肅與鄭玄兩方陣營的歧見，見 Gustav Haloun,
　　"Fragmente des Fu-tsï und des Tśin-tsï," *Asia Major* 8 (1933): 456–
　　461。

43　位於阜陽的這座墓葬最早於 1977 年為人發現，相關報導見文物局
　　古文獻研究室、安徽省阜陽地區博物館阜陽漢簡整理組：〈阜陽漢
　　簡簡介〉，《文物》1983 年第 2 期，頁 21–23（這篇報導也提到上

——如果它是放在墓穴之中的話，那麼它便是因為損毀而消失了。雖然如此，其目錄告訴我們故事的標題，顯然這部文集與今本《孔子家語》有著很多相同的內容，而前者亦有可能是後者所依據的材料。無論如何，這條零碎的證據被發現在這個漢代遠離文化中心的邊遠地區，能夠在某種程度上顯示出孔子故事的廣泛流傳。我們在有關發現所作報導中意外得知，其中一篇佚聞的標題為「孔子臨河而嘆」[44]，亦即孔子在黃河岸邊得知趙簡子罪行，最後決定不加入趙氏家族陣營的故事。儘管無法得知這個早期版本的內容，我們還是很高興能藉此肯定這個故事的流傳。

我們在《詩經》的詩歌中發現一些有關孔子生平的記述所賴以為據的模型和模式，這點本身並不奇怪。即使是在古代，這部記載詩歌的古老經典已被高度推崇為一面反映正確言行的鏡子。根據《論語》多段文字所言，孔子本人視這些詩歌為一部內容豐富的彙編，其中記錄了值得人們模仿的情感、行為和措詞。對待文本的這種態度，也見於人們頻繁引用《詩經》的內容來闡明一個道德或禮儀觀點。上述做法在古代哲學、歷史及禮儀性的文獻中非常明顯。

然而，在那些我們已論及的例子中，詩歌並不只是被單純引用，而是經過改寫，並且成為一些散文式佚聞的綱要。這些詩歌成為一些情節和術語的框架，並在隨後因為加入其他材料

文注 7 所論及的《詩經》寫本）。

44 文物局古文獻研究室、安徽省阜陽地區博物館阜陽漢簡整理組：〈阜陽漢簡簡介〉，《文物》1983 年第 2 期，頁 23。文中羅列了三則故事的標題，並恰巧包括這則故事的標題。我們可以想像未來正式出版時，我們將會得知這塊木牘上其餘 43 則故事的標題為何。

而擴充，為的是符合作者對孔子與其時代所希望做出的陳述。這種利用《詩經》意象的最重要特點，或許是格言、箴言，以及比喻方式——這些帶有《詩經》風格，且在更廣泛層面對古代詩歌的修辭作用具有關鍵意義的一些特徵——它們竟然成為傳說的實際內容。因此，如在〈匏有苦葉〉，象徵一名男子猶豫是否要娶妻的那種對涉河的恐懼，成為臨河而嘆及道德有失的晉國政府故事中的關鍵元素。而〈式微〉使用「露」與「泥中」作為悲慘苦難的隱喻做法，又成為對孔子貧病弟子的實際描述。此外，我們在〈旄丘〉中找到一些例子，說明諸如「狐裘蒙戎」與「褎如充耳」這些富有詩意的比喻，且詞藻又較為華麗的例子，如何被改寫成一些較為平淡無奇的表達方式。

雖然這些詩歌被按照字面的詮釋與轉述所轉化，但我們仍然可以在傳說的語言與結構中將它們辨識出來。這使孔子與其精神上的先行者，即《詩經》詩歌的主人翁產生了微妙而又明確的聯繫。孔子傳說的編製者，即其「傳記作者」通過讓孔子說出這些詩句、讓他思考它們的目的，且採用這些詩歌所描述的姿態來使孔子重新賦予這些詩歌生命。但是，如果認為這些「傳記作者」只是借用了一些較有名望的材料，或指責他們捏造、虛構了孔子的傳記，這都是不恰當地理解並低估他們的行為。他們所作的，是從《詩經》發現孔子所推崇正當行為的古代模式，說明孔子又是如何在其一生中遵守這些行為模式。孔子的一生被看作是他所尊敬的《詩經》教誨的總結。或借用《論語‧為政》十一章的表述，他已經「溫故」，亦即使過去恢復生氣。

此外，根據一個古代的文學理論，我們應該將《詩經》的詩歌與其他偉大的文學作品放在一起：它們的作者是那些被不公正地驅逐、懲罰或對待，因此反抗其命運與處境的人士。司

馬遷曰：[45]

> 昔西伯拘羑里，演《周易》；孔子戹陳、蔡，作
> 《春秋》；屈原放逐，乃賦〈離騷〉；左丘失明，厥有
> 《國語》；孫子臏腳，而論兵法；不韋遷蜀，世傳《呂
> 覽》；韓非囚秦，〈說難〉、〈孤憤〉；《詩》三百篇，大
> 抵賢聖發憤之所為作也。

　　對司馬遷來說，這個論斷在某種程度上是為其個人利益
所提出的。這是因為它為司馬遷的決定提供了先例：司馬遷在
漢武帝的手上遭受侮辱之後，仍然繼續撰寫《史記》的工作。
固然，我們極度懷疑《周易》、《春秋》、《國語》是否真的在
其所描述的情境下寫成。[46] 此外，也有其他相關記錄（部分來
自《史記》他處），表明《呂氏春秋》、《孫子兵法》與韓非
的文章是在何時何地所撰成的。儘管這些描述的歷史細節是可
疑的，但司馬遷並沒有嚴重扭曲他所提及大多數作品的創作動
機。的確，在他所提的哲學文章中，一個最明顯的作者意圖
是改變古代君主犯下的那些被認為是無知的邪惡和錯誤；對此
他們懷有熱情，雖然他們的願望時常落空。〈離騷〉的主人公
毫無疑問遭到流亡。在閱讀《詩經》的過程中，我們無法避免
有如此的印象，即使不是絕大多數，但其中很多詩歌都是一些
被拋棄與極為不快之人所作的；他們的表述充滿怨懟，因為他
們遭受冷漠的愛人、君主及神靈的漠視，從而感到受挫。

45　司馬遷：《史記》，卷一三〇，〈太史公自序〉，頁 12 上。
46　有關《國語》的一行文字有錯簡。在這段文字對於這些作者的其他
　　描述中，有一些史實的矛盾，見瀧川龜太郎：《史記會注考證》，卷
　　一三〇，〈太史公自序〉，頁 28–29。

　　對那些為我們提供孔子流亡傳說的人來說，或許這些詩歌作為古代曾遭受同樣困境的賢者的表達方式，也包括一些如何恰當描述夫子的建議，而這些苦難也鼓舞了他在文學上作出努力：司馬遷聲稱孔子在他與弟子受困與捱餓的危急關頭撰寫了《春秋》一書。從這角度來看，這些詩歌界定了如何正確描述像孔子般如此特別的人物：他們被視作繼承了詩人的遭遇和感受。這樣，這些文學先例便預先決定了孔子生平記述所顯示的那些處境和人物形象。它們是有關時間、地點、人物等雜亂信息——這些我們或稱之為孔子生平的事實——所必須賴以為據的基本要素。有關過程及其成效與後世中國史家的作法並無兩樣：他們使用套話和格式化的人物描述，亦即 "topoi"，以此依據傳統所規定的角色介紹來確定一篇傳記的主角，並且賦予其生平更多個性化的細節。[47]

　　但是，孔子傳說中所展示的那些源自《詩經》的影響並非只是一些史學實踐方式而已，而是中國文學史上一個更為普遍與重要現象的例子。後世文學時常提及《詩經》的語言和意象，而詩歌自然尤其如此。我們應將這種現象視為區別與體現中國傳統的一個文學慣例。這種現象的重要性時常得不到充分的注意。這種疏忽或許是無意造成的，其原因是人們將援引自《詩經》的文字標籤為單純的「典故」。這是一個空泛的詞語，很不幸地遮蔽了古老詩歌對後世文學表達方式所造成積極且具決定性的影響。它把《詩經》描述為某種了無生氣的東西，或將它視為過時的試金石或資料庫，並將後世那些提及它的作者視為單純守舊或學究式的人物。上文提及貼近孔子傳說的一些

47　見 Herbert Franke, "Some Remarks on the Interpretation of Chinese Dynastic Histories," *Oriens* 3 (1950): 113–122，尤其頁 120–121。

詩歌例子，如果它們具有典型意義，那麼它們便表明在文學研究中，應將更多的心力放在披露《詩經》與其他經典文獻是如何一方面影響到後世文學的詞彙，而另一方面亦塑造了它們的主題和內容。

最後，必須強調，哪些詩歌可作為孔子傳說的模範——並不是隨意的。由於孔子傳記的作者沒有選擇其他詩歌，而是挑選了〈匏有苦葉〉、〈式微〉、〈旄丘〉三首，這種選擇背後的原因，必定是因為這些詩歌本身的特徵，且那些詩歌內容與孔子生平、性格的事實相一致。例如，這三首詩歌都與衛國有關，傳統上認為孔子在流亡中曾在此逗留很久。又例如其中兩首詩，即〈式微〉、〈旄丘〉早被認為是與某位背井離鄉的人物有關的一對組合。上述兩點無疑都是很重要的。更加具體地說，〈匏有苦葉〉所表達的猶豫與正直既是孔子之所以著名，又是使他有時在其他古代記述中被人嘲笑的性格特性。同樣，〈式微〉所談及的「故」和「躬」在孔子傳說中都是隨處可見的主題。

〈旄丘〉比另外兩首詩更進一步，它展示的一些特徵似乎透露出它是孔子傳說的一個特別符合的原型。這首詩歌開首有關葛藤在名為「旄丘」生長的隱喻是最引人注目的，這是因為孔子的名便是「丘」，而與《毛傳》對「旄丘」所作的描述一樣，傳統認為孔子頭部有一個凹陷的前額。[48] 這首詩的主人翁稱其追隨者為「叔伯」，而這個用來指稱家族成員的稱呼類似於「弟子」這個人們用來稱呼孔子一眾學生的名稱。〈旄丘〉控訴沒有馬車前來迎接主人公回家，而這段細節異乎尋常地預告了如下的事實：季康子決定不邀請孔子東歸回魯，結束他的

48　司馬遷：《史記》，卷四十七，〈孔子世家〉，頁 2 上。

流亡生活。此外，主人翁聲稱自己時常能夠吸引志趣相投者並與之交往，這與孔子的一些言論，如《論語・里仁》二十五章「德不孤，必有鄰」非常相近。對於孔子傳說的撰寫者與編撰者來說，如此一首充滿典型孔子形象與學說的詩，不僅是一個文學範式，更是一個預示孔子命運的不可思議的先導。

《詩經》與古代中國文學中的說教 *

　　根據粗略推算,《詩經》三百零五首詩歌寫成於前 600 年之前的四個世紀之間。這個時代所涵蓋的事件包括:在渭水流域新建立的周朝與周朝都城於前 771 年被攻破、周王隨後東遷至洛邑,以及最後為了保護周室免於南方楚國的蠶食,周王室於前 679 年承認齊桓公(前 685– 前 643 在位)為周王的保護者,並因此使他成為所有封國的實際盟主。就文學角度而言,這段時期可被視為古老或前經典(preclassical)文本時代。這些文本包括《詩經》與《尚書》的部分內容、卜筮之書《周易》,以及記錄王室賞賜、授銜儀式和其他發生在周室及其附屬國的歷史事件的銘文。

　　早期作者創作前經典文學的方法,主要通過口頭與書面的方式來保存累積下來的智慧。在政治上被稱為春秋(前 722– 前 481 / 463)與戰國(大約前 403– 前 221)的時代,我們可以很容易在流傳下來的一些著名哲學與歷史敘述中,看到同樣

---

*　本章原為 Jeffrey Riegel, "*Shih ching* Poetry and Didacticism in Ancient Chinese Literature," *The Columbia History of Chinese Literature*, ed. Victor Mair (New York: Columbia University Press, 2001), 97–109。為了此次出版,王安國先生對此文進行了全面的修改,並撰寫新的內容。

的說教願望。孔子的《論語》教導自我修養以及統治他人時所必需的道德原則;《左傳》豐富地展示人類歷史中相互作用的複雜操作;《老子》促使我們忘卻那些源自世俗的情感牽掛,以揭示其背後所隱藏的動力,與人生的挑戰互相抗衡。周代文學因此充溢著文學教育家通過文字力量來指導且改善人類的心願。雖然中國古代文學可能會偶爾企圖娛樂讀者,但是潛藏在其娛樂表面下的不遠處,它還是賦予藝術本身意義與目的的教訓。

由於過去二十五年【編按:本章發表於 2000 年】的中國考古學發現,許多過去佚亡、且有助於我們理解文學的教育目的的古代作品得以重見天日。大多數著名的墓葬,諸如馬王堆、銀雀山、郭店,以及其他漢代或以前的墓葬都在過去南方楚國之地被發現。這些著名的墓葬出土了整個圖書館藏量的手冊與指南。這些為死後生活所需的手冊與教科書給如下的實用性議題提供指導:治療疾病;選擇合適馬匹;或者進行激情性愛,乃至統治國家的崇高技巧、贏得關鍵軍事戰爭,以及祭拜神明與占測祂們意願的秘傳之術。

在所有早期的文學表達形式中,詩歌也許最能體現古代作者的教育目的,且能通過藝術化語言實現此目標的成效。閱讀《詩經》中的詩歌既有助於學習古人所珍視的智慧,又可以讓一個人聆聽詩人充滿說教意味的聲氣——教導人們應作何事、提醒他們正確的道路為何,並且警告他們不要誤入歧途。

一、《詩經》與儒家思想

由於孔子(前 551- 前 479)推崇《詩經》的教化本質,故他向弟子推薦《詩經》中的詩歌,並依據《詩經》來說明他

所要傳授的道德修養原則與方法。有鑑於此，上海博物館正式宣布的消息是非常重要的：它獲得了一件寫在竹簡上的古代寫本，其出土於古代楚國（中原以南）一個大約前 300 年的墓葬之中，記錄了早期儒家對《詩經》道德重要性的詮釋。雖然這件寫本或許要在數年以後才能出版，關於它內容的信息也不夠完全，但它似乎反映了孔子弟子子夏（亦即卜商或卜子）有關《詩經》的學說【編按：關於此處的討論，請參看作者為本章所作的「補遺」】。早期文獻指出子夏從孔子處繼承了《詩經》，並對《詩經》的流傳貢獻極大。據信子夏還是〈大序〉與〈小序〉這兩篇《毛詩》文本中重要部分的作者。毫無疑問，這一上海博物館寫本的出版將使我們可以重新評價及修正過去我們（此處與其他地方）對早期詩歌特性的理解。同時，它也將改變我們理解孔子及其弟子在保存、傳授，以及詮釋《詩經》中所起到的作用。

孔子對這部古代詩歌集的使用，事實上已使其成為一部儒家文獻。自此，《詩經》的詩歌與儒家哲學的道德教導就日益密不可分。後世一些儒家思想家，比如孔子嫡孫子思以及孟子、荀子都頻頻徵引《詩經》來作為他們哲學論辯的壓軸論點。在這一點上他們都仿效孔子。1993 年出土於湖北省郭店楚墓的一件寫本，為詩歌在早期被儒家道德哲學所吸收的事實提供了引人注目的新證據。這座墓葬的墓主似乎是前四世紀末楚國王室的一位老師，而該篇文獻則是埋藏其中的十一種古代儒家文獻的其中一部。它與漢代禮儀手冊《禮記》中，傳統認為其作者是子思的〈緇衣〉這篇文字幾乎一模一樣。郭店的發現表明，構成《禮記》的許多篇章比現代學者原先所認為的更加古老。郭店〈緇衣〉與《禮記》之中的相應篇章一樣，頻頻引用《詩經》、《尚書》來為它的哲學提供古代的先例。因此

這篇文獻為我們提供了古代中國詩歌許多詩句的最早版本。同時，它也顯示出前四世紀的思想家如何使用這些詩句，使之符合其哲學目的。

二、早期詮釋學派

儒家鍾情於《詩經》的道德意義，使得西漢時期出現了多個官方的詮釋學派。雖然《詩經》在秦代也像其他古代經典一樣，因為焚毀禁令而遭到破壞，然而由於記誦詩歌在古代是普遍的習慣，這部文獻因此得以倖存，並在漢代成為令學者興趣盎然的一門學問。雖然在漢代建國之初並沒有學者知道整部文集的面貌，但隨著學者共同努力傳鈔與校勘，漢代統治的最初幾十年間便出現了幾個或多或少的完整版本，並附有這些學者所作的注釋。

漢代最重要的《詩經》注釋學派是被稱為「三家詩」的魯、韓和齊。這三家首先在文帝（前 179– 前 157 在位）與景帝（前 156– 前 141 在位）相繼統治時期得到了朝廷認可。而其他從未得到官方認可的學派版本據推測已經亡佚。楚元王劉交（卒於前 178）的版本是其中一部較能加以證實為早期已亡佚的版本。與《魯詩》的創始人申培一樣，這位漢代的楚王是齊地《詩經》大師浮丘伯的學生，而這位大師則聲稱自己從學於荀子。在二十世紀七十年代晚期，考古學家在安徽省西北部近阜陽市一座屬於夏侯竈的墓葬中，發現了一部損毀非常嚴重的《詩經》寫本。此人卒於前 165 年，是一位地位並不顯貴的貴族，而這件寫本源自南方一事，使得仔細考察這一寫本的學者認為這可能是楚元王學派所研習《詩經》的殘卷。

三家《詩》最終為《毛詩》所取代。《毛詩》是流傳至今

唯一完整的古代《詩經》注釋傳統。《毛詩》最初出現在河間獻王劉德（卒於前 133）的朝廷。與最終被它掩蓋光芒的三家《詩》一樣，《毛詩》學派也將《詩經》的詩歌解讀為歷史事件記錄，並為它所認為晦澀的隱喻、比擬與其他比喻性語言提供了暗指時間、地點的名稱及細節。

　　《毛詩》文本中有幾項共同構成該學派解讀古代詩歌的要素。首先是傳統上認為是由子夏所寫的「大序」。此篇論文描寫了最初創作詩歌的過程，並界定了最重要的詩學詞彙定義，其中包括詩、歌的詞彙以及《毛詩》文本中不同部分的名稱。每首詩都有一則「小序」的介紹。研究《詩經》的學者將每則〈小序〉開首那個傳統上被認為是子夏所作的句子稱為「上序」。這些「上序」一般不超過二至三個字，且以助詞「也」作結。這些「上序」通常描述其所引介詩歌的道德意旨（上文提及的上海博物館寫本包含一些可能與子夏有關的《詩經》學說的引文。這無疑會促使學者再度審視《毛詩》文本中〈大序〉、〈小序〉的真實性與重要性）。在寫於大約前 150 年的《毛傳》中，「上序」的簡短注釋與詩歌本身相連接。《毛傳》也對一些疑難字詞提供簡短訓解，間或提出一行或兩行的解釋。從時序上看，「上序」與《毛傳》之後緊接著闡釋子夏論述的內容。後者寫於前一世紀的某段時間，隨後被整合進〈小序〉之中，並被稱為「下序」。這些「下序」重建了創作詩歌時假定的歷史背景，有時候篇幅甚長。我們可以在鄭玄（127–200）對《詩經》所作綜合注釋中，找到對《毛詩》最全面的評論與權威性總論。他的注釋接受了「下序」中的歷史詮釋，並對其進行闡釋，使之得以與「上序」和《毛傳》中的說法相合。

　　詳細比較《毛詩》與出土於阜陽的寫本異文，我們發現，《毛詩》之所以能夠勝過對手，也許是因為其版本更貼近漢代

當時的讀音，而不是其他學派所反映的更古樸讀音。另外一個差異是它提供不見於其他版本的詩歌演奏線索。

各種《詩經》注釋與闡釋研究的出現也大大受益於中國考古學家對文獻的發現。1973年湖南省長沙附近的馬王堆漢墓出土的一件寫本，揭示出漢代以前一個過去未有記載的詮釋演變階段，亦即漢代以前儒家思想的道德詮釋如何轉變成漢代《詩》學的直言注釋。這篇被發現者命名為《五行篇》的文本是一部大約在前四世紀成書的作品。許多學者認為它是子思學派有關道德修養的成果，而它的時代現在獲得了證實：一件相較馬王堆《五行篇》世代更早的寫本出土於郭店楚墓，同墓亦發現了目前為止最早的〈緇衣〉寫本。馬王堆《五行篇》附有一份早期注解（但它不見於郭店版本中）。《世子》的名字在這篇注解中出現，故它有可能來自前三世紀中期的《世子》學派成員。根據《漢書‧藝文志》所載，《世子》是一部現已亡佚的儒家哲學著作。《五行篇》注解在解釋諸如「仁」、「義」等術語及提及典範人物時，都會結合〈關雎〉、〈燕燕〉與其他《詩經》中所揀選的詩句進行重要的訓解和注釋。上海博物館寫本公諸於世時，它所提供的證據亦必有助於我們理解《詩經》注解的產生。

三、《詩經》文本以及各部分

在某種程度上，由於《詩經》的多層注解積累於晦澀的詩句中，故此難以準確斷定《詩經》中的詩歌最初是在何種情況、為了何種目的而被創作出來。不過，通過檢閱所有現存於《詩經》的詩歌，還是可以聯想到它們是如何演化、如何相互聯繫，並且確認其間的異同。這些詩歌是在何時被創作與被記

錄的呢？同樣未知。《詩經》似乎在不晚於前六世紀之際作為一部完整的文集而存在，這是因為孔子與其同時代人提到「詩三百」。《周禮》這部成書於前四世紀、且非常簡略地勾勒早期周代朝廷的著作，描繪了一個由大師領導的樂師團隊。這位大師瞭解「六詩」，即六種詩歌寫作的形式，並將之教給在周王朝廷上唱咏的盲人。很有可能的是，像上述編寫與編訂《詩經》詩歌的官方樂師，甚至也創作了當中許多詩歌。

　　《詩經》中的 305 首詩分為四個部分：160 首〈國風〉、74首〈小雅〉、31 首〈大雅〉和 40 首〈頌〉。這種對文本的劃分今見於正統《毛詩》版本，而前者可能早在後者出現之前就已經存在。孔子的《論語》已暗示了這點。此外，《左傳》一段引人注目的文字亦證實了這點。前 544 年，魯襄公令其樂師演唱全部 305 首詩歌為來自吳國的嘉賓娛樂助興。大多數權威學者都同意〈頌〉是這部文集中最古老的詩歌，而〈國風〉則是最晚出的。不過，這種詩歌年代的推論所根據的語法與文體差異，反映的可能是不同詩歌種類的不同目的，而非其歷時變化。所以，〈頌〉、〈小雅〉與〈大雅〉寫成的時間有可能比通常所認為的要稍晚一些。

四、〈頌〉

　　〈頌〉是《詩經》的詩歌中最肅穆者。它們似乎主要以周人宗廟中所進行神聖祭祀儀式時所唱誦的禱文為基礎（〈清廟之什〉、〈臣工之什〉、〈閔予小子之什〉）。周人的讚美詩歌頌揚朝代創立者文王和武王的豐功偉績（〈維天之命〉、〈維清〉、〈烈文〉、〈天作〉、〈昊天有成命〉、〈我將〉、〈時邁〉、〈執競〉），以及周人神話中的始祖暨農業的發明者后稷（〈思

文〉）。這些讚美詩中最為典型的是〈有瞽〉，它以詩歌的形式
描述人們為娛其先人所演繹的宗廟音樂。這首作品縝密的藝術
性預示與啟發了《呂氏春秋》和《禮記》中有關音樂的論述，
提醒我們所有的宗廟讚美詩歌都不只是簡單地記錄在宗廟中所
演唱的禱文而已。它們全都使用了詩歌的手法來紀念儀式是如
何進行的，這樣後人就不會忘記以及仿效他們的祖先。

　　〈頌〉亦同時保存了孔子故鄉魯國（〈魯頌〉）與宋國的頌
歌（〈商頌〉）。周代在約前十一世紀中期克商之後，對商代祖
先的祭祀仍得以在宋國延續下去。魯國的讚頌詩歌收錄在《詩
經》一事，進一步證明了儒家在《詩經》早期流傳的過程中所
扮演的積極角色。〈閟宮〉是魯國讚美詩歌，甚或是所有〈頌〉
中最華麗的一首。這首歌頌魯僖公（前 659– 前 627 在位）的
長篇詩歌描寫他為感謝周公而進行祭祀：後者是魯國宗室的始
祖，對其征服事業及統治的穩定提供了永久的協助。在五首歌
頌商代先人的讚頌詩歌中，最重要的一首是〈玄鳥〉。該詩令
人回想使商代世系得以誕生的「玄鳥」神話，也頌揚武丁（約
前 1200？– 約前 1181？在位）及其後嗣的征服事業。

　　由於《毛詩》文本以〈頌〉作為此部分的標題，故人們一
般將這個部分的詩歌理解成讚頌的讚美詩歌（hymns）或頌歌
（odes）。但值得注意的是，《毛詩》所使用的這個術語可能對
這個傳統來說是獨特的。如果我們記得與「頌」字使用相關形
體的同源詞，那麼便可以想像這些讚美詩歌的不同解讀方式。
例如，「訟」這個同源詞暗示出這些作品雖然歌頌先人與創立
者，但也有可能被認為是對那些生平事跡不如其先人的統治者
與其他顯赫人物所作的批評。

五、〈大雅〉

雖然人們通常認為〈大雅〉和〈小雅〉的命名是因為它們的「優雅」，但這種理解實際上是可疑的，包括王引之和亞瑟·韋利（Arthur Waley）在內的眾多權威學者都注意到「雅」（*ngragx）在語音上與「夏」（*gragx）的關係。「夏」這個同源詞區別中國（中原地區的國家）人民與楚人、吳人、越人及其他居於邊緣（尤其南方）之人。所以〈大雅〉和〈小雅〉的名稱顯示這些詩歌代表的是夏文化和傳統，因而應該用嚴格的夏的標準發音來進行吟咏。因此，人們對〈大雅〉與〈小雅〉的習慣理解只是一個權宜手段，它們指的是《詩經》這一部分的詩歌具有「夏」的屬性。

某些所謂〈大雅〉詩歌關注如何保存古代偉大統治者的記憶，並且保證正確的禮儀表演傳統得以傳承下去。我們在此僅舉數例說明。孟子和荀子經常引用的〈文王〉，羅列文王的懿德來提醒後世統治者必須學習和仿效其典範。〈生民〉生動地描述后稷奇跡般的誕生以及他發明農業的過程，最後以訓示何種食物適合獻祭祖先作為結束。

〈大雅〉其他詩歌則探討一些不見於〈頌〉的主題。例如〈民勞〉是一篇具有詩歌形式的奏章，它訓誡某位匿名的周王遠離「詭隨」之官員，從而讓那些因後者掠奪與暴虐而受苦的疲弱百姓能夠喘一口氣。雖然我們慶幸這首詩在篇幅上遠比〈離騷〉要短，但它與後者是同一類作品。〈抑〉是一首可能寫給一位年輕周王的長篇且有些吹毛求疵的說辭。它向這位君主列舉出所有成為一位英明且受人尊敬的王者所必須學習的教訓。它認為統治者必須修身且自律的哲學信息深深地影響了荀子與《中庸》的作者。

六、〈小雅〉

〈小雅〉一些重要的篇什，如〈楚茨〉、〈信南山〉、〈賓之初筵〉列舉出禮儀表演的細節，故它似乎旨在保存正確祭祀先人與神明的傳統。然而其他詩篇，諸如〈節南山〉等卻與〈民勞〉十分類似，從君主身旁一位近臣的角度對君王的行為進行控訴。除此之外，這部分詩歌的焦點從廟宇的肅穆環境以及宮廷的核心圈子，轉向充斥著貴族的更為廣泛階層的日常生活活動，包括他們的愛好與困苦之事。〈小雅〉中最典型的作品，可能是像〈魚麗〉、〈南有嘉魚〉、〈南山有臺〉、〈蓼蕭〉、〈湛露〉、〈彤弓〉、〈菁菁者莪〉這些記載了諸侯與其他國家「嘉賓」交往飲酒共醉的歡快場景，或者像〈六月〉、〈采芑〉、〈車攻〉、〈吉日〉那些誇耀袍澤英勇戰功的作品。

七、〈國風〉

〈國風〉根據古代國家或地區的名稱而劃分為十五個部分，這一作法的古老程度可以通過上文提到的《左傳》段落得到證明。這種劃分是為了反映它們的地理來源。詩歌本身的地理信息或者歷史典故在某種程度上支持這種辨識。最早出現在漢代文獻中的古老傳統，對這些不同地區的詩歌如何被匯聚在一起進行解釋。即周王每到訪一個國家時，會命令其太師收集該國的詩歌，以便他瞭解當地流行的風俗與民怨。我們無法確定這種做法有多古老，而漢代對此所作解釋也許是為搜集那些批評皇帝與朝廷的流行詩歌的做法提供先例。

無論這些詩歌是否真的來自各諸侯國，引人注意的是那些屬於周南和召南的詩歌竟然被放置在此部詩集的開首，而這兩

個地區在他處被貶為蠻夷的南方之地；而那些屬於周王室的詩歌卻被降低至相對較後的位置。或說這種順序安排是因為〈周南〉和〈召南〉詩歌的年代比其他〈國風〉詩歌久遠。兩者的顯要位置實際上反映出南方的楚國與吳國已經取代了周成為中國的地理中心。此觀念也影響了《山海經》與其他古代文獻的內容順序。

〈國風〉許多篇章延續了《詩經》〈頌〉、〈雅〉的主題。我們仍可在〈國風〉一些篇幅稍短的作品中，找到一些明顯是為了後代保存重要文化的詩歌。例如，〈騶虞〉似乎是為鼓勵春季植物新生所舉行射禮的簡要描述。如果不是張衡（78–139）在〈東京賦〉中對〈騶虞〉進行更明確的闡述，那麼其目的很可能就此失傳了。〈芣苢〉簡略地教導年輕女性如何採集及使用一種用雙關語命名、且有利懷孕的草藥「芣苢」（盤中子）。〈七月〉是一篇不同凡響、以韻文寫成的曆法。它是與〈生民〉中的農學智慧互相呼應，而意旨上更為接近《呂氏春秋》的月令篇章。這首詩可能也影響到《呂氏春秋》——這部秦相呂不韋在大約前239年贊助編撰的全面綜合性帝國哲學著作——尤其第26卷所收錄的那些有關農學且富有格律的韻文。

不過，狹隘地按照字面意思，將〈國風〉中其他同樣涉及傳統習俗與實踐的篇章，理解為僅僅是如何完成習俗儀式的一個記錄，是令人懷疑的。例如，〈伐柯〉強調在尋覓新婦過程中聘用好媒人的必要性，並將之比喻為以一個好斧柄作為製作新斧柄的樣本。我們不應簡單地將此詩視為如何訂婚的備忘錄。娶妻和製作斧柄的意象應被解釋為這首詩歌所教導的一個更為廣泛的教訓中的隱喻性元素：在作重大決定時，要仿效現有榜樣，並且要有序地推進。同樣，〈木瓜〉描述以水果交換腰部垂飾的求偶禮節，也可被解讀為一種具有隱喻性的教訓，

亦即在所有形式的等級關係中都有必要維持的互惠關係。

〈國風〉中有一些獨特的篇章，通過隱晦、重複及迂迴的詩歌形式，來敘述那些鄉野及其他地點的日常生活故事和插曲，與其他詩歌所記載的朝廷廟宇活動相當不同。這些詩歌與〈雅〉、〈頌〉的詩歌形成鮮明對比，並讓人聯想起遊說者的故事或「說」，它們為四處遊歷的哲學家提供例證來娛樂及教導其聽眾。〈國風〉中的韻文式故事也許是這種修辭技巧的前驅。《韓非子》與《淮南子》收集並評論「說」的那些著名篇章，可能是模仿〈國風〉這部收錄韻文式小品的彙編。

〈國風〉中的韻文式故事不勝枚舉。幾個例子或足以確定其文類，且界定其主要特徵。〈泉水〉以一種近乎喜劇的方式記錄一位年輕女子向仍然未婚的姑姑與姐妹詢問婚嫁之事。〈新臺〉講述一個渴求美人的君主，卻發現周遭盡是醜女的寓言。〈氓〉訴說一位婦人將自己完全奉獻給丈夫，然而後者卻因為她已姿色衰老而拋棄了她。〈將仲子〉描述一位女子如何徒勞地抗拒其愛人的攻勢。

一則短篇故事的情節經常被正統的注釋所掩蓋。《毛詩》的歷史化傾向使我們幾乎難以辨認出〈燕燕〉是一篇深切哀悼一位亡君的故事。〈關雎〉同樣被《毛詩》的注釋遮掩了它本來是描述一位男子如何受到其欲望的煎熬，最後卻成功約束自己的故事。幸運的是，上文提及《五行篇》注解的發現，幫助我們以更如實反映其原意的方式解讀這些詩歌。以著名的〈關雎〉為例，這首以雎鳩鳴叫聲開篇的詩歌，如果解讀成一則有關一位受到誘惑，卻仍能控制其性欲的年輕人的故事，將使我們意識到這首詩是後來其他作品的先驅，包括依託司馬相如的〈美人賦〉，以及據說是宋玉（約前 290 ？－約前 222 ？）所寫的〈登徒子好色賦〉。它們都對同一主題有更詳盡的描寫。

八、古代詩歌的語言

　　《詩經》尤其是〈國風〉中的語言格外富有象徵性與暗示性。比喻與其他形式的象徵性語言在《詩經》中隨處可見，詮釋者經常難以分辨哪些詩句具有暗指的意涵，而哪些屬於詩歌「具體」及直接的敘述。部分詩歌，比如〈漢廣〉似乎通篇都是由隱喻所構成，而我們惟有通過辨別這些隱喻背後所指的事情，並從中提取出其整體意思或信息才能推測出該詩的含義。其他詩歌，比如〈靜女〉的敘述中夾雜來自多種來源的象徵性表述。

　　「興」是至關緊要的一種象徵性表述，也是〈國風〉的一個重要特徵。「興」的最早出處是馬王堆出土的《五行篇》注解。「興」在大約前 150 年成書的《毛傳》中也很突出，過去討論甚多。《五行篇》與《毛傳》都將這個詞語應用在《詩經》詩歌的開首意象上。那些出現在詩歌他處的比喻無論在形式與內容上多麼接近於「興」，都不會在這兩篇文獻中被歸類為「興」。如此的使用情形表明，我們應該將「興」理解為「起始」或「興起」這些它本來具有的意思。研究那些被稱作「興」的詩句在一首詩歌中的作用表明，「興」應該被視為一種詩人用以介紹一首詩歌時所引用的隱喻性典故（metaphorical allusion），亦是一種統合元素，可以決定那些出現在詩歌其餘部分的象徵與敘事意象的選擇。雖然《毛傳》認為〈國風〉大約百分之七十的詩歌都是以「興」的詩句開篇，〈小雅〉卻只有三分之一的詩歌如此。這種詩歌技巧在〈大雅〉、〈頌〉則極為罕見。

　　「興」的意象經常涉及鳥類、草木及山河。例如，《毛傳》認為〈關雎〉、〈葛覃〉對雎鳩與葛覃的隱喻都是「興」。其

他隱喻典故所指者，為風、動物、魚、舟船、星辰及衣物。在
《詩經》的語境中被視為「興」的比喻意象在卜筮詩歌中，以
揭示未來與預示人類命運的跡象與徵兆而出現。此類卜筮詩歌
的例子有《周易》「爻辭」、《左傳》所引「童謠」，以及據說
為崔篆（大約一世紀早期）所撰寫的《易林》——它收集大量
的預言性詩歌——等著作中。馬王堆《周易》寫本的出土極大
地幫助我們理解這部文獻中的卜筮詩歌以及它們在卜筮中所扮
演的角色。

九、《詩》的文體

〈國風〉的 160 首詩歌包括一些可稱為成熟「詩體」的詩
歌。「詩體」的形式特徵包括用韻模式、格律長度與規律性章
節劃分。整部〈小雅〉和〈大雅〉中的章數與句數幾乎是隨機
的。除了六首以外，〈頌〉的所有詩歌均僅有一個較長的章。
相反，〈國風〉中的詩歌都按近乎統一的標準而具有三章。每
一章由四行詩句組成，且經常相互重複。〈國風〉中那些被認
為屬於曹國與豳國的詩歌一般都超過三章，而鄭國的詩歌則明
顯偏好兩章。屬於魏國、唐國與秦國的詩歌則通常一章超過四
行詩句。

大多數〈國風〉的詩句都構成偶句，而每句偶句則通常由
四個音節所組成。儘管不常見，但格律上不規則的三言或者五
言詩句有時候亦見於〈雅〉、〈頌〉。偶句的詩句幾乎都不是獨
立的，而是組成一個句法和語義的單位。此外，不同詩歌共用
的詩句經常都是偶句。這表明我們應將通常被視為偶句的兩句
詩句理解為一個一共八個音節的詩句，它由兩句各自四個音節
的半句（half-lines），或不完整詩句（hemistich）所構成。

　　除了〈頌〉的六首與〈大雅〉中一首詩的最後兩章之外，《詩經》的所有詩歌都用韻。這些詩歌偶爾會有頭韻和中韻，但只有尾韻是系統使用的。由於整章中的尾韻通常是保持不變的，故它們標識一個詩句的結束，而且也標識整首詩歌的分章。雖然個別的四行詩會有 AABB 的押韻格式，但由一系列押韻的偶句所組成的詩歌則屬罕見。在標準的〈國風〉四行詩中，第二句和第四句詩句必須押韻，而最常見的押韻格式是 AAOA 和 OAAA，另一種標準的格式是 ABAB。

　　諸如上文所提及的形式特徵並不是詩歌所獨有，而使之與其他文學表達形式區分開來。當時的散文採用同樣的組織技巧；格律嚴整，並細分為章或類似的單位。即使像青銅器銘文那些具有散文特性的作品也經常押韻。古人在為詩性表述作出定義時，並不提及押韻與格律的規律性。在他們的想法中，重要的是詩歌是根據某種旋律而咏唱，且伴有音樂。而以下觀念即使不是更為重要，也與上文所言一樣重要，亦即詩歌是內在想法與感受的表達，也是一種個人與情緒的披露，以警言雋語表達，通常並非用以交流，亦非以日常對話的形式所表現。

　　《尚書》中記載的一則神話對詩歌的這些決定性特徵進行了總結。這則神話講述舜這位英雄召喚獨腳龍夔以咏歌來調教其子，並且協調人神之間的關係：

　　　　帝曰：「夔，命汝典樂，教冑子，直而溫，寬而栗，剛而無虐，簡而無傲。詩言志，歌永言，聲依永，律和聲。八音克諧，無相奪倫，神人以和。」夔曰：「於，予擊石拊石，百獸率舞。」

〈大序〉這部前一或二世紀的《毛詩》文集網羅了與《詩經》

有關的說法和定義。它以一段時常援引的文字重複上述神話的主旨：

> 詩者，志之所之也，在心為志，發言為詩。情動於中而形於言，言之不足，故嗟嘆之；嗟嘆之不足，故永歌之；永歌之不足，不知手之舞之、足之蹈之也。

〈大序〉所提到的詩歌專屬特徵，包括「嗟」、「嘆」這些表達，目的是增強日常語言，使之得以傳達深層情感。這些感嘆詞是沒有具體詞義的聲音，《詩經》中有大量的例子。用來書寫「詩」一詞的字形有「寺」的聲符，即是這些感嘆詞中的一個。郭店〈緇衣〉這件古代寫本在引用《詩經》時，就用聲符「寺」，而不是「詩」這個結合聲符「寺」與義符「言」的常用字來代表「詩」這個詞語。

根據對《詩經》眾多感嘆詞在上古漢語讀音的構擬，我們可將這些感嘆詞劃分為兩組：數量較多的一組有齒音或者類似的齶音，而其餘的感嘆詞則由喉音構成。古代詩人和歌咏者實際上如何發音則完全是另一回事情。正如英語中的 "sigh" 接近於我們用來表達悲傷或者渴望時所發出的實際聲音一樣，其漢語發聲是否真像 "oh!" 或 "Alas!" 這些常見翻譯那樣柔和則難以確定。那些被構擬為齒音或齶音的發音可能只是呼嘯聲與噓聲，而喉音則為號咷、嘆息、鼻息聲或者呻吟聲。這些詞語都是為了增強詩歌語言，使它所傳達的不同信息與意義更為精彩。

2021年9月修訂後記

梅維恆（Victor Mair）教授主編的《中國文學史》一書中，收錄筆者所撰關於《詩經》說教一文。此文旨在分享一些想法，希望有助於有志之士探討古代經典中眾多著名文本中的複雜問題。儘管筆者自身對於文本的思考以及整個中國文獻學和文本研究領域，都已超出筆者往昔努力。然而，反思之餘，仍覺過去所論已然經歷時日之驗證。而時至今日，《詩經》研究學者或許仍可從筆者的提議與建議中有所獲益。不過，此處就其中尚未盡以及更需詳述之處，略陳如下。

筆者在該文中，曾數次提到一個關於孔子闡釋《詩經》、當時尚未具名的古代寫本，此後，該文獻收錄於上海博物館藏本系列。筆者曾在北京大學的學術會議上有幸親眼目睹該寫本。此次會議是由後來的上海博物館館長馬承源先生組織。筆者原以為，附注釋的複製本和寫本轉寫，以及館藏的其他物品需要經歷漫長的時間才能出版，讓公眾知曉。然而，筆者或許過於悲觀。2001年這一寫本即以《孔子詩論》為題公開出版，收錄於《上海博物館藏戰國楚竹書》第一冊中。隨著正式公布，這一寫本對於闡明早期孔子詩歌理論的觀察得以證實。可喜的是，《孔子詩論》對於《毛詩》〈關雎〉的解釋與馬王堆《五行》寫本對於該篇的解釋屬於同類——筆者就後者的相關研究已收錄在本書之中。不過，筆者在梅書中撰文曾論及《孔子詩論》的闡釋可能與孔子弟子子夏相關，則並非完全正確，學者已不再將之視為對該寫本內容的可信認知。

筆者行文之末，也討論了在《尚書》與〈詩大序〉關於詩歌表現形式基本特徵的早期記錄。其中包括：訴諸文字的詩人最內心想法，用以加強詩歌中字詞所傳達真實信息的嗟、嘆

和其他歎詞，吟唱字詞的曲調，以及強調音樂韻律的體態動作與姿勢。在早期論著中，筆者主要從詩歌的創作與表演的角度去考量這些特徵，並未慮及其對於細心聽眾的影響。而以後者觀點視之，可以認為，當人們目睹詩歌的表演，人們對於詩歌特徵的理解不同於早期詩歌所表現出的特徵，是反方向的。也即，首先欣賞的是那些可視而明顯的賞心悅目的表演特徵、表演的動態以及表演時的外在華麗衣著，其次留意音樂與歌詞，欣賞其美妙與巧妙的聽覺特徵，最後則專注於領略詩歌所表達出的詩人內心深處的思想。領略與內化之後，一個敏銳的聽眾即會為這一信息所著迷，並發現它對於自身生命的重要啟示。這一信息若是道德訓誡，詩歌即對於聽眾的自我修養發揮作用，而這種自我修養方式更通常與佛教和道教的唱誦相聯繫。

第二部分

先秦思想

一本與二本：重讀《孟子·滕文公上》五章*

子曰：「非吾徒也。小子鳴鼓而攻之，可也。」
（《論語·先進》十六章）
　「蛇固無足，子安能為之足？」（《戰國策·齊策》）

一、序言

　　在先秦哲學文獻的歷史中，儒墨之間的敵對關係是一個重要的主題。墨家認為，儒家對禮儀的推崇過於極端，對家庭的強調也是自私自利的。至於儒家，他們認為墨家對節儉原則的推崇會帶來災難，對利他主義的支持更否定子女對父母應給予的尊重。一些文獻的記錄印證了其中一個學派的追隨者對另一個學派的教義甚或支持者的言語攻擊，此中《孟子·滕文公上》五章尤其值得注意。它記錄了儒者孟子與墨者夷之間的一則對話，兩人在對話的過程中以一種與辯論極為相近的方式提出各

* Jeffrey Riegel, "A Root Split in Two: *Mengzi* 3A5 Reconsidered," *Asia Major* 28.1 (2015): 37–59.

自的主張，並且回應對方的說法。[1]

　　假如有人仍然感到猶豫是否應將此次對話標識為辯論，甚
或是一場爭論，那麼個中的原因乃在於，這場對話並不是一場
面對面的衝突，而是藉由徐辟這位中間人來進行的。徐辟大概
是孟子的一位弟子。[2] 另一個原因則在於，就雙方所作陳述的
篇幅而言，這場對話相當大的篇幅用來記載了孟子的言論。這
場交流真正重要的部分都由孟子首先提出，並由孟子總結。同
時，在孟子兩段評論之間所插入的一段，即夷之對孟子最初攻
擊所作的回應只佔全文很少篇幅。[3] 誠然，雖然此文作為儒墨兩

1　見焦循：《孟子正義》（北京：中華書局，1987 年），卷十一，〈滕
　　文公上〉，頁 401–408。這段文字的首句將夷之稱為「墨者」，而
　　稍後夷之又提到「儒者」的學說，並指出孟子應該認為這是他所重
　　視的學說的一部分。我們在《墨子》那些被稱為「論語」（Analects）
　　的篇章，即〈耕柱〉、〈貴義〉、〈公孟〉、〈魯問〉等篇找到一些
　　墨子與那些似乎是儒家之道追隨者的交流記錄，見 John Knoblock
　　and Jeffrey Riegel, *Mozi: A Study and Translation of the Ethical and
　　Political Writings* (Berkeley: Institute of East Asian Studies, UC
　　Berkeley, 2013), 326–386。本章最初發表於 2013 年 8 月在雅典舉
　　行的世界哲學大會（The World Philosophy Congress）、一個由上海
　　社會科學院組織的小組討論。隨後，我在新竹清華大學黃冠雲教授
　　組織的墨家思想研討會、於悉尼大學語言和文化學院主辦的文章閱
　　讀工作坊宣讀了本章修訂本。我非常感激所有參與這些會議且惠賜
　　意見的學者。
2　現存最早的《孟子》注釋是由趙岐（卒於 201）所撰寫，他認為徐辟
　　是孟子的弟子。見焦循：《孟子正義》，卷十一，〈滕文公上〉，頁 401。
3　孟子在〈告子上〉面對面與告子進行了一場非常著名、有關人性的
　　辯論，而告子可能年輕時是墨子的第一代弟子。與這場辯論相比，
　　〈滕文公上〉五章讀起來像是一篇經過精心製作的文學作品。它交
　　代這場對話的情況，對孟子的對手進行描繪，並在總結部分記錄了
　　他對孟子陳述的回應。有關告子，見 David Nivison, "Philosophical
　　Voluntarism in Fourth-Century China," in *The Ways of Confucianism*
　　(Chicago: Open Court, 1986), 121, 130–132，以及 Knoblock and

家代表人物試圖回應對方的一個時刻的記錄，極其重要，但是
近年學者們對於〈滕文公上〉五章最為關注的，則旨在瞭解孟
子的道德哲學，以及他對墨家教義反駁的本質。[4]

Riegel, *Mozi: A Study and Translation of the Ethical and Political Writings*, 338, 350, 352, and 366。

4　參見 David Nivison, "Motivation and Moral Action in Mencius" and "Two Roots or One?" in idem, *The Ways of Confucianism*, 101–104, 133–148; Kwong-loi Shun（信廣來）, "Mencius's Criticism of Mohism: An Analysis of 'Meng Tzu' 3A:5," *Philosophy East and West* 41.2(1991): 203–214; Kwong-loi Shun, *Mencius and Early Chinese Thought* (Stanford: Stanford University Press, 1997), 127–135; David B. Wong（黃百銳）, "Reasons and Analogical Reasoning in Mengzi," in Xiusheng Liu（劉秀生）and Philip. J. Ivanhoe, eds., *Essays on the Moral Philosophy of Mengzi* (Indianapolis: Hackett, 2002), 203–204; Myeong-seok Kim, "What *Ceyin zhi xin* (Compassion/Familial Affection) Really Is," *Dao: A Journal of Comparative Philosophy* 9 (2010): 407–425; and Jeffrey Riegel, "Master Yi versus Master Meng," in Knoblock and Riegel, *Mozi: A Study and Translation of the Ethical and Political Writings*, 386–399。孟子與夷之的對話大概發生在渡邊卓所說先秦墨家思想發展的中期，見渡邊卓著：《古代中國思想の研究：〈孔子傳の形成〉と儒墨集團の思想と行動》（東京：創文社，1973 年），頁 514–518、545。本章隨後的評論主要是反對倪德衛（David Nivison）與信廣來的意見。儘管倪德衛對〈滕文公上〉五章的疑難段落做出了重要解釋，但他並不太關心這段文字的語言和結構。相反，他以這段文字為出發點，討論了孟子與夷之在發展諸如愛這類情感作為履行道德義務的手段時，它們可能涉及到的問題。信廣來的研究乃建基於倪德衛的著作，但他更關注於處理那些〈滕文公上〉五章、他認為矛盾與不一致處的例子。我有關《墨子》的著作有一篇簡短附錄，當中收錄了我在較早時期研究的結論。這些結論是錯誤的，而本章的目的則是為了糾正自己的錯誤，同時指出前輩的解釋與分析所存在的問題，儘管我十分重視他們的著作。有兩篇論文並不是明確地與解釋〈滕文公上〉五章的工作有關，但它們為我們理解這個段落的關鍵議題提供了很好的背景。它們分別是：David B. Wong（黃百銳），"Universalism

　　除卻〈滕文公上〉五章之外，無法從任何文獻中找到有
關夷之的信息，亦不清楚他求見孟子的原因。他極有可能是在
仿效墨子（活躍於前五世紀）與其首代弟子，試圖通過有力的
論證來說服一個反對者拋棄自身學說而採納墨家教義。孟子可
能是一個具有吸引力的目標，這是因為他在當時一如既往擁有
「好辯」的名聲，而他在面對墨子與楊朱（約前 350）的追隨者
時尤其如此。[5] 例如，孟子在〈滕文公下〉八章譴責墨家「兼愛」
的教義使人否定其父親，並且譴責楊朱「為我」這種自私的構
想使人否定其君上。[6]

　　無法確定孟子是在何時與夷之進行了這場隔空對話。這
場對話可能是在孟子晚年，即前四世紀最後數十年進行的。同
時，比較年輕的夷之可能因為孟子是一個資深且聲名卓著的哲

---

versus Love with Distinctions: An Ancient Debate Revisited," *Journal
of Chinese Philosophy* 16.3–4 (1989): 251–272; and Dan Robins,
"Mohist Care," *Philosophy East and West* 62.1 (2012): 60–91。

5　趙岐注釋〈滕文公上〉五章，指出夷之求見孟子的原因是為了與他
　　進行辯論。朱熹將夷之視為一位對自己的學說感到不自在的人，而
　　不是孟子的對手。見朱熹：《孟子集注》，收入《四庫全書薈要》（臺
　　北：世界書局，1988 年），第 72 冊，頁 135。朱熹認為，這足以
　　解釋為何夷之似乎在對話的結尾承認孟子論點的優越性。

6　有關孟子好辯的名聲，見焦循：《孟子正義》，卷十三，〈滕文公下〉
　　九章，頁 456–457。孟子否認他「好辯」，並表達他只是為了確保
　　孔子之道在面對墨楊的攻擊時仍然得以持續發展。關於楊朱，見
　　A. C. Graham, *Later Mohist Logic, Ethics, and Science* (Hong Kong:
　　The Chinese University Press, 1978), 15–18。有些學者認為 inclusive
　　care 是作為「兼愛」最好的翻譯，見 Dan Robins, "Mohist Care,"
　　60–91。我認為 care 的翻譯過於狹隘，未能涵蓋所有「愛」字出現
　　的語境。Inclusive 很明顯是一個可以用來翻譯「兼」的詞語。但它
　　的問題在於諸如孟子這類的墨家反對者並不認為「愛」是有排他性
　　的。相反，他們認為一個人的愛理應偏袒於父母和家庭。見下文注
　　15。

學家而找上他。當孟子得知夷之求見時，孟子最初以身體抱恙為由推諉：「病癒，我且往見。夷子不來。」[7]（夷之本人是否為一個非常重要的墨家人物，或者除卻其墨家學說之外，孟子對其有多少瞭解，都值得懷疑。否則，孟子可能會立即答應夷之見面的要求。）其他人可能認為是回絕，但夷之並未因此而感到氣餒，反而堅持另擇他日再次造訪。[8] 孟子首先提出幾句簡短意見，希望糾正夷之的觀念，而使他主張的道，即孔子（前551– 前479）之道[9] 得以興盛發展。然後，孟子對墨家主張節葬的教義作出猛烈抨擊。

　　本章接下來對有關段落所作之札記，基本上會處理兩個問題：第一個問題可分作兩個部分，其一是孟子在一開始對夷之進行強而有力的攻擊時，針對夷之所遵守的墨家節葬教義，他究竟說了甚麼；其二是夷之為何如此回應。有一些學者宣稱夷之並沒有完整地回應孟子的提問。我認為，當我們適當理解孟子的表述時，就能發現夷之確實完整地回應了孟子在語言上所作出的挑釁，並能夠發現文本這部分內容與其餘部分一樣連貫且結構嚴謹。第二個問題與孟子最後反駁夷之時所提出的「一

7　焦循：《孟子正義》，卷十一，〈滕文公上〉，頁 401–402。焦循認為第二句是孟子對徐辟所作教誨的一部分。

8　朱熹指出孟子是以生病作為藉口來測試夷之的真正目的。朱熹：《孟子集注》，頁 135。孟子更有可能是認為夷之的哲學具有冒犯性而不願意親自與夷之見面（如果夷之穿著木屐與麻布這類常見的墨家制服，孟子毫無疑問更會覺得與他會面是一件令人反感的事）。雖然孟子仍然迴避了夷之，且通過徐辟來進行此次對話，但夷之的堅持使他沒有任何選擇餘地。

9　比較〈滕文公下〉九章，見焦循：《孟子正義》，卷十三，〈滕文公下〉，頁 456–457。孟子認為有必要將夷之導回正途，從而振興自己的道——如此的理由或許相當公式化，但是，我認為它真實地反映孟子的意圖以及他自身的使命感。

本」與「二本」這兩個關鍵的複合詞組有關。我認為包括我自己在內的較早期研究，都沒有正確理解這兩個詞彙，因此無法真正理解〈滕文公上〉五章所呈現的孟子道德思想，以及他對諸如夷之這類墨者具體的異議為何。在某種意義上，上述我們在重新審視有關段落時會集中討論的兩個議題，將涉及翻譯問題。除非我們所依賴的那些文本的理解是準確無誤的，否則在提升對早期中國思想的理解方面而言，再微妙的哲學分析都是作用有限的。[10]

本章為這兩個解釋的問題提供解決方法，而與此密切相關的是：本章認為孟子否定夷之觀點的主要目的，並非單純為了指出後者的偽善、指出他是一位背棄墨家學說的墨者，或嘲笑其主張的矛盾之處。孟子駁斥夷之是為了對墨家節葬與兼愛的教義作出他所希望的致命攻擊。孟子聲明中最為主要的，是他認為，夷之對他人的兼愛行為使他區分，並因此削弱及破壞了關懷與關切的情感。這些情感在適當調動時能夠得以擴充與增強，因此使人首先保護自己的親屬，而不包括他人以及他人的親屬。

---

10 以下是我參考的翻譯：James Legge, *The Works of Mencius, in The Chinese Classics*, vol. 2 (Oxford: Clarendon Press, 1895), 257–260；內野熊一郎：《孟子》（東京：明治書院，1965 年），頁 192–197；W.A.C.H. Dobson, *Mencius: A New Translation Arranged and Annotated for the General Reader* (Toronto: University of Toronto Press, 1966), 196–197; Bryan W. Van Norden, *Mengzi: With Selections from Traditional Commentaries* (Indianapolis: Hackett, 2008), 73–75；與 Irene Bloom, *Mencius: Edited and with an Introduction by Philip J. Ivanhoe* (New York: Columbia University Press, 2009), 59–60。注 4 提到倪德衛與信廣來對〈滕文公上〉五章的研究，也包括他們對此段文字的翻譯。

二、孟子開首的攻擊與夷之的回應

　　孟子一開始對夷之的批評如下：「吾聞夷子墨者，墨之治喪也，以薄為其道也。夷子思以易天下，豈以為非是而不貴也？然而夷子葬其親厚，則是以所賤事親也！」[11] 孟子宣稱，由於夷子作為一個接納節葬教義的虔誠墨者，如果他為自己的父母舉行奢華的葬禮，他就將自己置入一個荒唐可笑的處境之中：他以如此厚重的方式對待父母，將被視為失敬且不孝。孟子以一種十分惡作劇的方式來對夷之提出這個具有諷刺意味，甚或是稀奇古怪的假設。[12] 但他的指控仍然是嚴肅的：墨者認為其教義可以徹底地讓世界上所有人都變得更好，然而接納這個教義的人將會通過不同方式，發現自己無法正確地對待自己的父母。

　　所有我在準備本章時所參考的研究與翻譯——包括早至朱熹（1130-1200）的注釋——都有如下的觀點：孟子認為夷之其實忽視了墨家節葬的教義，並以奢華的方式埋葬父母。[13] 朱熹由此總結，孟子指責夷之並沒有全心全意地遵守墨家思想，而他對夷之的批評也是在此基礎上提出的。但趙岐（卒於 201）早已指出，孟子批評夷之的這個部分是一個假設性的論點。[14]

11　焦循：《孟子正義》，卷十一，〈滕文公上〉，頁 402。
12　孟子的論述以挖苦夷之的一些推測與言論展開，我們可以想像他在準備時所露出的微笑。
13　朱熹：《孟子集注》，頁 135。有關本章間接提及的研究和翻譯，見注 4、注 10。
14　焦循：《孟子正義》，卷十一，〈滕文公上〉，頁 402。其中引用的趙岐注釋，使用「使如」一詞表明趙岐認為孟子這段話是一種假設性的言論。有關趙岐解釋的正確解讀，見頁 403 的注釋。焦循（1763-1820）提到，趙岐認為我們正在討論的句子是「設辭」。焦

姑且不論趙岐的詮釋因為年代久遠而被賦予某種權威性，夷之這位既已被孟子形容為墨家忠誠教徒的人，似乎不太可能會蔑視墨家節葬的基本規定。而他真的如此，孟子就會知道這件事情。孟子對墨家思想所感到困擾的，是其中的教義，而並非所謂其追隨者的虛偽。同時，如果孟子對夷之所作的批評真的是一件與事實相關的事，那麼我們便有理由預期夷之會提及此事。夷之並沒有如我們所預期一樣回應孟子，這證明他並沒有將孟子的陳述理解為一個實際的聲明。

孟子對夷之的批評，指出接受墨家的教義必然會限制個人照顧父母的能力，而夷之的回應是提及「愛無差等」的教義，這在他處又作「兼愛」。[15] 他（通過徐子）回應孟子：「儒者之道，『古之人若保赤子』，[16] 此言何謂也？之則以為愛無差等，

循指出，其他「近世」學者——焦氏蓋指朱熹與沿用其說者——認為此句並不是假設性的言論，而是有關事實的陳述。焦循本人認可這種可能性。由於趙岐認為孟子有關節葬的意見是假設性的，故此我們不能預期在他的注釋中對以下問題作出任何解釋，亦即為何夷之沒有回應孟子的這個意見。那些認為夷之的回應有脫簡的學者並不認為孟子的陳述是假設性的，而是一則有關事實的陳述。

15 夷之以「愛無差等」來指稱「兼愛」的教義，這提醒我們墨家與儒家的分歧並不在於對他人的愛是否應該更具包容性，而在於是否將這種愛平均地給予雙親和其他與自己無關的人。儒者並沒有說人們本能上只愛其父母，而是指出人們更愛父母而已。這種觀點可見於諸如下列孟子的反詰句之中：「夫夷子信以為人之親其兄之子為若親其鄰之赤子乎？」墨者似乎承認人天生便愛護其家庭一點。但即使人有這種自然的傾向，墨者仍認為人應該平等而無私地愛所有人。

16 夷之引用的是周代的一份古老文獻，而它現在保存在《尚書》的面貌可能是不完整的。此即〈康誥〉，見孔穎達：《尚書注疏》，收入阮元編：《十三經注疏》（臺北：藝文印書館，1973 年），卷十四，頁 202。

施由親始。」[17] 夷之對「兼愛」作出兩點主張。首先，他指出儒家有如此一個古代的學說：遠古的統治者保護他的人民，就像保護一個小孩那樣，這顯示儒者的準則同意對他人擁有平等的愛。其次，夷之聲稱他對父母所表現的愛，是他對他人那種無分等級的愛的起點，故他不可能忽略自己的父母：他對父母的愛也是實踐其教義的一部分。

這一點，孟子將在隨後的討論中予以輕易的推翻；相對而言，更加值得注意的是夷之認為「施」，即分布這種愛乃從父母開始的觀點。及物動詞「施」與用來描述事物擴散與延伸的不及物意思有緊密的關聯，甚至是如此引申而來的。後者的一個例子是蔓生植物與侵入性的藤本植物，比如葛一類的東西。[18] 夷之聲稱自己「施」愛，暗示他（和其他人）將愛比附作一種能夠向四周分散的物質性東西。這並不令人感到意外。對於孟子以及墨子的追隨者而言，一個人對他人的關愛與關切之情並不僅僅是一些擁有某些能力、或感受特定情感的事情。對他們來說，愛是我們利用大部分人十分有限的資源，來為家庭成員提供食物、衣服以及庇護所的行為。諸如孟子這類早期思想家是如何認為這種行為的自然表現能夠轉化為一種真誠的道德情感力量？亦即一個人會因此做一些不但他喜歡做，而且應該做

17 焦循：《孟子正義》，卷十一，〈滕文公上〉，頁403。孟子認為實踐墨家思想可能會導致夷之對父母不敬。他作出這種具有諷刺意味的言論可能是為了誘使夷之談論兼愛。這是因為孟子在《孟子》一書中他處對此曾發表批評。在墨家的語境中，兼愛探討的正是墨家考量人們如何平衡對待自己家庭與對待他人。

18 我們可以在《詩經》這部古代文獻中找到「施」用來表達「擴散」、「分布」等意思的用法。例如，〈葛覃〉「葛之覃兮，施于中谷」，見鄭玄：《毛詩注疏》，卷一下，頁2。另外一個例子是〈頍弁〉「蔦與女蘿，施于松柏」，見鄭玄：《毛詩注疏》，卷十四下，頁44。

的行為。許多研究孟子的學者已提出了這個疑問，而這問題亦在諸如倪德衞（David Nivison）的著作之中顯得尤為重要。[19]

正如夷之所作的那樣，他堅持將自己對他人的愛看作是「無等差」的。如此的堅持意味他在分布這種愛時，他會將之當成一塊黏土或麵團那樣，按相同比例劃分，並將這種愛分成兩份，使他得以將這種愛提供給父母以及他人的父母。夷之對言辭的選擇顯示出，雖然他是從父母開始實踐兼愛的，但他留給父母的愛的數量，無可避免會因為這種作法而減少。[20]

三、孟子的反駁

當徐辟（見上文）將夷之的言論傳達給孟子時，後者首先以一句反詰句作為回應。在這個反詰句中，孟子延續了夷之在其言論中所用到的初生嬰孩意象，並且嘲笑一個人在正常情況下會將鄰人之子視為與自己兄長的孩子一樣，給予相同分量的愛和關懷：「夫夷子信以為人之親其兄之子為若親其鄰之赤子乎？彼有取爾也：赤子匍匐將入井，非赤子之罪也。」[21] 孟子

19　見 Nivison, "Motivation and Moral Action in Mencius" 與 "Two Roots or One?" 倪德衞對孟子道德修養的研究引發了許多有關此議題的研究，例如以下論文集所收錄的多篇文章：Liu and Ivanhoe, eds., *Essays on the Moral Philosophy of Mengzi*。

20　朱熹還對夷之做出以下的批評：夷之回應孟子一開始的攻擊，雖然宣稱自己對他人無差別的愛是從父母開始的，但這一點卻暴露他的愛並非沒有差別和等級，而是偏向於父母的這個事實。朱熹在有關這個段落的所有注釋中，都將夷之形容為一位沒有真誠服從墨家教義的懦弱墨者。見黎靖德編，王星賢點校：《朱子語類》（北京：中華書局，1986 年），第 4 冊，卷五十五，〈滕文公上〉，頁 1313。有關朱熹注釋的更為完整討論，見附錄。

21　焦循：《孟子正義》，卷十一，〈滕文公上〉，頁 403。

通過一個小孩即將墜入水井的例子來反駁夷之所引用的、儒者認為人要如同愛護一個初生嬰孩一樣愛護其他人的學說。在孟子時代的哲學話語中，人們明顯將「鄰之赤子」理解為下列典型問題的簡稱，即當一個人看到鄰家的孩子正在爬向水井並因此面臨非因自身過錯而造成的致命危險時，他所採取的行動。[22] 孟子在〈滕文公上〉五章提到這個問題是為了說明，儘管一個人在一些特殊情況下會如同關心自己的父母一樣，十分關心一個陌生人，但他不應該將他不由自主地對一個面臨危險的無辜生命所表達的同情心，錯誤地理解為，人在一般情況下對他人的關愛與對自己親屬的愛是等同的。[23] 如果夷之認為這是儒家

---

22 《孟子》在〈公孫丑上〉六章同樣以孩童墜井的例子來說明人必定有惻隱之心，且無法忍受看到別人受苦。見焦循：《孟子正義》，卷七，〈公孫丑上〉，頁 233。在〈梁惠王上〉七章，孟子以另一個例子闡述這個觀點：齊宣王讓一頭牛避免被屠宰作為祭品，因為他不忍心看到牛因為恐懼而顫抖，「若無罪而就死」，見卷三，頁 80。當我們對他人的關愛並非以我們與他們的關係作為依據時，那麼有關情況便是超出常態。這時候，他人完全無辜這一點就至為重要。這種關愛甚至可擴展至動物身上。孟子指出，當看到完全無辜的人在受苦時，我們會在無視社會認可與其他有關行為考慮的情況下，本能地感受到人道的情感。在〈公孫丑上〉六章，孟子將這種衝動稱為「仁之端」。而在〈梁惠王上〉七章，他則將這種衝動的體現形容為「仁術」；見焦循：《孟子正義》，卷七，〈公孫丑上〉，頁 234 與卷三，〈梁惠王上〉，頁 83。有關〈梁惠王上〉七章更多的討論，見 Jeffrey Riegel, "A Passion for the Worthy," *Journal of American Oriental Society* 128.4 (2008): 713。幼童落井的故事並非只見於《孟子》之中。《墨子》亦曾提及這個故事，見孫詒讓：《墨子閒詁》（北京：中華書局，1986 年），卷十，頁 304；Knoblock and Riegel, *Mozi: A Study and Translation of the Ethical and Political Writings*, 64。

23 對於孟子與其他儒家學說的早期追隨者而言，人們在危急關頭對一個孩子的關懷並不比他們平常對父親的愛要來得薄弱。換言之，相

學說的意思，那麼他只是誤解了其中的意思而已。

　　然而，孟子在這個反詰句中使用「親」一字來指稱個人對鄰家之子與自己姪子所擁有的感情。而根據這段話的語境，孟子明顯傾向於「親」，而並非其近義詞「愛」。[24] 這表明孟子雖然無法接受某人在正常情況下會向其親屬與陌生人施與相同比例的愛，就像夷之說的那樣；但他卻能夠在實際上如此做到，亦即將「親」延伸出去。如此一來，他便有足夠的「親」來給予其親屬，同時將部分「親」給予那些並非因為自己的問題而陷入困境、並且感到無助的陌生人。這是孟子所構想的「親」的伸縮性。在《孟子》他處，這位哲學家使用「推」、「及」、「擴」、「充」這類語義相通的詞彙來表明應當擴大與增強對他

較人們單純地將對父母的情感推廣至其他人的一般情況，在這個關頭所表現出的關懷強度，在等級或程度上都不應該更低。在馬王堆與郭店這兩個考古遺址所出土的一篇名為《五行》的寫本中，有一個句子可釋讀如下：「愛父，其殺愛人，仁也。」有關此句的馬王堆本，見池田知久：《馬王堆漢墓帛書五行篇研究》（東京：汲古書院，1993 年），頁 301。有關此句的郭店本，見劉釗：《郭店楚簡校釋》（福州：福建人民出版社，2003 年），頁 71，簡 33。此句與孟子在〈梁惠王上〉七章的言論相通：「老吾老，以及人之老；幼吾幼，以及人之幼。」（見下文注 25）在當今學者稱作「說」的部分（只見於馬王堆本，而不見於時代較早的郭店本），我們看到如下的說明：「言愛父而後及人也，愛父而殺其鄰之子，未可謂仁也。」關於這段文字，見池田知久：《馬王堆漢墓帛書五行篇研究》，頁 308。不過，作者與我的理解不同。《五行》「說」這段文字指出，在孩童即將墜入水井這個超出常態的情況下，一個人對這個小孩的關愛不應該比一個人對父母的關愛更少。如果更少就是不道德的，「未可謂仁也」。感謝黃冠雲與我分享他對於如何正確解讀馬王堆這篇文獻的看法。

24 趙岐在〈滕文公上〉五章的注釋中，將「親」定義為「愛」；見焦循：《孟子正義》，卷十一，〈滕文公上〉，頁 403。

人的關懷、感情以及其他情感，而不將其加以分割或分配。[25]
讓我們再次想像一下一塊黏土或麵團：夷之將它分成若干大小
相同的小塊並「施」之，而孟子則將其拉長，儘管其邊緣可能
因此變薄。[26] 無論是稱之為「愛」或「親」，對他人的關愛都是

---

25 在〈梁惠王上〉七章，孟子表示某人「推」其「恩」，使其「恩」
得以及至他人。見焦循：《孟子正義》，卷三，〈梁惠王上〉，頁
86-87。與「親」一樣，「恩」是具有彈性的，故孟子指出：「推
恩足以保四海，不推恩無以保妻子。」他亦在〈梁惠王上〉七章
宣稱：「老吾老，以及人之老；幼吾幼，以及人之幼。」雖然他在
〈滕文公上〉五章並沒有明白地指出，但孟子很可能認為「親」與
「愛」應如「恩」、「老」、「幼」一樣可以往外推或擴展，而不是
如同夷之對愛所作的那樣，將之平均地劃分。朱熹轉述孟子在〈滕
文公上〉五章的觀點，當「愛」從個人對父母的自然情感中建立之
後，將會被「推」及他人，並因此存在差別與等級。見朱熹：《孟
子集注》，頁 135。倪德衛指出，孟子在〈梁惠王上〉七章與其他
提到這個術語的段落中，「有意挪用」後期墨學辯證學家在「推其
類」中對「推」的技術性用法。「推其類」是一種類比推理。根據
這種推理，某人會堅稱，當對手在某個情況下作出判斷之後，他應
在另一個情況下作出相同的判斷，這是因為上述兩種情況均屬於相
同的「類」。見 Nivison, "Motivation and Moral Action in Mencius,"
96-97。儘管孟子對這個字的用法似乎與墨家文獻的用法十分接
近，但倪德衛似乎低估了孟子在使用「推」一字時，還有其他與它
意思相似的詞彙。同時，他亦沒有考慮到孟子在時序上是否可能沿
用一些成書年代比他更晚的墨家文獻。換言之，所謂的挪用有可能
方向是完全相反的。孟子在〈公孫丑上〉六章討論到四「心」時，
使用「擴」、「充」兩個術語，見注 35。就孟子在〈滕文公下〉十
章使用的一些技術性術語情況而言，值得注意的是，孟子以不見
於《墨子》之中的「充其類」來為兩個屬於同一種類的情境製造或
承認它們之間的連繫。有關〈滕文公下〉十章這個詞組的討論，見
Nivison, "Motivation and Moral Action in Mencius," 100。

26 動詞「施」絕非是一個孟子不熟悉的詞彙。在〈梁惠王上〉五章、
〈梁惠王上〉七章、〈梁惠王下〉五章，他使用這個動詞來描述一位
王者是如何將仁政分配給臣民。見焦循：《孟子正義》，卷十一，

可以衡量且數量有限的事物。其他早期文化可能認為愛是無限
的；但儒家和墨家學者卻不如此認為。

孟子繼續反對夷之實踐墨家兼愛教義，並將觀點濃縮成
一個簡短而精闢近乎成為警語的句子：「且天之生物也，使
之一本，而夷子二本故也。」[27]【編按：作者如此翻譯此句：
Moreover, it is the case that, while Heaven in creating things
causes them to be single-rooted, Master Yi is dual-rooted.】讀
者在閱讀《孟子》的標準翻譯，以及專門討論〈滕文公上〉五
章時，便會發現我的翻譯儘管不是完全創新，但卻幾乎與它
們完全不同。[28] 故在更為全面探討孟子之批評的意思與意義之
前，我們先對這些翻譯做一些說明。

這句話的語法如下：我們必須將「一本」與「二本」理解
為動詞謂語，並且以「之」這個關鍵的代名詞與「夷子」這個
專名作為它們各自的主語。[29] 不能像人們通常所做，忽略「之

〈滕文公上〉，頁 66；卷三，〈梁惠王上〉，頁 92；卷四，〈梁惠王
下〉，頁 136。孟子在上述情境中使用這個動詞的原因，可能是因
為他認為人們理應在不偏愛自己家庭的情況下，平等地將仁應用到
所有人身上。這種用法與孟子對「推」與「及」的用法不同。有關
孟子對後面兩個詞語的用法，見前注。如同我在本章解釋的那樣，
認為孟子將「親」、「愛」比作一塊麵團或陶土，或許是不太恰當
的。孟子使用「推」與「及」暗示他認為它們類似於一些更為二維
（two-dimensional）的事物，比如一塊獸皮，它為了製作一張可被
使用且必須保持完整的鼓膜而需要被拉緊。他使用動詞「充」來描
述人們如何擴大他在〈公孫丑上〉第六章所羅列的情感，或許意味
著孟子將這些情感視為一種三維（three-dimensional）的事物，比
如一個酒囊或布袋，它需要保持完整才能被完全充滿。

27 焦循：《孟子正義》，卷十一，〈滕文公上〉，頁 404。
28 見上文注 4 與注 10 提及的著作。
29 作為使役動詞的「使」有兩個賓語：第一是賓語代名詞「之」，
它是此句結構的關鍵，並因此作為第二個賓語即謂語的主語。有

一本」與「夷子二本」在語法上的相似性，而將「二本」解讀
為某種及物動詞。亦不能將「天」與「夷子」作為一對平行的
主語，而在文本中插入任何動詞，並因此將「一本」與「二本」
當作是那些動詞的賓語，而將其譯作 one root 與 two roots，或
其他類似的理解。[30]

　　內野熊一郎的日文翻譯與我在這裡提出的翻譯相近。內
野認為孟子批評夷之將天賦予他的一本變成兩個。為撰寫這篇
文章涉及這個段落時，我所參考的所有翻譯與研究中，各家作
者都將這個句子的意思解釋為天賦予萬物一本，而夷之則試
圖在想像（putatively）或實際上（actually）將天所賦予的東
西轉變成二本，並以此消除天的作用。這裡，理雅各（James
Legge）、倪德衞、信廣來、卜愛蓮（Irene Bloom）將「一本」

關「使」與其賓語在孟子的語言中如何使用的其他例子，見 Edwin
G. Pulleyblank, *Outline of Classical Chinese Grammar* (Vancouver:
UBC Press, 1995), 33, 40–42。「一本」與「二本」是那些被用作謂
語，且不需要繫詞便可連接其主語的數詞例子，見頁 58。

30　趙岐對此句的解釋支持我對它的理解與翻譯：「天生萬物，各由一
本而出。今夷子以他人之親，與己親等，是為二本，故欲同其愛
也。」見焦循：《孟子正義》，卷十一，〈滕文公上〉，頁 404。要
注意在趙岐的解釋中，他所評論的是有關夷子對自己的「本」，而
不是對他人的「本」的處理。故與夷之形成對比的並非天，而是
其他由天所創造的「萬物」。信廣來認為趙岐將「一本」解釋為
人在生物學上的根源，即人的父母，見 Shun, *Mencius and Early
Chinese Thought*, 129–130。如信廣來所言，趙岐解釋的意思就是夷
之這位據孟子所說擁有「二本」的人，實際上認為人在生物學上有
兩個根源。但信廣來似乎誤解了趙岐的意思。趙岐與孟子都沒有談
及「生物學」：萬物乃天「生」，而不是父母所「生」。如果說，趙
岐將「本」理解為一個人的血統，或許更為準確。由於趙岐宣稱夷
之之所以「二本」是因為他平等地對待父母與他人的父母，並因此
渴望一視同仁地愛所有人，故趙岐似乎錯誤地將「一本」理解為天
所創造之生物對其家族所擁有的獨一無二的愛。又見下文注 32。

譯作 one root，而劉殿爵（D. C. Lau）則將之譯作 a single basis，杜百勝（W. A. C. H. Dobson）作 a single root-stock，萬百安（Bryan W. Van Norden）作 one source。至於「二本」，理雅各、倪德衛、信廣來、卜愛蓮將它譯作 two roots，杜百勝作 two root-stocks，萬百安作 two sources，而劉殿爵則作 a dual one。另認為夷之在想像中將一本變成二本的學者為杜百勝、信廣來，以及卜愛蓮；而理雅各、劉殿爵、倪德衛、萬百安則認為他實際上如此。對於理雅各、杜百勝、倪德衛、信廣來、萬百安、卜愛蓮來說，這句話的意思似乎是指夷之在天所賦予的根本之上再加上第二個根本。劉殿爵的翻譯暗示他將孟子的批評理解為夷之將生物所擁有的一本一分為二，或將之倍增為二。[31]

除了這句句子的語法，另一個仍要解決的問題是孟子所謂的「本」的意思。這段話的形式為一則爭論，而孟子對夷之批評的上下文，是夷之選擇了「二本」，而不是保持上天所賦予生物的「一本」的特質。上述兩者均表明，孟子回應夷之的，是後者聲稱自己平等與無差別地「施」愛予父母與他人的觀點。孟子選擇「本」的意象很可能是因為「施」字的不及物用法是指蔓生植物與攀緣植物的延伸和伸展（儘管我們必須承認在孟子的修辭習慣中，以植物的意象來表達自己想法的做法很普遍）。雖然如此，孟子以此句回應夷之將愛分配給父母與他人的說法，表明在孟子對夷之批評的直接語境中，「本」的意思為個人對他人的愛。

「二本」（dual rooted）的意思是將這種愛一分為二，並對

---

31 我的解讀與劉殿爵的解釋相同，我們唯一的不同在於我認為孟子的意思是夷之將自己的「本」一分為二，而不是（無論是想像或實際上的）其他事物的「本」。

自己的父母與他人的父母給予同等關愛。[32] 它進一步意味著夷之將一些原始、天生或「天然」的狀態中不可分割的事物一分為二來形成「二」。也就是說，我們不應該將「一本」理解為一個獨特的根本，或是與兩個根本截然不同的一個根本，而是將它理解成一個「完整」而「完全」的根本。[33] 孟子認為「本」是不可分割的，而與此概念相關，這個根本是由一種按不同階段和等級而延伸與強化的愛所組成，這與夷之那個被分割的根本不同。這種愛施及那些與本人關係愈來愈疏遠的人；因而對於本人而言，這種愛的地位與重要性要遜於那些與本人關係密切之人的愛。[34]

孟子在他處將諸如愛這種人們天生或出生伊始便擁有的情緒與情感稱之為「心」。例如，眾所周知，他在〈公孫丑上〉六章羅列惻隱之心、羞惡之心、辭讓之心和是非之心。此外，

---

32 不僅趙岐（見前文注 30），十二世紀的宋朝思想家陳士直也支持這裡對「二本」的解釋。據《朱子語類》所引，陳士直指出「愛吾親，又兼愛他人之親，是二愛並立，故曰『二本』」。朱熹提出「一本有兩根」來比擬陳士直對「二本」的理解。毫無疑問，朱熹的意思與孟子在使用這個詞組時的意思是有區別的。見本章附錄第 3、4 段。

33 如果孟子選擇使用「本」這個詞是受到「施」的不及物用法影響，那麼他使用「二本」來形容夷之由於「施」其愛而身處的狀態，暗示孟子認為「施」在用於表示植物的延伸和擴散時，是指一棵植物繁殖自己的分枝和根部，或是指一棵植物生長出兩個其長度與複雜性相同的分枝分根這種徹底的分岔。

34 在《朱子語類》中，一位匿名弟子向朱熹提出了一個問題，它假設保持「一本」的狀態包括「親親、仁民、愛物」這種「仁」的順序，見附錄第 3 段。在第 6 段中，朱熹引用程頤一位最重要的追隨者尹焞的話。尹焞所說的內容與這位匿名弟子在第 3 段的說法非常接近：「何以有是差等，一本故也，無偽也。」朱熹認同其說，並對此加以闡述：「既是一本，其中便自然有許多差等。」

孟子認為這四種「心」分別是仁、義、禮、智之「端」。[35]「端」的各種翻譯有 start、beginning、sprout、wellspring，而人們均樂於將它視為「本」的同義詞。因此，我們似乎可以認為孟子在〈滕文公上〉五章將「本」看作是「心」的象徵。而在不咬文嚼字閱讀的情況下，似乎亦可將他對夷之的批評作如此理解：夷之將愛心分成兩半來製造二。當這種愛之心得以維持其整體不可分割的自然狀態時，這種愛心能夠成為個人關愛其父母和家庭的基礎，而非對於與本人關係疏遠的人。值得注意的是，孟子，其他人亦可能一樣，並沒有將他在〈公孫丑上〉六章列出的各種「心」視為靜止的性情，或人們在回應個別情況時表現或展示的那些無生命力的能力。相反，根據事實本身而言，它們與愛一樣都是情感的表現。因此孟子將它們比作「火之始然」或「泉之始達」。我們必須「擴」、「充」這些行為，[36] 使其範圍擴展至我們本身之外。或許孟子面對的是一位十分重視擴展自己影響力的君主，所以他指出，如果這四種自然的情感表現都能恰當地擴張與延伸其範圍，它們可使個人將「四海」之內的所有人都納入其所保護的範圍之內。[37]

---

35 焦循：《孟子正義》，卷七，〈公孫丑上〉，頁 234–235。〈公孫丑上〉六章與之相關的段落如下：「惻隱之心，仁之端也。羞惡之心，義之端也。辭讓之心，禮之端也。是非之心，智之端也。人之有是四端也，猶其有四體也。有是四端而自謂不能者，自賊者也。謂其君不能者，賊其君者也。凡有四端於我者，知皆擴而充之矣，若火之始然，泉之始達。苟能充之，足以保四海；苟不充之，不足以事父母。」孟子在〈告子上〉六章再次羅列他所說的四種「心」，但他並沒有將它們形容為「端」。

36 我們可以同時比較孟子在〈滕文公下〉十章所使用的「充」，見上文注 25。

37 雖然〈公孫丑上〉六章看來與〈梁惠王上〉七章一樣，都是針對那些旨在增加其勢力的君主而發，但它亦與後者一樣，都關

　　孟子在〈告子上〉十章使用「本心」一詞來指一種賢者設法始終貫徹、而他人則因為侍奉卑劣的君主而喪失的正直品格。此種用法暗示在孟子眼中，這兩個字在語義上是有關聯的。[38] 此外，「本」與「心」在〈滕文公上〉五章可能存在的隱喻性關聯，也會讓讀者聯想到〈告子上〉八章，該文將斧頭砍伐生長在牛山之上的樹「木」，比喻放縱作為人本質的一部分、道德行為基礎的「良心」。[39]

　　孟子在批評夷之的「二本」之後，又做出闡釋，似乎意在表明其所謂「一本」，乃是對雙親忠誠之心：

　　　　蓋上世嘗有不葬其親者，其親死，則舉而委之於
　　　　壑。他日過之，狐狸食之、蠅蚋姑嘬之；其顙有泚，
　　　　睨而不視。夫泚也，非為人泚，中心達於面目。蓋歸
　　　　反虆梩而掩之。掩之誠是也，則孝子仁人之掩其親，
　　　　亦必有道矣。[40]

注於道德修養。以下學者對這段文字的這個方面進行了分析：David B. Wong（黃百銳），"Is There a Distinction between Reason and Emotion in Mencius?" *Philosophy East and West* 41.1 (1991): 31–44；以及較為近期的 Myeong-seok Kim, "What *Ceyin zhi xin* (Compassion/Familial Affection) Really Is"（見上文注 4）以及同一作者的另一篇論文："Is There No Distinction between Reason and Emotion in Mengzi?" *Philosophy East and West* 64.1 (2014): 49–81。

38 參見焦循：《孟子正義》，卷二十三，〈告子上〉，頁 784–786。

39 焦循：《孟子正義》，卷二十三，〈告子上〉，頁 775。

40 焦循：《孟子正義》，卷十一，〈滕文公上〉，頁 404–405。倪德衞與信廣來在上文注 4 所提到的著作中，均推斷孟子對於「中心」的說明是用來代表「一本」。但是，兩人都在這段文字的整體解讀中，將「一本」解釋為 one root，即由上天所賦予生物的一個根本。至於對夷之等墨者道德觀所造成影響的「二本」（two roots），則與之完全不同。我認為這兩個術語指的並不是道德的不同，而是孟子

上述說明在孟子的論證中有兩個用途。首先，它為人們的「中心」如何運作舉出實例。由於它是完整無損，除了因為個人疏忽而使死去父母的遺體受到損壞一事，「中心」並不會因為其他因素而動搖；因此人們會自發地採取行動來確保死去的雙親能夠妥善入葬。[41] 上述例證亦同時顯示，孟子認為正確的葬禮——不同於他在開首反對夷之所作的假設性命題所間接提及的節葬——根本上源於這一「中心」的運作方式。毫無疑問孟子藉此是指，諸如夷之等主張與實踐節葬教義的墨者，正在扭曲人們在適宜地處理死去雙親遺體時所涉及的情感；他們缺乏孝道與仁道。[42] 他們的行為因此並不是基於其「中心」。相反，正如其「愛無差等」的表現一樣，這些墨者正在摧毀「中心」的運作。無論夷之是否如同一位合格的墨者那樣實踐節葬，抑或反其道而行，為其雙親舉行與墨家規定相反的奢華葬禮，根據孟子所論，他都不是一位孝子。

四、比較「本」與「心」

雖然孟子在〈滕文公上〉第五章可能有意通過某種方式以「本」代表「心」，但這並不代表可以分別將「一本」與「二本」理解作「一心」與「二心」的同義詞；所謂「一心」與「二心」習見於孟子時代的詞彙。相反，這兩組詞彙是有區別的，

認為心這個德性根源理應保持完整，並且不應該如同夷之那樣加以分割。

41 上文注 35 提到孟子在〈公孫丑上〉六章羅列不同種類的「心」，而其中「羞惡之心」似乎使得人們產生了覆蓋死者遺體之心。其他人則假設這是「惻隱之心」所使然。或許這兩個心都與上述行為有關。

42 趙岐指出孟子利用這個寓言來批評墨家節葬的教義，見焦循：《孟子正義》，卷十一，〈滕文公上〉，頁 407。

而認識到它們不同的使用方法，能夠有助於更好理解孟子對於
「一本」與「二本」的使用。在〈告子上〉九章，「一心」指那
種為了精通某事所必須具備的專注或集中。如果沒有它，即使
一個人能從他處得到好的建議，但他仍無法從中學習到任何東
西。[43] 這與孟子所認為的「一本」這種對他人的愛在得以保持
完整無缺時，與傾向關注家庭與宗族的概念，可能存在著某種
聯繫。

更加值得注意的是，一些成書時代稍晚於〈滕文公上〉五
章的文獻將「一心」釋作「統一的心」（unified heart），亦即
許多或許相互矛盾的勸誘與意願得以妥協，因而人們能夠沉著
地處理眼前所有彼此衝突的道德挑戰。劉向（前 79–前 6）《說
苑・反質》的一段話就是其中一個例子。該段落將文中或稱之
為「天心」的「一心」與「百心」加以對比。[44] 前者允許一個
人侍奉無數的君主，但被分成無數片的心卻會妨礙他恰當地侍
奉一位統治者。這段文字以及其他有著相同主題的文獻似乎都
受到《詩經・鳲鳩》開首的啟發：

　　鳲鳩在桑，其子七兮。
　　淑人君子，其儀一兮。[45]

43　見焦循：《孟子正義》，卷二十三，〈告子上〉，頁 781。
44　有關這段文字，見盧元駿：《說苑今注今譯》（臺北：臺灣商務印書
　　館，1988 年），卷二十，〈反質〉，頁 703。
45　鄭玄：《毛詩注疏》，卷七之三，〈鳲鳩〉，頁 7 上 –9 上。有關這
　　對偶句與似乎受其啟發的相關文字討論，見 Jeffrey Riegel, "Eros,
　　Introversion, and the Beginnings of *Shijing* Commentary," *Harvard
　　Journal of Asiatic Studies* 57.1 (1997): 162–163; Kuan-yun Huang
　　（黃冠雲）, "A Research Note on the Textual Formation of the 'Ziyi',"
　　Journal of American Oriental Society 132.1 (2012): 60–71。

馬王堆漢墓中出土的一篇名為《五行》寫本中的「說」的部分，將鳲鳩比作一位決心將自己所有道德衝動互相調和一致的君子。解釋《詩經》的《毛傳》將這對偶句的首行理解為一則簡短的寓言：「鳲鳩之養七子也，且從上而下，莫從下而上。其於子也，平均如壹。」[46]

這種有關「一心」的概念顯示，對個人來說，許多自然情緒，比如孟子在〈公孫丑上〉六章所列出的四種「心」都可能會有所衝突，故一個人必須注意使其保持平衡。孟子在〈梁惠王上〉七章關於齊宣王的故事為我們提供一個例子。[47] 齊宣王以一頭羊代替了牛，因此得以在仁與向祖先獻上血祭的義務之

---

46 有關《五行》與《毛傳》的內容，見 Riegel, "Eros," 162–163。黃冠雲討論了其他與「一心」這個概念有關的文獻與近年出土的寫本，見 Huang, "A Research Note on the Textual Formation of the 'Ziyi'," 61–71。他富有洞見地認為（頁 65）這些文獻都與《論語・衛靈公》三章有關。在《論語》這段文字中，孔子聲稱自己「一以貫之」他所有的學說。孔子在《論語・里仁》十五章更加詳細地複述這段內容。在這段文字中，曾子向其他感到困惑的弟子說明，將「一」確定為「忠」與「恕」。芬格列特（Herbert Fingarette）解釋「一」是由兩個，而不是一個事物所組成的，因為儘管「恕」作為一個道德原則教導人們要通過代入別人的處境來對他人有同情心，但它並不足以保證人們能超越自己的欲望和感覺。因此，人們必須要「超越純粹的個人」，而秉持那些所謂正確與公正的事，見 Herbert Fingarette, "Following the 'One Thread' of the *Analects*," *Journal of the American Academy of Religion* 47.3S (1979): 373–405。芬格列特認為這種承諾就是「忠」或「忠信」的意思，後者是《論語》經常出現的同義複合詞。將「恕」與「忠信」串聯起來，即是調和兩者。這保證人們的同理心是由正確的事物所決定，而人們對於正確事情的堅持則是來自對於他人處境的敏感鍛鍊。芬格列特簡要地指出（頁 392）：「忠信因此讓人類社會成為可能，恕則讓社會變得人道。」

47 見上文注 22。

間找到平衡。上述《詩經》詩歌開首的偶句對君子均一之儀態的歌頌將這種平衡具體化。而根據《毛傳》的解讀，這種平衡同樣見於這首詩有關鳲鳩的意象，鳲鳩以相同分量的食物餵飼許多幼禽。而它所比喻的是一個人必須公平而不偏袒地對待其至親，而與此相對的是對家族以外之人表現出程度較低的關愛與關懷。[48] 這個概念與孟子「一本」的概念不盡相同。保持「一本」與擴充個人對他人的愛相關，從而使他偏愛其家庭；而這與保持「一心」，即個人如何使各種相互競爭的道德意識調和一致或管控家庭中可能發生的相互衝突並不相關。

　　「二心」，也作「貳心」，意思是「兩個心」（dual-heartedness）。儘管這個詞語並不見於《孟子》一書，但它卻在《左傳》這部可能比《孟子》早數十年成書的敘事史中經常出現。[49] 根據相關段落，「有二心」代表一個人並非對其統治者完全效忠，而是擁有兩個主意，並因此懷疑其主上的優越地位，而他可能因為這種懷疑而與他人串謀造反。對孟子來說，夷之的「二本」以及墨家的「兼愛」教義，有一個較廣泛的層面上問題，亦即削弱了人們適當關愛雙親這種本能的願望。回想到〈滕文公下〉九章，孟子曾指出「兼愛」的教義無異於否定人們的生父。孟子認為，一個人在政治上的──而不是對家族的──不忠，乃

---

48 將理想的君子在他人面前的行為與禽鳥如何餵養其雛子進行比較，提供了另一個例子說明人們對他人的關愛包括為他們提供物質性且數量有限的東西。

49 這個術語在《左傳》一共出現了 11 次：莊公 14 年、宣公 12 年、成公 2 年、成公 8 年、成公 13 年、襄公 26 年、昭公 13 年、昭公 15 年、昭公 16 年、昭公 18 年，以及昭公 21 年。小倉芳彥對這個術語出現的各種情形進行了分析，見小倉芳彥：《中國古代政治思想研究：「左伝」研究ノート》（東京：青木書店，1970 年），頁 252–281。

源於楊朱自私的學說。因此，那些懷有「二心」的人似乎與孟子對楊朱的描述較為接近。而非指向諸如夷之這類墨者所懷有的「二本」。

五、結論

　　當夷之從徐辟處得知孟子有關「二本」的批評以及他對有關葬禮起源所作的寓言，據說這位墨者表現如此：「憮然，為間，曰：『命之矣！』」[50] 根據他的舉動與最後的表述，可以得知夷之承認其錯誤，甚或摒棄了他的墨家學說。這並非只是〈滕文公上〉五章作者的文學色彩表現而已。

　　暫置那些表達孟子與夷之之間對話的描述性段落不論。如果這段對話的核心詞彙能夠準確地反映他們在實際上所說言辭，我們可以認為孟子事實上成功地讓夷之放棄他的教義。夷之提及兼愛或愛無差等這個相關的教義來為墨家節葬教義進行辯護。但孟子卻引用夷之自己對兼愛的定義，包括他如何實踐兼愛的描述，即「之則以為愛無差等，施由親始」，進而論述這位墨者正在削弱他愛其雙親的能力。[51] 正如一位封建領主為了贏得其部下的忠誠，給予其部下——而不是其家庭成員——土地與其他形式的賞賜一樣，當夷之愈益實踐兼愛這個教義，他給予其父母的愛便會愈來愈少。

　　孟子對墨家的當務之急是其思想的核心教義。此外，孟子

50　焦循：《孟子正義》，卷十一，〈滕文公上〉，頁 407。

51　雖然我對倪德衛在兩部著作（見上文注 4 所引）中有關〈滕文公上〉五章語言的部分內容，尤其他對「二本」的解釋表示異議，但我完全同意倪德衛如下的觀點，亦即孟子對夷之的批評與採納墨家教義所產生的負面影響確實相關。

亦關注從較廣泛的層面揭露這些教義在語言上的缺陷，乃至構思上的錯誤。孟子頗自負於自己「知言」的能力，即能果斷地找出他所反對教義的致命缺陷。孟子在〈公孫丑上〉二章就這種能力舉出四個例子：「詖辭知其所蔽，淫辭知其所陷，邪辭知其所離，遁辭知其所窮。」[52]

有人可能會認為，孟子是在解構其對手的教義，而不是在與他們辯論。但這並不代表孟子僅僅指出這種教義的不連貫與粗心的措辭，以及判定這種教義只是因為這些原因而應被摒棄。孟子擔憂這個教義對那些實踐者的生活與行為所帶來的實際影響。朱熹聲稱，孟子在對話中成功做到的，是指出夷之「愛無等差」與「施由親始」這兩段陳述之間的矛盾。對朱熹而言，夷之是一個背棄墨家思想的墨者，而孟子擊倒他的辦法，是指出夷之沒有一致地、細心地實踐墨家的教義，所以導致他的論述出現許多內部矛盾。[53]

上述分析為孟子在〈滕文公上〉五章中所述提供了一個不同的解釋。在這個解釋之中，孟子並不關心對手不一貫的行為與其相互矛盾的陳述。相反，孟子希望指出墨家節葬和兼愛的教義有違人類的情感，並且證明夷之這類人是如何因為接納了有關教義，而劃分且損害自己的情感。結果使他們理應完整而

52　焦循：《孟子正義》，卷六，〈公孫丑上〉，頁 209。有關這段文字的討論，見 Nivison, "Philosophical Voluntarism," 127–128; Jeffrey Riegel, "Reflections on an Unmoved Mind: An Analysis of *Mencius* 2A2," *Journal of the American Academy of Religion* 47.3S (1979): 445–446。《鶡冠子》有一段文字與孟子在〈公孫丑上〉二章的言論非常相似。陸佃（1042–1102）注指出墨家教義是孟子所見證「淫辭」的另一個例子，見焦循：《孟子正義》，卷六，〈公孫丑上〉，頁 211。

53　見本章附錄對朱熹有關〈滕文公上〉五章的解釋所作的摘要。

不可分割的心被分成若干塊，以致對於他們自己的家庭與整個世界的人類都無所適從。雖然孟子只是通過間接的方式與夷之交流，但通過上述方式，他不僅希望夷之能夠有所改進，亦希望警告他人墨家教義的危險之處，並且向他人推廣其自身哲學傳統的價值。

附錄：朱熹對「一本」與「二本」的解釋

以下六段文字皆引自《朱子語類》的第 55 篇。《朱子語類》是一部宋朝黎靖德編撰、收錄朱熹與弟子等人對話的文集。它所討論的包括古代儒家文獻中多個段落、宋代思想家，以及其他相關議題。[54] 這六段文字共同構成朱熹對〈滕文公上〉五章，尤其「愛無差等，施由親始」一句以及「一本」與「二本」這兩個詞彙所作的反思。這些段落大部分都是由朱熹的弟子在某人提問時所記錄下來的。根據記錄顯示這些段落的人應當出現在朱熹課堂上，有關對話是在 1173 至 1199 年間進行的。[55] 儘管朱熹本人對於〈滕文公上〉五章的意見是固定的，但除此之外這些對話還包括其他的觀點，而這些觀點以及朱熹的回應對於理解朱熹本人意見的一些微妙處是有一定幫助的。

在現存最早，由金去偽所記錄的對話中，朱熹將孟子斷言夷之「二本」的意思，理解為夷之同時擁有兩種互相排斥的立場：應不分等級地將愛分布出去，以及應從其父母開始將愛分

---

54 黎靖德：《朱子語類》，第 4 冊，卷五十五，〈滕文公上〉，頁 1313–1314。

55 黎靖德指出那些記錄有關文字的人是何時在朱熹課堂上出現的，見《朱子語類》，第 1 冊，〈朱熹與朱子語類〉，頁 13–20。

布出去。⁵⁶ 朱熹發現夷之的第二個立場是比較弱的，它單純是為了幫夷之開脫孟子所作的指控，亦即他以與墨家常規相反的方式，奢華地埋葬父母。⁵⁷ 朱熹在回應其弟子晏淵所提出的問題時，重複提到這個解釋，而這段解釋則由其弟子潘時舉記錄在下列段落中。⁵⁸

緊接其後的段落由廖德明記錄。在這個段落，一位匿名提問者指出根據儒家愛有差等的慣例，一個人應先從愛其父母開始，並將其關愛延伸到他人身上。但是，這種關愛在去到某個階級時便不會再向外延伸。朱熹受到他的啟發，指出諸如夷之一類的人多加了一個根本來代表其對他人的愛，而那些理應接受夷之所給予愛的人是可以沒有限制的。因此，他不但是「二本」，而是「千本」或「萬本」。但朱熹在作出上述言論後便退出了這場對話，並轉與陳士直（字彥忠）對話。⁵⁹ 陳士直對「二本」提供另一個解釋：這個詞語所指涉的是同時存在於夷之的兩種愛，一種是給予自己父母的愛，另一種是給予他人平等的愛（這種對「二本」的解釋正是我在本章所主張者）。在緊接其後的段落中，朱熹為陳士直所指出的兩種愛作出一種類比：「如一本有兩根也。」朱熹指出，如果孟子的意思真如陳士直所說，那麼孟子便不會使用「二本」，而是使用朱熹所提出的這個類比（但正如我在上文指出，孟子所理解的「二本」

---

56 這段話是劉殿爵對「二本」所作解釋的來源，見 Lau, *Mencius*, 63, n. 22.

57 正如上文所言，朱熹錯誤地認為孟子是在指責夷之如何奢華地埋葬父母。

58 晏淵在 1193 年聆聽了朱熹的課，他亦是《孟子注》的作者。第 2 段文字以其字「亞夫」稱之。

59 陳士直與其弟都是閩清人。閩清在今天福建省的東南部。他們都是朱熹敬重的學者。朱熹在 1182 年向他們二人送上一首他親作的詩。

很可能是指一些事物，如同根本卻被一分為二）。在下一段由
其弟子楊至所記錄的段落中，朱熹通過一個例子來強調他的觀
點：夷之的「二本」涉及兩個相互排斥的立場，就如同我們強
行拔出一棵樹的根部，並將之與另一棵樹的根部栽種一起。

最後一個《朱子語類》的段落與〈滕文公上〉五章有關。
在這個段落，朱熹引用在這場對話進行時已去世多年的尹焞
（1071–1142）的看法。[60] 尹焞指出，由於愛是「一本」的，故
愛天生便是有等差與差別的，而愛亦因此缺乏任何可能會將之
改變或扭曲的「偽」。尹焞可能是利用「偽」來間接提及墨家
的教義。朱熹發揮尹焞的看法，指出「二本」涉及到將兩種沒
有任何差別和等級的事物並排地放在一起，這與「一本」相
反。朱熹認為，上述有關「二本」的說明正是墨家的觀點。

第一段

「夷子以謂『愛無差等，施由親始』，似知所先
後者，其說如何？」曰：「人多疑其知所先後，而不
知此正是夷子錯處。人之有愛，本由親立；推 [61] 而及
物，自有等級。今夷子先以為『愛無差等』，而施之
則由親始，此夷子所以二本矣。夷子但以此解厚葬其
親之言，而不知『愛無差等』之為二本也。」去偽（於
1175 年問學）。

60　尹焞是程頤（1033–1107）最重要的弟子之一。他撰寫了《孟子解》
　　這部今已失傳的著作。我們在《宋史》中可找到有關他的傳記，
　　見脫脫：《宋史》（北京：中華書局，1977 年），卷四二八，〈道學
　　二〉，頁 12734–12738。
61　見上文注 25 對「推」所作的評論。

第二段

　　亞夫問：「『愛無差等，施由親始』，與『親親而仁民，仁民而愛物』相類否？」曰：「既是『愛無差等』，何故又『施由親始』？這便是有差等。又如『施由親始』一句，乃是夷之臨時譔出來湊孟子意，卻不知『愛無差等』一句，已不是了。他所謂『施由親始』，便是把『愛無差等』之心施之。然把愛人之心推來愛親，[62] 是甚道理！」時舉（從 1193 年開始問學）。

第三段

　　問：「愛有差等，此所謂一本，蓋親親、仁民、愛物具有本末也。所謂『二本』是如何？」曰：「『愛無差等』，何止二本？蓋千萬本也。」退與彥忠論此。彥忠云：「愛吾親，又兼愛他人之親，是二愛並立，故曰『二本』。」德明（從 1173 年開始問學）。

第四段

　　或問「一本」。曰：「事他人之親，如己之親，則是兩箇一樣重了，如一本有兩根也。」燾（於 1199 年問學）。

62　我們要注意朱熹在這兩個句子中以「心」指稱對他人之愛。

第五段

　　問：「人只是一父母所生，如木只是一根株。夷子
卻視他人之親猶己之親，如牽彼樹根，強合此樹根。」
曰：「『愛無差等』，便是二本。」至曰：「『命之矣』，
『之』字作夷子名看，方成句法。若作虛字看，則不
成句法。」曰：「是。」至（於 1193 至 1194 年間問學）。

第六段

　　尹氏曰：「何以有是差等，一本故也，無偽也。」
既是一本，其中便自然有許多差等。二本，則二者並
立，無差等矣。墨子是也。個（從 1198 年開始問學）。

有關不動心的反思：《孟子·公孫丑上》二章的分析 *

一、緒論

　　前四世紀晚期至前三世紀初期中國哲學文獻中一段最晦澀，也最令人著迷的文字是孟子是否因為不加分辨王者與霸主的行為而「動其心」的討論。此處孟子回應的是公孫丑所提出的問題，兩者之間的關係不詳，所以也無法得知公孫丑提問的用意。孟子在回答中，將公孫丑的提問轉換成構思道德與社會責任理論的一個機會。這個理論比他過去與告子有關人性的辯論更為豐富與複雜。

　　早期研究孟子的學者大多沒有意識到〈公孫丑上〉首章與二章所記載的長篇對話中，存在著一個獨立且條理清晰的理論。這使得有關這段文字的解釋與翻譯都未能盡如人意。[1] 因

---

* Jeffrey Riegel, "Reflections on an Unmoved Mind: An Analysis of *Mencius* 2A2," *Journal of the American Academy of Religion* 47.3S (1979): 433–458.

1 倪德衛（David Nivison）與他有關〈公孫丑上〉二章以及其他相關段落的研究，對我啟發甚大。我也非常感激他和蒲立本（E. G. Pulleyblank）對這篇文章的指正。至於文中餘下的錯誤都是我的責

此，本章試圖重新翻譯這個段落，並提供注釋與分析，務求明確這段文字的結構、意思，以及闡明它對我們理解孟子倫理觀的重要性。

在討論有關段落前，有必要將它放在一個合適的歷史背景中，而〈公孫丑上〉二章則對這一嘗試提供了一些線索。首先，公孫丑第一個問題顯示孟子在他提問時正出仕齊國，或已經結束了其為官的任期。孟子在前 318 年以後的某段時間到了齊國，並被授予卿的職位，因此他能夠對當時在位的齊宣王提出建議。公孫丑的問題亦暗示孟子對齊宣王的影響，因為孟子被認為沒有對王、霸作出分辨，而這對除了君王以外的任何

任。我所參考的《孟子》注釋包括《孟子注疏》（宋代重刊本，附有阮元的校勘記），其中收錄趙岐（卒於 201）的注，以及普遍認為是孫奭（962–1033）的疏；《孟子纂疏》（臺灣重印 1677 年刻本），其中收錄朱熹（1130–1200）與其他宋代學者的注釋；《孟子正義》（臺灣重印排印本，出版年分未明），其中收錄趙岐注，以及清代學者焦循與焦廷琥對個別字詞的詳細注釋。我亦參考了以下的翻譯：Wing-tsit Chan（陳榮捷），*A Source Book in Chinese Philosophy* (Princeton: Princeton University Press 1963), 62–64; W. A. C. H. Dobson, *Mencius: A New Translation Arranged and Annotated for the General Reader* (Toronto: University of Toronto Press, 1963), 84–87; D. C. Lau（劉殿爵），*Mencius* (Baltimore: Penguin Classics, 1970), 76–78; James Legge, *The Works of Mencius* (Taiwan reprint of 1894 edition), 185–192; James R. Ware, *The Sayings of Mencius: A New Translation* (New York: New American Library, 1960), 63–65。《孟子》一書的分章來自趙岐，並非其原有。參見《孟子注疏》，卷三之一，〈公孫丑上〉，頁 1 上，第 7 行討論。因此，〈公孫丑上〉二章本來是首章所載對話的延伸部分。我選擇不對第二章所有內容進行討論的做法並不意味我將有關文本分割成不同的部分。我這種做法只代表我所翻譯的部分本身就是一篇表達一種哲學立場的獨立陳述。顯然陳榮捷與劉殿爵對此並不認同，前者所編的省略本並沒有收錄這個理論最重要的部分，而後者則將整段文字分成兩個部分。

人都沒有意義。孟子在回應時用了許多篇幅介紹不同種類的「勇」，並且構思了一個道德修養的理論。前者是孟子與宣王對話時曾討論過的主題，而後者則是一個允許其實踐者統治世界的理論，孟子更於其他段落中推測這是宣王暗中渴求之事。[2] 這一切都顯示孟子在回應公孫丑時，也通過間接的方式提到當時齊國的國君。但是，為何他人認為孟子在向宣王提議時並沒有對王、霸作出分辨？許多記錄兩人之間對話的段落都無法讓我們輕易地衡量孟子對宣王的實際影響。只能從中得知宣王認為孟子的學說「大哉」！可是沒有跡象顯示他在現實中將孟子的學說付諸實行。然而，可以肯定的是，宣王在一次事件中拒絕接納孟子的建議，就是齊國在前 314 年征服並吞併其鄰國燕國。

孟子在這次行動開始之前，曾以非正式的方法鼓勵宣王，這是因為他相信燕國應該通過被「伐」來糾正其內部的問題（〈公孫丑下〉八章）。在孟子看來，燕國國君噲將統治權讓給他的宰相子之，這是對世襲制的違背，並且需要加以匡正。孟子沒有指出齊國應該進行這次軍事行動，從而表現得有一點模棱兩可。雖然如此，正如韋利（Arthur Waley）所言，很難相信孟子並不知道自己的建議會被這樣理解。[3] 但孟子為何以一種相當委婉的方式，來公開贊同一件他後來感到不快之事？當周王擁有權力以實踐其願望時，其中之一便是從外對一個國家內部的犯罪行為實施軍事懲罰。我們必須想像，當時孟子認為宣王有能力表現得如同周王一樣公正無私。但是，孟子對宣王做

2　《孟子·梁惠王上》七章。當然，齊宣王並沒有告訴孟子他的推斷是正確的。相反，他選擇以一種引人遐想的沉默作為回應。

3　Arthur Waley, *Three Ways of Thought in Ancient China* (New York: Pantheon, 1950), 112–115.

了十分錯誤的判斷，因為宣王的軍隊征服了燕國，而他本人亦企圖吞併之。於是，不令人意外，孟子希望收回自己此前對這次行動的默許，並且指出周王在這種情況下將會作出的行動，藉此來說服宣王改變他的計劃。當宣王問及齊國應否吞併燕國時，孟子明確指出宣王不應為之，因為他並不看好燕國百姓的支持。孟子以周王的例子指出，周王之所以贏得其近鄰，在於他受到當地人民的歡迎。孟子觀察到燕國人民都在逃避齊國的暴政。但宣王並沒有聽從孟子，最終吞併了他的近鄰（〈梁惠王下〉十章）。齊國隨後便面臨其他國家前來協助燕國的可能，而宣王亦向孟子詢問他應如何應對。孟子建議宣王撤銷吞併燕國的命令，並容許燕國人民決定自己的命運，如此一來其他國家便不認為他們有解救燕國人民的必要。對於孟子的提議，宣王再次不為所動（〈梁惠王下〉十一章）。

我們可以說，孟子嘗試影響宣王對待燕國的決策，試圖使之「王」，即表現得像周王一樣。但他發現宣王選擇了「霸」，即表現得如霸主一樣傲慢與暴力。孟子發現他失敗了，而這很可能是他不再與宣王交談的原因。我相信公孫丑同樣知道這一點，而他在提出〈公孫丑上〉二章開首的問題時，是以一種不太友善的方式來暗示孟子的徒勞無功。[4] 但孟子在回應時卻清

---

4 儘管公孫丑在〈公孫丑上〉二章提出了另一些刻薄的問題，且在〈盡心上〉四十一章中亦同樣質疑孟子哲學的成效，但早期學者卻不認為他是帶有惡意的。這可能是因為這些學者受到趙岐的影響（雖然趙岐本人並未如此聲稱）假定公孫丑為孟子弟子，同時也不會對孟子作出如此行為。劉殿爵論證公孫丑不但是孟子的弟子，並且是《孟子》一書的一位編者。他提到公孫丑在《孟子》一書中並不如其他弟子那樣被稱作「子」的情形，見 D. C. Lau, *Mencius*, 221。這應該反過來證明，在《孟子》的編撰者眼裡，他並不是一個與孟子關係親密的人。此外，司馬遷在《史記》為孟子撰寫傳記

楚地說明他的失敗並沒有使他對事情的發生感到痛苦。不單
如此，他亦通過一種間接與晦澀的方式——因為他仍身在齊國
——將宣王標識為一位只能做出小動作之人：他注定無法成為
那個披靡天下的君主。

二、文本與分析

A.

1. 公孫丑問曰：「夫子加齊之卿相，[5] 得行道焉，

時亦未提到公孫丑。這至少顯示趙岐並沒有證據證明公孫丑是孟
子的弟子。見司馬遷：《史記》（北京：中華書局，1962 年），卷
七十四，〈孟子荀卿列傳〉，頁 2343–2346（必須承認，這篇傳記並
不是瞭解孟子生平最好的材料）。我們至多可以知道公孫丑是齊國
人（可從〈公孫丑上〉首章得知這個事實），並且是齊國的貴族成
員之一（正如其名「公孫」意謂「公爵家族的子孫」。據焦氏所言，
這是代表其社會地位的頭銜，而不是他的姓氏）。同時，我們至少
可以知道公孫丑可能與孟子一樣是宣王的顧問（我們從〈萬章下〉
九章得知皇室宗親有資格得到「卿」的地位），且有時十分樂於惹
惱孟子。

5　趙岐假設「卿相」為齊國高官的頭銜，而公孫丑在此則向孟子詢問
他對如此官職有何看法。朱熹與其他譯者雖然沒有舉出任何證據證
明這種解釋，但他們在這個問題上都認同趙岐的說法。現存那些成
書時代比《孟子》更早的文獻從來沒有將「卿相」二字放在一起使
用。在《荀子》與《管子》中，這個詞語卻出現得頗為頻繁。鑑於
荀卿、孟子與齊國之間的聯繫，以及《管子》一書似乎是齊國哲學
文獻的一個彙編，有理由假定「卿相」並不是一個周代皇家官僚體
系的頭銜，而是一個唯見於齊國的官階。這個詞語亦可能是齊國官
僚體系之中、那些能夠獲得「卿」的等級，且能接近齊王並向他提
供建議的官員所共同擁有的名稱。可能因此而有別於各種地位低微
的官員。這點可從下列文獻中看出：《荀子》，見王先謙編：《荀子
集解》（臺北：世界書局，1957 年），卷六，頁 13 下；與《管子》，
見戴望編：《管子校正》（臺北：世界書局，1955 年），卷十五，

雖由此霸王不異⁶矣。如此，則動心否乎？」

  Kung-sun Ch'ou inquired, "As for you, the Master, they appointed you Gentleman Minister in the state of Ch'i and you had the opportunity to practice your way. Although you followed this (way), 'acting as a King' and 'acting as an Overlord' have not been differentiated. If this is so then does it not move your mind?"

  公孫丑所謂「不動心」的意思為何？這個問題並沒有看起來的那麼充滿問題，因為孟子在首次回應公孫丑時便已提到了「不動心」，而這個詞語亦成為這個段落餘下部分的中心。

  2. 孟子曰：「否。我四十不動心。」

  Mencius replied, "It does not; I have not moved my mind since I was forty."

  3. 曰：「若是，則夫子過孟賁遠矣。」⁷

〈任法〉，頁 256。從〈公孫丑下〉六章得知，孟子在齊國的官階為「卿」，當然也清楚他的確與齊宣王交談過。因此，我認為這個段落並不是公孫丑要求孟子推測，當他身處高位時應該有何表現。相反，是在向孟子詢問，他在已經獲得這個職位後都做了何事。

6 趙岐認為此句的意思是孟子在成為高級官員後，會讓齊王成為霸王，亦即「霸王不異」。杜百勝（W. A. C. H. Dobson）也沿用這種解釋。朱熹則將文中的「異」視為一個表語的形容詞，並解釋道：「由此而成霸王之業，亦不足怪。」劉殿爵、理雅各（James Legge）、魏魯男（James R. Ware）都沿用朱熹的解釋。我的理解是《孟子纂疏》所引《朱子語類》的解釋，見卷三，頁 5 上，第 2 行。

7 孟賁是代表勇敢的一個顯著例子。他的名字見於大量漢代以前的文獻，比如《墨子》、《呂氏春秋》、《戰國策》。可是，這些文獻都沒

"If this is so then the Master has greatly surpassed Meng Pen."

4. 曰：「是不難，告子先我不動心。」[8]

"That is not difficult. Kao Tzu, earlier than I, did not move his mind."

孟子在 F.9（下文將對有關學說作更詳細的探討）表明他將「不動心」理解為一種一個人不會因為行動而在心中產生不安或窘迫感覺的狀態。儘管如此，公孫丑提及孟賁這位因其超乎常人的勇氣而為人所知的武士，顯示他將這些感覺理解為恐懼。他向孟子詢問有何方法可以達到這種明顯較為高階的心理狀態。孟子接受公孫丑對「不動心」的理解，並以有關「勇」的三種不同學說的具體闡述來回應公孫丑。

（我知道以下的英文翻譯並不優雅，但它至少保留了原文的意思。原文並不是在詢問如何改變內心，而是在詢問如何避免一些對內心造成不良影響的情況。）

B.

1. 曰：「不動心有道乎？」

"Is there a way not to move the mind?"

2.「有。北宮黝之養勇也：[9]

有揭示其確切的生卒年及籍貫。唯一能確知的是，孟賁在孟子晚年因其勇敢而享負盛名，且孟子與公孫丑都對他的名字不感到陌生。儘管如此，學者們對於他的籍貫卻有不同意見，分別認為他是齊國或魏國人。我們根據文獻可以推測他大約活躍在前四世紀。

8　趙岐注認為此句的意思是告子在四十歲之前即達此境界。

9　我們對北宮黝一無所知。在春秋時期，北宮家族在魏國是非常顯赫的，而《左傳》在描述這個國家的事跡時，經常提到這個家族的成

不膚橈，

不目逃，[10]

思以一豪

挫於人，

若撻之

於市朝。[11]

不受於褐寬博，[12]

亦不受於萬乘之君。

視刺萬乘之君，

若刺褐夫。

無嚴諸侯。

惡聲至

必反之。

"There is. We have the courage nurtured by Pei-kung Yu:

　　員。《孟子・萬章下》二章提及北宮錡，而趙岐則認為他是魏國人。

10　這對押韻的偶句每句均由三字組成，韻腳為「橈」、「逃」。緊接在後的「思」字在詩歌中是為了配合格律而使用的字。故此，不能以常見用法來解釋它在此處的意思，不應將之視為接下來學說的開首部分。

11　這段學說也是由每句三個字的句子所組成，其中首句與第四句的最後一字押韻。「豪」、「朝」兩個韻腳與第一段學說的韻腳都屬於同一韻部。最後兩個字的語法順序通常是「朝市」，但為了叶韻顛倒過來了。這種自由在韻文中是容許的。

12　「寬博」二字的意思需要說明，因為其一般意義在這個句子中無法說通。在緊接其後的句子中，意思為男僕的「夫」取代「寬博」，而趙岐將「寬博」解作「獨夫」，即獨身（未婚？）的男僕。這顯示出在這個語境，應該將「寬博」理解為「卑賤、奴僕、奴隸」等意思。

Do not have the skin twitch,

do not have the eyes shift.

Be one who takes a single hair pulled out by another

as equal to being flogged

in the market at dawn.

What one does not accept from a coarsely-clad servant

he does not accept from a lord possessed of 10,000 chariots.

Regarding stabbing a lord possessed of 10,000 chariots

as equal to stabbing a coarsely-clad servant.

Do not stand in awe of the feudal lords.

When repulsive noises (i.e., insults) come invariably return them in kind.

從上述格言的風格看來，孟子顯然引自一部可能收錄了與北宮黝有關學說的文獻。這些格言認為勇敢是衝動的，因為它只不過是人們對一些當前挑釁所作的短暫性回應，很明顯不是一個人反思自身或處境之後所得出的結果。無論是對是錯，北宮黝都無法容忍任何人對他提出挑戰，正如一旦他認定某人為對手，即無視其社會身分與政治地位。有趣的是，除卻這個段落，孟子在〈梁惠王下〉三章，亦即全書唯一討論「勇」種類的另一段落，將這種「勇」形容為「小」，因它只能「敵一人」，故此孟子告誡齊宣王不應追求這種「勇」。他建議齊宣王要「大」其勇，並仿效周文王與周武王的英勇事跡。換言之，他

建議宣王採取一些能使他成為全天下之王者的措施。在〈公孫丑上〉二章，孟子並沒有將北宮黝的「小勇」與周代開國者的「勇」作任何對比。相反，他選擇將之與「大勇」進行對比，而後者（在下文由曾子所提出）是以內心平穩與自我滿足的感情為基礎。

C.

孟施舍之所養勇也，[13] 曰：『視不勝，猶勝也。量敵而後進，慮勝而後會，是畏三軍者也。[14] 舍豈能為必勝哉？能無懼而已矣。』

We have the courage nurtured by Meng Shih She: 'Regard defeat the same as victory. If you advance only after counting the enemy and join in battle only after judging victory a certainty, you are one who fears the Tripartite Army. How am I, She, able to insure victory? I am only able to insure that I am without feelings of fear.'

孟子再次引用與某人有關勇敢的學說（孟子隨後明確地以「約」來形容這個學說）。在這段簡略的描述中，我們可以說明

13　除卻這則學說，我們對孟施舍一無所知。他的名字形式令人費解。雖然他自稱「舍」，但是無法確認「孟施」是一個複姓。趙岐認為「施」字在這段文字中是「舍」字的標音。焦氏父子在《孟子正義》中認為「施」字是其名的聲母，見焦循：《孟子正義》，卷六，〈公孫丑上〉，頁 191。

14　文中「三軍」原本是指不同霸主為了抵抗楚國的侵略而對軍隊所作的編制。見《左傳》各處的記載。後來，這個詞語被用來指代那些規模大得非比尋常的軍隊。

孟施舍與北宮黝兩者的「勇」的差異，在於前者的「勇」並不是一種虛有其表的表現，而主要是他在內心培養安寧與自信的結果。孟子以一種令人感到他貶低討論「勇」的方式來表明他是如何區分兩者的。

> D.
>
> 孟施舍似曾子，北宮黝似子夏。夫二子之勇，未知其孰賢，然而孟施舍守約也。[15]
>
> Meng Shi She resembles Tseng Tzu. Pei-kung Yu resembles Tzu Hsia. Now of these two Masters I do not know whose courage was more efficacious. But Meng Shih She maintained *yüeh*.

我們對子夏學說的認識並不足以解釋為何孟子將他與北宮黝歸為一類。[16] 但是，他對北宮黝所主張的「勇」的看法清楚顯示出，他並非特別敬重子夏的哲學理念。而一則有關曾子勇敢的佚事清楚地反映出孟子對於曾子的重視，以及他將曾子與孟施舍歸為一類的原因。

> E.
>
> 1. 昔者曾子謂子襄曰：[17]『子好勇乎？吾嘗聞大勇

---

15 「約」字又見下文，且與曾子的學說有關，我將於下文予以討論。

16 曾子在《論語・泰伯》三章、六章、七章講述「勇」的主題。但是，孟子並非根據這些段落，而是根據下文所述來將曾子與孟施舍歸為一類。在《論語》中找不到任何子夏與「勇」學說有關的證據。

17 趙岐認為子襄是曾子的一位弟子，但並沒有舉出任何證據來支持這個說法。司馬遷在《史記》中羅列一班孔子的弟子，並聲稱他對這班弟子所知甚少，或一無所知。其中有一位顏祖，其字與子襄同，

於夫子矣：

　自反而不縮，[18] 雖褐寬博，吾不[19] 惴焉；自反而
縮，雖千萬人，吾往矣。』

Once in the past Tseng Tzu asked Tsu Hsiang, 'Do
you admire courage? I once learned of great acts of
courage from the Master:

If upon turning inward I should find that I am not
bound tight, then although my enemy is but a coarsely-
clad servant would I not be made to gasp in fright by
him? But if upon turning inward I find that I am bound

見瀧川龜太郎：《史記會注考證》，卷六十七，〈仲尼弟子列傳〉，
頁 50。

18 《詩經·縣》是「縮」字的最早出處。見阮元：《詩經注疏》，卷
十六之二，〈縣〉，頁 18 上，第 6 行；彼處義指「束縛、捆綁穩
妥」。高本漢指出：「毫無疑問，『縮』、『束』與『鎖』的詞源非
常接近」，見 Bernhard Karlgren, *The Book of Odes* (Stockholm:
Museum of Far Eastern Antiquities, 1950), 190, stanza 5。我認為後
世文獻，包括《孟子》在使用「縮」字時，其用法是從較早時期見
於《詩經》的用法所引申而來。趙岐將「縮」定義為「義」。但顯
然他是根據後文的意思來解釋這個字的意思。儘管如此，杜百勝與
劉殿爵都沿用他的解釋。本章附錄將會討論《韓非子》一個與上文
非常相似的句子，其中「縮」與「不縮」被「直」與「屈」所取代。
朱熹的解釋顯然是依據《韓非子》而來，而這也說明為何現在的詞
彙訓釋將「縮」解作「直」。理雅各接受這個解釋。魏魯男似乎是
唯一一個不怕麻煩去討論此字在早期文獻中用法的翻譯者。他將
「縮」譯作 poise，即穩定之意，與我自己對這個字的理解比較接近。

19 難以確定「不」字的意思為何。趙岐增「輕」字改釋，以除去其否
定的意思。據《孟子正義》所引，王若虛直接將「不」刪去，見卷
六，〈公孫丑上〉，頁 193。劉殿爵與杜百勝都沿用王若虛的做法。
閻若璩（同樣引自焦氏書）認為這是一個反詰句，而理雅各與我都
接受這個解釋。

tight then although I face a myriad of men I will march forward.'

曾子認為孔子學說的精髓，在於個人面對敵人時應該確保「縮」的能力。我們很難確定這個字的準確意思為何，而它的準確意思甚至在孟子的時代也是晦澀不清的，這是因為孟子在形容這個狀態時以義為「約束」、「縮緊」的「約」字代之。[20]

> 2. 孟施舍之守氣，[21] 又不如曾子之守約也。」
>
> Meng Shih She's maintaining *ch'i* was not the equal of Tseng Tzu's maintaining *yüeh*."

將「約」與「氣」（後者下面將有相當篇幅的專門討論）相並置，暗示「約」應如後者一樣，是一個具有精神生理學（psycho-physiological）含義的術語。「縮」亦因其與「約」意思相近而同樣具有精神生理學的含義。但證據的不足使我們只能猜測這些術語以這種方式表達時的確切含義。我推測它們是指（生理上或精神上的）緊張。這種緊張並不是源於焦慮，而是源於缺乏焦慮的顫抖或不安。它們的字面意義因此與「不動心」非常接近，而我們亦可以用相同的方式對它們進行解釋。它們指的是一個人對恐懼的無感（正如公孫丑希望的那樣），

---

20 有趣的是，郭璞將《爾雅》中的「縮」字解釋為「約」，見郭璞編：《爾雅注疏》，卷五，頁 11 上，第 1 行。

21 難以得知為何孟子選擇使用「氣」，而不是重複「約」來描述孟施舍的立場。雖然「氣」並未出現在孟施舍的學說之中，但正如下文所示，我們對孟施舍之哲學所作的概括並不會因為這個概念而受到影響。

或從較普遍的角度而言,缺乏精神上的不安。孟子顯然認為孔子與曾子的狀態,即依靠個人內在平穩與自我滿足這些情感,比上述兩者更為可取。正如下文所言,這種狀態與孟子隨後對自己的刻劃在本質上是相同的。

面對公孫丑質詢,孟子回應中訴諸告子與孟子本人實踐「不動心」的方法,由此不再局限於「勇」的狹隘範圍,而是轉而引用一個更具普遍性的學說,孟子將這一學說歸屬於他在〈告子〉篇中的對手。

　　F.

1.〔公孫丑〕曰:「敢問夫子之不動心,與告子之不動心,可得聞與?」

[Kung-sun Ch'ou] said, "I would dare inquire if I might learn of the Master's not moving his mind and Kao Tzu's not moving his mind?"

2.「告子曰:『不得於言,勿求於心;不得於心,勿求於氣。』」[22]

"Kao Tzu says, 'If you do not get it from the word do not seek it in the mind. If you do not get it from the mind do not seek it in the *ch'i.*'

我們先對上面公式化表述中的術語作一說明。我將「言」譯作 word,而由此可明顯看出,我並不把它視為任何互不相關的單詞,或者是一些普通的言論。相反,正如英語 word 一

---

22 我的翻譯基本上與陳榮捷和倪德衛的翻譯相同。倪德衛在他的論文頁 4–5 中回顧了早期注釋與翻譯。下文對「言」的分析根據倪德衛的論文頁 14–15。

詞的常見用法，「言」指一些與孟子同時代的哲學家給予統治者、贊助人與弟子的某種教導或說明。這些教導或說明經常以簡煉的格言形式出現，包括一些哲學家及其學派所遵守的正規教義。「氣」在某種程度上是問題較多的一個詞。這不僅是因為解釋漢代以前文獻的學者對它瞭解不夠，亦因為除卻〈公孫丑上〉二章，這個詞在孟子的專用術語中並不重要。參照一些包括《管子‧內業》這篇對理解「氣」最為重要的文獻在內，[23] 我們可以指出兩點：在中國生理學中，這個詞指生命的氣體（vital vapor），這個概念近於歐洲中世紀的「幽默」（humor）概念。[24] 對告子與孟子而言，這個詞更深層的意思是人的氣質

---

23 與《管子》其他篇章一樣，〈內業〉很可能是齊國稷下學宮的著作，見 W. Allyn Rickett, *Kuan Tzu: A Repository of Early Chinese Thought: A Translation and Study of Twelve Chapters* (Hong Kong: Hong Kong University Press, 1965), 12–13。我對《管子》與「氣」的研究，多受益於杜希德（Denis Twitchett）在夏倫（Gustav Haloun）〈內業〉課上所作筆記。本章所引用〈內業〉文字即取自夏倫所摘錄段落與文句。

24 人們今天普遍採納一些前蘇格拉底時期哲學中的概念，將「氣」翻譯成 pneuma。但是，這些早期的希臘人只是談論生理上的氣息，或生命的氣息，而中國的概念則包括所有身體的氣，而氣息只是其中之一。此外，希臘的概念是從與風或空氣的類比而來。儘管空氣在荷馬的作品與後世的散文著作中有時意為「薄霧」，但對阿那克西美尼（Anaximenes）來說，空氣並不是薄霧，而是大氣中一些看不見的空氣，而風則是這種空氣凝結後的形態。阿那克西美尼力主空氣具有創造能力的概念，認為生命的氣息為空氣的對應物，參見下列著作的討論：G. S. Kirk and J. E. Raven, *The Presocratic Philosophers: A Critical History with a Selection of Texts* (Cambridge: Cambridge University Press, 1971), 145–147。中國則將氣類比為「薄霧」，或可能是向祖先奉獻食物時，從鼎中冒出並能有效抵達祖先處的蒸氣，見 Joseph Needham, *Science and Civilisation in China* (Cambridge: Cambridge University Press, 1968), vol. 4.1, 132–133。

與性情，並因此可以理解為與「性」，即生命相關。[25] 在哲學詞

這種區別是很重要的，因為〈公孫丑上〉二章、〈內業〉與其他文獻都以水的意象形容「氣」。如果將「氣」想成是空氣或風的話，那麼水的意象在中國類比論證中的重要性便會隨之失去。

25 〈內業〉將「氣」描述為經由「精」所累積而成的蓄積生命氣體。「精」是食物的精華。當「氣」能夠自在流動並在全身運行時，「性」，即生命便會出現。當它因為錯誤的飲食習慣而受阻，或是因為思慮過多而耗盡時，生命亦會隨之結束。諸如〈內業〉等一些文獻表明，人們並非只是從生理學的角度來看，即生理性成長和衰落的過程，而是從它與性情或傾向的關係來構思「性」。可以從《荀子・正名》對「性」所作定義的概要中，找到這方面例子：「性之好、惡、喜、怒、哀、樂謂之情。」見《荀子》，卷十六，〈正名〉，頁1下，第4–10行。大部分中國早期思想家都認同性情是天生的。告子在《孟子・告子上》四章列舉「食、色」為人類本性所傾向的東西。荀子在其更詳盡的列舉中提及那些值得嚮往且使人感到愉快的刺激，我認為這是性情的另一種說法。孟子並沒有個別羅列不同的性情，但與告子、荀子與其他早期思想家不同，孟子認為人會自然而然地因其性情而對那些與感官滿足或生存需求都無關的現象產生反應。例如，告子在〈告子上〉首章認為，人們應該將「義」強加於人類自然傾向之上，這與一個人需要雕刻柳木來製造杯子與碗的情況相同。孟子在回應時則指出要使一個人變得道德，並不是要做一些違反其自然傾向的事情。同樣，告子在〈告子上〉二章中，試圖通過著名的水的比喻來論證人的自然傾向並沒有固定方向，亦即一個人會任意地選擇在當下任何能為他帶來刺激，而使之嚮往或感到愉快的事情。孟子並不同意他的看法，並認為如水會向下流一樣，人亦成為有吸引力和社會性的生物。

一些早期文獻證實，在某些哲學群體中，「氣」被理解成決定自然性情的物質。《左傳》有以下陳述：「好、惡、喜、怒、哀、樂皆生於六氣。」見阮元編：《左傳注疏》，卷五十一，頁14上，第1–2行。孤立地看，《左傳》這段引文似乎涉及一種「氣」與「性」之間的因果關係。但是事實並非如此簡單。我們發現，其他涉及「氣」的理論通常並不區分「氣」與其活動所導致的結果。這一點在有關宇宙論的理論中可能最為明顯。這些理論並沒有劃分「氣」與其他被認為是通過氣的凝結與蒸發所產生的「元素」。同樣，在

彙中，「求」與「得」似乎是指道德修養和教育的過程。在〈公
孫丑上〉六章以及〈盡心上〉三章的用例即出現在如此的語境
之中。

　　告子似乎認為，一個人修養其心，並使之不論在任何情況
下都保持穩定的方法，既不是要求諸內心以尋找任何無法從教
義與指導得到的事物，也不是要求諸如食欲、性欲這種天生的
性情。這則學說並沒有清楚指出尋找與得到的事物為何。這些
事物可以是任何東西，或可能只是那些人們期望能夠一方面從
「言」或「心」之中得到的事物，或另一方面從「心」或「氣」
之中得到的事物。〈告子上〉中，告子在與孟子就道德修養進
行辯論時，宣稱人們有必要使「性」變得具有道德性。雖然告
子在〈告子上〉首章使用「仁」與「義」來代表道德性，但他
在〈告子上〉四章的言論，「仁，內也，非外也；義，外也，
非內也」顯示出，他相信「義」在本質上是與人性不相容的，
而且是需要被強加於人性之上。在〈公孫丑上〉二章有關達至
精神安穩的學說中，告子很有可能再次告訴我們培養「義」的
必要。在其學說之中，他並非只是將「義」形容為一些外在的
事物，而是具體地指出可從何處得到它，即哲學學說與教義。

　　這段學說值得特別注意的原因，在於它至少能讓我們大約
明白告子是如何理解「心」的。可以清楚看到，儘管告子不認
為「心」具有任何能夠使一個人對社會負責的特質，但他一定

〈內業〉中，「氣」的意思為性情或意向。因此，可以認為，無論告
子與孟子是因為何種原因而採用「氣」這個見於〈內業〉之中，並
且在齊國稷下學宮（亦即一般認為此篇的編寫地點）相當流行的哲
學術語，當兩人使用「氣」一詞時，儘管毫無疑問仍然視其為一種
生命的氣息，但是他們已將「氣」理解成一個與「性」的各種意思
密切相關的概念：對告子來說，「性」傾向於食物與美色，而對孟
子來說，「性」會對道德與承擔義務的意願作出反應。

相信「心」至少會傾向於服從那些適當行為的規範，且傾向於促使一個人的性情遵從之。他因此相信，「心」在一個人的言行能否符合社會的預期一事上，扮演著重要的角色；他也相信一個人因為擁有「心」而必定能夠有所改進。

由於孟子相信「心」天生就有對社會負責的傾向，故可以預期他將認為上述大部分內容都是不可接受的。孟子在〈告子上〉六章中，毫無保留地宣稱所有人都有「惻隱」、「羞惡」、「辭讓」與「是非」之心。隨後，孟子將這四組被韋利稱為「更高級的情感」（the better feelings）[26] 的組合與仁、義、禮、智這四種孔子相信能說明人類社會性的能力互相比較。由於孟子相信實踐「義」的能力是「心」的一個自然成分，故他並不會接受人們不應在心中尋找「義」的這種想法。對孟子而言，自我修養純粹是一種內在的力量。依靠諸如他人學說如此外在於個人的事物，在某種程度上會使一個人失去對自我與自我行動的控制（這可見於〈盡心上〉三章）。因此，他不認同告子有關「不動心」的行文模式的首項說明。

3. 不得於言，勿求於心，不可；

'If you do not get it from the word do not seek it in the mind' is not acceptable.

我們幾乎無需再回顧孟子對「性」的看法有別於告子這一事實。與後者和其他早期思想家相反，孟子認為，人會因為其天性而傾向於回應那些與感官娛悅或與其生存無關的刺激。並且他認為，人們的性情會像水往下流一樣，受到常規性社會行

---

26 Waley, *Three Ways of Thought in Ancient China*, 83–84.

為的吸引。但是，這一觀點並未排除孟子接受告子關於第二則保證人們會「不動心」的學說。

不得於心，勿求於氣，可。

'If you do not get it from the mind do not seek it in the *ch'i*' is acceptable.

雖然告子認為自己的學說實際上是指人們須將社會特質加於其生命之上，但孟子顯然相信這則學說的陳述十分廣泛，足以適用於他自己的哲學。因此，它成為孟子對「不動心」所作說明的首項原則。緊接其後的一系列具有條件性的箴言均使這項原則的意思有別於告子所理解的意思，轉而使其有力地支持孟子立場，且與其餘下哲學體系的內容互相一致。

4. 夫志，氣之帥也；氣，體之充也。

Now then,

Inclination is the leader of the *ch'i*. *Ch'i* is the filling of the body.

5. 夫志至焉，氣次焉。

Now then,

Wherever inclination goes *ch'i* follows.

孟子在這兩組偶句中羅列一系列他認為是正確且期望我們會接受的定義。他首先界定「志」的意思。「志」是一個代表內心意願或動向的術語。[27]（上文提到這個詞；對孟子而言，

---

27 如《說文解字》所述，此字是由意思為「去」的「之」字引伸而來。

「志」在其本質以及其社會性的特質方面都是內在的。）孟子
認為「志」是「氣」的統帥。效法〈內業〉的語言，孟子將「氣」
定義為「充體」，並基於下文即將說明的理由來強調其主要意
思為「生命的氣體」。他隨後宣稱「氣」的本質是它將隨其意
願所趨（其所使用語言大致符合他在〈告子上〉二章的表述，
亦即性會對道德引力作出反應）。孟子接著指出，對於那些希
望能夠像他與告子一樣使「氣」緊附於心的狀態的人來說，達
到上述目的的最好方法就是不要干擾「氣」隨「心」所之這種
與生俱來的傾向。

> 6. 故曰：『持 [28] 其志，無暴其氣。』」
>
> Therefore I say,
>
> 'Support inclination. Do not desiccate the *ch'i.*' ”

　　首句的意思不言而喻。孟子在第二句涉及到與「氣」相關
的一些較為專門的意思。由於「氣」被認為類似於身體的水氣
與氣體，故它理應是濕潤和潮濕的。使之變得乾燥（「暴」）
必定意味著使「氣」變得比它的自然狀態遜色，或是變成一種
有別於其自然狀態的事物。換言之，使之變得「暴」的這種行
為是在干擾其隨性的傾向。然而，由於孟子在 F.6 中聲稱「氣」
會自然跟隨著性，故此分明在尋找孟子論證缺陷的公孫丑，試
圖追問人們為何應該關注維持他們的意願，以及任何可能傷害

　　所有較早時期的翻譯都將此字譯作 will，即「意志」，因此增加了
　　一些不必要的言外之意。

28 如焦氏所言，「持」字並不應被解讀為「制止」或「限制」，而應被
　　理解為「維持」。陳榮捷、劉殿爵、杜百勝都忽略了這點，而理雅
　　各、魏魯男則沒有。

「氣」的原因。

7.「既曰『志至焉，氣次焉』，又曰『持其志無暴
其氣』者，何也？」

"Having said, 'Wherever inclination goes *ch'i*
follows' why do you further say, 'Support inclination.
Do not desiccate the *ch'i*'?"

孟子以另一警句對此問題做出簡短答覆：

8.「志壹 [29] 則動氣，氣壹則動志也。
"When inclination is blocked it moves the *ch'i*.
When *ch'i* is blocked it moves inclination.

首句闡釋為何一個人應該堅持自己的志向。若非如此，一
個人的志向便極易受到干擾（很可能是因為人們忽視了它，或
可能是因為人們遵從諸如教義一類的外在事物而強行使「心」
轉至另一方向），[30] 而「氣」亦會受到攪動。對於人們為何不應
該「暴其氣」的問題，孟子詳細解釋如果人們不允許「氣」如
其應然的狀態那樣瀰漫全身，而是阻礙了它（他並沒有指出可

---

29 與劉殿爵相同，我沿用趙岐的解釋，認為「壹」的意思是「閉」。
這個字肯定與「抑」同源。陳榮捷與魏魯男都不採納趙岐的解釋，
並將「壹」譯作 concentrated，意謂「集中的」。從其字面之說，難
以在這個語境下理解。杜百勝將它譯作 give primacy to，意謂「優
先看待」，而理雅各則將之翻譯作 alone，即獨自之意。但這兩種解
釋都站不住腳。

30 如孟子在〈滕文公下〉九章所言，「仁」與「義」因為楊朱與墨子
的邪說而被「充塞」。

能會造成這種情況的原因為何。但是，這句話使我們想起他在
〈告子上〉二章中的比喻，該處他指出強迫水停留在山坡之上
違背水之「性」），那麼，他們便會使其天生的志向變得不安，
或可能使之困惑。他舉出一些如果「氣」被強制阻隔或攪動會
造成後果的例子，來說明上述觀點，並在隨後指出這種行動的
最終結果為何：

> 9. 今夫蹶者趨者，是氣也，而反動其心。」
> Now then,
> Stumbling and running are due to the *ch'i* and will,
> in return, move the mind."

換言之，如果不實踐告子的規定，便如孟子所解釋的那
樣，「氣」的效果將會導致一個告子希望迴避的狀態：動心。
由於兩者的做法乃基於他們各自所認為正確的心與性的道德修
養方法上，故孟子和告子無論如何都不可能認為迴避上述狀況
只是單純的避免恐懼，即如劉殿爵所言的「心悸」（palpitations
of the heart）。顯然，他們所言乃是「心」的平靜，而當一個
人發現他因為自我修養而只做一些合理而得當的行為時，他便
會達至這種平靜的狀態。

孟子以此總結他對各種「不動心」哲學的介紹。但是，由
於孟子對「不動心」的立場有一個原則與告子相同，故公孫丑
希望知道孟子的看法是如何超越告子的：

> G.
> 1.「敢問夫子惡乎長？」
> "I would dare ask wherein the Master excels?"

孟子的回應簡潔而扼要：

2.「我知言，我善養吾浩然之氣。」
"I understand words. I am good at nurturing the flood-like *ch'i*."

孟子表示告子的學說反映出告子既不理解「言」的本質，亦不能養「浩然之氣」。公孫丑需要孟子詳細闡述這些意見。他首先將焦點放在「浩然之氣」上：

3.「敢問何謂浩然之氣？」
"What do you mean by 'flood-like *ch'i*'?"

雖然孟子表現得有點遲疑，但他仍然表達了如上引段落一樣簡潔，卻更為晦澀的一系列描述性的定義。他首先指出：

4.「難言也。」
"It is a difficult doctrine.

上文已指出孟子「氣」的概念具有水狀的特質。因此孟子以「浩然」來形容「氣」一事並不難理解。「浩然」一詞並非只是華麗的詞藻。可以說「浩」在某種程度上是「暴」，這個在孟子有關「不動心」的說明中最重要術語的反義詞。[31] 這意味著「浩然之氣」是一個完全不會乾涸的「氣」，也是這種氣

---

31 例如，《禮記》云：「喪祭用不足曰暴，有餘曰浩。」見《禮記注疏》，卷十二，頁 8 下，〈王制〉，第 3 行。

體最濃密時的狀態。因此，孟子一開始便試圖對它加以描述：

> 5. 其為氣也，至大至剛。
>
> It is the *ch'i* which is the largest and strongest.

又由於「氣」是「體之充」，故擁有它的人會因此變得強大而堅定。此外，根據孟子較早時的描述，這種「氣」將跟隨心與生俱來的傾向。又正如他在上文警告人們不要阻礙它一樣，他在這裡鼓勵人們不可讓「浩然之氣」背離心與生俱來的傾向，而是始終跟隨之。

> 6. 以直[32] 養而無害，則塞于天地之間。
>
> Nourish it with forthrightness and do it no harm and it will fill the space between Heaven and Earth.

孟子對結果的描述並不僅僅是一種宇宙論的陳述。相反，他是以一種中國的，並且政治的方式來描述其結果：如果遵循如我所言的方式以養氣，它便會使你成為人世的統治者。[33] 因此，他為當時的統治者提供一個願景基礎：如果希望成為那個一統疆土、所向披靡的君主，他們應該養性，並使之隨從心之志。孟子接著表明「義」乃「浩然之氣」所堅守的志向。

---

32 「直」的意思為「坦率」（directness）、「正直」（honesty），而「屈」的意思是「彎曲」（twisting）或「奸詐」（guile）。孟子告訴我們，自身直率可保有「氣」在正軌之上。

33 這段陳述與荀子經常提到的「參於天地」非常相似。較早的學者過分強調這段話在宇宙論方面的重要性。

7. 其為氣也，配義與道；[34] 無是，餒也。

It is the *ch'i* which is a counterpart to propriety and which adheres to the way; without these it would shrivel up.

他在隨後的描述中複述「領袖與追隨者」的意象。但同時亦加上一句與主旨似曾相識的句子：

8. 是集義[35] 所生者，非義襲而取之也。

It is what is produced by joining with propriety; it is not what propriety captures through surprise attack.

如果某人希望擁有統治天下的必備條件，那麼他便不能使「義」如同身外之物悄無聲息地趨近或強加於他的性情之中。唯有允許個人的性情與心的社會傾向能如慣常一樣互相聯繫，人才能夠產生「浩然之氣」。誠然，如果他的行為並不符合「心」與生俱來的道德傾向，那麼他便會失去所有統治天下的機會。

9. 行有不慊於心，則餒矣。

If one's actions do not satisfy the mind it will

---

34 劉殿爵如此翻譯這句話：It unites rightness and the way。可是，他的注釋不但與趙岐和朱熹的理解有異，而且也忽視了孟子這句話與較早「志至焉，氣次焉」之間的呼應。

35 我在解釋「集」字時沿用趙岐的注釋。亦因此，我認為它在語法上與上述學說中所出現的「配」字相似。朱熹認為它的意思是「積」，而所有的譯者都沿用他的解釋。

shrivel up.

　　儘管這些引文總體而言給予當時的統治者相當清晰的訊息，但必須謹記孟子在上述所有論證過程中，都是在批評告子「不動心」做法的缺點。因此，孟子告訴我們，告子並不知道為了使統治者有所改進，我們需要做的並不是將正確的想法強加於統治者身上，而是讓君主本人將他的性情、行為與他符合規範的傾向結合起來。孟子因而總結道：

　　10. 我故曰：告子未嘗知義，以其外之也。
　　There I say, Kao Tzu never understood propriety because he considered it external.

　　告子事實上在〈告子上〉四章說過：「義，外也。」這是因為他認為「義」所代表的自然道德反應，並不是由一個人感受到任何有關義務的內在情感所觸發，而是由一個人與他人的關係這個客觀事實而觸發。但我們在上文已指出，告子的學說亦可能告訴我們，如果要安然面對自己的行為，那麼我們應該相信哲學教義所言是正確的。因此，當孟子指出告子視「義」為外在時，他有可能是指告子認為「義」出於「言」的觀點。如下文所示，孟子認為告子相信「言」是「義」的一個可靠來源一事，意味著他亦同時不理解教義。對孟子來說，他認為所有人都擁有一個能使「氣」遵從其志向的機制，並且認為這個機制會因為其志向受到外部阻撓受損而反抗。這種信念意味著，即使人們不能意識到「心」的一些道德活動，心才是正確行為的唯一根源。

11. 必有事焉而勿正，[36]

One must be concerned about it, but not correct it.

12. 心勿忘，勿助長也。

Let the heart not ignore it, but not help it grow.

那些希望改進自己的人必須「致力於」其內在正確的志向，而且他們不能讓心忽視這種正確的志向，然後轉而選擇某種外在的行為標準。他每一個行為都需要受到更為優越的情感的檢驗，而不是將它「更正」為他人因他者的準則或習俗而預期為正確的行為。後一種做法並不會產生任何道德的行為，就如同拔高植物並不會使它們生長一樣。

13. 無若宋人然：宋人有閔其苗之不長而揠之者，芒芒然歸。謂其人曰：『今日病矣，予助苗長矣。』其子趨而往視之，苗則槁矣。

Be not like the man of Sung.

Among the people of Sung there was one who pulled on his sprouts because he was worried they would not grow. Having absorbed himself in doing so he returned home and told his family, 'Today I exhausted myself helping the sprouts grow.' His son ran by leaps to see them. By the time he got there the

---

36 劉殿爵試圖將此句結尾難解的「正」字與下句開首的「心」結合起來，使它們形成「忘」一字。朱熹以「預期」解釋「正」的意思。陳榮捷沿用朱熹的解釋，而這一解釋也是闡釋孟子所謂「正」的基礎。其他對這個字的解釋或者扞格不通（杜百勝、魏魯男），或者不甚合理（理雅各）。

sprouts had withered.

孟子接著以稻苗與人的「義之端」[37] 進行比較：

> 14. 天下之不助苗長者寡矣。以為無益而舍之
> 者，不耘苗者也；助之長者，揠苗者也。非徒無益，
> 而又害之。」
>
> Few are those in the world who do not help their
> rice sprouts grow. Those who take it (i.e., propriety) to
> be of no benefit and cast it aside are those who do not
> keep weeds from their rice sprouts. Those who help it
> grow are like those who pull on their rice sprouts. Not
> only is this of no benefit but it harms them."

公孫丑隨後詢問孟子他對告子學說的其他批評：

> H.
> 1.「何謂『知言』？」
> "What do you mean by 'I understand words'?"

在孟子的回應中，他羅列出獻給統治者的各種有瑕疵的建
議，以及這些建議會造成的有害影響：

> 2.「詖辭知其所蔽；

---

37 在〈公孫丑上〉六章中，孟子將「義」與儒家其餘三種品德形容為
所有人都有的「四端」。

> 淫辭知其所陷；
>
> 邪辭知其所離；
>
> 遁辭知其所窮。

"I understand how biased statements blind;

I understand how excessive statements ensnare;

I understand how heretical statements mislead;

I understand how deceptive statements bring ruin.

　　他因此認為告子對「言」的信心十分天真，這不單是因為「言」並不一定對統治者有利，還因為它在某些情況下更會導致統治者滅亡。這使孟子在總結時對告子與其他採納告子學說且付諸行動的人展開嚴厲的攻擊：

> 3. 生於其心，害於其政；
>
> 發於其政，害於其事。[38]
>
> 聖人復起，必從吾言矣。」

What is born in his mind will harm his government; what results from his government will harm his affairs.

Were another sage to arise he would surely heed

---

38 孟子所謂的「言」在格律與句式上均與告子的「言」相同，顯然是意圖模仿後者。朱熹意識到整個段落是對於告子學說的批評，但並沒有將此句的結語與告子連繫起來，而是選擇（與孫奭相同）解釋為一個對孟子詳述、導致錯誤建議的「心」的批評。杜百勝與理雅各都沿用他的解釋。趙岐同樣沒有將此句的結語解釋為對告子的批評，而是解釋為孟子對懷有惡意的君主所作的直接抨擊。魏魯男、劉殿爵都認為此句的結語是有關「心」的一段概括理論，而沒有在具體語境中說明他們如何解釋這句話。

my word."

有意思的是，孟子在〈滕文公下〉九章亦重複上述的譴責，不過他當時所譴責的對象為楊朱與墨翟。這些哲學家成為了與孟子及其追隨者競爭最為激烈的兩個學派的領袖。他們所贊成的哲學認為，假若統治者的責任妨礙他保護其身體，或者使他的判斷屈從於那些保存在歷史、哲學以及共同習俗之中的道德秩序，那麼統治者應該忽略他的責任。孟子相信，上述任何一種情況都會將他的道德降低至「近於禽獸」的水平。

附錄

儘管只是對上文所翻譯的〈公孫丑上〉二章做粗略的分析，但我們亦可發現整段文字幾乎都是由箴言與警語所組成。結論認為，孟子借助他人學說，一方面就公孫丑批評他作為齊宣王顧問，以此做出重要回應，另一方面也同時提出其個人對齊王的批評。下文將要對孟子所使用的哲學材料進行考察。我們將會看到，孟子對這些材料的運用涉及其他在某種程度上較為次要的議題。

首先來討論孟子如何描述北宮黝、孟施舍與曾子有關勇敢的哲學。我們發現除了那些孟子用來連接其陳述的內容，整段描述都是由引文所構成的。北宮黝的哲學包括一連串格律相近且經常押韻的對句。[39] 儘管孟子在介紹他們的學說時，並沒有使用任何文學或語法手段來說明有關內容引自他處，但其特別的韻文形式暗示孟子正是如此做的。孟子在介紹孟施舍的學說

---

39 見本章對 B.2 一段文字所作的注 10、11。

時，以「曰」作為開首，意味著孟子在介紹時正在引用一些材料。由於曾子的學說被描述成一段由曾子向其同門子襄轉述孔子的格言，故有理由推斷孟子是依據一段從其他材料所得知的文字，很可能不是以自己的言論撰寫有關內容。從其他證據可以證實，孟子是從一部專門收錄有關勇敢這個主題的哲學文獻引用這三段內容。

《韓非子‧顯學》在開首羅列儒家學派在孔子逝世到韓非所處時代之間所發展出來的八個支系，[40] 其中有「漆雕氏之儒」。大部分注釋都認為這個分支的名稱指的是孔子第一代弟子漆雕開（《論語‧公冶長》六章曾提及他）。此篇稍後有下列文字：

> 漆雕之議，不色撓，不目逃。
> 行曲則違於臧獲。
> 行直則怒於諸侯。

《韓非子》的語境顯示，此篇正在引用一部與漆雕有關的書籍。誠然，在《漢書‧藝文志》儒家類文獻中有一部名為《漆雕子》的書籍。[41] 有一些學者認為這部文獻的作者為漆雕開，但其他學者卻認為這部文獻是他的一位後人所編撰。[42] 不過，

---

40 見王先慎編：《韓非子集解》（臺北：臺灣商務印書館，1965 年），〈顯學〉，頁 351，第 1–4 行。

41 王先謙編：《漢書補注》（臺北：臺灣商務印書館，1968 年），卷三十，〈藝文志〉，頁 28 上，第 2 行。

42 班固在《漢書‧藝文志》所載《漆雕子》的條目下注曰：「孔子弟子漆雕啓後。」馬國翰在《玉函山房輯佚書》蒐集《漆雕子》的殘篇時，指出這位後人為漆雕憑，而他與孔子在一則馬國翰宣稱已殘缺不全的佚事中出現，見馬國翰：《玉函山房輯佚書》（臺北：文海

此分歧並不重要。這是因為如果上述引文如我們所假定那樣，是從一部書籍中引用而來，那麼二者事實上都不會是撰寫有關內容的人。這個段落的初步印象表明，它糅合了兩種有關勇敢的截然不同的學說。第一種學說，孟子認為由北宮黝所提出，而第二種他認為是由曾子所提出，繼而指出這種學說最初是由孔子所提出。[43] 而孟子的引文似乎來自一部與漆雕這個名字有關的書籍。韓非聲稱漆雕是其引用的來源。而孟子援引了更多的細節，並詳細說明了最初提出這些學說的人名。

　　或問：孟子為何認為他有必要如此詳細地引用這些學說？孟子的確可以在不對其隨後所作陳述造成嚴重負面影響的情況下，刪去如此極盡能事地提及有關引文的出處。他沒有如此做的主要原因，在於這些學說能夠讓他重申他在〈梁惠王下〉三章對各種不同的「勇」所表達的立場。但是，另一個原因可能是在他所處時代，諸如「勇」的來源以及將敵對行動合理化這些問題，在哲學上變得愈加重要，故有必要進行詳細的討論。的確，只需粗略涉獵《論語》便可得知，武士的典範打從一開始便是早期儒家倫理哲學中的一個重要部分。然而，可能是因為漆雕學派將所有這些學說都並置的緣故，故此孟子詳細地引

出版社，1974 年），頁 2391–2392。梁啟超與王瑗仲亦接受馬國翰的考釋，見梁啟超《諸子考釋》（臺北：臺灣中華書局，1957 年），頁 71，以及陳奇猷：《韓非子集釋》，頁 1086，注 6 所引王瑗仲的意見。但正如梁啟超：《諸子考釋》，頁 71 所引，楊樹達認為「後」字在《漢書》中是多餘的。郭沫若亦有相同意見，見《十批判書》（北京：科學出版社，1956 年），頁 145。楊樹達推測，由於這部著作在〈藝文志〉被放在《宓子》與《曾子》兩部著作之間，而兩位作者均是孔子的弟子，故《漆雕子》也同樣應為一部由孔子首代弟子，即漆雕啟所撰的著作。

43 試比較《韓非子》此段引文、B.2（此對偶句的首句），以及毫無關聯的 E.1 中的文字。

用這些學說，藉以確保不同學說不會彼此混淆。不足一百年之內，韓非將兩種矛盾的箴言糅合一起，看似在表達相同之事。這顯示孟子的憂慮是有根據的。

如果孟子在〈公孫丑上〉二章描述三種「不動心」哲學，其來源是與漆雕名字相關的文獻材料，那麼在隨後介紹自己「不動心」的做法，以及在闡述有關「浩然之氣」的討論中，所使用的便是一部全然不同的文獻。孟子在解釋氣與志兩者關係時，有「氣充其身」這一簡短且專門的敘述。它與《管子・心術下》的另一個句子幾乎完全相同。歐洲漢學傳統中對《管子》最有研究的學者夏倫（Gustav Haloun）認為，〈心術下〉只不過是我們可確認為〈內業〉較早部分內容的另一個版本而已。[44] 事實上，比較這兩篇文獻之後便會發現，儘管兩篇文獻並非完全相同，但〈心術下〉似乎是〈內業〉大部分段落的一個早期且不完整的版本，而兩者在哲學與文學形式方面只有少許差異。管子〈心術下〉與孟子〈公孫丑上〉相同的句子不見於〈內業〉篇。但是，由於《管子》二篇的關係已得到了證實，故上述《孟子》「氣充其身」，甚至「不動心」的一段（後者在現存文獻中並沒有相似的其他記載），可能根本上是起源於〈內業〉的。[45] 如果上述所言屬實，那麼這個發現便十分重要，因為在〈內業〉第十節（按照夏倫所劃分）中可以明確找到一些與孟子「浩然之氣」的描述在術語上非常相似的段落。其中包括漢代以前、除卻《孟子》以外唯一將「浩然」與「氣」緊密並置的表述。這節的內容如下：

---

44 夏倫在劍橋大學講授〈內業〉時指出了這點。如上述，杜希德慷慨地將他的課堂筆記與我分享。

45 孟子使用「夫」字一事似乎顯示孟子此數行是引用來自他處的材料。

精存自生，其外安榮。

內藏以為泉原，浩然和平，以為氣淵。

淵之不涸，四體乃固。

泉之不竭，九竅遂通。

乃能窮天地，被四海。

中無惑意，外無邪菑。

心全於中，形全於外，

不逢天菑，不遇人害。

不言而喻，《孟子・公孫丑上》二章「浩然之氣」的段落與〈內業〉此節內容在字句上十分相似；同時兩者都展示出一個人可變成世上一股強大力量的方法。二者顯示，孟子至少知道〈內業〉這節的內容。[46] 同時，他亦可能知道其他早期的段落。由於這節內容構成了對於「氣」，包括「氣」與其他有關自我修養哲學關係的最早與最全面的論述，故孟子利用這部材料也是很自然的事。事實上，在孟子所身處的時代，一個普遍的哲學做法很有可能是借助〈內業〉的一些相當複雜的術語來討論「氣」。

然而，必須注意孟子在討論「氣」的時候並沒有採納〈內業〉中純粹生理學的概念。孟子對於「氣」由眾多積聚的「精」形成一事並無興趣（事實上「精」一詞並不見於《孟子》之中）。孟子亦沒有對「氣」與〈內業〉所述其他飲食規定之間的關係表現出任何偏好。孟子對這個詞語感到興趣，是因為其他討論「氣」的哲學家都在使用這個詞語（亦因此，這個詞語

---

46 夏倫在獨自研究《孟子》時認為，上述第 5 節的句子寫成時間最早，並因此推斷它是在前四世紀中葉寫成。

對公孫丑與宣王而言，可能是很容易理解的），以及作為一個與「性」有關的概念，「氣」可被應用至其他有關道德修養的討論之中。雖然沒有材料做出有根據的判斷，但我們可以想像得知，孟子有關「氣」的論述必然對其他早期儒家學者的思考方法，乃至後者對於「氣」的使用造成深遠影響。

2022 年 2 月後記

本章初稿撰寫於 1976 年夏天。其時羅思文（Henry Rosemont）和史華慈（Benjamin Schwartz）兩位教授在哈佛大學舉辦了一場關於早期中國思想學術會議，本章即筆者與會時所提交的論文。稍後，連同與會的其他論文一起刊登於 *Journal of the Academy of Religion* 特刊。自文章於 1980 年發表，筆者即對文字內容有所不滿。甚至早在哈佛大學會議之際，筆者便意識到文中若干缺憾（正式刊出之時曾予以修正）。筆者要向我的老師，亦即文章評議人之一的倪德衛教授深表謝意。蒙其俯允，筆者得以在本章中借用其若干詮釋與思想。相關內容來自其當時尚未刊出的《孟子》相關研究論文。本章借用倪教授之說，如將「言」釋為「教條」（doctrines）或「學說」（teachings）、告子名言「不得於言，勿求於心」之義、以及孟子聲稱告子以義為「外」的重要性等（筆者文中假倪教授之說，並非意味著全然準備表達其見解）。同時，筆者也被以下問題所困擾，即是否已經解決了〈公孫丑上〉二章的核心問題。筆者還記得，某位與會學者曾半戲謔地問：「你能在〈公孫丑上〉二章的頭上放置多少天使？」他當然是指拙文沉湎於細節瑣事的文風。筆者則回覆：「一定非你所思可及。」

筆者之所以久久措意於此文，一個重要原因是感到文中

有一些內容或許過度闡釋，實則卻無充分文本依據。這一疑慮與日俱增，尤其當筆者進行相關研究，而撰述下列論文之際：2012 年〈治愈不可為者〉與 2015 年〈一本與二本：重讀《孟子·滕文公上》五章〉。上述研究俾使筆者，一則對於早期中國文獻中「氣」概念的出現得以深入理解，遠逾 70 年代時所獲自《管子》者；再則更清晰認識到涉及孟子與論敵辯難相關的段落，如〈公孫丑上〉二章和〈滕文公上〉五章，其中所見修辭的微妙之處。現在，當以一種趨近學術研究尾聲而非發軔之初的眼光來重新審視〈公孫丑上〉二章時，筆者意識到〈有關不動心的反思〉一文論證並不成立。遂不再堅持公孫丑是孟子論敵而非其弟子的觀點。同時，〈公孫丑上〉二章開篇中公孫丑向孟子所提出的質疑，也應是假設性質，而非就孟子之以為的提問。相應地，問題的關鍵也並非欲使孟子反思其對齊宣王的影響作用，而是請其昭示何以成為公孫丑所知、偉大而堅強的智者。隨著這一〈公孫丑上〉二章相關場景的重構，就需要一次鄭重的「反思」。這則有賴於更為認真與全面地考察《朱子語類》所載朱熹及其弟子關於〈公孫丑上〉二章討論的內容——這也是筆者在 1976 年所撰文中因僅依據《孟子纂疏》所致另一疏失。於筆者而言，〈有關不動心的反思〉一文的作者，確曾相識而又久已疏遠。

孔子 *

中國傳統認為，孔子（約前 551– 前 479）是一位思想家、政治家、教育家，也是中國儒家思想的創始人。[1] 他的教導保存在《論語》中，成為後世中國大部分有關教育和理想人物的行為；如此的個體應如何生活以及與人交往；並且應該參與到何種社會及政府的思想的根基。二十世紀中國思想史權威學者之一的馮友蘭曾經將孔子在中國歷史上的影響與蘇格拉底對西方的影響相提並論。

一、孔子的一生

有關孔子的資料於其去世之後得到匯集與編排。作為一個整體，它們描繪出孔子人格及其生命中相互矛盾的圖像。文獻學權威認為以下幾種早期文獻提供了關於孔子生平相對較為可信的材料，包括《論語》，它由孔子弟子及其後世門人在孔子死後的數百年間編撰而成；《左傳》，它是一部大約成書於前四世紀，利用較早時期材料所撰寫而成的敘事史；《孟子》，它記載孟子這位與書名相同的學者的學說，他活躍於前四世紀左

---

*　　Jeffrey Riegel, "Confucius," an entry in the online *Stanford Encyclopedia of Philosophy*, first published in 2002; substantive revision, 2013.

1　　除非個別提及，本章所論及的年分，皆以「前」或公元年分標出。

右，是孔子學說的一位著名追隨者，其文集由孟子的弟子與門人所編成。[2]《論語》中的孔子最關注的是一個人的行為端正，儘管這意味需要忍受苦難與貧窮。《孟子》中的孔子則是一位抱有政治理想的人物，他希望成為高級官員，並遠離那些不懂得賞識他的君主。[3] 第三位孔子則在《左傳》中，此處的孔子是一位當故鄉魯國的國君遭遇威脅時，勇敢面對這些危難的英雄人物。

上述三種文獻所記載的許多故事，以及在前二世紀末所流傳的一些圍繞孔子的傳說收錄在漢代史官司馬遷（前145- 大約前86）所撰、著名，且常被援引的《史記》之〈孔子世家〉中。[4] 這一故事集的開篇記載孔子先人是宋國王室後裔，而司馬遷的這一世系即借鑑自《左傳》。[5] 這篇傳記又記錄了他的曾祖父為了躲避家鄉宋國的動亂而逃到魯國，位於今日山東東南的曲阜，而其家族在此亦開始變得衰落。一般認為孔子父親為陬邑的叔梁紇。根據《左傳》記載，他曾於前563年和前556年

2　這是清代學者崔述（1740-1816）的觀點。如果某位學者僅利用上述三種文獻，我們仍會懷疑他所重構的孔子生平事跡是否準確且符合史實。

3　John Makeham, "Between Chen and Cai: *Zhuangzi* and the *Analects*," in *Wandering at Ease in the Zhuangzi,* eds. Roger T. Ames (Albany: State University of New York, 1998), 75–100。在這篇文章中，梅約翰更為詳盡地討論了上述兩種孔子形象。

4　Stephen Durrant, *The Cloud Mirror: Tension and Conflict in the Writings of Sima Qian* (Albany: State University of New York, 1995)。杜潤德的著作對司馬遷所撰傳記的分析很有見地。戴梅可和魏偉森的近期研究則在學術性與洞見方面略遜一籌，見 Michael Nylan and Thomas Wilson, *Lives of Confucius* (New York: Doubleday, 2010)。

5　司馬遷借用了《左傳》中有關孔子先祖的記載，這一記載強調了他們在禮儀與經典文獻方面的知識。

率領魯國軍隊，並且展現出絕佳的勇氣及非比尋常的體力（同文獻中，稍後其子亦因這些特質而著稱）。有關孔子母親的記載都不甚準確。她可能是顏氏家族的女兒。根據最早有關孔子出生的資料顯示，孔子約於前552年或前551年生於魯國陬邑。大多學者認為其出生年分為前551年。若果真如此，孔子的生肖當屬狗。這是因為在傳統干支紀年中，前551年是庚戌年。這或許可以說明為甚麼在司馬遷的〈孔子世家〉中，孔子會同意人們說他悲慘而淒涼的情狀如同「喪家之狗」。[6]

司馬遷以及很多文獻都提到孔子早年赤貧且狼狽的生活。他在成年後則被迫從事諸如會計與照顧牲畜等瑣碎的工作。[7] 司馬遷的描述提及了孔子是父母在神聖的尼丘山祈禱所得的兒子。孔子以「孔」為氏（字面意思為祈願應驗時用以表達感謝的詞語）、名「丘」以及字「仲尼」，都與他出生的傳說有關。因而使得《左傳》與《史記》中有關孔子王室血統的記載受到質疑。同樣，根據記載孔子於「七十二」歲時逝世，而在中國早期文獻中「七十二」也是一個意義深遠的神奇數字。我們對孔子年幼時的生活知之甚少，除了他大概是在據稱為其出生地的魯國城邑度過了童年，而這或許也不足為奇。相較孔子，我們對早期中國歷史上的許多重要人物的童年所知更為貧乏。很可能是為填補他對孔子所作描述的這段空白，《史記·孔子世家》：「孔子為兒嬉戲，常陳俎豆，設禮容。」（根據一些想像

6　更多有關孔子出生年分重要性的討論，見 Peter Boodberg, "Chinese Zoographic Names as Chronograms," *Harvard Journal of Asiatic Studies*, 5.2 (1940): 128–136。李零於2007年出版的著作也展示出對孔子和喪家狗之間關係的興趣。見李零：《喪家狗：我讀〈論語〉》（太原：山西人民出版社，2007年）。

7　這段描述乃據《孟子》。正如上文所言，《孟子》是早期最著意於描寫孔子仕途的傳記資料。

力豐富的聖人傳記作者，此時孔子五歲）預示了這位哲學家對禮樂的濃厚興趣。

我們目前並不清楚孔子是如何接受教育，但一些傳統指出孔子曾問禮於老聃這位虛構的道家人物、習樂於萇弘，以及學鼓琴於樂官師襄。據稱孔子在中年時聚集了一群弟子並教導之。同時他亦投身於魯國政治。孔子弟子的人數被極度誇大。司馬遷與其他文獻號稱其弟子人數多達三千。司馬遷又說「（其弟子）身通六藝者七十有二人」，《孟子》與一些早期文獻則認為弟子人數為七十人。七十或七十二名大概是極限。但是，考量到所謂孔子逝世的年歲，這兩組數字的真偽是可疑的。

前 525 年，在孔子約 27 或 28 歲時，根據《左傳》作者推斷，孔子拜訪了郯國這個小國的執政者，並向後者詢問古代官制的歷史。隨後以一種本能的自負表示驚訝：天子失去了相關知識，而人們卻可以「學在四夷」。有關年輕時孔子具有非比尋常的好奇心的主題也見於《論語》：「子入太廟，每事問。或曰：『孰謂鄹人之子知禮乎，入太廟，每事問。』子聞之，曰：『是禮也。』」（《論語·八佾》十五章）[8]

8　今本《論語》共有二十「卷」，各卷又再細分為多個「章」（事實上，這些章節大多數只是一些短小的句群，或者是篇幅甚短的一個段落）。筆者極力推薦劉殿爵、韋利，以及森舸瀾的譯本，見 D. C. Lau, *Confucius: The Analects* (Harmondsworth: Penguin, 1979); Arthur Waley, *The Analects of Confucius* (New York: Vintage Books, 1938); Edward Slingerland, *Confucius: Analects* (Indianapolis: Hackett, 2003)。萬百安編輯了一部極好的關於《論語》和孔子的論文集，尤其強調兩者在後世的接受，見 Bryan Van Norden, ed., *Confucius and the Analects: New Essays* (Oxford: Oxford University Press, 2002)。

在《左傳》的兩段文字中，記載了可能是孔子首次對他人的名譽或行為的評價。這兩段文字與前 522 年發生的事件有關，孔子時年約為 30 或 31 歲。第一段文字與齊景公（約前 547– 前 490）有關。齊景公有一位臣下決定履行自己的職責而違抗直接來自君王的命令。齊景公為此憤怒，而孔子對此作出評論。另一段文字是孔子得知鄭國子產死訊後，「出涕」而作的評價：「古之遺愛也。」[9]

《左傳》中另一段文字記錄了發生在上述兩個事件後不久的事情，魯國的權貴孟僖子在前 518 年臨終前稱讚孔子為「聖人之後」，並交代照料他的大夫在他死後將兩個兒子託付給孔子。這些信息強烈表明《左傳》的作者認為孔子在當時已是魯國的重要人物。而孟僖子接下來提到，另一位魯國權貴臧孫紇對於聖人的言論也適用於孔子：「聖人有明德者，若不當世，其後必有達人。」（《左傳》昭公七年）孟僖子在《左傳》中的言論象徵著孔子早年事業的轉折點，其時他已從寂寂無聞的人群中脫穎而出。與此同時，這段言論也首次宣告孔子有資格加冕為王，而在其有生之年始終未能實現。在古代文獻中，我們可以找到很多類似的言論。

孔子祖國魯國的政治因為「三桓」對君權的挑戰而極不穩定。「三桓」的家族成員世襲在魯國政府中最具權力的職位。前 517 年，魯昭公率領軍隊攻打三桓中最強大、最富裕的季孫氏。但這次襲擊卻以失敗收場，昭公亦因此逃離魯國，直至去世。最初他逃至齊國這個鄰近魯國的大國，隨後來到晉國一個邑城之中，並於前 510 年於當地死去。根據司馬遷的記載，魯

9　有關子產的研究，見 Vitaly Rubin, "Tzu-Ch'an and the City-State of Ancient China," *T'oung Pao* 52.1 (1965): 8–34。在《論語・里仁》十九章中，孔子也讚賞了子產。

昭公剛開始逃亡的時候，孔子也來到齊國，並成為高昭子這
位貴族成員的家臣。《論語》提到在齊期間，孔子第一次聽到
〈韶〉這種神聖的音樂演奏，並為之驚嘆。他接著拜會齊景公
並指出齊國最需要的就是「君君，臣臣，父父，子子」（《論
語·顏淵》十一章）。孔子顯然是在批評齊國的政治。與魯國
一樣，齊國的政治大權並非握在執政者手中，而是被那些應該
侍奉執政者的權勢大家所掌控。某些莫名的困境致使孔子離開
了齊國。他在家鄉魯國尋找職位時似乎同樣不順遂。他的不得
志人盡皆知，以至《論語》也有一段文字對此加以評論：「或
謂孔子曰：『子奚不為政？』子曰：『《書》云：「孝乎惟孝，
友於兄弟，施於有政。」是亦為政，奚其為為政？』」（《論
語·為政》二十一章）如上所述，對於《論語》中的孔子來
說，重要的是對其所珍視的道德行為矢志不渝，而非贏得一官
半職。[10]

　　學界對於孔子是否在魯國擔任過重要職位有很多爭論。
但自《孟子》一書開始，許多古代證據都一致表明孔子曾任司
寇。《左傳》亦確認他於前 509 年左右擔任此職務。[11] 孔子在任
職期間究竟取得哪些業績，我們所知甚少，亦不清楚孔子如何
理解自己的職責。由於人們可能預期一位司寇需要執行法律並
對觸犯法律者施以刑罰，我們很難想像孔子會擔任如此職位。
眾所周知，他反對治民以賞罰，視之既無效又適得其反而不予

---

10 據《論語·陽貨》首章的記載，孔子答應叛臣季孫氏的家宰，即陽
　貨出仕為官。這段文字與《論語》中更為常見的如下形象是互相矛
　盾的——後者描述孔子如何沒有利欲薰心，而不願出仕。但是，這
　段文字出現在《論語》的最後五卷中，作為描述孔子生平的資料，
　大部分學者都十分懷疑這五卷的可信性。

11 在〈孔子世家〉中，司馬遷認為，前 502 年魯定公先後任命孔子為
　中都宰與司空，後任命他為大司寇。

考慮:「道之以德、齊之以禮、有恥且格。」(《論語·為政》三章)文獻中的矛盾是我們在研究孔子生平事跡時所遇到的典型困難。或許孔子曾任司寇一事只是傳說。或許他確實曾任司寇,並從中體悟到以刑罰維持社會秩序是成效不彰的。或者,孔子並未曾說過上述《論語》所載的話,而是孔門後學其中一個分支成員所竄入的一段文字,藉此表明,儘管孔子曾擔任過魯國的執法官員,卻極力反對法家的舉措。

正如《左傳》所載,孔子在魯國任官期間,甚至是他一生中最重要的事件,就是在前 500 年在齊國所舉行的夾谷之會中被召以保護魯定公(約前 509– 前 495)的生命安全,以及維護祖國的名譽。魯國與齊國為簽訂和平條約,兩國國君會於夾谷,立誓將遵守某些條約及條款,以免遭到神靈的嚴懲。據文中所述,孔子在是次會面中擔任「相」,即監督立誓儀節者。齊國國君及其將領早已密謀利用此次機會羞辱魯國,甚至藉此機會劫持魯國國君。《左傳》中的孔子在處理這些危機時表現得機智而嫻熟。他不但成功讓齊國在會議中撤回士兵,更成功令齊國答應歸還之前所侵佔的魯國土地,以此作為魯國在日後參與齊國軍事行動的回報。[12]

假如孔子在夾谷一事中真的取得勝利,那麼接下來孔子回到魯國之後那段時間的故事則敘述了三桓之間,以及他們與魯定公之間的嚴重衝突。魯定公試圖令三桓「墮三都」,亦即拆毀保護其采邑的護城牆。他提出,這些都邑可能被地位低下的家臣所控制,故此對三桓來說其弊大於利。但是,費邑的季氏成員反抗,起兵攻入魯國都城,威脅定公的生命安全。孔子再

---

[12] 司馬遷對於夾谷之會的描述比《左傳》更為詳盡。史遷更清楚指出齊侯安排娛興節目,目的是趁機捉拿或恐嚇魯國國君。

度出手救援魯定公，而費邑之亂眾也最終被魯軍擺平。然而，孟孫氏堅決反對拆毀保護其家族封地郕邑的城牆。魯定公於是派兵包圍郕邑並夷平該地的城牆，但行動卻以失敗告終。這次失敗也使魯定公的懦弱與無能更加顯露。

　　孔子在魯定公的計劃中所扮演的角色難以推斷。至少根據《左傳》的記載，其弟子，即就任於季氏家中的子路似乎擔當了更為重要的角色。無論如何，相關的故事提到在這戲劇化事件之後，孔子、子路及其他弟子於前 498 年離開魯國，開始顛沛流離的流浪生活。[13] 與其他古代文化一樣，苦難或流放也是早期中國傳統中英雄人物的生平主題。孔子與弟子一同來到衞、宋、陳、蔡、楚等地，尋找可能會重用他的君王，但他卻總是不遇，有時還遭遇險境。司馬遷的傳記中有數段涉及這類故事的記載，顯然充其量只是以散文的方式將《詩經》中某些詩歌的內容複述而已。由此，孔子的生平事跡被演繹為詩歌中人物所遭受苦難與孤獨的重現。《論語・雍也》二十六章提到，孔子在衞國時拜會國君的邪惡夫人南子。子路對此事不悅，孔子為此發誓自己並未有任何踰矩的行為。雖然這故事可能是後人屬入《論語》之中的文字，但這不代表其可信性要低於《論語》中其他有關孔子生平的記載。後來，當他來到宋國時，宋司馬桓魋這位跋扈難制的貴族成員不知何故想要殺害孔子，而孔子則險些難逃一劫。[14] 在這一連串的險境中，孔子與其最喜

13　其他資料對於孔子為何離開魯國一事的解釋相互矛盾。例如《論語・微子》四章指出季氏的首領三日不朝，與齊國送來的歌妓和舞妓嬉戲。孔子反感於此而離開魯國。對孔子仕途感興趣的孟子則指出，儘管孔子貴為司寇，但他的意見卻為人所忽視，加上他被非禮待之，因此感到沮喪：「乃孔子則欲以微罪行，不欲為苟去。君子之所為，眾人固不識也。」(《孟子・告子下》六章)

14　見《孟子・萬章上》八章。司馬遷對孔子在宋的經歷進行了潤色，

愛的弟子顏回離散。當他們再度重聚時，孔子曰：「吾以女為死矣。」顏淵則回答：「子在，回何敢死？」（《論語‧先進》二十一章）在他流浪的後段時間裡，孔子來到小國蔡國。孔子應該在當地遇見了聲名狼藉的沈諸梁，人稱其為葉公。當時他與其他來自南方大國楚國的貴族成員佔領蔡國土地並如治牧一般對待其人民。根據《論語》的記載，葉公曾問孔子治國的方法，以及向子路詢問孔子的為人。這兩段文字皆透露孔子認為葉公缺乏道德與學問。[15]

孔子與弟子在小國陳國的經歷尤為驚險：「在陳絕糧，從者病，莫能興。子路慍見曰：『君子亦有窮乎？』子曰：『君子固窮，小人窮斯濫矣。』」（《論語‧衛靈公》首章）孔子對子路的答覆並不只是教導君子與小人的分別：前者表現出承受磨練的韌性，而與君子相反的小人則行為不軌。孔子旨在區分人在困境中的不同表現，他的話是要刻意提醒子路和所有同行的弟子，儘管他們正面臨困難，但他們仍須堅守最高道德行為標準。也許是因為子路的憤怒，誘發了孔子擔憂：其他弟子可能會為了覓得食物而做出極端，甚至是不道德的事，或者受到上述故事的啟發，或者受到一些已經失傳的故事與傳統影響，在《墨子》這部保存了與孔子和儒家學說差異甚大的政治社會哲學的著作中，有一段文字提到以對飲食一絲不苟而聞名的孔子，享用了子路所提供的豬肉，雖然他有理由相信豬肉是子路

指出當孔子及弟子在樹下舉行禮儀時，桓魋（司馬桓）欲刺殺孔子而將大樹連根拔起。「魋」，意謂兇猛似熊一樣的野生生物。而此人將大樹連根拔起一事暗示他更像格倫戴爾（Grendel）般的怪獸或天魔（Mara），而並非凡人。

15 見《論語‧子路》十六章與〈述而〉十九章。

偷來的。[16]《論語》其他段落也暗示，因為部分弟子在周遊列國時的行為，無法在孔子所推崇的道德修養方面有任何進展，故孔子感到困擾。[17]

無論如何，根據大部分傳統資料的記載，孔子在第二次短暫停留衛國後便於前 484 年回到魯國。自孔子於魯定公墮三桓私邑失敗後離開那時起，季氏便成為魯國勢力最大者，直至孔子此次回歸。雖然孔子與季氏家族的首領，即季康子，以及魯國君主哀公皆有一定程度的往來，但他似乎將他的餘生都投入教學之中，整理《詩》、《書》等古代經典，編寫魯國編年史《春秋》。司馬遷的傳記也記載了孔子與早期《禮》、《樂》這些經典之間關係的背景（《樂》在相當早的時期就已失傳）。司馬遷更表示：「孔子晚而喜《易》。」《易》是一部在現今東西方都非常著名的占卜手冊。《論語》中那段可用來證實史遷所言屬實的文字似有舛誤，故它在這點上並不可靠。孔子與這些作品在傳統上的關聯使它們以及相關作品被奉為「儒家經典」，也使得孔子成為許多後世老師、史家、道德哲學家、文學家，以及無數因其生命與著作而對中國思想史產生重要影響的人物的精神始祖。

《論語》是最能讓我們瞭解孔子及其思想的資料。但是，《論語》是一部存有問題，且極富爭議性的著作。這是因為《論語》是在孔子逝世一段時間以後，才由弟子或再傳弟子編纂而成，且在過程中有多個版本。部分學者認為，由於《論語》文本思想中的不一致以及不連貫，故這部著作中有許多內容是非

16　此段文字見《墨子·非儒中》。這篇文獻對孔子及其弟子的攻擊都帶有偏見，值得注意。

17　見《論語·公冶長》二十三章，以及〈先進〉二章。

儒家的，如要瞭解孔子的思想，則應將這些內容排除在外。[18]
史華慈（Benjamin Schwartz）提醒我們不該採取如此極端的做
法：「儘管基於嚴格的語言與歷史分析的文本批評十分重要，
儘管《論語》後半部分的確有晚期的素材，但是我們必須對那
種被指具有思想上的不連貫與相互矛盾的文本批評類型抱持懷
疑的目光……儘管我們無法擺脫邏輯關聯和相容性是必須的這
種根深蒂固的假設，但在進行比較思想的研究時，至少要時刻
提醒自己不能相信眼前我們對這些議題所作的任何未經證實的
成見。」[19] 閱讀及闡釋《論語》文本所帶來的困難造就了許多
廣博的注釋，競相解決《論語》語言及思想的複雜性。[20]

　　《論語‧鄉黨》的內容是對孔子將自我表現為一位思想家、
師長及官員的個人觀察。部分學者認為這些段落最初只是對君
子穿著與行為所作的一些很平常的規定，後來則重新標識為有
關孔子的描述。〈鄉黨〉傳統上被視為是有關孔子的一篇觀察
入微的寫照、一幅傳記式的素描。下列幾段文字為我們提供例
子，說明為何一般而言，難以從《論語》中找到任何有關孔子
真正生平的詳盡描述。

18　關於對《論語》的這一理解，見 Bruce Brooks and A. Taeko Brooks,
　　The Original Analects : Sayings of Confucius and His Successors
　　(New York: Columbia University Press, 1998)。在對此書所作的詳細
　　書評中，梅約翰指出它在方法論與應用上都有相當的缺陷。見 John
　　Makeham, "*The Original Analects: Sayings of Confucius and His
　　Successors* (review)," *China Review International*, 6.1 (1999): 1–33。
19　Benjamin Schwartz, *The World of Thought in Ancient China*
　　(Cambridge, MA: Harvard University Press, 1985), 61.
20　梅約翰在 2003 年出版了有關《論語》詮釋傳統的權威著作，見
　　John Makeham, *Transmitters and Creators: Chinese Commentators
　　and Commentaries on the Analects* (Cambridge, MA: Harvard
　　University Asia Center, 2003)。

> 孔子於鄉黨，恂恂如也，似不能言者。其在宗廟朝廷，便便言，唯謹爾。（首章）

> 朝，與下大夫言，侃侃如也；與上大夫言，誾誾如也。君在，踧踖如也，與與如也。（第二章）

> 入公門，鞠躬如也，如不容。立不中門，行不履閾。（第四章）

> 齊，必有明衣，布；齊必變食，居必遷坐。食不厭精，膾不厭細。（第七、八章）

> 問人於他邦，再拜而送之。（第十一章）

> 寢不尸……凶服者式之，式負版者。（第十六章）

對於那些希望瞭解孔子其人與其思想之間關係的讀者而言，上文所引的《論語》文字大概難饜人意。但是，這些段落卻成功地將孔子描述為歷代官員彬彬有禮而溫文爾雅的典範。

最遲到前四世紀，孔子就已經被視為一位獨特的人物，一位被迴避卻理應被認可而身登大位的聖人。前四世紀末，孟子如此形容孔子：「自有生民以來，未有孔子也。」（《孟子·公孫丑上》二章）在另外兩段文字中，孟子暗示孔子是偉大聖人中的其中一位。根據他推斷，這些聖人每五百年一現。荀子是前三世紀孔子思想的追隨者。在其著作中，孔子作為故事主角與智慧的先師同樣舉足輕重。雖然《荀子》卷二十八至三十的內容並非出自荀子本人，而是由其弟子所撰，但其內容卻彷彿是相當程度上更加精簡的《論語》的另一版本。

孔子與弟子也招致其他思想家的諸多批評。上文所引《墨子》段落即為一例。《莊子》作者尤其樂於嘲諷孔子以及那些一般認為與其相關的思想。不過，由於孔子聲名顯赫，以致《莊子》亦需要利用他來表達其道家思想。

二、孔子的倫理哲學

孔子的學說以及他與弟子的對話和交流都記錄在《論語》中，而今本《論語》則大約在前二世紀成書。儘管孔子相信所有人都活在由天所嚴格設立之規範中，對他來說天是有目的之至高無上的存在，也是「自然」，有其固定的規律與循環，但是他也認為人應為自己的行為，尤其為與他人交往負責。一個人不太可能改變注定的壽命，但可以決定自己的成就以及給後世留下的印象。

孔子將其學說描述為從古代流傳下來的智慧。他認為自己「述而不作」，而他的一切所為只是反映了他「信而好古」（《論語·述而》首章），他尤其揭示出周代的巔峰時期（約前 1000– 前 500 左右）所建立的先例。在孔子時代，這種個人想法的正當性或許早已司空見慣。孔子聲稱他的思想體系源自古人的先例，這無疑極大影響了往後許多模仿這一立場的思想家。但是，我們不應就此認為《論語》中所載只是舊有的觀念。諸多孔子的教導都源出於己，而與當時許多觀念或習俗都截然不同。

孔子認為他與「天」有特殊且獨到的關係，在五十歲時，他更聲稱自己已得知上天給予他與全人類的使命（《論語·為政》四章）。他亦小心地教導自己的追隨者不應忽視呈獻給上天的祭品（《論語·八佾》十三章）。一些學者認為，孔子對上天的尊敬與他對「鬼神」是否存在的懷疑互相衝突。但是，在《論語》那些表明孔子對神靈力量態度的段落之中（《論語·八佾》十二章、〈雍也〉二十章、〈先進〉十一章），並未表現出他的懷疑。相反，這些段落顯示孔子尊敬且尊重鬼神，並認為其應得到最虔誠的祭祀，且教導人們祀奉鬼神遠比侍奉凡人

困難而複雜。

　　孔子的社會哲學大多環繞著「仁」而展開。「仁」的意思為「恕」及「愛人」。為培養或實踐如此對他人的關懷，一個人勢必謙卑。這即意謂一個人務必避免巧言令色，以造成假象，導致自賣自誇（《論語・學而》三章）；那些踐行「仁」之人則與之相反，表現得「剛毅木訥」（《論語・子路》二十七章）。對孔子而言，這種對他人的關懷可通過黃金定律（Golden Rule）的各種形式而表現出來：「己所不欲，勿施於人」及「己欲立而立人，己欲達而達人」（《論語・顏淵》二章、〈雍也〉三十章）。孔子認為，孝敬父母與兄長乃是激發先人後己的最基本形式。《論語》所載孔子所有倫理思想最重要的概念，認為大家庭是一個社交場所，其以多種方法來維護和諧的關係。在各種可導致社會分層的方法中，最重要者應屬牽繫著各代家族成員的縱向線。個人在世系中需要學習的最根本課題，便是作為世系所賦予的角色，以及與此角色相關、需要對長輩與後輩所承擔的義務。在《論語》的世界中，人際交往與社會義務的動態發展，伴隨著同世系之中家族成員關係所確定的家族角色而上下起伏互動。此外，個人在其他社會結構如鄰里、社區、官僚體系、工作協會、學派中，都必須扮演一定的角色，使其與一個更為廣泛的社交網絡相互聯繫，並引發影響範圍超越家庭的道德議題。然而，大家庭在其他等級體系中處於核心位置，並可視為這些等級體系運作的縮影。如果一個人在所有從家庭延伸出去的平行結構中都表現得符合道德，那麼此人大約就近乎孔子的「仁」了。

　　有關上述「仁」的概念以及它所運作的社會領域，將之與墨家所提倡的「兼愛」思想加以對比，十分有益。墨家早在前五世紀便對孔子的思想提出重大的挑戰。與孔子和弟子一樣，

墨家希望建立有效的管治與穩定的社會。但是，墨家所構建的道德系統並非基於社會角色，而是基於自我，更確切地說是擁有欲望、需求及野心的生理自我。對墨家來說，個人對於生理自我的熱愛是一切道德系統得以建立的基礎。相較於墨家立場而言，儒家強調個人的社會角色而非自我，似乎過分重視社會階級與地位，以及極度的自我中心。墨家對自我的熱愛固然是一種自利行為，但其與儒家的分別在於墨家認為自愛是達到目的的方法，而非最終目的。相反，儒家對於階級與地位的重視，似乎是以自愛為目的。墨家提倡以兼愛取代自愛，或使得自愛轉變成兼愛。兼愛，這一對他人無私且利他的關懷，在墨家看來，能夠導向更進步的世界，而不為國家間戰爭、群體間紛爭以及家庭中糾紛所困擾。接受兼愛意味著要忽視因為推崇自我、家庭、國家而出現的隔閡，忽視將其與他者、他者家庭與他國相區別的藩籬。根據這個觀點，自愛激勵了在自我小天地中人道關懷的培養，同時亦是讓一個人真正地與自己無關的人對等互動的基礎。而這些大量內容在儒家有關道德責任的理論中並沒有獲得充分討論。

　　孔子所教導與實踐的利他主義，對於社會和諧而言是必需的，而只有學會自律的人才能掌握。為學習自我約束，需要學習與掌握「禮」。禮是儀式與行為舉止的規範。通過禮以表達對長輩的尊敬，遵循禮以飾演社會中的角色，從而獲得尊敬與景仰。對禮的關注必須體現在他一切的言行之中：

　　　　非禮勿視，非禮勿聽，非禮勿言，非禮勿動。
（《論語‧顏淵》首章）

　　然而，服從禮並不代表要壓抑自己的欲望，而是要學會

如何協調私欲與家庭和群體需要。孔子與許多弟子教導，通過
體驗欲望以理解社會規範的價值，而讓社會變得井然有序（見
《論語‧為政》四章）。至少對孔子那位以飽讀《詩經》而後來
聞名於世的弟子子夏而言，一個人對性與其他生理享樂的天然
欲望，是培養對有意義事物和其他崇高理想熱忱的基礎（《論
語‧學而》七章）。[21]

孔子雖強調禮，但這不代表他只是一位拘泥於儀式的禮
儀專家、認為祭祀以及人際交往的禮儀無論如何都必須準確地
執行。相反，他教導，若一個人對於他人的福祉與利益無動於
衷，那麼他所實踐的禮儀便毫無意義可言（《論語‧八佾》三
章）。同樣重要的是，孔子執意認為人們不可只將禮儀視作形
式，而必須以最虔誠與真誠的心加以踐行：「祭如在，祭神如
神在。子曰：『吾不與祭，如不祭。』」（《論語‧八佾》十二章）

三、孔子的政治哲學

孔子的政治哲學乃植根於他以下的信念：統治者應學會自
律，以自身為榜樣治理臣民，並以愛與關懷對待他們。他說：
「道之以政，齊之以刑，民免而無恥；道之以德，齊之以禮，
有恥且格。」（《論語‧為政》三章，亦見〈子路〉六章）然而，
似乎在孔子所處的時代，推崇法治的一方顯然贏得了大多數統
治精英的歡迎。因此，不應將孔子警告頒布法令會造成負面效
果這件事，解釋成他試圖阻止統治者採用法治。相反，乃是由
於他對君主道德勸喻的想法無法得到認同，為此而悲歎。

21　Jeffrey Riegel, "A Passion for the Worthy," *Journal of the American
Oriental Society*, 128.4 (2008): 709–721.【編按：即本書〈好色與好
賢〉一文。】

孔子感到最困擾的事情，就是認為他身處時代的政治制度已經完全崩塌。他將這種政治崩壞的原因歸咎為掌權者與下屬不過尸位素餐而已。當位處山東半島且與魯國為鄰的大國齊國國君向孔子詢問善政的原則為何。孔子答曰：「君君，臣臣，父父，子子。」（《論語‧顏淵》十一章）一個人只能為自己冠上他所應得的頭銜，而當他擁有此頭銜並置身於此頭銜所表明的各種階層關係之中時，他的行為舉止也應與其頭銜相符。人們經常以「正名」理論來指稱孔子對於名號與現實不相符合，以及需要矯正此情形的考察。在《論語》他處，孔子對子路表示在治理國家時，他首先要做的事就是「正名」（《論語‧子路》三章）。在這段文字中，孔子所針對的對象是衛國一位不具合法性的統治者。在孔子看來，此衛國國君不當地使用繼承者的頭銜，而此名號應歸其父親所有。後者才是衛國合法繼承人，卻被迫流放。[22] 荀子曾撰有一篇文章名曰〈正名〉。但是，對荀子而言，「正名」指正確使用語言及應當如何發明符合時代的新術語。孔子所說的「正名」似乎不應被理解為「名稱的糾正（rectification of names）」（如同許多學者在翻譯《論語》時的處理方法）。相反，孔子的正名論應被理解為糾正人們的行為以及社會現實。由此，二者得以與人們用以表明其身分及描述其社會角色的語言相符。他認為這種糾正應首先從政府的

---

22 子路因為孔子指出他在治理國家時的首務是「必也正名乎」而感到憤慨，並認為孔子此說甚「迂」。然而並非如同許多注釋錯誤指出的那樣，他因為孔子將正名本身視為首務而反對孔子。相反，他反對的原因是針對衛國的政治情況而言，正名是沒有必要的。儘管衛國國君並非合法君主，但他在位已有一定年數，而且合法的統治者當時正身在他鄉。孔子對子路感到惱怒，稱他為「野」，並向他解釋如果國君無法正名的話，那麼各種各樣的災害便會降臨那個國家。

最高點做起，因為名實不符正是源於此處。如果統治者的行為端正，那麼他底下的人也會跟隨他的腳步。在孔子與季康子（魯國的篡位者）的對話中，孔子如此建議：「子欲善，而民善矣！君子之德風，小人之德草；草上之風必偃。」（《論語‧顏淵》十九章）

孔子認為擁有「德」才是優良統治者的特色。德作為一種道德的力量使人得以不訴諸武力就能夠贏得支持。如此之「德」也使統治者得以維繫國內良好的秩序而不用勞及己身，或倚靠辦事牢靠的忠誠下屬。孔子聲稱：「為政以德，譬如北辰，居其所而眾星共之。」（《論語‧為政》首章）君主需要通過實踐「禮」來維持與培養這種君王美德，而這些禮儀則用來闡明和確定古代中國貴族的生活。這些儀式包括：宗廟中的祭祀儀式，以此表達謙卑和感激之情；封地、飲酒、贈答儀式，這些將各個貴族成員聯繫在一個義務與恩惠的複雜網絡之中；以及諸如鞠躬與禮讓等表達禮貌和端莊穩重的行為，標誌其君子之行。赫伯特‧芬格萊特（Herbert Fingarette）在一本極有影響的著作中指出，當人們正確且真誠地進行上述不同的儀式時，這些儀式會產生一種「神奇」（magical）的力量。以這種力量為基礎，君王之「德」得以實現統治者的目的。

四、孔子與教育

孔子思想的特點在於他重視教育和學習。他批評那些相信天才或直覺的人，並認為對一個對象真正的理解來自長期且仔細的學習。對孔子來說，學習意味著人需要找到一位好老師，並模仿他的言行。好的老師是一位長者，且熟習過去的處事方式與古代遺風（《論語‧述而》二十二章）。雖然有時孔子會

反對一個人的過度苦思冥想，不過他的立場似乎是中立的，認為人應學習並反省所學。「學而不思則罔，思而不學則殆。」（《論語·為政》十五章）[23] 他教導學生德行、精當的言辭、政事及高雅的藝術。儘管孔子也強調「六藝」，即禮、樂、射、御、書、數，但顯然他認為德行才是最重要的學科。孔子的教學方法很特別，他從不滔滔不絕地講述同一主題。相反，他的方法是提出問題、引經據典，或使用適當的比喻，接著等待學生自行找到正確的答案：「不憤不啟，不悱不發，舉一隅，不以三隅反，則不復也。」（《論語·述而》八章）

孔子的目標是要培養出行為優雅、言辭適切、對所有事物展示誠信的君子。他非常痛恨阿諛奉承的「小人」。在《論語》諸多篇章中，小人的巧言令色都為他們贏得不少觀眾。孔子發現自己身處一個價值已經錯亂的時代。人們的行為舉止已與其原先的定義不相符。他發現當時的社會「君不君，臣不臣」（《論語·鄉黨》十一章，亦可參考〈子路〉三章），這意謂言辭與頭銜已與其過往的意義不再相同。道德教育對孔子極為重要，因為通過道德教育可以矯正這種情況，恢復語言意義與社會價值。孔子相信可以從《詩經》中找到有關道德教育的最重要教訓，因為其中許多詩歌都既美且善。孔子亦因此將《詩經》視為其教育課程的首選題材，並時常引用及解釋其中的詩句。基於這個原因，《論語》亦是一個重要依據，可以幫助我們認識孔子所理解詩歌與藝術在君子品德教育及社會改革方面所具有的普遍作用。近年中國考古學家挖掘了一些失傳已久的古老寫本，揭示出孔子所尊崇《詩經》的其他方面，以及《詩經》

---

23 艾文賀對孔子自我修養的方法有很好的概括，見 Philip J. Ivanhoe, *Confucian Moral Self-Cultivation* (Indianapolis: Hackett, 2000)。

對品德教育的重要性。這些寫本表明，孔子在經典文獻中發現了一些重要材料，它們教導人們如何培養德性，如何向公眾表現仁愛與責任。

孔子與墨子：早期中國哲學傳統中關於世界主義與多元文化主義的兩種理解 *

　　本章旨在探討與解釋兩本具有哲學本質的著作對於文化差異的概念。這兩本著作從早期中國哲學傳統一直流傳至今，它們分別是《論語》（當中部分內容早至前五世紀左右）以及《墨子》（約成書於前四世紀至前三世紀）。本章要嘗試回答的基本問題是，這兩本著作如何定義熟悉與陌生，以及這些定義如何影響古代有關倫理責任的理論、創造社會團結的策略，以及有關地方價值與實踐體系的分類。

　　標題中出現「世界主義」的原因，在於本章將指出《論語》與《墨子》都關注如何超越狹隘與特殊主義的歸屬，而傾向於範圍更為寬泛且全面的關愛與忠誠。或許令人驚訝的是兩者之間所存在的思想分歧，會因此導致一連串問題。這些問題包括：何者所提倡的歸屬更為狹隘，其成因為何；為克服及轉化

---

* 　　Jeffrey Riegel, "Master Kong versus Master Mo: Two Views of Cosmopolitanism and Multiculturalism in the Early Chinese Philosophical Tradition," *The Ashgate Research Companion to Multiculturalism*, ed. Duncan Ivison (Farnham Surrey: Ashgate, 2010), 277–293.

狹隘觀念所需要的技巧與方針；以及何等人物須被接納，方能
展示我們對他者所應有的真正寬廣理解？

　　相較之下，或許因為《墨子》的成書年代比《論語》要遲，
它反映了（相當隱晦的）一種意識，亦即我們今天所說由多樣
與差異的文化傳統所構成的中國及其周遭鄰近國家。雖然《墨
子》只在與自身成書的文化語境有重要意義的論述中，才會偶
爾提到這種風俗的差異，但是它似乎同時對文化差異本身感到
興趣，所以有可能被視為多元文化主義的早期提倡者。[1]但是，
本章並非以外來思想與原則來評估這兩部早期文獻。相反，本
章最關注的是考察二者在區分熟悉與陌生時所使用的語言與
論述。

一、孔子（傳統公認為前 551- 前 479）的學說 [2]

　　在首個帝制王朝於前 221 年成立以前的多個世紀裡，人

1　一篇概括世界主義與多元文化主義之間相對差異的佳作是
　　James Donald, "Internationalisation, Diversity and the Humanities
　　Curriculum: Cosmopolitanism and Multiculturalism Revisited,"
　　Journal of Philosophy of Education 41 (2007): 289–308。
2　《論語》這部收錄孔子言論的文集有許多不錯的翻譯。韋利與劉殿
　　爵的譯本在今天依舊是標準而可靠的著作，見 Arthur Waley, *The
　　Analects of Confucius* (New York: Vintage Books, 1989); D. C. Lau,
　　Confucius: The Analects (Hong Kong: The Chinese University Press,
　　1992)。有關孔子生平與思想的通論性介紹，請參考 Jeffrey Riegel,
　　"Confucius," an entry in the *Stanford Encyclopedia of Philosophy*,
　　2002。【編按：此文的修訂本即本書的〈孔子〉一章。】該文參考
　　書目可視為瞭解有關孔子更為詳細和全面的研究起點。對於中文讀
　　者而言，強烈推薦李零最新出版的《論語》注釋本，即李零：《喪
　　家狗：我讀〈論語〉》（太原：山西人民出版社，2007 年）。

們在思想方面所面對的最大挑戰，可能是如何在那個人民生活基本結構似乎都將崩潰的動盪時代，建立切實可行的統治與安穩的社會。孔子一度在《論語》中主動提出，他所提倡的善政以及和諧社會關係並非是「作」，而有賴於「述」（《論語・述而》首章）。[3] 在其他章節中，孔子更將傳承其所學的方法描述為「溫故」，並聲稱如此做的目的是「知新」（《論語・為政》十一章）。[4] 對孔子來說，為沒有生氣的過去帶來活力，是瞭解如何面對即將來臨的挑戰必不可少的基礎。

孔子在上述文字中說明他希望其他人追隨的道路源自何處時，他心中有著一個特定的過去。對他來說，最首要者乃其故鄉魯國從此時已徒具虛名的周王室所傳承下來的儀式、風俗及行為規範。在評論周代如何審視過去的夏代與商代而超越之，並發展出一個遠邁前代且更為豐富的文化時，孔子說道：「吾從周！」（《論語・八佾》十四章）可以說，孔子在作出上述聲明時，正處於一個不單是過去的定義，甚至其重要性都受到猛烈抨擊的思想與政治環境之中。而那些抨擊者則主張從一個更廣闊與現代的角度出發，來創造一個善政、一個繁榮安定的社會。

礙於本章的篇幅，我們無法討論孔子與其追隨者所遵從之周道的所有重要概念。基於筆者宗旨，在此只會著重討論其中

3　可以認為，孔子創造了以過去作為先例的概念，並且以「古道」作為人們值得學習與模仿的對象，或至少對這些做法做出了很大貢獻。即使如此，孔子在這段文字以及其他地方所作的類似懷古追憶，都在一定程度上導致後世史官與史學家將孔子視為他們的祖師爺，以及一位史學藝術的先行者。

4　早期中國哲學傳統中的聖人被認為是能夠預測未來的先知。此外，對於適當防患那些只有他們可見的未然而言，他們也是能夠提供建議的顧問。

一點，亦即如何認識、學習以及實踐道德價值的主張。《論語》認為大家庭是人們可以製造和利用不同方法來維護與創造和諧關係的社交場所，這是這部文獻所有道德學說中最關鍵的觀念。在各種社會分層的方法中，最重要者應屬連接著各代家族成員的縱向線。世系中的個人所需要學習的最根本課題，便是知道其世系賦予他們所扮演的角色，以及因其身分而對長輩和後輩所應盡的義務。

由於缺乏更好的術語來形容建立在這個劃分社會等級方法上的道德義務系統，故可將之稱為「縱向倫理學」（vertical ethics）。在《論語》的世界中，人際交往與社會義務的動態主要涉及一個人在家族中的角色變動，這種變動往上或往下的發展則由世系中其他親屬的關係而定。例如，孝、悌在《論語》中不僅各自說明一個人相對於雙親與兄長的從屬地位，更意味處於從屬地位的個人有義務尊敬其雙親與兄長。假如我既為己之父母之子，亦為己之子女之父母，那麼我不單有義務以孝來對待我的父母，更有資格要求我的子女以同樣的孝來對待我，甚至是以更大的孝來對待我的父母，亦即他們的祖父母。我對父母的義務不會因為他們的死亡而終結。事實上，在哀悼與埋葬已經死去的父母時，我對他們的孝必須表現得更為強烈。[5]一個為孔子及其追隨者主張卻特別具有爭議性的實踐，即在父母死後需要為其守喪三年，即至少二十五個月（《論語·陽貨》二十一章）。[6]

當然，個人在其他社會結構如鄰里、社區、官僚體系、工作協會、學派中都必須扮演一定的角色。這些社會結構使個人

5　《論語·為政》有數章涉及恰如其分地對待父母的文字。

6　亦見《論語·學而》十一章、〈里仁〉二十章、〈憲問〉四十章。

與一個更大的社交網絡發生聯繫，並創造出影響範圍超過家庭的道德議題。但是，大家庭至少是其他社會體系的縮影，而在家庭中所學習到的道德觀念則是知曉在家庭之外正確行為處事的必要基礎。因此，有子這位在《論語》首篇表現突出的弟子提到，那些會尊敬其父母兄長，且具有孝悌品德的人，「而好犯上者，鮮矣；不好犯上，而好作亂者，未之有也」（《論語·學而》二章）。而在古代，提防那些可能會叛亂的人同樣是一大難題。在孔子身處的時代，統治者經常與其臣民和軍事盟友歃血為盟。同時召喚力量最強大的神靈，見證以確保雙方會忠實地履行誓言。即使是在家庭這個狹小的結構之中，問題亦可能存在。某人曾告訴孔子，「直躬者」是那些在其鄉里即使父親犯下輕微罪行，依然舉報父親的人。孔子不以為然，並指出在他的鄉里，直者則是那些替父親隱瞞罪行的兒子，以及替兒子隱瞞罪行的父親（《論語·子路》十八章）。這種互惠關係似乎證明在孔子眼中裙帶主義的合理性。但其他人則將之視為過分依賴等級關係的倫理系統中的一個弱點。[7]

但是，有子認為從孝子和悌弟到忠臣之角色轉換是理所當然的，受此啟發他更創造出一個比喻以說明此處「縱向倫理學」概念：「君子務本，本立而道生。孝弟也者，其為仁之本與？」（《論語·學而》二章）值得強調的是，大家庭在其他社會結構中是至關重要的。這些結構與家庭非常相似，它們同樣是由多重等級所構成，而這些等級則伴隨著權利及義務的縱向延續（vertical continuum）而加以組織。同時，大家庭與其他社會結構之間的界線是可滲透的，這使得在諸如大家庭結構裡所實

7　李零批評孔子將家庭置於首位的觀點導致了中國貪污腐敗傳統，見李零：《喪家狗：我讀〈論語〉》，頁241。

踐的一些價值觀，得以轉移且應用於其他結構之中。國家官僚機構即為一例。一個家族與眾多家庭一同建構一個社區，而這個社區則與其他社區一同建構一個國家。這種想法大致不會太離譜。那些能在家庭所延伸出去的各種類似結構中都表現得合符道德的人，即可能接近於孔子所提倡的「仁」。在孔子學說中，只有少數人被認為獲得這種成就。《論語》提到的所有道德義務形式都被認為運作於由縱向關係嵌套起來的堡壘之中。而各個層級的底部卻可以頗為寬泛，一個國家的底層則包括所有的人民。

　　準確地探討孔子及其弟子如何理解道德義務的運作極富啟發意義。因為由此可以理解他們所言的道德義務本質與範圍。以下是《論語》一個著名的例子：孔子聲稱他以「一」來貫穿其哲學，而他的著名弟子曾子則將「一」理解為忠與恕這對互相補足的組合（《論語‧里仁》十五章）。在這種語境下，忠指的是通過滿足群體的期望來維持個人的真誠。孔子在他處對此做出詳細的闡述：「君君，臣臣，父父，子子。」（《論語‧顏淵》十一章）那些被視為忠的人能全心全意地履行群體所賦予他們的角色。忠並非在於個人是否真誠地對待他人，而在於他是否真誠地迎合一般的期望。為此，無論個人的地位是高是低，都要求他時刻保持警覺，並評估他的行為和動機是否符合傳統與習俗所定下的標準。

　　另一方面，「恕」意謂一個人將注意力從自身和個人的角色轉移至他人的處境之中。孔子在《論語》另一處對這個術語加以界定。彼處當弟子子貢詢問是否有一個可以終生受用的教誨時，他回答說：「其恕乎！己所不欲，勿施於人。」（《論語‧衛靈公》二十四章）這種解說固然可被視為西方「黃金定律」（the Golden Rule）的另一版本。它說明應將恕理解為一種評

估他人願望，而不將他人所不喜的事物強加到他們身上的行為。這裡所提倡的恕顯然涉及到在上者對待在下者的行為。這是父親對兒子的恕，以及君主對臣下的恕。與「恕」結合時，「忠」似乎是指在上者需要保證他們不因其身分與地位而驕傲自滿，而遵從對其身分所作的嚴格規定。事實上，恕的實踐正是提醒掌權者，他們對待臣下的行為將會導致的後果。同樣道理，忠則抑制掌權者不可僅僅沉溺於其對他人的憐憫之情，而忘記群體與傳統所定下的種種規範。

赫伯特・芬格萊特（Herbert Fingaratte）頗為正確地注意到孔子對忠恕的表達，指出其目的不但在於實現人類社會的可能，而且在於實現人類社會的人道。但是，必須謹記孔子說的並不是所有的人類社會。他並不認為忠恕是一種普遍必須。相反，作為一種道德標準，忠恕只適用於那些能遵循有關在上者與在下者之特殊定義的社會。孔子言論所涉及的對象，為那些諸如其故鄉魯國國君一類的君主。為了保持社稷完整，同時深表同情地應國民之所需，君主理應履行其作為一國之君的職責。但孔子這一計劃中，並沒有提到君主有義務對他國之臣民負責，更遑論那些徹底在孔子感受之外的人民了。誠然，「縱向倫理學」這個概念似乎無法或很難容納那些影響到同一個縱向結構中，其地位相等或相近之人的道德義務問題。同樣的，對於那些比如說區分彼此的大家庭或彼此的國家的縱向界線，它也似乎沒有考慮這些不可滲透界線被跨越的問題。孔子及其追隨者可能認為這些界線的確是不可滲透的，以致與之相關的問題也都不切實際。然而，孔子以後的學者則對此提出了異議。

孔子宣稱「吾從周」，不僅證明了孔子的學說乃建基於較早時期的先例之上，亦同時肯定了其故鄉魯國所行習俗的優越

性。[8] 其他國家或許也保存了各種不同的禮儀遺產。例如,很多人相信宋國繼承了商代的傳統。但這些國家所擁有或保存的,都是一些因為時代久遠以致支離破碎與不完整的遺風。[9] 周代的文化卻是完美無瑕的。同時,由於魯國最初是周公的封地,而周公作為道德典範,是孔子最為敬仰的古代聖人。故此孔子的故鄉魯國便成為周代傳統得以完整無缺保存下來的地方(《論語·述而》五章)。[10] 由於他十分強調與這個傳統的聯繫,故孔子提倡人們應閱讀從古代流傳下來的書籍,尤其是《詩經》這部收錄了眾多古詩的文集。這是因為他深信這些文獻包含了其弟子學習的相關內容。孔子去世後,《詩經》、《尚書》以及其他傳統上被認為與孔子之名相關的古代文獻組成「儒家經典」,而對於這一系列文獻的記誦成為謀取政府職位的必要條件。

但亦須注意《論語》其他段落提到孔子對於那些與其時代接近、活躍於鄰國的聖人,亦表現出同樣的仰慕之情。例如,他稱讚齊國宰相管仲(卒於前 645)。齊國是一個大國,它與魯國一同佔據山東半島的大片土地。孔子曾說:「微管仲,吾其被髮左衽矣。」(《論語·憲問》十七章)[11] 孔子認為管仲所作的文化貢獻在本質上並不是即興或雜亂的。在早期有關熟悉

8　在孔子的學說以及有關他生平的故事中,這種強調魯國與其鄰近國家傳統和習俗的做法可以被視作對其他早期學派的刻意回應。這些學派不僅降低了孔子活動地區作為中心的地位,更質疑孔子與追隨者所賦予周代習俗的特殊意義。同時,對於那些在孔子與追隨者眼裡屬於未知和外來的習俗而言,這些學派更主張其重要性。

9　在《論語·八佾》九章中,孔子批評杞國與宋國缺乏文獻與有識之士,遂無法瞭解夏代與商代的禮儀。很明顯,他認為魯國的情況不同,而周禮亦因此能被學習與實踐。

10　孔子哀歎情勢每況愈下,以致他無法再夢見周公。

11　在《論語·八佾》二十二章中,孔子對管仲做出相反的評價。

與陌生的討論中，經常提到髮型與服飾。孔子恰好是傳統文化的一位早期擁躉，認為將頭髮紮緊，將左襟蓋過右襟才是一個人真正文明開化的象徵（只有夷狄與鬼怪才反其道行之）。我們應將此與哀悼及埋葬的習俗，視為身體禮儀的一部分，而這些禮儀界定了孔子之所謂文化，因此需要保存並傳授給後人。而那些無法得到上述遺產的地方則不單被視為異國，甚至因為缺乏文明生活的必要元素，而被視為未開化之地。

對孔子及其弟子而言，那些掌握了古人生活方式，並充分受其所珍視的道德觀念影響，從而充分體現出周代禮儀習俗與實踐的人，即為「君子」。中文「君子」一詞暗示它起源於一種與貴族階層有關的思想。但對於孔子學派而言，一個人之所以獲得這個頭銜，並不是因為他所擁有的血統與權力的優勢，而是因為他在學習與成就方面非常出眾。

孔子對於魯國與齊國以外的世界有多少理解？孔子很可能與許多同代人一樣，認為齊、魯以及其鄰國總名之中國或諸夏，為傳說中大禹所劃分「九州」之屬，並因此佔據著世界的中心。[12] 按照這種觀念，在中國以外四個主要方位各有不同族群，而其名稱暗示時人認為他們尚未開化且頑劣不馴。[13] 孔子曰：「夷狄之有君，不如諸夏之亡也。」（《論語・八佾》五

---

12 在今天，「中國」被理解為一個民族國家的名稱。但在古代，它與「諸夏」一樣，並非指一個具有固定邊界的政治實體，而是指一個有著共同習俗與傳統的地區。大禹為傳說中一位治理洪水的人物。許多早期文獻記錄他的英勇事跡，包括劃分九州等。

13 宮川尚志討論「中國人」對周邊鄰國的態度，見 Hisayuki Miyakawa（宮川尚志），"The Confucianization of South China," In *The Confucian Persuasion*, ed. Arthur Wright (Stanford: Stanford University Press, 1960), 21–46。

章）[14]

　　雖然某些文獻記載指出，孔子在離開故鄉魯國並流亡在外的一段頗長的時間裡，曾被迫遊歷不同國家，但他的遊歷生涯一方面使他堅信其故鄉的優越地位，另一方面亦似乎並未激發出孔子的興趣，以瞭解更多生命、以及中國之外的人民與文化。[15] 當然，孔子並不是一位旅客，更遑論是一位文化人類學家。在他晚年，因為在故鄉的挫折經歷，所以他有時候表達出一種前往異國的嚮往：「道不行，乘桴浮於海。」（《論語・公冶長》七章）[16]（他大概是指據信圍繞九州的四海。）但這是孔子說的反話。孔子深知自身處境的局限，也清楚自己缺乏擺脫現狀所需要的「材料」。[17] 無疑《論語》中還有另一段為孔子對其挫敗所作的反諷：孔子希望居於「九夷」。「九夷」大概是指那些居住於今天河南、安徽兩省的人，而兩省剛好位處古代諸夏邊緣以外的地方。然而，不論孔子所指者為誰，他明顯認為其文化教養遜於魯國民眾：「或曰：『陋，如之何！』子曰：『君子居之，何陋之有？』」（《論語・子罕》十四章）

　　孔子在答覆中明確指出，君子的學問與成就讓他在異鄉取得成功，也幫助他轉化他所遇到的異域性。對於孔子以及與他

14　學界對這段具有爭議性的文字提出至少三種解讀，而此處我則沿用李零的意見，見李零：《喪家狗：我讀〈論語〉》，頁 89–91。無君之國很可能是指在孔子時代多次發生的篡位事件。

15　有關孔子離開魯國的經歷，參見 Jeffrey Riegel, "Poetry and the Legend of Confucius's Exile," *Journal of the American Oriental Society* 106.1 (1986): 13–22。【編按：即本書〈詩歌與孔子流亡的傳說〉一章。】

16　李零認為這段文字在前 497 年以後的某段時間內寫成，其時孔子正值五旬之年，見李零：《喪家狗：我讀〈論語〉》，頁 116。

17　孔子有關缺乏製造木筏之木材的比喻，指的是他本人無法離開他的家園。

有共同想法的人而言，當中重要的是，假設一個人可以通過他所熟悉的事物來處理陌生的事物。因此，旅行並不適合那些沒有受過教育或意志薄弱的人，這些人很容易被異國文化壓垮或欺騙。相反，旅行只適合那些即使身處陌生且惡劣環境，卻依舊保持其價值觀與習慣的人。事實上，對於那些旅行至這樣地方的人而言，有義務去轉化這些環境而使之變得熟悉。這意味著九夷將學習如何束髮穿戴。除此之外，他們更要學習如何進食、說話以及最重要的哀悼與埋葬死者。上述所有轉變都發生在社會變革這個更為廣闊的背景之下。在此背景之下，大家庭結構被提出，與之伴隨的是影響大家庭結構運作的「縱向倫理學」。如此做的目的並非只是為了旅行者的個人方便，亦是為了使那些因此有所改變的人受到裨益。

我們缺乏證據討論外國人來向孔子請益的情況。《論語》當中與上述問題最直接相關的文字指出，無論該位學生從何而來，或是如何貧窮，他必須知道與遵守向老師請益的合適禮儀：「自行束脩以上，吾未嘗無誨焉。」（《論語‧述而》七章）[18]那些經過醃製的肉並不是學費，而是學生對老師表示尊重的一種象徵。因此，這位未來的學生至少需要瞭解禮儀。孔子能夠體諒那些因為太過貧窮而無法向他贈送合適禮物的學生。故此，雖然有關數量無論如何都是微不足道的，但孔子卻可以接受一小束，即大概十串經過醃製的肉。可是，他卻不會忽視任何不贈送禮物，或者是贈送錯誤禮物的過失。無知並不是一種藉口，而是拒絕承認某人作為學生的理由。

後來記錄孔子弟子名稱的文獻聲稱其追隨者的人數多達

18　李零指出在古代中國，保存肉類的技術與葬禮之中保存遺體的方法無異，見李零：《喪家狗：我讀〈論語〉》，頁 142。

數千，並指出雖然當中大部分人並非來自魯國，但全部都來自中原的其他國家。所謂外國人即意味那些來自四方部落或諸夏以外地區的人，故從這方面來說，孔子的弟子當中並沒有一個真正的外國人。[19] 因此，一定程度而言，他們已經熟悉那些能為他們贏得一席之位的必要禮儀。以經過醃製的肉作為禮物，象徵對老師的尊敬，只是入門的首要儀式而已。孔子描述弟子的用語顯示，他們成為其弟子的過程無異於進入一個以孔子為長者的家庭，或是一個以孔子為首領的群體。在《論語》中，孔子的學生由始至終都被稱作「弟子」，即弟弟與兒子。[20] 其中有兩處，孔子將他們稱為「吾黨之小子」（《論語·公冶長》二十二章、〈子路〉十八章），這一稱謂顯示出，他在某種意義上視自己為一個或多個群體的領袖（〈孔子世家〉同樣指出孔子弟子的人數多達數千，而這一名稱表明至少對後世的評論家而言，孔子與弟子所創立的學派足夠與那些統治中國的貴族相媲美）。當中值得注意的是，孔子所建立的學派實際上反映另一道縱向關係的階梯，一個替代家庭或社區的階梯。這之中的成功不僅讓當中的成員對過去的經典文獻有所認識，也讓他們獲得一些非常重要的經驗，使得他們準備好轉移至另一道他們需要用一生時間攀登的階梯。

　　大多是為了方便起見，人們傾向於將上文所論及的學說視為「儒家」學說的代表。但這是有問題的。第一，假如當時真的已有學派存在的話，必須承認我們對於早期學派的性質與運作所知甚少。同時，上文所羅列的重要概念儘管已為《論語》所證實，但並不一定都是由孔子、弟子及其追隨者所壟斷

19　見司馬遷：《史記·孔子世家》。

20　「弟子」一詞習見《論語》，一般粗略地譯作 disciples。

的。當中許多觀念不僅與早期中國社會的基礎密不可分，也屬於古代社會價值與習俗的主要特徵之一。事實上，甚至可以將它們視為「中國的」觀念。但這種稱呼同樣是有問題的。可以說，古代並不存在「中國」（諸如「中國」與「諸夏」等詞彙所代表的只是一個文化觀念而已，它處於一個想像出來的中心區域，而不是一塊有確定邊界的土地）。歷史上有一連串的朝代，其統治者與臣民均以皇室家族的名稱來稱呼所管治的領域，例如「秦」、「漢」、「唐」、「宋」等。[21] 以「中國的」來形容這些觀念所產生的另一個問題，是這一做法削弱了那些挑戰上述觀念的哲學和傳統的重要性與實質意義。既然已充分意識到這一做法帶來的困難和問題，下文在討論孔子的思想遺產以及相關挑戰者時，將採用「儒家」這個簡稱。[22]

二、墨子學派的回應（前五世紀）

到了前五世紀中葉，哲學家開始構思各種與孔子在《論語》所提倡之方法截然不同的途徑，來討論文化差異與相關的道德義務問題。可以說，墨子（人們有時以其姓名「墨翟」稱之）是儒家思想挑戰者當中最重要的學者。我們得以從《墨子》這部包羅萬象的著作瞭解墨子的哲學思想。《墨子》包括多篇有關社會與政治哲學的核心篇章，也有與邏輯和軍事哲學相關的

---

21 作為中國首個帝制皇朝秦朝威望與力量的見證，此名為外國人所用且因而產生了 China 一詞。但在「中國」，當秦代於前 210 年滅亡以後，此名即不再使用。「中國」在早期希臘語與拉丁語中的名稱則是漢語「絲綢」一詞的衍生，這亦反映出作為進口遠古地中海地區商品絲綢的重要性。

22 古代是否存在學派這個問題十分複雜。我個人認為當時確實有學派存在，而那些反對其存在的討論並沒有對有關證據作全面分析。

文字，以及記錄類似《論語》的、多段墨子與其弟子的對話。[23]
所謂核心篇章大概在墨子死後二百年之間寫作而成，包含墨子
的學說，間或有其後學對他的學說所作的解釋與闡述。

　　與孔子及其追隨者一樣，墨子亦以建立一個有效的秩序
與穩定的社會為目標。孔子認為在家庭、社區與國家中所存在
的縱向獨立單位（vertical silos）是人們進行社會與政治活動
的場所，而職責與責任需據此來加以界定。然而，墨子對這種
假定卻感到困擾。墨家對儒家學說的排斥並非只涉及對儒家倫
理觀的批判，還包括苛刻地批評儒家學者鍾情於繁瑣的禮儀
——尤其哀悼與埋葬的儀式——以及儒家對於鬼神存在與否的
懷疑。

　　對於儒家學者來說，一個有效的道德系統必須建立在個
人的社會「角色」上，而這個社會「角色」則在一個縱向結構
之中與其他人所扮演的角色共同運作。墨子及其追隨者並非以
社會「角色」為基礎來建構自身的道德系統。相反，其道德系
統的基礎為自我，準確地說是那個擁有欲望、需求及野心的生
理自我。對墨家成員而言，一個人對於生理自我的「喜愛」只
不過是一個既定事實，所有道德命題都必須對此加以承認和考
慮，以建立策略來引導或勸誘人們的行為對他人負責。

　　因此，《墨子‧兼愛》以人們「愛其身」作為討論的開始。
該篇共有〈兼愛上〉、〈兼愛中〉、〈兼愛下〉三個版本。墨家
所面對的挑戰，是要構思一個道德規範，可讓個人得以「愛人

23　核心篇章由十篇有關墨家基本思想的論文組成，其中多篇具有三個
　　版本。華茲生對當中大部分的篇章做了翻譯，見 Burton Watson, *Mo
　　Tzu: Basic Writing* (New York: Columbia University Press, 1963)。
　　本章所採用核心篇章的定本是王煥鑣：《墨子校釋》（杭州：浙江文
　　藝出版社，1984 年）。

如己」。〈兼愛上〉云：

> 若使天下兼相愛，愛人若愛其身，猶有不孝者
> 乎？視父兄與君若其身，惡施不孝？猶有不慈者乎？
> 視弟子與臣若其身，惡施不慈？故不孝不慈亡有。
> （王煥鑣：《墨子校釋》，頁106）

　　孔子與他的追隨者論及下面的問題：當人們正確地履行其作為在上者或在下者的角色時，如何衍生出對他人的敬意與同情。墨家成員則認為為了實踐那些價值觀，人們必須處理有關「自愛」的問題。這種觀念為的是與儒家以及個人對於自我社會角色的熱愛相對立。對墨子而言，儒家觀點等同於過分強調社會身分與地位，並且誇大個人情操與對道德情操可能造成的威脅。墨家成員認為，強調社會與政治角色是自我中心的過分表現，需要被消除。

　　故略微諷刺的是，墨家的倫理轉向是以發揮另一種形式的自利為出發點。這是因為除卻過度自利以外，人們很難將「自愛」視為別的東西。區別在於，墨家成員認為自愛是達到目的之必要手段，而非最終目的——如同儒家學者強調身分與地位的首要地位所顯示。墨子與追隨者似乎假定道德必須建立在自利之上，而任何改變行為的嘗試都必須訴諸於這種自利。這正是墨子預期他所提倡之道德系統得以成功的關鍵。

　　〈兼愛〉上、中、下三篇均指出這種對他人無私的關愛將會創造一個更加美好的世界，不受困於任何國家之間的戰爭、不同群體間的衝突，以及家庭內部的糾紛。可是，這些崇高的諾言並未能使人們著手實踐墨家的學說。唯有在人們意識到自利包括尊敬他人與同情他人時，他們才會這麼做。對墨子

來說，很多時候是在面臨危險或危機時，人們才會意識到這一點：

> 然即敢問，今有平原廣野於此，被甲嬰冑將往戰，死生之權，未可識也；又有君大夫之遠使於巴越齊荊，往來及否，未可識也。然即敢問，不識將惡也，家室奉承親戚，提挈妻子而寄託之。不識於兼之有是乎？於別之有是乎？我以為當其於此也，天下無愚夫愚婦，雖非兼之人，必寄託之於兼之有是也。（王煥鑣：《墨子校釋》，頁 120–121）

墨家成員在這裡訴諸一些常識性的概念。這些概念認為，如果遇到危機而個人本身與家庭的福祉受到威脅，人們將會拋棄自尊。個人所依賴的並不是其身分以及其可能會帶來的尊重或關注。而是依賴於利他行為。對墨子而言，這意味著對他人的關懷不僅包括在個人的自利之中，作為滿足個人本身、家庭與國家願景的方法而言，也勝於社會與政治責任的實現。

對於如何使人們以接納利他主義來取代權力與社會角色這個問題，墨家成員在他們所作的實際反思中表現得非常徹底。他們意識到無論危機如何嚴峻，當中總有一些人無法掌握那些真正對他們有益的事物。墨子與追隨者因此主張一個政府干涉的方案。在此方案中，君主——他早已清楚熱愛他人所帶來的個人利益——將會讓人民知道他的意向為何。由於君主控制賞罰機制，故無論人們會料想到甚麼困難與障礙，他們仍然會順從君主的意思。對於墨學成員來說，當他們「自願」遵從待人如己的原則時，他們便會看到這樣做的好處將遠多於弊處，而他們所面對的困難與障礙將會消失。〈兼愛中〉提供了一個例

子：即使如同眾人知道的那樣困難，但若是君主向人民讚美戰爭中的犧牲行為，那麼士兵仍然會選擇為之。墨子繼而質問，假若君主擁有能力說服人民放棄生命，亦即說服他們放棄其最珍視的事物，那麼在驅使人民踐行那些能最終使他們生命受益的事情上，又將有何困難？（王煥鑣：《墨子校釋》，頁110）

墨家有關自我和利他主義討論的重要性，在於它的論證既假設又支持破壞「縱向倫理學」，並以「橫向倫理學」（horizontal ethics）取而代之。〈兼愛〉上、中、下三篇都主張人們必須打破分隔不同個體、家庭以及國家的藩籬，這樣個人便會意識到對他人、其他家庭與國家的責任。在這個論證過程中，自愛不僅影響至對個人獨立單位（one's own silo）內的長者的敬意、對地位稍低者的關愛，同時也是人們橫向地和其他與自己無關之人交流的基礎。這些與個人無關的「自由行動者」（free agents）並不包括在儒家的道德義務系統之中。

因此，墨家成員極大地擴充了孔子在《論語》中所想像的社會與政治互動場域，從而也包括此中所設想的義務與同情的網絡。事實上，可以認為，墨家這套理論的背後，是一種希望將社會重組的渴望。通過重組，那些使各家庭與各個國家互相競爭的社會分化將被消除，而由一個更加包容的結構所取代。這就是二十世紀初中國知識分子被西方社會主義（socialism）所吸引時，認為墨家理想是中國社會主義先驅的原因之一（見 Chow Tse-tsung [周策縱], "Anti-Confucianism in Early Republic China," in Arthur Wright, ed., *The Confucian Persuasion* [Stanford: Stanford University Press, 1960], 305, and 374, n. 62）。同時，在這些理想之中，我們亦意識到前三世紀末帝國成立必不可少的智力支柱之一：一個跨越相對狹窄的個人、家庭、群體與國家利益之間界限的共同身分與共有意

識形態。

彼此不相關的集團之所以能夠產生互動，在於自利並不依賴於家庭、群體以及國家的關係。[24] 此處自利指對個人及個人所處「內團體」（in-group）利益的尋求。更確切地說，自利這種思想超越局部層級結構中的聯繫，並因此將那些除了渴望豐富自我，且保護自己的利益之外，彼此之間在其他方面並不相關的人連結起來。墨家論述試圖包括的「自由行動者」其範圍有多廣闊？其所指似乎超越了那些組成古代中國與諸夏地區的家族和國家，擴展至一個形成中的擴張世界（oikoumene）部分領土。這些「自由行動者」似乎也包括居住在這個領域之外的人。原則上，《墨子》並沒有將那些因為語言、習俗而被視為真正外國人的人排除在自利與兼愛相結合的墨家學說之外。《墨子》只不過沒有提到將這些外國人納入兼愛的理想世界罷了。

孔子與追隨者訴諸其所聲稱繼承自周代的古代習俗，來證明他們道德觀念的合理性。有見及此之故，墨子與弟子質疑儒家對於古代的定義，以及儒家學者作為典範所採納的周代禮儀遺產是否適宜。他們對於儒家擁有《詩》、《書》這兩部被視作最重要的儒家經典的所有權提出異議，認為它們早在周代建立以前的夏代已成書，因此非常古老。在所謂「墨家論語」（Mohist Analects）的部分中，墨子對一位孔子追隨者執意模仿古代的語言與服飾作出批評：「且子法周而未法夏也，子之古，非古也。」（王煥鑣：《墨子校釋》，頁366）

墨家學派在此處與其他地方批評儒家學者在定義何謂文

---

24 後世有一些儒者感受到墨家的尖銳批評。他們對「利」一詞的使用主導了統治者尋求治道與贏得人民忠誠的話語一事，表達了強烈不滿。

明事物時所表現的狹隘。我們在上文已看到墨家學派如何利用
自利推動其支持的兼愛理論。他們亦同時意識到自利的根深柢
固，除非人們加以控制，否則它就會削弱社會基礎。對墨子與
追隨者，可以說當時許多人，認為最為嚴重的例子是喪禮與葬
禮，二者表現出自私與個人對於家庭和家族的過度膨脹與驕
傲。一般而言，喪禮要求個人使用至少二十五個月的時間來哀
悼其父母的逝去，並將他們埋葬在一個滿布昂貴裝飾，且又精
巧的墓穴之中。儒家學者被認為是這些儀式最忠貞不二的守
護者。

　　最能表明墨家對於儒家喪葬習俗抗拒的是〈節葬〉篇。[25]
這篇文章首先承認禮儀的支持者與反對者都可以依賴古代先例
來支持他們的論點。但它聲稱在反對精心策劃的喪禮與葬禮
時，先例並不是最重要的。相反，最重要的是對人道的思考。
這篇文章更指出無視這個建議而採納儒家教義，將會造成災難
性的經濟後果。

　　對於君主、諸侯以及大人的喪禮，儒家教義詳細說明家
庭需要準備內外多層棺槨、大量陪葬品、多件死者穿著的衣服
與裹屍布、棺上的華麗裝飾，以及一個大型墓塚。對於平民的
喪禮，儒家教義指出家庭需要耗盡他們的財富。至於諸侯的喪
禮，儒家教義指出為了提供覆蓋屍首的黃金、玉器、珍珠，綑
綁屍體的絲線，以及埋葬在墓穴中的戰車與群馬，死者的家庭
需要竭盡其財富（王煥鑣：《墨子校釋》，頁 191）。

　　這篇文章在接下來的討論中，控訴葬禮耗費大量財富。隨
後，它對儒家學者所主張的厚葬提出尖刻的批評。哀悼者應該

---

25 然而，核心篇章中的〈節葬〉今僅存一篇。其餘的兩篇或以為早
　　佚，然而其實該文可能由始至終都只有一篇。

遵守哪些規定？儒家教義言：

> 哭泣不秩，聲翁，緣絰，垂涕，處倚廬，寢苫
> 枕塊。

此外，哀悼者應強迫自己不可進食以感受饑餓，應穿上單薄的衣裳以感受寒冷。同時，他應使自己的面容瘦弱而憔悴、眼睛凹陷，使自己的膚色暗淡變黑。他的雙耳應變得重聽，視力減退，而他的手足由於缺乏足夠的力量與精力而變得遲鈍。該教義又言：「上士之操喪也，必扶而能起，杖而能行。」而上述情況需要持續三年之久（王煥鑣：《墨子校釋》，頁196）。

墨子引用古代聖王所制定的法律以反駁儒家教義。這些法律禁止厚葬、禁止守喪的時間過長（王煥鑣：《墨子校釋》，頁200）。同時，墨子也引用一些故事。這些故事中，在聖王死後，人們都盡可能以最簡單與快捷的方法來哀悼和埋葬他們（王煥鑣：《墨子校釋》，頁201）。然而，墨子對儒家的駁斥不止於此。《墨子》亦同時引用其他禮儀傳統來質疑儒家的習俗。墨子在廣闊的認識論範圍中展現出一個令人驚歎的姿態，顯示出自己對於外來世界習俗的認識比儒家學者要廣博得多，而他亦樂於提及這些習俗來削弱周代禮儀傳統的權威性。

大約在《墨子》核心篇章的編撰者在構思反對儒家學者的同一時間，鄒衍（約前350–前270）提出了一個有關世界的描述，與過去以九州為世界中心的想法明顯大相徑庭。[26]

---

26 李約瑟對鄒衍與他所助力創立的自然主義學派思想有很好的綜述，見 Joseph Needham, *Science and Civilization in China, vol. 1: Introductory Orientations* (Cambridge: Cambridge University Press, 1956), 232–246。

鄒衍認為天下共有八十一個部分，並猜測儒者（即孔子與追隨者）所謂的中國只佔據其中的一個部分，而中國則名曰赤縣神州。在赤縣神州之內共有九個由大禹所設計的州。但是，這九個州卻並不是鄒衍所理解之「九州」。中國只是這九個區域的其中一個區域而已，而這九個布局與赤縣神州非常類似的區域才是他所謂之「九州」。九州被呈環狀的海洋所圍繞，致使人類與動物都無法踏出這個範圍以外的領域。因而在各個區域內形成為一塊大陸。在這個世界之中，這九塊大陸被一個浩瀚的大海所圍繞，其盡頭則為天地的交接點。[27]

在這個對世界所作較為廣闊的想像之中，中國並非位於中心位置，而中國的文化傳統亦無法繼續享有絕對而不可挑戰的權威。或許應在此語境下看待《墨子》那些挑戰喪葬習俗的論述。

在遠古，比越國更為遙遠的東方有一個較沐國。在當地，人們會在長子出生時，將他肢解並吃掉。當地人將這種習俗稱為「宜弟」，亦即使弟弟得到安寧。而當他們的祖父去世時，他們會背上祖母而棄之：

> 曰：「鬼妻不可與居處。」…… 楚之南有炎人國者，其親戚死，朽其肉而棄之，然後埋其骨，乃成為孝子。秦之西有儀渠之國者，其親戚死，聚柴薪而焚之，熏上，謂之「登遐」，然後成為孝子。此上以為政，下以為俗，為而不已，操而不擇。則此豈實仁義

---

27 這個明顯反映鄒衍思想的片段收入成書於前二世紀的一篇傳記式評介中。有關這篇傳記式評介以及該片段的討論，見 Needham, *Science and Civilization in China, vol. 1: Introductory Orientations*, 232–236。

之道哉？此所謂便其習而義其俗者也。（王煥鑣：《墨子校釋》，頁 204–205）[28]

當被問到輆沐、炎人國與儀渠的葬禮是否「仁義」，即符合道德時，墨子指出，我們不需要認為他們這種對死者儉樸但冷漠的處理方法，勝過中國那些奢靡的喪葬習俗。墨子與追隨者並沒有斷言文本所言外國與異域風俗的優越性。此處的要點是無論儉樸或奢靡都過於極端。重要的是，墨子將各種葬禮放在同一個包括慷慨與吝嗇的尺度下進行比較，並藉此說明他的故鄉的禮儀過於極端。而以這種「多元文化」的方法來判斷不同風俗的相對價值的做法，則不見於孔子《論語》以及其所建立的傳統。

墨子同時還提出一個或許更為有趣的「多元文化」論點：他以其他文化為證據來說明無論外國或他的故國，那些習俗之所以變得無可爭議且帶有權威性，並非因為它們天然合理，而是因為人們已經習以為常。這種評論旨在揭露儒家偏愛周代禮儀的瑕疵，指出孔子與追隨者支持周代習俗的原因只是單純因為有關習俗一直為人所沿用，且被認為是對的。可是，孔子與追隨者並沒有經過深思熟慮，也沒有考慮到如此所帶來的後果。墨家這種批評是有道理的。以本章的目的而言，墨子有關孔子言論的準確性為何，對我們來說並不重要。重要的是他用來證明其論點的證據，乃來自他在研究禮儀與傳統時所採用的多元文化與比較方法。

墨子與其他哲學家的學說在秦代政府於前 221 年建立其帝

---

28 無從考證墨子如何知曉這些異域風俗。但是，該文稱這些風俗為「昔者」一事顯示我們應該將這些記載視為未經確認之事，甚至傳說。

國之後受到壓制。秦代政治與統治思想的基礎是法家學說，而秦代政府並不希望法家學說受到任何挑戰。在隨後的漢代，雖然墨家思想倖存了下來，但在長達四個世紀的統治中，儒家思想佔據著優勢，並吸收了其他思想體系來建立一個龐大的綜合體，旨在服務漢代帝國政府的政治目的。這一綜合體亦掩蓋了墨家對於後來思想家與中國歷史上眾多社會運動所造成的影響，而在這些社會運動中，大量不論其個人身分與所屬地區組織的民眾雲集相應。墨子或許命中注定要寂寂無聞，而這種情況一直到二十世紀早期才得以改變。此時人們「重新發現」這位非儒家學者的思想可能最適合幫助「新中國」回應與挑戰歐洲的思想傳統。[29]

29　重新發現墨子的例證之一便是梁啟超（1873–1929）的著作。梁啟超認為「『我們的墨子』是霍布斯（Thomas Hobbes）、洛克（John Locke）以及盧梭（Jean-Jacques Rousseau）在兩千多年前的先驅，且對此沾沾自喜」，見 Joseph R. Levenson, *Liang Ch'i Ch'ao and the Mind of Modern China* (Berkeley: University of California Press, 1959), 125, n. 100。

《墨子》英譯前言*

一、墨子其人

（一）年代與出生地

我們對墨子生平的細節所知甚少。雖然曾經有人知道他精確的生卒年與出生地，但有關資料自前三世紀晚期伊始便失傳了。[1]《墨子》中一些段落顯示他名曰翟，[2] 更進一步指出他與孔子一樣為魯國人，[3] 他活躍的時間主要為前五世紀中期。其時孔

---

*   Introduction of *Mozi: A Study and Translation of the Ethical and Political Writings,* eds. John Knoblock and Jeffrey Riegel (Berkeley: Institute of East Asian Studies, UC Berkeley, 2013), 1–40.

1   墨子及其追隨者在《呂氏春秋》這部編撰於前 239 年，即秦朝建立前夕的著作中有突出地位。後來漢代文獻只是簡要地提到墨子，而缺乏對其生平事跡的描述。本章對於墨子生平的回顧乃沿用葛瑞漢的看法，見 A.C. Graham, *Later Mohist Logic, Ethics, and Science* (Hong Kong: The Chinese University Press, 1978), 3–7。

2   這些段落皆來自第 46–50 篇。正如葛瑞漢所言，這些篇章「是後世對墨家內部出現的議題所作的戲劇化表現」，見 Graham, *Later Mohist Logic, Ethics, and Science*, 3。司馬遷在《史記》中為墨子作有一篇極為簡略的傳記（〈孟子荀卿列傳〉），當中提到墨子全名為墨翟，見司馬遷：《史記》（北京：中華書局，1959 年），卷七十四，〈孟子荀卿列傳〉，頁 2350。司馬遷關於墨子的這段文字僅 24 字，此前對孟子與荀子的敘述更為詳細。

3   支持墨子是魯國人的論證，見孫詒讓：《墨子閒詁》（北京：中華書局，1986 年），頁 630，與方授楚：《墨學源流》（香港：中華書局，

子剛逝世不久,而這段時間更跨越了春秋時代之末與戰國時代
(前 453– 前 221)之始。[4] 多方嘗試推算出墨子的生卒年以及其
生平重大事件發生之準確時間,如綜合所得,墨子的壽命就長
得難以置信。[5]

(二)墨子與孔子

無論墨子活動的準確年代為何,有一事毋庸置疑,就是他
強烈反對孔子與所謂儒者的學說,以及他們有關周代文化傳統
的看法。漢代早期文獻《淮南子》指出墨子精通儒家學說,並
以激進好鬥之姿態排斥儒學;聲稱墨子曾「學儒者之業」而「受
孔子之術」,但發現禮儀是如此煩擾、靡財與傷生,因此「背

1989 年,據上海中華書局 1934 年版重印),頁 7–9。他們與其他
權威學者所舉出的文獻證據只顯示出墨子曾在魯國居住過一段時
間,而並非在此生長。《史記》那篇傳記短文認為他是宋國人,見
司馬遷:《史記》,卷七十四,〈孟子荀卿列傳〉,頁 2350。

4 司馬遷無法在《史記·孟子荀卿列傳》中確定墨子是否與孔子同
時,抑或在孔子之後,見司馬遷:《史記》,卷七十四,〈孟子荀卿
列傳〉,頁 2350。這一再顯示,漢代有關墨子的證據不僅匱乏且
品質低劣。《史記索隱》在評論這段文字時引用漢代學者劉向的看
法,其大意是說墨子與子夏等這些孔子的第二代弟子大略同時。傳
統認為孔子的生卒年為前 551– 前 479。但正如孫詒讓所言,相關證
據也是值得懷疑的,見孫詒讓:《墨子閒詁》,頁 642。另見本人在
以下著作中的討論:Jeffrey Riegel, "Review of *China in Antiquity* by
Henri Maspero," *The Journal of Asian Studies* 39 (1980): 789–792。

5 孫詒讓提供的年表指出墨子生平在前 468– 前 376 之間,見孫詒
讓:《墨子閒詁》,頁 643–654。方授楚則認為墨子的生卒年為前
490– 前 403 年,見方授楚:《墨學源流》,頁 10–14。錢穆的看法
與孫詒讓接近,他認為其生卒年為前 478– 前 392 年,見錢穆:《先
秦諸子繫年》(北京:商務印書館,2001 年),頁 119–121、556、
566。

周道而用夏政」。⁶ 廣泛而言，這種敘述反映出《淮南子》認為
歷史變遷，尤其是學派與思想的興衰，乃由對立與競爭所造
成，而非源於協調與合作。⁷《呂氏春秋》這部融匯了更多學說
的文獻則記載：墨子曾在魯國跟隨史角之後人學習周代禮儀，
而史角則是周代早期某位君主派遣至魯國的人物，負責指導魯
人如何正確舉行祭禮。⁸ 該文獻不僅不認為墨子背周道而行，更
暗示墨子曾學習周代的文化傳統。亦因此解釋雖然《墨子》確
實猛烈攻擊儒家與其他學派，卻又將周代的建國者譽為道德模
範與文化英雄。

（三）墨子與夏代傳統

　　雖然《淮南子》認為，墨子曾是孔子與儒家學派弟子一說
並不可靠，但即使如此，這個說法在某程度上仍在前三世紀至
二世紀尤為流行，亦即墨子與追隨者保存了夏代的傳統，尤其
是大禹這位夏代創始人與神話中的治水者。⁹ 這種描述涉及一

6　《淮南子・要略》保存了這一傳統，見劉文典：《淮南鴻烈集解》（臺
　　北：中華書局，1981 年），卷二十一，〈要略〉，頁 709。又見 John
　　S. Major et al., *The Huainanzi: A Guide to the Theory and Practice
　　of Government in Early Han China* (New York: Columbia University
　　Press, 2010), 864。

7　這一點在《淮南子》另一段文字中有清晰說明。該段文字（《淮南
　　子・氾論》）指出墨子構思了一個與孔子對立的學說，而他本人的
　　哲學又為楊朱所駁斥。見劉文典：《淮南鴻烈集解》，卷十三，頁
　　436；亦見 Major et al., *The Huainanzi*, 501。

8　《呂氏春秋・當染》，見陳奇猷：《呂氏春秋校釋》（上海：學林出
　　版社，1984 年），卷二，〈當染〉，頁 96；亦見 John Knoblock and
　　Jeffrey Riegel, *The Annals of Lü Buwei: A Complete Translation and
　　Study* (Stanford: Stanford University Press, 2000), 90。

9　然而，這種描述無法為《墨子》一書所證實。幾乎所有重要的例子
　　都在提到禹時，同時提及為之更早的聖人及商周兩代的開創者。

個爭論——秦漢兩代應將哪個古代王朝視為合適典範。同時，
這一描述亦富有啟發意義，將墨子描繪為一位致力提倡勞動美
德、倡導大禹的辛勤與艱苦，並視其為所有德行之人應當追隨
與效法楷模的人。《莊子‧天下》特別以生動的方式表現這一
形象：

> 墨子稱道曰：「昔者禹之湮洪水，決江河而通四夷
> 九州也。名山三百，支山三千，小者無數。禹親自操
> 橐耜而九雜天下之川。腓無胈，脛無毛，沐甚雨，櫛
> 疾風，置萬國。禹，大聖也，而形勞天下也如此。」
> 使後世之墨者多以裘褐為衣，以跂蹻為服，日夜不
> 休，以自苦為極，曰：「不能如此，非禹之道也，不
> 足謂墨。」（〈天下〉）[10]

墨子要求其追隨者克己守道，並狂熱地遵循簡樸服裝與
粗陋鞋子，與一些宗教的實踐甚為相似（已有不止一位評論者
指出墨家組織與教會之間的共通之處）。[11]《莊子》隨後指出有

---

10 《莊子‧天下》，見王先謙：《莊子集解》（北京：中華書局，1987
年），卷十一下，〈天下〉，頁 1077。葛瑞漢認為〈天下〉成書於
漢代重新一統天下，即前 202 年之後，見 A.C. Graham, *Chuang-
tsǔ: The Inner Chapters* (London: Unwin Paperbacks, 1981), 277。然
而，正如葛瑞漢所指出，墨學作為一種風潮，至此「已接近垂死邊
緣或已經死亡」，因此文中認為墨家發展中宗派主義「從未間斷」
一說毫無道理。如果我們認為〈天下〉與《莊子》其他篇章一如葛
瑞漢所言，是一種「融合」，那麼我建議將其成書時間定於前三世
紀中期，或前 275– 前 250 年之間，亦即《呂氏春秋》這部融合各
家思想的絕佳典範著作之編撰時期。

11 Yu-lan Fung（馮友蘭）, Derk Bodde trans., *A History of Chinese
Philosophy* (Princeton: Princeton University Press, 1953), 82;
Graham, *Later Mohist Logic, Ethics, and Science*, 4.

關行為太過極端，但承認這是墨子本人真心信奉之道，因為他「將求之不得也，雖枯槁不舍也」。[12]

（四）出身低賤的工匠

墨子願意從事體力工作的描述，與其流行的另一形象有關，亦即他出身低賤，是地位低下的勞動階層一員。這種身分有別於勞動群體所服務的對象，即那些受過教育的統治精英。[13]事實上，有人認為「墨」是墨子地位低賤的輔證。「墨」作為一個描述性的字眼，可以用來指稱勞動者被太陽曬黑的皮膚，或黥刺這種刑罰。在整個中國思想史中，儘管人們都承認墨家成員自稱墨者，或只單純稱自己為墨，但人們普遍將「墨」視作這位哲學家的姓氏（而翟則為其名）。即使墨家那類漢代以前的思想學派，有如斯紀律與嚴密的組織，以其創始者的姓氏為學派之名，也是相當奇怪的。自二十世紀早期伊始，學者已開始爭論「墨」並非一個姓氏，而是一個詞語，用來將墨子與勞動者和曾遭受五刑之一黥刑的犯人聯繫起來。[14]並不清楚這

---

12 《莊子‧天下》，見王先謙：《莊子集解》，卷十一下，〈天下〉，頁 1080。

13 葛瑞漢指出：「據我們所知，大多數早期中國思想家似乎都在社會層級中擁有相當高的地位。但我們有堅實的證據證明，墨學運動植根於市鎮的貿易和手工業，多與古代中國一些不善言辭的民眾相關。」見 Graham, *Later Mohist Logic, Ethics, and Science*, 6。

14 江瑔認為「墨」並非墨子的姓氏，見江瑔：《讀子卮言》（臺北：廣文書局，1982 年），頁 127–149。反對這種觀點的方授楚大量引用了他的論述，見《墨學源流》，頁 3–7。顧實提出，墨子之所以名「墨」，是因為他整天勞動而曬黑，見顧實：《漢書藝文志講疏》（臺北：廣文書局，1970 年），頁 150。在這方面，值得注意的是，在《墨子‧貴義》中，一位算命師告訴墨子他的膚色是黑色的。錢穆認為「墨」是由一種肉體刑罰之名引申而來，而墨子學派以此命名

種描述是如何與墨子及其門人產生聯繫的，並為他們所採用。[15]
但如果這推論是合理的話，那麼墨翟這個名字就意為「曾受黥
刑的翟」或「黑皮膚的翟」。

　　此外，《墨子》提及墨子為一位出身低賤之人。根據〈貴
義〉記載，楚惠王（前 488- 前 432）拒見墨子，派遣穆賀向
他解釋，即使楚王知道墨子的學說值得贊許，但仍然可能不予
採用，皆因這些學說為「賤人之所為」。墨子並沒有否認這種
對其社會地位所作的描述，但宣稱無論其來歷為何，他的學說
都是高尚的。他更將之比作能治癒疾病的藥草，即使只是一些

是因為這個學派崇尚體力勞動，近於那些面部受過黥刺、本為刑犯
的勞動者所完成的工作，見錢穆：《先秦諸子繫年》，頁 121–126。
馮友蘭贊同並引用錢穆的論述，見 Fung, *A History of Chinese
Philosophy*, 79。吳毓江則遵從江瑔對墨子名字之形成的論述，見吳
毓江：《墨子校注》（北京：中華書局，2006 年），頁 1042–1057。
但是，江瑔和吳毓江都認為墨子姓翟。這個結論卻不可接受，原因
在於「翟」有時是墨子的自稱，而墨子不會用自己的姓氏來稱呼
自己。

15 「墨」似乎更像是一種侮辱，而非其他的意思。同樣地，孔子學派
的名為「儒」，而這個字最初可能是指一些負責治喪、行婚之類的
術士，為一種低級的學術工作，而從事者能因此獲得一頓免費的膳
食作為報酬。「儒」一字在《論語》中僅出現一次（見《論語·雍
也》十三章），但似乎並非用作孔子思想學派的名稱。當時孔子告
誡弟子子夏不應將全副心力放在學習一些瑣碎的小事之上，而更應
集中於君子所追求的學問及修身。關於《論語》使用這個詞語的討
論，見李零：《喪家狗：我讀〈論語〉》（太原：山西人民出版社，
2007 年），頁 134。這兩個術語可能都是由對立派別人士所發明，
亦即墨家發明了「儒」這個概念，而儒家發明了「墨」。隨後，兩
個學派的成員分別無視其最初意義，不顧其措辭色彩，欣然接受了
這兩個術語。馮友蘭對此的解釋也大致相同，見 Fung, *A History of
Chinese Philosophy*, 79–80。

草根而已。[16]《墨子》中其他故事似乎暗示墨子是一位木作師傅或木匠。[17] 在〈魯問〉中，他自詡能為一架可負戴五十石的馬車製造一個僅有三寸粗的車轄。[18]

縱觀《墨子》全書，人們能發現其中的比喻與類推源於各種各樣的實用技術與手藝。這顯示墨子及其弟子非常熟悉工匠圈子及其技術，遠勝於其他早期思想家。然而，對於墨子出身「卑賤」這個將墨家創始者及其學說與儒家相區別的修辭敘述，如果認為還有臆意，則將是一個錯誤。事實上，我們發現一個傳統與上述所言多少有些矛盾，即是將墨子描繪成飽讀詩書之人：《墨子》一再援引那些受到孔子及弟子珍視的經典文獻。[19] 同時，在那篇提及墨子為「賤人」的篇章中，記有一則佚聞，巧妙地反映出一個廣為接受的看法——當周遊列國以求得統治者接見時，墨子認為有必要帶上一整車的書籍。[20] 這幾乎不可能用以描述一個低賤、未受過教育的勞動者。的確，《呂氏春秋》一段大約與〈貴義〉篇同時成書的段落提到，墨子像孔子

16 《墨子・貴義》。在此故事中，墨子為自己的主張辯護時提到商代創始者湯的賢相伊尹，並稱其為「賤人」。這段故事應被視為哲學文本的一個例子，當中引用歷史先例，以舉證其論點。

17 方授楚搜集了一些墨子被描繪成一名工匠的材料，見方授楚：《墨學源流》，頁 15–18。他提到在〈貴義〉中，墨子形容其技藝介乎「君上之事」與「農耕之難」之間，但墨子在這段文字中似乎只是指出自己不受僱於任何職業。

18 《墨子・魯問》。關於這個故事的其他版本，見 John Knoblock and Jeffrey Riegel, *Mozi: A Study and Translation of the Ethical and Political Writings* (Berkeley: Institute of East Asian Studies, UC Berkeley, 2013), 477, n. 43。

19 在一篇最早出版於 1931 年的文章中，羅根澤詳細敘述《墨子》對經典的引用，見羅根澤：《羅根澤說諸子》（上海：上海古籍出版社，2001 年），頁 77–98。

20 《墨子・貴義》。

一樣「晝日諷誦習業」[21]。

（五）作為術士的墨子

〈公輸〉通篇都是有關墨子的刻劃，而葛瑞漢（A. C. Graham）則認為此章獨特而值得注意。當中提到，墨子匆忙地趕到了楚國這個南方大國。因為他聽說一位以製造精巧器械而著名的工匠公輸盤[22] 發明了雲梯，而楚軍欲用它來攻打較為弱小的宋國國都。[23] 雖然這個故事的真偽很值得懷疑，但依然引人注目。[24] 墨子竭力勸告，同時也表明無論楚國使用任何武器裝備和策略，他都能夠取得勝利，但仍無法迫使楚王打消念頭，甚至遭受威脅，如果繼續阻撓此事的話，將惹來殺身之禍。就在此時，墨子聲稱他擁有一支軍隊，隨時都能保衛弱小的宋國：「然臣之弟子禽滑釐等三百人已持臣守圉之器，在宋城上而待楚寇矣，雖殺臣，不能絕也。」[25] 我們承認就其墨家著者而言，這個故事很大程度上是虛張聲勢、妄自尊大。但若是墨子的警告所言非虛，就意味墨子不僅是一個思想學派的創立者，也是一支私人軍隊的領袖，而這支軍隊隨時準備反抗諸如楚國此類強權的野心。

---

21 《呂氏春秋·博志》，見陳奇猷：《呂氏春秋校釋》，卷二十四，〈博志〉，頁 1619。亦見 Knoblock and Riegel, *The Annals of Lü Buwei*, 618。

22 Knoblock and Riegel, *Mozi*, 476, n. 38.

23 《墨子·公輸》。墨子對宋國的關心，使人認為他是宋國人。

24 這位楚王的身分以及楚國對宋國這次攻擊的時間無法確定，見 Knoblock and Riegel, *Mozi*, 477, n. 2。葛瑞漢認為這個故事是「《墨子》中唯一一段墨子絕非扮演傳道者或辯士的故事」。葛瑞漢誇大了這個故事的獨特性。第 46–49 篇（〈耕柱〉、〈貴義〉、〈公孟〉、〈魯問〉）中，也有其他故事生動刻劃了墨子的個性。

25 〈公輸〉。

這個故事結尾更為微妙地暗示了墨子的地位。在說服楚王停止進攻以後，墨子在返家途中經過宋國。時天降大雨，而墨子被一名宋國守衛阻止進入閭中尋求避雨之所。因此，墨子雖然保衛了宋國免於被毀，但宋國百姓卻不願為他提供一避雨之所。不過，這個故事的主旨並不在於諷刺墨子的處境，而是在於批評守衛目光短淺：「治於神者，眾人不知其功；爭於明者，眾人知之。」墨子並非等閒之輩，並不求透過有目共睹的功績建立聲望。他更近乎一種神聖的力量，而大多數人都無法看到他那些通過「神」所完成的功業。因此，前四世紀及以後的道家學者將墨子描繪為一個神仙，並形成了一種傳統。這位神仙御龍遨遊穹蒼、使用草藥與咒術來變化萬物，並如同他從楚國的進攻下挽救宋國那樣，能在絕境中取得成功。[26]

二、墨家學派

（一）墨學三支

《莊子‧天下》篇中文字提到墨子期望門生應有的紀律與忠誠，揭示墨家學派是一個嚴格而半宗教式的組織。[27]〈天下〉篇將禽滑釐視為墨子的主要弟子，在保衛宋國的故事中擔任墨者軍團的領袖。[28] 許多其他文獻則認為禽子是墨子最親近的同

---

26 下文「墨子的道家角色」一節將會進一步討論墨子的道家形象。將墨子視作術士這個傳統的另一根源見於《淮南子‧齊俗》內一則故事，其中墨子製造了一隻連飛三日而不落地的木鳥，見劉文典：《淮南鴻烈集解》，卷十一，〈齊俗〉，頁 369；亦見 Major et al., *The Huainanzi*, 421。

27 王先謙：《莊子集解》，卷十下，〈天下〉，頁 1079。

28 關於禽滑釐，見 Knoblock and Riegel, *Mozi*, 409–410, n. 34; 462, n. 24; and 478, n. 9. 孫詒讓收集了許多與禽滑釐有關的故事，見孫詒讓：《墨子閒詁》，頁 655–658。

仁，亦是最願意忍受墨家生活方式的異常辛苦勞動之人。最初禽滑釐跟隨墨子學習之時，據說他花了三年時間親自服侍墨子，並參與大量艱辛的勞動，甚至連墨子也因此很同情他。[29]〈耕柱〉證實禽滑釐是一個獨當一面的卓越導師，更稱他為「子禽子」，這是一個只有弟子稱呼老師才會使用的稱號。[30]《呂氏春秋》在敘述墨家早期的師徒系譜時，說田繫師承許犯，而許犯則跟隨禽滑釐學習。[31]田繫可能在前三世紀早期還相當活躍。

《莊子》在提及禽滑釐的名字以後，隨著指出墨子後學分為了三支：（1）相里勤之弟子；（2）五侯之徒；（3）南方之墨者，包括苦獲、已齒、鄧陵子與其他人。[32]在《韓非子·顯學》篇中，這三個墨學譜系被稱為相里氏之墨、相夫氏之墨與鄧陵氏之墨。[33]我們無法得知任何關於這三個支系起源的進一步訊息。其中，相里與鄧陵兩個名字似乎是地名，故很可能是指墨者的根據地與重鎮。《韓非子·顯學》明確指出此三支的出現「自墨子之死也」，而《韓非子》和《莊子》很可能是以時為序

---

29 《墨子·備梯》。《史記·儒林列傳》聲稱禽滑釐在成為墨子門徒之前，曾受業於孔子傑出的弟子子夏，見司馬遷：《史記》，卷一二一，〈儒林列傳〉，頁 3116。

30 《墨子·耕柱》。該篇對這個頭銜的使用顯示至少有部分內容是由禽滑釐的弟子所撰寫。

31 《呂氏春秋·當染》，見陳奇猷：《呂氏春秋校釋》，卷二，〈當染〉，頁 96，亦見 Knoblock and Riegel, *The Annals of Lü Buwei*, 90。錢穆認為許犯就是《孟子·滕文公上》四章的許行，但孫次舟反對這個觀點。見錢穆：〈許行為墨子再傳弟子考〉、孫次舟：〈許行是否為墨家的問題〉，皆收入顧頡剛編：《古史辨》，第 4 冊（北京：樸社，1933 年），頁 300–301；第 6 冊（1938 年），頁 189–191。

32 《莊子·天下》，見王先謙：《莊子集解》，卷二十九，〈天下〉，頁 1003。

33 《韓非子·顯學》，見陳奇猷：《韓非子集釋》（臺北：成文出版社，1980 年），卷十九，〈顯學〉，頁 1080。

來列舉此三個分支。

由於《莊子》將第三個、也可能是最晚出現的支系確定為「南方」，故我們似乎有理由推斷其餘兩個分支均位於北方諸國。「南」指楚國，是兩位支持墨者貴族的故鄉，即〈耕柱〉、〈魯問〉所提到的魯陽文君和《呂氏春秋》所提到的陽城君。[34] 鄧陵與陽城君領地防衛的中心，即陽城都，位於楚國北部，即現今河南省的南部。這個地區很可能曾是墨者的根據地，且從大約前300年直至三世紀末墨學消亡為止，都一直由鄧陵子門人所控制。[35]

據《莊子》所言，這三個支系「俱誦《墨經》，而倍譎不同，相謂別墨」。[36] 葛瑞漢等人認為這三個支系因分歧與爭論，而互相稱對方為「墨者之異端」。[37] 但對墨者來說，「別」這個

---

34 《呂氏春秋・上德》，見陳奇猷：《呂氏春秋校釋》，卷十九，〈上德〉，頁1257，亦見 Knoblock and Riegel, *The Annals of Lü Buwei*, 487–488。關於楚國之墨學的討論，見 A. C. Graham, *Divisions in Early Mohism Reflected in the Core Chapters of Mo-tzu* (Singapore: Institute of East Asian Philosophies, 1985), 23。1990年代前期，楚國一處遺址出土了一件與墨家對於鬼神與靈魂之教義有關的寫本，這件寫本現藏於上海博物館，見 Knoblock and Riegel, *Mozi*, "Appendix B," 393–395。

35 渡邊卓：《古代中國思想の研究：〈孔子傳の形成〉と儒墨集團の思想と行動》（東京：創文社，1973年），頁522。

36 葛瑞漢認為《莊子》的段落在使用「經」這個術語時並不是指那些辯證的篇章，而是如胡適所說，核心篇章所詳述的墨家「十誡」，見 Graham, *Divisions in Early Mohism Reflected in the Core Chapters of Mo-tzu*, 18，以及胡適：《中國哲學史大綱》（上海：商務印書館，1919年），頁185。但此說是否正確則無法確定。沒有任何文獻將核心篇章或十條教義稱為「經」。此外，這個術語曾被用來指稱那些辯證的篇章，以及全書開首的7個篇章，見下文「第1組的篇章」。

37 見 Graham, *Chuang-tsŭ : The Inner Chapters*, 277，以及 Graham,

字並非指異端，而是指自私自利與自我中心的教義，以及反對
公平與包容這些在《墨子》中被稱為「兼」的價值觀的行為。
顯然，當三篇〈兼愛〉的下篇在前四世紀晚期成書時，[38] 公平
與偏愛在術語上的差異已成為用以反駁「兼愛」學說的重要論
據。[39]《莊子》的段落顯示出，墨家學派內部亦運用同樣的差異
來批評那些被認為充滿自我中心、為自我牟利的弟子。他們的
言行背離了其他墨者對於《莊子》所謂「墨經」的一致理解，
因而威脅到了墨學的團結與統一。

（二）第一代弟子

由於《莊子》和《韓非子》提到的墨者（除了禽滑釐）均
不載於《墨子》，故可以假設他們並非第一代弟子，而可能是
第二或第三代門人。[40] 通過《墨子》、《呂氏春秋》及《漢書．
藝文志》的考察，我們可以確認十五位第一代弟子的身分為何
（見表 1）[41]。

Divisions in Early Mohism Reflected in the Core Chapters of Mo-tzu,
18。「別」在《莊子》、《墨子》的意思並非異端。葛瑞漢基於對這
個術語的理解，因而作出以下結論 —— 三元組中的差異反映墨學
三支之間的分歧。

38　渡邊卓：《古代中國思想の研究：〈孔子傳の形成〉と儒墨集團の思
　　想と行動》，頁 474–479、653。

39　《墨子．兼愛下》。

40　《韓非子．顯學》證實墨學的分支在墨子死後才出現，見陳奇猷：
　　《韓非子集釋》，卷十九，〈顯學〉，頁 1080。《莊子》所提到的「經」
　　指墨家的十條基本教義，而不是那些所謂的邏輯篇章。

41　表 1 所根據的內容見孫詒讓：《墨子閒詁》，頁 655–662。孫詒讓也
　　為第二代和三代弟子羅列了一份清單，此外還有一些無法確定其與
　　墨子之關係的人物名字，見頁 662–671。

表 1：墨子第一代弟子

姓名	主要的文獻來源
禽滑釐	《墨子·公輸》第 3 節
高石子	《墨子·耕柱》第 12 節
高何	《呂氏春秋·尊師》第 2 節下
縣子石	《呂氏春秋·尊師》第 2 節下
公上過／公尚過	《呂氏春秋·高義》第 3 節、《墨子·魯問》第 9 節
耕柱子	《墨子·耕柱》首節
魏越	《墨子·魯問》第 10 節
隨巢子	《漢書·藝文志》，頁 1738
胡非子	《漢書·藝文志》，頁 1738
管黔滶	《墨子·耕柱》第 12 節
高孫子	《墨子·魯問》第 15 節
治徒娛	《墨子·耕柱》第 3 節
跌鼻	《墨子·公孟》第 15 節
曹公子	《墨子·魯問》第 11 節
勝綽	《墨子·魯問》第 15 節

　　傳統認為孔子有七十二位首代弟子，相比之下，墨子首代弟子在人數上要少。儘管如此，假如這十五人召集各自的二代與三代弟子，就很容易理解為何到了前三世紀，「孔墨之後學顯榮於天下者眾矣，不可勝數。」[42]（但是，前二世紀中期的《淮

---

42 《呂氏春秋·當染》，見陳奇猷：《呂氏春秋校釋》，卷二，〈當染〉，頁 96；Knoblock and Riegel, *The Annals of Lü Buwei*, 90。《孟

南子》所記錄的人數則較低，並指出孔子與墨子是如此博學而有德，以至於只有不到二三十人有能力仿效和追隨他們。[43]）

（三）鉅子

《莊子》還指出這個學派作為一個整體，其領導者名曰「鉅子」，更被所有門人奉若聖人。[44] 該文接著指出那些門人非常尊敬鉅子，以至於「皆願為之尸，冀得為其後世，至今不決」。[45] 在古老的王室祭祖儀式中，「尸」代表已故的祖先接受祭品。他是由其父親所選的後裔，且通常都是死者之孫。[46]「尸」作為死者靈魂的寄主或靈媒，需要穿上死者的衣服（僅為這類場合而保存），並在其他方面細緻地模仿其舉止和外貌。若非如此，有關表演就無法令人信服、死者的靈魂便不會接受祭品，而這個儀式也就失敗了。

如果《莊子》對鉅子地位傳承的描述精確可靠，就顯示

子》曾提到夷之這位墨子第二代或第三代、異常活躍的追隨者，見 Knoblock and Riegel, *Mozi*, "Appendix C," 396–399。【編按：此文作者後來改寫為 "A Root Split in Two: *Mengzi* 3A5 Reconsidered," *Asia Major* 28.1 (2015): 37–59，即本書的 2.1 章。】

43 《淮南子‧主術》，見劉文典：《淮南鴻烈集解》，卷九，〈主術〉，頁 302–303，亦見 Major et al., *The Huainanzi*, 326。

44 這個頭銜亦被寫作「巨子」。無論其寫法為何，這個頭銜在字面上的意思指那些「強壯不屈」的人。馮友蘭意識到墨家學派的宗教特質，所以將鉅子比之教皇（pope），見 Fung, *A History of Chinese Philosophy*, 82。

45 《莊子‧天下》，見王先謙：《莊子集解》，卷十下，〈天下〉，頁 1079。由於這種行為不太可能在秦代對哲學流派進行鎮壓之後仍繼續維持，故〈天下〉提及這種行為一事顯示出它成書於前 221 年之前。可以比較注 10 討論。

46 見《禮記》，卷四十九，〈祭統〉，頁 835；賈公彥疏：《儀禮》，卷十五，〈特牲饋食禮〉，頁 530。

墨者的領導階層乃依照貴族世系所組織，擁有祭祖儀式，而領導階層內部的世代傳承，取決於候選者是否能成功模仿前任鉅子。與祭祖的情境一樣，候選者在過程中可能需要成為死者靈魂的靈媒，穿上死者的衣服，並在其他方面扮演鉅子的角色。《墨子》內容證實，那些能使人獲取「天鬼之志」的技能（比如術士與貞人所掌握的技能），對於判斷何為正確教義而言是必不可少的。[47]《莊子》中的段落則顯示出，能夠模仿鉅子技能的超群之人可獲強大的地位。

墨子可能是鉅子世系中的第一人，又或者這個稱號是在他死後才被創造出來的。《呂氏春秋》提到三位後世的鉅子，他們是在大約前 380 年擔任鉅子的孟勝，他似乎在南方的楚國尤為活躍；孟勝的下任鉅子田襄子，[48] 他是宋國人；以及腹䵍，他在秦惠王在位（前 337– 前 311）時居於秦國。他們的軼事有助概述其角色及墨家觀念與行為。

孟勝的贊助人陽城君曾委託他管理一處封邑。當這座封邑被楚國官方沒收時，孟勝因無法履行守護該城的承諾而自殺。由於孟勝擔心自己的失敗可能影響到墨家教義的存續，在死前將鉅子的稱號傳授給了他認為是賢者的田襄。孟勝死時有一百八十多名門人選擇追隨他一同死去。有關篇章認為這種獻身並非出於「嚴罰厚賞」，而是出於服從，後者乃墨家教義重要的組成部分。[49] 在這個有關墨家學派內部傳承的說法中，另一個值得注意的事情是，「鉅子」稱號的繼承者之所以被選中，

---

47 《墨子·非命中》。

48 孫詒讓羅列出孟勝其他弟子的名字，見孫詒讓：《墨子閒詁》，頁 669–671。

49 見陳奇猷：《呂氏春秋校釋》，卷十九，〈上德〉，頁 1257–1258；亦見 Knoblock and Riegel, *The Annals of Lü Buwei*, 487–488。

是因其「賢」，而並不一定是因為他表演了模仿前任的儀式。

鉅子腹䱇居秦時，他的兒子殺了別人。由於腹䱇年老，秦惠王準備赦免其子之罪，但腹䱇不聽。在引述了一條其嚴厲程度可比之於「以牙還牙、以眼還眼」的墨家法律後，腹䱇便將其子處死。該文評論道：「子，人之所私也。忍所私以行大義，鉅子可謂公矣。」[50]

（四）墨家群體之「法」

從整部《墨子》的內容清楚可見，個人對自己家庭的偏愛不得干擾個人對於他人所應當履行的義務。這即是上述腹䱇寧願犧牲其子的部分原因。但同樣重要的，是腹䱇堅持「墨者之法」的願望，以及他認為此難以抗拒並遠勝其他道德準則。《墨子》記載了一部法典的多個例子。這部法典的許多條文都由「聖王」所制定，而且極有可能在墨家群體中被推行。它們涵蓋一系列的議題：

> 丈夫年二十，不敢毋處家。女子年十五，毋敢不事人。[51]
>
> 凡天下群百工，輪、車、鞼、匏、陶、冶、梓、匠，使各從事其所能。[52]
>
> 足以充虛繼氣，強股肱，耳目聰明則止。不極五

---

50 見陳奇猷：《呂氏春秋校釋》，卷一，〈去私〉，頁 55–56；亦見 Knoblock and Riegel, *The Annals of Lü Buwei*, 75。孫詒讓認為最後對腹䱇的評論代表了呂不韋的個人觀點，見孫詒讓：《墨子閒詁》，頁 669。

51 《墨子·節用上》。〈節用上〉、〈節用中〉所記載這條與其他律法，又見於《墨子·辭過》。該篇概括了〈節用〉三元組內容。

52 〈節用中〉。

味之調，芬香之和。不致遠國珍怪異物。[53]

　　冬服紺緅之衣，輕且暖，夏服絺綌之衣，輕且清，則止。[54]

　　衣三領，足以朽肉；棺三寸，足以朽骸；掘穴深不通於泉流、不發洩，則止。[55]

　　對戰國時期（前453–前221）的大多數人而言，這些法規對他們的婚姻行為、飲食、衣著與葬禮幾乎毫無影響。如果在墨家內部曾實施這些法規的話，這個組織就不僅有別於規模更大的群體，而且其內部有著非常特殊的等級制度，且在自我約束與克制方面具有異常嚴格的規則。《淮南子》中的一段文字強化了這種印象。該段文字聲稱墨子的門生極端遵守紀律且不在意自身的生命，以至於墨子能命其「赴火蹈刃」。[56]

　　在上文對墨家、其成員、制度與紀律的敘述中，我們並未對該學派著名的實用知識與工藝技能作出評論。有關墨子作為軍事戰略家及工匠的奇聞異事，本意是在暗示這些實用興趣的起源，但它們提供的細節卻用處有限。其他一些相對較為有用的資料見於第40至43章（即〈經上〉、〈經下〉、〈經說上〉、〈經說下〉）。人們經常將這些篇章（連同〈大取〉、〈小取〉）稱為「邏輯」或「辯證」之章，因為它們在某種程度上關注如何準確運用術語來提出命題或對於世界聲明，亦可以將這些篇章視作精心編制的辭典來加以閱讀，其中獨特的術語反映出墨

---

53 〈節用中〉。
54 〈節用中〉。
55 〈節用中〉與〈節葬下〉兩段文字。
56 見劉文典：《淮南鴻烈集解》，卷二十，〈泰族〉，頁681；亦見 Major et al., *The Huainanzi*, 818。

者廣泛且逐步形成的興趣與關注點。在漢代之前所進行的持續近兩個世紀的活動中，墨者的思想和活動不斷擴大，而漸趨成熟。

　　這部辭典運用艱深的語言，其文本方面的訛誤也按比例遠較《墨子》其他部分嚴重。儘管如此，依然能從中依稀識別出墨者所專長的某些領域。這部辭典當然體現出墨家對於道德價值觀[57]、政治角色與等級制度，以及統治方法的關注，而這些問題也是《墨子》「核心篇章」的主題。[58] 但是亦同時顯示出，墨者對於那些與名家相關的邏輯學和辨識技巧感興趣。[59] 該辭典所作的細微差別顯示墨者非常擅長吹毛求疵。例如，他們區分「盡」與「窮」。前者的意義是耗盡任何可數的事物，包括想法、人、稻穀，而後者指的是到達某個行動的極限。[60] 這部

---

57 孫詒讓定義了「忠」、「孝」、「信」，見《墨子閒詁》，頁 282–283。何莫邪（Christoph Harbsmeier）認為「孝」及「仁」與「義」這兩個重要的術語是根據喜惡或利害來定義的，這是一個很有見地的觀點，見 Joseph Needham and Christoph Harbsmeier, *Language and Logic*, vol. 7, part 1 of *Science and Civilisation in China* (Cambridge: Cambridge University Press, 1998), 341–342。何莫邪也指出，雖然有關「愛」與其他術語的定義一樣，都不見於這一辭典中，但「這個定義系統如此緊密，以至於可以以一種合乎情理的自信來推測『愛』的定義為：『為了人類（而非為了個人）著想而好利且惡害。』」

58 孫詒讓定義了「賞」與「罰」，見孫詒讓：《墨子閒詁》，頁 286。

59 孫詒讓定義了「辯」，見孫詒讓：《墨子閒詁》，頁 285。他又間接提到名家公孫龍對「堅白」這種特性所作的討論，見孫詒讓：《墨子閒詁》，頁 284。亦見 A. C. Graham, *Disputers of the Tao: Philosophical Argument in Ancient China* (La Salle, Ill.: Open Court, 1989), 167–70; Harbsmeier, *Language and Logic*, 329–337。

60 孫詒讓：《墨子閒詁》，頁 286；Harbsmeier, *Language and Logic*, 334–335。我們可將兩者的看法作一比較。

辭典中的其他詞條顯示，墨者至少對銅鏡製造的語言與技術相當精通，[61] 也包括諸如杠杆、梯子這類器具所需要的技藝。[62] 此外，對於繪圖與測量等木匠和其他工匠可能遭遇的難題，他們似乎也極感興趣。[63] 在許多人看來，這些篇章所匯集的知識，使其成為中國古代科技史上最重要的文獻。[64]

三、《墨子》一書之創作

在漢代之前，只有很少書籍像我們所理解一樣，是由多篇彼此略有關係的篇章所組成。即使一些文章可能與一部規模更大的文獻有關，文章亦以「篇」或一捆捆竹簡的形式獨立地流傳。[65] 故在漢代以前，人們可能並不認為構成今本《墨子》一書的論點、文章、散文與對話是《墨子》中的篇章。相反，人們可能認為它們只是以某種方式與墨子及弟子有關的獨立文獻。借助近年考古學家在古代楚國疆域內的戰國墓葬中的發現，可以瞭解這類文獻的篇幅與格式。上海博物館所藏兩件寫本，因為其墨家的內容而尤其重要，其中一篇僅由 5 根竹簡所

61　孫詒讓探討了鏡子反射成像的方式，見《墨子閒詁》，頁 293；Graham, *Disputers of the Tao*, 163。

62　孫詒讓：《墨子閒詁》，頁 335–336；Graham, *Disputers of the Tao*, 163–164。

63　孫詒讓區分了「同高」與「同長」這兩個術語之間的差異，見孫詒讓：《墨子閒詁》，頁 280。他又區分了封閉空間與其所圈之地在範圍上的差異，見孫詒讓：《墨子閒詁》，頁 282–283。

64　Harbsmeier, *Language and Logic*, 326.

65　一些古代文獻也是寫在書卷上。的確，從漢代一些「卷」的實例，如在湖南省馬王堆出土的前二世紀中期墓葬文獻，可以看出它們包含了多種互不相關的文獻。

組成，而另一件寫本則有 53 根竹簡。[66]

　　因此，呂不韋的《呂氏春秋》是一種引人注目的創新。它之所以值得注意，不僅是因為其長度篇幅，更是因為其包羅萬象的計劃——不同篇章需要放在一起閱讀，並結合成一部規模龐大的文集而共同流布。漢代偉大的目錄學家劉向（前 79– 前 6）可能是以這部文獻作為範例[67]來編輯《墨子》，而他亦因此創造了一部可以說是今本《墨子》原型的文獻。[68] 根據漢代皇家藏書室的目錄，劉向的版本一共 71 篇（為顯示劉向將不同著作整合成《墨子》一書，這裡將「篇」翻譯成「chapter」，

66　其中較短的那件寫本題作〈鬼神之明〉，因為其內容與墨家對於鬼神的教義有關。關於這件寫本的討論，見 Knoblock and Riegel, *Mozi*, "Appendix B," 393–395。另一件寫本則題作〈容成氏〉，它使用近乎《墨子》段落的語言來討論各種墨家教義，見陳劍：〈上博簡《容成氏》的竹簡拼合與編連問題小議〉，收入上海大學古代文明研究中心、清華大學思想文化研究所編：《上海館藏戰國楚竹書研究續編》（上海：上海書店出版社，2004 年），頁 327–334；趙平安：〈楚竹書《容成氏》的篇名及其性質〉，《華學》第六輯（北京：紫禁城出版社，2003 年），頁 75–78；以及 Sarah Allan, "Abdication and Utopian Vision in the Bamboo Slip Manuscript, *Rongchengshi*," *Journal of Chinese Philosophy* 37.1 (2010): 67–84。儘管這兩件寫本有助於理解組成《墨子》文獻的原始性質，但卻不應將其視為《墨子》殘篇。亦即是說，它們並非《墨子》從古至今流傳過程中所佚失的一部分文本。

67　羅根澤：〈《墨子》探源〉，收入氏著：《羅根澤說諸子》，頁 101。

68　前 26 年，劉向等人奉命檢閱與校訂皇家收藏的書籍，並為這些書籍各自製造一份校訂本。在完成所有書籍的校訂本以後，劉向撰有一部名為〈錄〉的備忘錄，並隨書上呈皇帝。這份備忘錄最初是那些已編輯完成書籍的後記。東漢之際，這些〈錄〉從所屬之書籍中分離了出來，並匯集為一部名為《別錄》的單篇著作之中。《索隱》在評論《史記·孟子荀卿列傳》一段關於墨子的簡短傳記時，引用了《別錄》中劉向為其所編之《墨子》所寫的一段文字，見司馬遷：《史記》，卷七十四，〈孟子荀卿列傳〉，頁 2340。

即篇章之意）。[69]

　　然而，今本《墨子》僅 53 篇。[70] 其餘 18 篇很可能在後來文本流傳的過程中佚失了。在六世紀早期之前的某個時候，當這部書被轉抄至一套多卷帛書上時，這 18 篇已經不包含在《墨子》一書之中。[71] 然而，這些篇章亦同樣有可能從未被收入劉向所編的版本中。[72] 劉向可能只是在目錄中根據他的瞭解，指出那些「佚」篇本應存在的位置而已。[73] 他作出這種判斷可能部分基於以下看法：墨家十條基本教義都各自由三篇不同的篇章表述，雖然他無法指認其具體所處篇章。如果這個解釋是正確的，就意味漢代皇家書目採用了劉向目錄所統計的篇章，然後再計入《墨子》那 18 篇並不存於漢代文本之中的篇章。

　　《墨子》的 53 篇篇章傳統上被分成五組。文本並沒有以任何正式方法來標注各組之間的分界。但是，據其篇章的形式和內容而劃分不同篇章，故此等分組方法得到學者的普遍認同：

69　見班固：《漢書》（北京：中華書局，1962 年），卷三十，〈藝文志〉，頁 1738。劉向與其子劉歆（卒於 23 年）所撰寫的〈錄〉是劉歆所編文獻目錄《七略》的基礎。後來班固（32–92）在編輯《漢書‧藝文志》時刪減了其中的部分內容。

70　畢沅為最初的 71 個篇章羅列了一份清單，並指出他認為那些佚失的篇章原本應當出現的位置。這份清單為孫詒讓所引，見孫詒讓：《墨子閒詁》，頁 588–594。

71　本章稍後會再討論《墨子》的卷本及佚失的 18 個篇章。

72　這種可能性是葛瑞漢提出的，見 Graham, *Divisions in Early Mohism Reflected in the Core Chapters of Mo-tzu*, 17。亦見 Erik W. Maeder, "Some Observations on the Composition of the 'Core Chapters' of the Mozi," *Early China* 17 (1992): 33–34。

73　後來一些《墨子》版本雖然並不包括已佚亡的篇章，但目錄仍然沿用這種慣例。

（1）第 1 至 7 篇；

（2）第 8 至 37 篇（即「核心篇章」，其中 7 篇已佚）；

（3）第 40 至 45 篇（通常被稱為「辯證篇章」或「邏輯篇章」）；[74]

（4）第 46 至 50 篇（即「墨家之《論語》」）以及與這幾篇有些關聯的第 39 章；[75]

（5）第 51 至 71 篇（即「軍事之篇」，其中僅存 11 篇）。[76]

---

74 有關這些篇章的研究和完整的翻譯，見 Graham, *Later Mohist Logic, Ethics, and Science*; Alfred Forke, *Mê Ti des Sozialethikers und Seiner Schüler philosophische Werke* (Berlin: Kommissionsverlag der Vereinigung wissenschaftlicher Verleger, 1922); Ian Johnston, *The Mozi: A Complete Translation* (New York: Columbia University Press, 2010)。他們的譯本都各自收錄了這些篇章。何莫邪在其專著中有一個研究墨家邏輯篇章的專章，見 Harbsmeier, *Language and Logic*, 326–345。此章對於《墨子》的論證方式還有更為廣泛的評論。近年有關邏輯篇章內容的研究見 Chad Hansen, "Mohism: Later (*Mo Jia, Mo Chia*)," in *Encyclopedia of Chinese Philosophy*, ed. Antonio S. Cua（柯雄文）(New York: Routledge, 2003), 461–469。

75 葛瑞漢將第 39 篇（〈非儒下〉）單獨歸為一組，見 A. C. Graham, "*Mo tzu*," in *Early Chinese texts: A Bibliographical Guide,* ed. Michael Loewe (Berkeley: Society for the Study of Early China and Institute of East Asian Studies, University of California, Berkeley, 1993), 337。

76 有關軍事篇章的研究與翻譯，見 Robin D. S. Yates, "The City Under Siege: Technology and Organization as Seen in the Reconstructed Text of the Military Chapters of Mo-tzu," (Ph.D. dissertation, Harvard University, 1980)。佛爾克（Alfred Forke）與張彥（Ian Johnston）在各自的《墨子》譯本也包含了這些篇章的翻譯。亦見 Joseph Needham and Robin D. S. Yates, *Military Technology: Missiles and Sieges*, vol. 5, part 6 of *Science and Civilisation in China* (Cambridge: Cambridge University Press, 1994), 254–485。這部著作包括大量譯文以及對軍事篇章技術詞彙富有洞見的討論。

　　本書【編按：即《墨子》英譯本】的重點為那些構成第 1、第 2 和第 4 組的 36 篇篇章，三組展現出墨家社會與政治哲學的大部分內容。

　　我們已無法得知劉向與同僚在挑選文獻收入《墨子》一書時所依據的原則為何。但審視今本所收錄的廣泛內容，便會發現他們不僅視這部文獻為一部與墨子本人及第一代弟子有關的文集，同時也與墨家以及社會活動中的其他成員有關。他們的關注與活動始於構成「核心篇章」基礎的道德和政治說教，終至包含今本第 40 至 45 章和第 51 至 71 章那些極具技術性的主題。

四、墨學之命運

（一）漢代的墨學

　　對於戰國時代各個哲學流派，一般有著一個相當普遍但值得懷疑的假設。這個假設認為除卻法家以外，其他學派在前三世紀末都因秦始皇及秦相李斯的政策而被壓制了，目的是消除那些可能在知識或其他方面威脅秦朝政權的團體。如果墨者真的像《莊子》、《韓非子》與上述第四組篇章中一些對話所認為那樣，已在楚國北部建立了某種形式的基地，以及如果如〈公輸〉所言，他們聲稱擁有一支私人軍隊一事屬實，則可以想像秦朝官員可能會特別針對墨者及其學說。[77] 即使墨者真的像《莊子》所說仍然倖存於漢代初期，作為一個有正式組織的哲學體系，他們似乎也很快就消失了。漢代沒有任何「墨」或「墨者」人物。王充（27–100）在公元一世紀撰文回顧過去時指出，由

77　見上文頁 262–263。

於墨家學說過於極端又不切實際,所以「廢而不傳」。[78] 但人們可能會好奇,在學派與類似組織已不復存在的情況下,劉向用以編訂《墨子》、豐富多樣的文本材料是如何被一直保存至前一世紀的。

另一個有關早期中國思想史、可疑但又普遍的假設,是墨家教義與其他學派學說一同融入了前二世紀興起的儒家集大成學說。我們固然能在漢代「儒者」諸如公孫弘(前 200–前 121)和董仲舒(約前 179–約前 93)的政治學說中,找到墨學影響的證據,[79] 但是,墨學與儒學思想的糅合並非漢代首創。《呂氏春秋》中的一些段落表明,從大約前三世紀中期開始,人們已試圖在過去對立學說之間尋找共同的基礎。[80] 另一值得注意的是,即使儒學在漢代已取得支配地位,依然可以看到零星具有特色且未經改造的墨家思想觀點。根據《漢書·楊王孫傳》記載,楊王孫在死前(前二世紀晚期)指示其子以布囊盛其裸屍,並將布囊置於一個沒有任何棺槨或其他傳統陪葬品的墓穴之中。[81] 祁侯對楊王孫如此簡陋地埋葬其屍體的做法

---

78 《論衡·案書》,見王充著,黃暉校釋:《論衡校釋》(臺北:臺灣商務印書館,1968 年),卷二十九,〈案書〉,頁 1161;亦見 Alfred Forke: *Lun-heng: Part I, Philosophical Essays of Wang Ch'ung* (Leipzig: Harrassowitz, 1907), 461。

79 有關儒墨思想之「混合」,見福井重雅:〈前漢における墨家の再生 —— 儒教の官學化についての一試論〉,《東方學》第 39 期(1970 年),頁 1–18。

80 本章「第 1 組的篇章」一節亦討論相同段落與第 1 組篇章的內容。

81 《漢書·楊胡朱梅云傳》,見班固:《漢書》,卷六十七,〈楊胡朱梅云傳〉,頁 2907。楊王孫的願望在漢代環境下是很不尋常的,而毫無疑問這就是《漢書》為他作傳的原因。漢代滅亡之後,形勢有所不同。魏國建立者曹操(155–220)頒布了一條法令禁止厚葬。據柏夷所說,「這項簡樸的措施對後來的魏晉帝王,以及許多

感到困惑，於是問楊王孫為何不允許其子執行一般子女所應當
執行的葬禮。楊王孫在沒有說明出處的情況下，引用《墨子‧
節葬》中堯的儉樸葬禮作為回應，表示屍體應由簡單的裹屍布
所包裹，並被置於一副棺木之中。這副棺木由一些劣等的木材
所製，再以葛藤束此棺。[82]

　　隨著三世紀初漢朝分崩瓦解，以及認識到儒學在某種程
度上失敗了，人們重新燃起對墨學以及其他早期思想學派的興
趣。儒家學者似乎為了阻止墨者任何獲得支持者的企圖而迅速
地行動起來，對墨家展開抨擊。在三世紀上半葉的某個時刻，
一位無名氏，或為王肅（195–256），創作了《孔叢子》。正如
其標題所示，此書涉及截至二世紀早期為止，孔子眾多後人的
生活與學說。[83] 其中一章名為〈詰墨〉，這位無名氏假稱出於孔
子第八代孫孔鮒（前 264– 前 208）之筆，該篇駁斥《墨子‧
非儒下》中針對孔子所作的人身攻擊，並認為它錯誤且不合時
宜。[84]

貴族的葬禮產生了明顯影響。可以從考古與文獻記載中薄葬之人
的『遺囑』數目這兩方面證明這一點」，見 Stephen R. Bokenkamp,
Ancestors and Anxiety: Daoism and the Birth of Rebirth in China
(Berkeley: University of California Press, 2007), 54。柏夷也指出曹
操的繼位者曹丕生前亦曾立下這種遺囑：「他深刻瞭解漢代那些實
行厚葬帝王的命運。在他看來，厚葬使得他們的陵墓被盜，並玷污
了他們的遺骸。」曹丕的觀點更似與《呂氏春秋》相呼應，而非《墨
子》反對厚葬的論點。

82 《墨子‧節葬下》。楊王孫對堯葬禮的描述糅合了《墨子》對堯之葬
　　禮以及同一段中對禹之葬禮所作描述。

83 歐永福完整而詳細地考察了這個文本的性質、年代與作者，見
　　Yoav Ariel, *K'ung-Ts'ung-Tzu: The Kung Family Masters' Anthology:
　　A Study and Translation of Chapters 1–10, 12–14* (Princeton:
　　Princeton University Press, 1989), 3–69。

84 孔鮒：《孔叢子》，卷六，〈詰墨〉，頁 1 上 –3 下。歐永福亦有關

（二）墨子的道家形象

儘管墨子的聲譽受到一些人的詰難，但其他人則奉其為一位神異的化身。葛洪（283–343）這位著名的神仙傳記作者，同時也是神秘文獻的專家，在大約 310 年撰寫了《抱朴子》一書，其「內篇」所列舉道家典籍目錄中有一部名為《墨子枕中五行記》的文獻。[85] 同一章後文，葛洪描述這部依託墨子的作品，其要旨為：「其法用藥用符乃能令人飛行上下，隱淪無方，含笑即為婦人，蹙面即為老翁，踞地即為小兒，執杖即成林木。」[86]

於此篇的討論（不過他錯誤地將題目寫成 "Ch'i Mo"），見 Ariel, *K'ung-Ts'ung-Tzu: The Kung Family Masters' Anthology: A Study and Translation of Chapters 1–10, 12–14*, 59–60。《孔叢子》此篇認為一段不見於〈非儒下〉、對孔子所作的誹謗是由墨子所提出的。此篇的結尾提到一位名曰曹明而不知其詳的人物，他在評論時認為「孔鮒」對墨子的批判是無可置疑的。

85 《抱朴子・遐覽》，見王明：《抱朴子內篇校釋》（臺北：里仁書局，1981 年），卷十九，〈遐覽〉，頁 305。康若柏撰有葛洪的傳記，見 Robert Ford Campany, *To Live as Long as Heaven and Earth: A Translation and Study of Ge Hong's Traditions of Divine Transcendents* (Berkeley: University of California Press, 2002), 13–17。施舟人與傅飛嵐的著作則討論葛洪所編的道教典籍目錄，見 Kristofer Schipper and Franciscus Verellen, ed., *The Taoist Canon: A Historical Companion to the Daozang* (Chicago: University of Chicago Press, 2004), 8–9。

86 《抱朴子・遐覽》，見王明：《抱朴子內篇校釋》，卷十九，〈遐覽〉，頁 309。此處只引用整段文字的一部分而已，而康若柏則有整段文字的翻譯，見 Campany, *To Live as Long as Heaven and Earth: A Translation and Study of Ge Hong's Traditions of Divine Transcendents*, 330。在《抱朴子》稍前的部分，葛洪將這部「五卷」作品列入「道經」的書單之中。見王明：《抱朴子內篇校釋》，卷十九，〈遐覽〉，頁 305。《抱朴子》的另一篇，〈金丹〉使用甚長的篇幅羅列煉丹方法，其中葛洪記有「墨子丹法」：「汞及五石液於

　　這部文獻的文字將墨子神化為一位深諳煉丹術的道家大師，並稱他為「得地仙」。[87] 葛洪顯然受到傳世的墨子論著與其他關於這位古老思想家的秘事啟發，而撰寫了《神仙傳》中那篇有關墨子的傳記。這篇傳記敘述墨子在 82 歲時如何遠離世俗來到一座神山。在這座山上，一位仙人向他「授以素書、朱英丸方」，墨子因而得到了「道靈教戒」的指導。在煉成仙丹、並將從神人處所習得的精髓寫成《五行記》之後，墨子便「乃得地仙，隱居以避戰國」。[88]

銅器中，火熬之，以鐵匕攪之，十日還為丹，服之一刀圭，萬病去身，長服不死。」見王明：《抱朴子內篇校釋》，卷四，〈金丹〉，頁 72。

87　Campany, *To Live as Long as Heaven and Earth: A Translation and Study of Ge Hong's Traditions of Divine Transcendents*, 329。在此書的他處，作者極富權威地概括了有關墨子變成一位道家神仙的文獻，見頁 329–333, 508–510。另一重要的研究為杜潤德基於其 1975 年博士論文頁 326–334 所修改而成的文章：Stephen W. Durrant, "The Taoist Apotheosis of Mo Ti," *Journal of the American Oriental Society* 97.4 (1977): 540–546。【編按：其博士論文為 Stephen W. Durrant, "An Examination of Textual and Grammatical Problems in Mo Tzu," (Ph.D. dissertation, University of Washington, 1975)。】亦見 Forke, *Mê Ti des Sozialethikers und Seiner Schüler philosophische Werke*, 38–39。

88　康若柏翻譯了這篇篇幅不長的傳記，並針對其年代及其真偽作出了批判性的注釋，見 Campany, *To Live as Long as Heaven and Earth: A Translation and Study of Ge Hong's Traditions of Divine Transcendents*, 329, 508–509。墨子在《神仙傳》中的傳記之所以能保存下來，據信僅僅是因為《太平廣記》在合併《墨子·公輸》的材料後，以一種擴展的形式引用了這篇傳記，見李昉等編：《太平廣記》（北京：中華書局，1961 年），卷五，〈神仙五〉，頁 2。由於《太平廣記》是一部宋代早期的文獻，所以有理由懷疑那些被認為是來自《神仙傳》材料的真實性。另一篇有關墨子的傳記資料見於《三洞群仙錄》，見陳葆光：《三洞群仙錄》，卷十六，頁 3

　　墨子究竟有哪些特質受到道家學者的注目？他的一小部分吸引力至少與《墨子・公輸》所載一段關於前三世紀墨子的描述有關。該章將墨子形容為具有魔法力量之人。其他文獻則提及他的技巧：由他製造的木鳶能夠連飛數日而不落地。[89] 但是，道家對墨子的接受亦同時建基於其他更為複雜的原因。葛洪從他的老師鄭隱處得到了其道家著作目錄中所列之書，並聲稱鄭隱亦是承自葛洪自己先祖葛玄（164–244）的收藏。而且，葛洪所學之道家學說主要是漢代那些通過煉丹來求得長生不老的做法。這些做法所代表的道家，比天師道那種教團組織更為古老，而後者在 317 年之前尚未進入其時葛洪所生活的中國南部地區。漢代的道家做法之所以出現，至少一部分是源於「漢代儒家排斥道家從而導致這兩種傳統分離」。[90] 這些都顯示《墨子枕中五行記》與其中所見對墨子的神化很可能是從二世紀晚期或三世紀早期開始出現的，其不但與漢代道家學者對煉丹與成仙的濃厚興趣有關，而且也與漢代儒家學者之間的衝突不無關係。而正如《孔叢子》對墨子的駁斥所證實的，墨子仍然是儒家的強大對手，故對道家來說，再沒有比墨子更好的夥伴了。[91]

上 –3 下。這是一部陳葆光編輯的仙人傳記，並附有林季仲在 1154 年撰寫的序言。由於該傳記沿用自《太平廣記》，而在內容上只有一些次要的不同，因此它對道家墨子的敘述亦可能不早過宋代。在 2010 年 7 月 20 日的一次私人交流中，澳洲國立大學的裴凝博士（Benjamin Penny）提醒我，將《神仙傳》作為早期道家仙人傳記可能存在一些問題。

89　見 Knoblock and Riegel, *Mozi*, 477。

90　前文對葛洪之道家思想的描述，包括這段有關儒道衝突的引文均借自施舟人與傅飛嵐的著作，見 Schipper and Verellen, eds., *The Taoist Canon*, 8–10。

91　這些原因也可能說明《墨子》為何會包含在道經之內，詳下。

　　天師道這種宗教形式在四世紀稍晚進入南方以後，墨子便
維持了在道家界中的崇高地位。因此墨子獲得飛升之術三見於
《真誥》這部由陶弘景（452–536）編纂、收集不同天啟與其他
道教文獻的文集。陶弘景是一位煉丹術士，以中國南方江蘇省
茅山為中心的道教學派的「首席天才」。[92] 此外，《隋書・經籍
志》將《墨子枕中五行記》收錄於「醫方」類中，而《隋志》
在一定程度上賴以為據的南梁書目很可能即是如此。[93]

　　難以確定墨子的神化形象在隋代之後延續了多久。託名墨
子的《枕中五行記》不見於唐代官方書目之中，但可能以一個
省略的標題（《五行記》）見於宋代鄭樵（1104–1162）的《通

92　司馬虛已對陶弘景的編輯工作做了著名的研究，見 Michel
　　Strickmann, "The Mao-Shan Revelations: Taoism and the
　　Aristocracy," *T'oung Pao* 63.1 (1977): 1–63; "On the Alchemy of T'ao
　　Hung-ching." in *Facets of Taoism: Essays in Chinese Religion* eds. H.
　　Welch and A. Seidel (New Haven: Yale University Press. 1979), 123–
　　192; and *Le Taoïsme du Mao Chan* (Paris: Collège de France, Institut
　　des hautes études chinoises, 1981)。康若柏概括了墨子之名在《真
　　誥》中的三次出現：他吞下「虹丹」使自己（？）可以投入水中；《真
　　誥》又將他視作憑絕對的「篤志」而成仙的例子；以及將他列為數
　　位「服金丹」並預言死期將臨的實踐者之一。見 Campany, *To Live
　　as Long as Heaven and Earth: A Translation and Study of Ge Hong's
　　Traditions of Divine Transcendents*, 509–510。關於陶弘景與《真誥》
　　之天啟背景，見司馬虛的著作。
93　《隋書・經籍志》列有《墨子枕內五行紀要》，見魏徵、令狐德棻：
　　《隋書》（北京：中華書局，1973 年），卷三十四，〈經籍志〉，頁
　　1043。《隋書》目錄所列之標題與葛洪列表中的題目略微不同。在
　　《隋書》「五行」類這個主要涵蓋五行宇宙觀的部分，編撰者提到一
　　部名為《五行變化墨子》的著作，見魏徵、令狐德棻：《隋書》，
　　卷三十四，〈經籍志〉，頁 1038。該書收錄於阮孝緒所撰的梁代書
　　目，而非隋代書目之中。關於阮孝緒的書目，見下文注 99。

志》中。[94] 此外，在自 906 年唐朝滅亡至 960 年宋代建立之間
的五代時期，據說後唐莊宗（923–926 在位）十分喜愛一名「魏
州妖人」，名曰楊千郎，因為他「自言有墨子術，能役使鬼神，
化丹砂、水銀」。[95]

　　無論如何，墨子在唐代似乎重新獲得了作為孔子的反對者
這個舊有的角色，這是因為墨子的生涯和聲望正是韓愈（768–
824）〈讀《墨子》〉一文所涉及的內容。韓愈指出，雖然儒家批
評墨家尚同、兼愛、尚賢、明鬼這些學說，但孔子的教育與墨
子的主張是完全相同的：「儒、墨同是堯、舜，同非桀、紂。」
韓愈總結說，墨子與孔子的聯繫是如此緊密，以至於如果它們
不互相支持，它們便「不足為孔、墨」。儘管韓愈融和孔、墨
的評論溫和且有分寸，但由於他敢於提出墨子與孔子具有可比
性，故他受到後來、尤其宋代儒家學者相當大的批評。[96]

（三）唐宋時期對墨子的認識

　　韓愈對墨子哲學的認識乃建基於《墨子》尚未在唐代遭到
「神化」的文本。在六世紀早期，即可能是南梁時期，劉向所
編《墨子》文本中的「篇」已被轉抄至絲質的「卷」上。[97] 很

---

94 《通志・藝文略》在「道家」的「符籙」類下列有《墨子枕中
　　記》一卷，見鄭樵：《通志》（上海：商務印書館，1935 年），卷
　　六十七，〈藝文略〉，頁 790。

95 《新五代史・唐太祖家人傳》，見歐陽修：《新五代史》（北京：中
　　華書局，1974 年），卷十四，〈唐太祖家人傳〉，頁 151。

96 張永義：《墨子與中國文化》（貴陽：貴州人民出版社，2001 年），
　　頁 340。

97 庾仲容（476–549）在編撰其《子鈔》時所查閱的文獻有《墨子》
　　16 卷。這份清單保存在高似孫（1184 年進士）的《子略》中。《墨
　　子》條目見高似孫：《子略》（上海：中華書局，1927 年），卷一，
　　頁 10 下。這 16 卷包括 15 卷正文與 1 卷目錄，這種劃分顯然源於

明顯，這部寫在絹綢上、共有十五卷正文與一卷目錄的寫本僅包含流傳至今的 53 篇，而無佚失的 18 篇篇章。這些書卷的實際篇幅使得它們無法容納轉抄而來的篇章及佚失的篇章，故需要額外的書卷來抄錄所有的篇章。[98]《隋書・經籍志》載《墨子》共有十五卷，此本很可能與梁代的本子相同。[99]

　　新、舊《唐書》的〈經籍志〉亦錄有《墨子》「十五卷」的條目，所指者可能與《隋書・經籍志》所載一樣，是同一個梁代的本子。[100] 從唐代直至明初，這個校訂本的流布可能受到了限制，並在一定程度上被一個三卷本的節本《墨子》所取代。這個節本只有 13 章，包括全本中開頭 7 章，以及〈尚賢〉

卷本以降的目錄記載。

98　例如，卷八包含了〈明鬼〉與〈非樂〉三元組中尚存的篇章。如果如目錄所示，它也包含〈明鬼〉已經佚失的兩個篇章，那麼卷八所收錄的文本所佔篇幅，應當約為目錄所認為的完整書卷的兩倍。梅德（Erik W. Maeder）提出了類似的意見，並推斷「現在認為已佚亡的幾篇在這部文獻於東漢至隋代之間被轉抄至書卷之前的某個時期已經佚失」，見 Maeder, "Some Observations on the Composition of the 'Core Chapters' of the *Mozi*," 33。梅德亦提供了一個有用的表格，顯示當《墨子》被轉抄至書卷時，那些篇章是如何被分類的。羅根澤持相反意見，見〈《墨子》探源〉，收入氏著《羅根澤說諸子》，頁 100。他認為十篇軍事篇章是在唐宋之間的某個時期亡佚，而包括〈非儒上〉在內的三元組中所缺失的 8 篇則是在十二世紀早期、宋人南遷時散佚。

99　見魏徵、令狐德棻：《隋書》，卷三十四，〈經籍志〉，頁 1005。隋代書目的編者使用了阮孝緒（470–549）所編梁代皇家藏書室的書目《七錄》。其中卷數作 15 而非 16 一事，僅僅表明梁和隋代的書目沒有將目錄計算在總卷數之中。

100　劉昫等：《舊唐書》（北京：中華書局，1975 年），卷四十七，〈經籍下〉，頁 2032；以及歐陽修、宋祁：《新唐書》（北京：中華書局，1975 年），卷五十九，〈藝文三〉，頁 1533。

與〈尚同〉上、中、下一共 6 個篇章。[101]

　《墨子》全本之所以得到保存，在於宋代《道藏》一併收錄了它與另外一些諸如《韓非子》等先秦的哲學文獻。[102] 雖然宋代兩種版本的《道藏》並未保存下來，但收錄在 1445 年出版的明代《道藏》中的《墨子》，卻避諱卒於 997 年的宋太祖本名「匡」。這說明這個文本即使不是同時被收錄於兩個宋代《道藏》的版本中，至少可見於其中一個版本之中。[103] 所有今本《墨子》都源於明代《道藏》的版本。這表明十五卷本在唐代至明代的期間極其罕見，這很可能是三卷刪節本普及的結果。[104] 上文所述墨子被道教徒神化的原因或許也有助於解釋為

<hr />

101　這部《墨子》刪節本最早見於南宋目錄《中興館閣書目》中，當中提到這個版本附有樂臺（六世紀？）的注釋。中國國家圖書館藏有一部題為《墨子三卷明抄黃丕烈跋》（不含樂臺注）的明代抄本，見欒調甫：《墨子研究論文集》（北京：人民出版社，1957 年），頁 147–158。亦見孫詒讓所引、畢沅對《墨子》目錄之注釋，《墨子閒詁》，頁 595；以及 Graham, *Later Mohist Logic, Ethics, and Science*, 68, and Graham, "Mo tzu," 336。

102　Schipper and Verellen ed., *The Taoist Canon: A Historical Companion to the Daozang*, 26–35。施舟人和傅飛嵐概括了《道藏》的編纂歷史。他們又在同書的頁 63–64 討論了《道藏》本《墨子》與《韓非子》。

103　Durrant, "An Examination of Textual and Grammatical Problems in *Mo Tzu*," 320.

104　施舟人和傅飛嵐描述了《道藏》本《墨子》15 卷的篇章的劃分，這種篇章的劃分與今本完全相同，見 Schipper and Verellen eds., *The Taoist Canon: A Historical Companion to the Daozang*, 63。《道藏》本沒有注釋和目錄。據孫詒讓所引，畢沅整理了一個明代《道藏》本及其他由此衍生的明代版本的《墨子》目錄，見《墨子閒詁》，頁 588–594。葛瑞漢推斷在四世紀至十四世紀期間，完整的《墨子》僅有非常有限的流通，並為這個結論作出解釋，見 Graham, *Later Mohist Logic, Ethics, and Science*, 68–69。

何《道藏》會收錄《墨子》一書。將墨子視為儒家的反對者，或許是一個特別令人信服的原因，而這亦可以解釋為何幾乎同樣反對儒家的《韓非子》會被收錄於《道藏》。

（四）明清之重估

明清兩代的許多文章顯示，對當時很多思想家來說，縱使並非臭名昭著，墨子值得注意的唯一原因也只是因為他是孔子的反對者。程瑤田（1725？–1814）等學者都普遍擔心，兼愛及其他墨家學說在教育合宜協調的社會責任感方面所造成的負面影響。[105] 但對墨學的評價在十七世紀已經開始出現變化。這一變化的一個重要部分便是傅山（1607–1684）對文本中的邏輯或辯證篇章的「再發現」。雖然傅山研究所關注的是〈大取〉，但他的研究有助於表明《墨子》文本保存了古代重要的科學、數學和論辯傳統。後來，鄒伯奇（1819–1869）、陳澧（1810–1882），以及追隨他們步伐的二十世紀學者對這些傳統進行了更詳細的探索。[106]

傅山對〈大取〉的研究是最早對《墨子》進行文本分析的工作之一。就此而論，有關研究可被視為清代文獻學這項規模

---

105 雖然未能正確地指出程瑤田的反墨情緒，但以下著作還是提供了一些相關描述：Annping Chin（金安平），*The Authentic Confucius: A Life of Thought and Politics* (New York: Scribner, 2007), 111–112。艾爾曼（Benjamin A. Elman）討論了程瑤田學術生涯的其他方面，見 Benjamin A. Elman, *From Philosophy to Philology: Intellectual and Social Aspects of Change in Late Imperial China* (Cambridge: Council on East Asian Studies, Harvard University, 1984), 182–184。

106 關於傅山、鄒伯奇與陳澧在理解邏輯篇章上所作的學術貢獻，見 Graham, *Later Mohist Logic, Ethics, and Science*, 70–71，以及張永義：《墨子與中國文化》，頁 337–339、347–348。

更為宏大的事業的一部分。這門學問認為這一文本不僅保存了具爭議性的哲學，也是先秦語言及語言運用的一個重要樣本。在此語境下，文獻學家仔細檢視了《墨子》這部古老的文獻，而墨子的人格與哲學家的身分卻在這部書籍面前黯然失色。

因此，從畢沅（1730–1797）[107]與汪中（1744–1794）[108]開始，包括當時在文獻學方面最具權威的學者，如王念孫（1744–1832）等人，[109]一代又一代的學者都將《墨子》視為一部古書，且加以調查與分析，並試圖消除其中積累了數個世紀的文本錯舛和訛誤。尤其是汪中，他對《墨子》文本的研究對於「把孔子從儒家文化心目中至高無上的地位上趕下了臺」尤其重要。[110]

清代眾多有關這部文本的研究與評論中，孫詒讓（1848–1909）的《墨子閒詁》是巔峰之作。這部著作最早出版於 1895年。[111]難以在較為廣闊的層面上誇大他對《墨子》文本與墨家哲學研究所作貢獻的重要性。孫詒讓「一流的注釋」幫助解決

---

107 畢沅相當依賴孫星衍（1753–1818）等人的研究，見 Elman, *From Philosophy to Philology: Intellectual and Social Aspects of Change in Late Imperial China*, 108；以及 Graham, *Later Mohist Logic, Ethics, and Science*, 70。

108 汪中對文本的研究已經失傳。孫詒讓引用了他的序言，見孫詒讓：《墨子閒詁》，頁 617–621。

109 王念孫在 1831 年出版《讀書雜志》。這部著作包括了 6 卷對《墨子》所作的解釋，而孫詒讓在其注釋中則全數收錄了當中的內容。

110 艾爾曼討論了汪中復興墨子和荀子，並以此作為對抗道學正統思想之手段的願望，見 Elman, *From Philosophy to Philology: Intellectual and Social Aspects of Change in Late Imperial China*, 76。

111 另外兩部文體相同的重要作品為吳毓江：《墨子校注》（北京：中華書局，2006 年）、王煥鑣：《墨子集詁》（上海：上海古籍出版社，2005 年）。葛瑞漢描述了吳毓江之研究的重要意義，見 Graham, *Later Mohist Logic, Ethics, and Science*, 74–75。

了人們在解釋上的基礎難題，而正是這些難題阻礙了對墨家社會和政治哲學有關的篇章作出圓滿的理解和評價。本書已翻譯了有關篇章。孫詒讓的著作，引用葛瑞漢的話，也「為所有來訪者開放了《墨經》的密室」。[112]

（五）墨子在二十世紀

孫詒讓使《墨子》成為了一個易於憂國憂民之志士所用的資源。從清王朝沒落，到 1912 年中華民國成立的這段時期裡，他們探索著各種方案來解決這個國家在經歷將近一個世紀的社會動亂、政府無能與西方侵略之後所面對的問題。其中的兩位領袖人物是梁啟超（1873–1929）與胡適（1891–1962）。他們將目光轉向《墨子》，尋求西方科學主義與社會學的中國回應以及在中國的對應之物。墨家教義中有許多內容為更早世代的思想家所牴觸，然而在梁啟超、胡適及一大群知識分子試圖設計出中國現代化進程時，卻正是這些教義將墨家哲學介紹給他們。葛瑞漢總結墨學對胡適的吸引力說：

> 正如胡適在其《中國哲學史大綱》的導言中所解釋，為了向西方學習，而又不失其作為中國人之身分，人們需打破儒家的成見，但同時亦須要在中國傳統中找到能指明全新方向的替代品。胡適討論了漢代之前的思想家，因為他「認為他們的思想在所有哲學史和邏輯方法的發展中都是最必不可少的」。他更認為邏輯方法的發展在後期墨家那裡達到頂峰。[113]

112　Graham, *Later Mohist Logic, Ethics, and Science*, 70.

113　Graham, *Later Mohist Logic, Ethics, and Science*, 72.

　　梁啟超曾從孫詒讓手上得到一部《墨子閒詁》。他主張為創造一個「新中國」，有必要「根除」由儒學發展而來的思想體系，而代之以養成諸如墨家這類古代中國的另類傳統。梁啟超相信，在「再發現」墨子與其他漢代之前的思想家時，中國正在複製十五世紀意大利對古希臘傳統的文藝復興。

　　然而，對梁啟超而言，墨子作為中國民族自豪感的領軍人物這一點尤其重要。他的思想類似於（甚至是超越了）歐洲哲學家諸如湯瑪斯・霍布斯（Thomas Hobbes）的思想，這說明中國早在前五世紀就已出現了足以與十七世紀流行於歐洲的觀念相媲美的學說。[114] 民族自豪感與對「反孔」的探尋，不但激發了梁啟超將目光轉向墨子，也推動了梅貽寶撰寫他那部具有開創性的的《墨子》英譯本，並且進行有關《墨子》的研究。他在 1927 年〈墨子，被忽視的孔子匹敵者〉（Motse, the Neglected Rival of Confucius）一文的前言中說：

　　　　儒學最終從包括墨學在內的各種敵對思想系統對其的壓制中勝出，這對思想界來說是很不幸的。作為

---

114 馬克鋒的〈梁啟超與傳統墨學〉最為詳細地敘述了梁啟超對墨子的癡迷，收入李喜所編：《梁啟超與近代中國社會文化》（天津：天津古籍出版社，2005 年），頁 121–132。亦見 Joseph R. Levenson, *Liang Ch'i-ch'ao and the Mind of Modern China* (Cambridge: Harvard University Press, 1959), 94, 99, 133, and 125, n. 100。在最後的注釋中，列文森寫道：「梁氏特別欣喜『我們的墨子』在思辨的（speculative）成就上比霍布斯（Thomas Hobbes）、洛克（John Locke），以及盧梭（Jean-Jacques Rousseau）等人要早了兩千多年。」葛瑞漢指出：「在《墨子學案》與《墨經校釋》中，梁啟超提出《墨子》與墨家學派（包括其邏輯、科學、功利主義及類似基督教形式的道德和信仰）是與現代中國關聯最為密切的古代模範。」見 Graham, *Later Mohist Logic, Ethics, and Science*, 72。

一門正式學科，墨學在這麼多個世紀中幾乎從未受到關注。但作為一種慣常的生活方式，它早已深深紮根於民族的沃土和人民的品性之中。以下事實進一步證明了這門哲學的生命力，即年輕的中國在現今動盪的時局裡再次熱切地求助於那位在兩千多年前，相當類似的境況下曾給予她教導的古老導師。[115]

胡適、梁啟超與梅貽寶認為墨學思想有價值之處的大部分內容，提供了儒學以外的另類選擇，並且是本土化的利他主義、經驗主義、邏輯推理與實用主義等。當中部分往往都能在之後的數十年間找到知音人。[116] 毛澤東在 1939 年寫給陳伯達（1905–1989）的一封信中，評論了陳伯達對墨家思想所作的研究，這顯示出毛對墨家邏輯，以及他所認為的墨家「唯物主義」根源十分熟悉與入迷。[117]

儘管墨家邏輯得到當時知識分子的廣泛支持，但時人仍然認為這個學派的基本教義是有問題的。郭沫若（1892–1978）在其 1943 年的作品中痛斥墨子：

> 墨子始終是一位宗教家。他的思想充分地帶有反動性——不科學，不民主，反進化，反人性，名雖

---

115 Yi-Pao Mei, trans., *Ethical and Political Works of Motse* (London: A. Probsthain, 1929), xi.

116 Tse-Tsung Chow（周策縱）, "Anti-Confucianism in Early Republican China," in *The Confucian Persuasion* ed. Arthur Wright (Stanford: Stanford University Press, 1960), 305 and 374, n. 62.

117 陳伯達的論文〈墨子哲學思想〉發表於 1939–1940 年。蔡尚思原文抄錄了毛澤東的信，見蔡尚思：《十家論墨》（上海：人民出版社，2008 年），頁 334–336。

兼愛而實偏愛，名雖非攻而實美攻，名雖非命而實皈
命。像他那樣滿嘴的王公大人，一腦袋的鬼神上帝，
極端專制，極端保守的宗教思想家，我真不知道何以
竟能成為了「工農革命的代表」！[118]

郭沫若的文章既是一種有目的之挑釁，也是一種事實的反
映，即在共產主義革命的醞釀期，無論是否贊成，墨家學說在
討論到社會與政治方針時都曾得到認真考慮。

1949 年以後的墨學研究依然熱誠地致力解釋文本及揭示
墨家教義與當代社會的關係。除了在社會與政治動盪時期學術
活動受到普遍性中斷之外，新的研究依舊方興未艾。儘管需要
謹慎地斥責並明確標識出那些表現出迷信與其他形式的封建思
想的部分，大部分研究都將刻意選擇《墨子》作為唯物主義及
集體奮鬥的代表。隨著中國正在滿懷經濟發展與社會改革的宏
偉計劃而奮發向前，人們對墨子及其學派的興趣也並未日薄西
山。[119] 然而，墨學思想對當代中國之價值和影響的恰當評價，
最好還是由那些賢能之士為之。[120]

---

118 郭沫若：〈墨子的思想〉，收入氏著：《青銅時代》（北京：人民出
版社，1954 年）。蔡尚思摘錄了這篇文章的內容，見蔡尚思：《十
家論墨》，頁 136–152。

119 二十世紀 80 年代晚期形成的「墨子學會」是最佳反映。到目前為
止，這個組織一共舉行了七次會議（每三年舉行一次，而近年則
為每兩年一次），並出版了所有會議的論文集。中國人民解放軍成
員積極參加這個學會，這顯示對墨學論證的強烈興趣有利於強大
的國防。

120 比如張永義：《墨子與中國文化》，頁 368–380。

五、政治與道德篇章中的哲學

接下來的討論將檢視《墨子》政治與道德篇章的結構和內容，以及相關的成書年代與其他相關問題。這些篇章包括上文所提及的第 1、第 2 和第 4 組。由於通常認為第 2 組的篇章包含書中成文最早的段落，故先來討論第 2 組的內容，隨後再討論第 1 組與第 4 組。

（一）第 2 組的篇章

人們習慣將第 2 組的篇章稱作「核心篇章」，因為其中專門闡釋十條墨學的基礎教義。正如這些篇章的標題所顯示，這些教義分別為「尚賢」、「尚同」、「兼愛」、「非攻」、「節用」、「節葬」、「天志」、「明鬼」、「非樂」、「非命」。

正如《墨子》文本所言，許多教義的名稱似乎是一些口號，包括「尚同」、「兼愛」、「節用」、「節葬」與「天志」。一些口號是命令性的，包括「尚賢」、「非攻」、「非樂」與「非命」。這些口號呼籲人們去稱讚某人某事，或更多時候是對之作出指責。與其他篇章相比顯得寡然無味的「明鬼」，其標題也作「事鬼」和「右鬼」。考慮到其他九項教義的名稱都帶有論辯的特性，故後兩個選項可能更為合適。[121]

在〈魯問〉篇中，墨子在與一位弟子談話時，提到人們應該運用這十條教義的具體場合：

---

121 《墨子·魯問》作「事鬼」，而「右鬼」則見於《淮南子·氾論》，見劉文典：《淮南鴻烈集解》，卷十三，〈氾論〉，頁 436；亦見 Major et al., *The Huainanzi*, 501；以及見班固：《漢書》，卷三十，〈藝文志〉，頁 1738。又見 Knoblock and Riegel, *Mozi*, 443。

> 凡入國，必擇務而從事焉。國家昏亂，則語之尚
> 賢、尚同。國家貧，則語之節用、節葬。國家憙音湛
> 湎，則語之非樂、非命。國家淫僻無禮，則語之尊
> 天、事鬼。國家務奪侵凌，則語之兼愛、非攻。非曰
> 擇務而從事焉？（〈魯問〉）[122]

　　這段文字的寫作時間很可能比「核心篇章」中的大部分內
容都要晚。正因如此，應當視之為根據部分墨家成員對這些教
義起源與意義的理解而作出之回顧性考察。它認為這十條教義
全由墨子提出，並視其為解決一國之內五種互不相關的問題的
方法。[123] 惟鮮有證據能支持這種對十條教義起源的解釋。雖然
「核心篇章」所引用的墨子原話提到十條教義中的八條，然而
這些引語的史實性很值得懷疑。這些引語更有可能是編造出來
的，其目的是使有關篇章在引用墨子原話時，能增加當中對於
墨家教義解釋的權威性。[124]

---

122 〈魯問〉。需要注意的是，除了「事鬼」這個與今本有別的篇題之
　　外，這段文字還以「尊天」代替「天志」。

123 《漢書・藝文志》對《墨子》核心教義的起源提出了另一種解釋：
　　「墨家者流，蓋出於清廟之守。茅屋採椽，是以貴儉；養三老五
　　更，是以兼愛；選士大射，是以上賢；宗祀嚴父，是以右鬼；順
　　四時而行，是以非命；以孝視天下，是以上同。」《漢書・藝文志》
　　對其他哲學流派的官僚化起源亦作了類似的描述。一切有關描述
　　很可能都來自劉向與劉歆之作品。關於這對父子的資料，見上文
　　注 68、69。亦見班固：《漢書》，卷三十，〈藝文志〉，頁 1738；
　　以及 Lucius Chapin Porter, *Aids to the Study of Chinese Philosophy*
　　(Beijing: Peking Union Medical College, 1934), 62。

124 〈尚賢上〉、〈尚同下〉、〈非攻下〉、〈天志中〉都有有關墨子學
　　說的引文，以從篇章標題所見名稱來指稱那些教義。但在〈兼愛
　　中〉，墨子提到的是「兼相愛」；在〈節葬下〉，是「埋葬之有節」；
　　在〈明鬼下〉，是那些「不明乎鬼神之能」者；以及在〈非命上〉，
　　「執有命者之言不可不非」一事。

墨家哲學不僅涉及與一國相關的問題，如上引文字所言，也想像一個世界，在這一世界通過諸如兼愛等教義的實踐而得以克服包括各國之間疆界在內的地理與行政分歧。因此，我們必須考慮到另一種可能性。這種可能性認為，由於墨家哲學變得越來越綜合，也越發關注前五世紀至前三世紀社會與政治的現實，故這十條教義是隨著時間推移而逐漸出現的。同時，這些教義成為了一種涉及創造、維持與治理機構的哲學的一部分。這些機構超越自然與人為的分界，並將戰國時代眾多國家包含在一個統一的整體之中。

這一哲學的核心是「兼愛」的教義，它最初是為了反對那些提倡利己重要性的人而提出。或許是因為如此的呼籲遭遇到反對的聲音，該教義因此被加以重新修改。修改後的教義不再像過去那樣強調消除利己，而更加著重即使要自我犧牲，也要使其他與自己毫無家庭聯繫與其他個人關係的人得益。這正是孟子在前四世紀後半葉聯繫至墨子的哲學。孟子將墨子和楊朱進行對比，並聲稱：「楊子取『為我』，拔一毛而利天下，不為也。」[125] 墨子兼愛，摩頂放踵利天下，為之。」[126]

---

125 劉殿爵指出，孟子對楊朱形象的描繪「幾乎可以確定是一種歪曲」，見 D. C. Lau, trans., *Mencius* (Harmondsworth: Penguin Books, 1970), 187, n. 3。

126 《孟子・盡心上》二十六章。類似的文字見於〈滕文公下〉九章。這段文字可理解成墨家與楊朱學派之間存在猛烈對抗的證據。另一段暗示這種對抗的文字是《莊子・駢拇》，見王先謙：《莊子集解》，卷四下，〈駢拇〉，頁 314；Graham, *Chuang-tsŭ: The Inner Chapters*, 200。欒調甫認為楊、墨之間的對抗遠比儒、墨之間的對抗激烈，因此他總結說，當墨子在詆毀與其競爭學派的學說時，不應假定文本中所指的都是儒家，見欒調甫：《墨子研究論文集》，頁 59–67。丹・羅賓斯（Dan Robins）持相同觀點，見 Dan Robins, "The Moists and the Gentlemen of the World," *Journal of*

對於墨者來說，人們應該被引導而接納這種利他主義，鑑於它能有效滿足自己的利己之心。由於兼愛包括互惠主義，故此，若然每個人都能力行兼愛，所有人都能受益。但這並不意味著墨者滿足於人們世故地履行兼愛的要求，而卻自私地執著於自身的利益。在對該教義更為成熟的陳述中（見〈兼愛下〉），可以清楚看到墨者預期關愛他人的體驗能夠滿足「自愛」，亦期望這種體驗能引導人們領會到兼愛的益處，從而化育出自己內心更多利他的傾向與意願。

兼愛這條教義亦被擴大至包括反對大國進攻與吞併較小的鄰國，即呼籲統治者「非攻」的教義。在此教義中，墨者構想出一個統一帝國，沒有國與國之間的邊界和狹隘的本土忠誠。而要實現，這一帝國應當偃兵息武，而非戰爭征伐。為了創造並維持一個由和平所主導的世界，人們需要勸誡統治者採取上天所展現出的那種無私品德，並以身作則來鼓勵國民同樣力行無私。墨者意識到統治者若要成為這一典範，唯有決心「尚賢」、停止偏袒親屬和寵信之人、並只任用那些善於管治的人，而厚賞其才能與功勞。

獎賞賢能與積累必要的資源來維持龐大政治機構的需求，意味著統治者不得不「節用」，限制自己以及統治精英對資源的佔用。為了向統治者證明良好統治所需花費比奢侈享受與炫耀鋪張更有價值，墨者呼籲政府官員「尚同」，藉此提倡拋開個人利益與地方觀念，而與委任且給予他們俸祿的統治者合作。這種忠誠同時亦能確保一個統一帝國的統治所必須的政策與行為一致性。墨者強調，由於這種一致性乃來源於天，故所

Chinese Philosophy 35.3 (2008): 385–402。關於孟子對墨家「兼愛」學說批評的進一步討論，見 Knoblock and Riegel, *Mozi*, "Appendix C," 396–399。【編按：後改寫作本書的 2.1 章。】

有人都有義務參與其中。通過「天志」中援引上天，以及「明鬼」中提及上天的代理人，墨者宣稱自己詮釋上天旨意的角色。他們進一步宣稱，他們的社會和政治哲學，作為上天意願的展示以及鬼神實施的賞罰，不但實用而有效，而且也是上天的意願所需。

墨者可能意識到積累足夠的物質是使他們的政治計劃更具可行性的一項基本要素，故他們呼籲人們擯除複雜的葬禮、喪禮以及音樂表演來重新提出節用的請求，因為上述活動既奢侈又浪費。這就是他們所構思的「節葬」與「非樂」的教義。在諸如《荀子》、《韓非子》、《莊子・天下》這些前三世紀的文獻中，這些教義與墨子及追隨者緊密相關。[127] 一些統治者相信正是由於他們繼承了崇高的地位，而擁有神授的統治權，遂因此認為自己沒有必要力行節儉或關心國民。基於如此原因，墨者指出，除非這些統治者「非命」並依靠他們自身的努力，否則他們就注定將自己及國家推向最恥辱的下場。墨者實質上相信同樣見於《荀子・天論》之中的關於天、人的區分。這種觀念暗示人們不能依賴上天來完成那些職責在人的工作。

第 2 組中的核心篇章也被稱為「三元組」，這是因為十條

---

127 見李滌生：《荀子集釋》（臺北：臺灣學生書局，1981 年），卷十四，〈樂論〉，頁 459，以及卷六，〈富國〉，頁 208；John Knoblock, *Xunzi: A Translation and Study of the Complete Works* (Stanford: Stanford University Press, 1988–1994), vol. 3, 82, and vol. 2, 127。《莊子・天下》的文字見王先謙：《莊子集解》，卷十下，〈天下〉，頁 1075，以及 Graham, *Chuang-tzǔ: The Inner Chapters*, 276。《韓非子・顯學》的文字見陳奇猷：《韓非子集釋》，卷十九，〈顯學〉，頁 1085。必須注意，孟子已經提到墨家對厚葬的反對。見《孟子・滕文公上》五章與 Knoblock and Riegel, *Mozi*, "Appendix C," 396–399。【編按：後改寫作本書的 2.1 章。】

教義中的大部分教義都是各自通過以三篇為一組，包括「上」、
「中」、「下」三篇的篇章來進行解釋的。人們通常假定，其中
三條教義的四個篇章是不完整的，分歧在於那些篇章在文本流
傳過程中的某個時間佚失了（表 2 總結尚存與佚失的篇章，並
且統計所有三元組篇章的字數）。

表 2：比較十條教義的三個版本

	上	中	下	總數
1.〈尚賢〉	819	2338	1495	4652
2.〈尚同〉	795	2398	1871	5064
3.〈兼愛〉	563	1307	2721	4591
4.〈非攻〉	426	1276	2002	3704
5.〈節用〉	596	572	佚失	1168
6.〈節葬〉	佚失	佚失	2812	2812
7.〈天志〉	1362	2302	2284	5948
8.〈明鬼〉	佚失	佚失	2401	2401
9.〈非樂〉	1540	佚失	佚失	1540
10.〈非命〉	1473	991	1436	3900

＊改編自羅根澤：〈《墨子》探源〉，收入氏著《羅根澤說諸子》，頁 116–117。

　　將這些篇章編排成十組三元組的做法很可能出自劉向之
手。大概他和同僚在調查漢代尚存的墨家文獻時，推斷十條教
義均各自與三篇不同的文本有關。同時，劉向很可能亦是將三
元組稱作上、中、下篇的人。無法斷定劉向編輯的版本是否包
含了完整的三十篇篇章。現在所認為已經佚失的篇章或許並不
在劉向所編版本之中，而由於在大多數情況下，劉向能夠確認
出致力於討論同一條教義的一個三元組，因此那些佚失的篇章

很可能只是一些他假定曾經存在的篇章而已。另一種可能是，假如劉向所編版本包括完整的三十篇篇章，那麼現在佚失的七篇篇章便是在後來文本流傳過程中佚失。

一些學者試圖解釋為何每條教義都由三篇篇章組成。俞樾（1821–1907）在為孫詒讓《墨子閒詁》所作的序言中提出，三篇篇章代表三個墨家支派的三種不同教義版本，三家之名及區別見於《韓非子‧顯學》。[128] 俞樾發現每組上中下三篇均「字句小異，而大旨無殊意者」。職是之故，他依據三家對於十條教義之內涵與意義的立場，認為三家導致了這些密不可分、且互相依賴的篇章。至少可以說，俞樾低估了各篇的差異。

葛瑞漢的《墨子》研究對於這三個墨學支派在創作這些三元組中所起到的作用、這些篇章的性質與相互之間的關係，都提出了不同的想法。[129] 葛瑞漢認為《莊子》有關三個支派互相敵對之描述是真確無誤的。以此為基礎，他假定這些以三篇為一組的篇章，均是在彼此完全獨立的情況下而創作出來的。[130] 他最關心的是，確定某個三元組組合中的篇章如何與其他組合中的篇章產生聯繫，從而在這些三元組的組合中確認三組自成一系的篇章。[131] 在建立這三個系列以後，葛瑞漢描繪出它們所代表的三種互相競爭的哲學。例如，他將其中一個系列的篇章

---

128 孫詒讓：《墨子閒詁》，頁 1。

129 Graham, *Divisions in Early Mohism Reflected in the Core Chapters of Mo-tzu*。對葛瑞漢論點的評論，見 Knoblock and Riegel, *Mozi: A Study and Translation of the Ethical and Political Writings*, "Appendix A," 391–392。

130 葛瑞漢將《莊子》「別」的概念誤釋為「異端」，這使他對墨學三支的宗派主義做出了誇大的理解。

131 葛瑞漢將它們界定為三組篇章的部分原因，是杜潤德對核心篇章之語法所作的開創性研究，見 Durrant, "An Examination of Textual and Grammatical Problems in *Mo Tzu*"。

形容為最激進表達墨家教義的篇章，而另一個系列的篇章在政治現實方面則相比前者稍顯平和，而第三個系列則是因為權宜而作出妥協。據葛瑞漢所說，雖然其中兩個系列的篇章依賴於古代的權威，但另一個系列則並不認為政治問題是一成不變的，故它讚譽聖王解決問題之方法的原因並非因其古老，而是因其明智。[132]

由於葛瑞漢的論述牽涉甚多，難以本章詳細探討。[133] 他假設一個三元組之中的篇章在彼此完全獨立的情況下創作，這是錯誤的。即使只對各篇之中大量重疊的段落與相似的文句進行粗淺對比，即能證明其錯誤。同樣值得質疑的是，他並沒有意識到有些三元組的組合在成書年代上比其他組合要晚，而一個成書年代較晚的三元組之中的篇章可能採用了其他成書年代較早篇章的內容。[134] 最後，不同核心篇章所反映觀點上的差異非常複雜，以至於無法化約為只是同一思想的三個不同部分。儘管葛瑞漢的研究存在若干問題，但他將這些以三篇為一組的篇章視為有著共同語言與論證特點、規模更大，且互相關聯群組

---

132 有關葛瑞漢所劃分的這三組系列，以及他在辨別時所用方法的討論，見 Knoblock and Riegel, *Mozi*, "Appendix A," 391–392。

133 梅德對葛瑞漢的方法既予以肯定，也提出批評，見 Maeder, "Some Observations on the Composition of the 'Core Chapters' of the *Mozi*," 27–82。凱仁與戴卡琳都對葛瑞漢有關核心篇章的研究作出有益的評價，見 Karen Desmet, "The Growth of Compounds in the Core Chapters of the *Mozi*," *Oriens Extremus* 45.6 (2005–2006): 99–118，以及 Carine Defoort, "The Growing Scope of *Jian* 兼：Differences Between Chapters 14, 15 and 16 of the *Mozi*," *Oriens Extremus* 45.6 (2005–2006): 119–140。

134 這種駁雜的情形可以解釋為何第 35 篇（〈非命上〉）與 36 篇（〈非命中〉）與葛瑞漢的方案格格不入。為使其符合自己方案，葛瑞漢改寫了有關篇章，即將其中一篇的內容移至另一篇。

的組成部分，確實為《墨子》的讀者提供了有用的指導。

渡邊卓（1912–1971）和其他學者並不認同三元組篇反映出墨學三個支派存在。[135] 渡邊卓對核心篇章的分析是目前為止所有現代學者中最為全面而詳細的。他對於解釋為何每條教義都分為三篇一事並不感興趣，而是集中於確定同一個三元組之中各個篇章之間，以及十組組合相互之間的關係，旨在為所有篇章提供一個時序排列框架，以幫助重建墨家思想在戰國時期之發展（見表3）。[136]

根據這個框架，〈兼愛上〉成書最早，而〈明鬼〉三元組中僅存的篇章則成書最晚。根據篇章之間文本借用的證據，渡邊氏推斷，「尚賢」、「尚同」與「天志」這三組上、中、下三篇在文本中順序與其寫作時序並不相同。[137] 渡邊氏的分析亦使他認為，文本緊密相連的兩個篇章各自的寫作時間有時相隔很久。渡邊卓的研究並未充分談及為何這種情形見於某些三元組，而不見於其他這個難題。人們唯有自行思忖那些文本寫作的實際情況，有時部分三元組的篇章得以幾乎同時出現，而有時卻甚至相隔一個世紀之久才分別出現。

渡邊氏對各個三元組的繫年與他在此基礎上對文本的細讀

---

135 渡邊卓：《古代中國思想の研究：〈孔子傳の形成〉と儒墨集團の思想と行動》，頁472。王煥鑣也反對三元組代表墨學三支的見解，見王煥鑣：《〈墨子〉校釋商兌》（北京：中國社會科學出版社，1986年），頁40。

136 凱仁概括了渡邊卓的方法論，並指出他有別於葛瑞漢的一些作法，見 Desmet, "The Growth of Compounds in the Core Chapters of the *Mozi*," 103。

137 我個人對這些篇章之間關係的分析，支持渡邊氏對於〈尚賢〉與〈天志〉這兩篇所作的推論。我發現〈尚同〉篇章的順序與它們的成書次序很可能是相同的。

表 3：渡邊卓對核心篇章的編年

	時期	〈兼愛〉	〈非攻〉	〈尚賢〉	〈節用〉
	公元前 400				
		上，14 篇			
早期			上，17 篇		
——	公元前 380			上，8 篇	
	公元前 350	中，15 篇			
			中，18 篇		
中期					上，20 篇
		下，16 篇			
——	公元前 300		下，19 篇		
				中，21 篇	
	公元前 250			下，10 篇	
晚期					
				中，9 篇	
	公元前 220				

＊本表取自渡邊卓：《古代中國思想の研究：〈孔子傳の形成〉と儒墨集團の思想と行動》，頁 653。此表年分與本書【編按：即《墨子》英譯】他處所給的年分並不完全一致，部分原因是渡邊卓在修改與發表其著作的過程中造成了某些出入。

〈節葬〉	〈非樂〉	〈尚同〉	〈天志〉	〈非命〉	〈明鬼〉
		上，11篇			
			上，26篇		
		下，13篇			
			下，28篇		
	上，32篇				
下，25篇		中，12篇	中，27篇	上、中、下，35、36、37篇	
				下，31篇

顯示出，墨家思想經歷了四個階段的發展。這段過程從前五世紀晚期開始，在墨子死後一直持續至前 210 年，即秦朝時期的高峰。[138] 例如，他指出人們可以意識到墨家對「利」這個概念的理解發生了變化。它首先是反對利己，卻在後來轉變成主張一種要求能使所有人和事都獲益的教義。渡邊氏認為如此變化大約發生於墨家思想發展的早期與中期階段，約前 390 至前 300 年之間。與此同時，墨家的論證方式也變得成熟。從最初只是使用包括類推法在內的一些相對簡單的形式來進行論證，發展到純熟地運用基於細緻入微地分析術語與命題所得來的推理與演繹法。墨家思想進化的另一個象徵可以其不斷擴展的世界觀為證。在墨家思想發展早期，〈兼愛中〉的部分文字記有一些關於最鄰近地區的知識。但正如〈節葬〉這個三元組中僅存的篇章對外國葬俗的描述所示，後來的墨家世界觀則也包括了對吳、越這些遙遠南方國家的習俗與行為的認識。渡邊氏的方法中也可辨別出其他模式。例如，墨子在〈兼愛〉和〈非攻〉中被描繪成一位抱怨社會之缺陷與衝突的老師。而〈天志〉三元組所描述的，則是一位令人敬畏，能夠引發神怒來震懾其教義敵對者的人物。[139] 渡邊氏認為，墨家內部眾多對其基本教義提出個別解釋的支派的興衰，是造成這些發展的成因。

---

138 渡邊卓：《古代中國思想の研究：〈孔子傳の形成〉と儒墨集團の思想と行動》，頁 514–518。

139 第 4 組的篇章同樣對墨子有這種冠冕堂皇的想像。在第 49 篇（〈魯問〉）中，他被描繪成一位名聲響亮的政治家，並擔任外交調解人與魯國的保護者。而上文已討論過的第 50 篇（〈公輸〉）則聲稱墨子控制著一支私人軍隊，而他亦願意部署軍隊來對抗即使是楚如此的大國。

（二）第 1 組的篇章

今本《墨子》開首的 7 個篇章組成單獨的一卷。這意味著當劉向本各個篇章最初從一捆捆竹簡轉抄至書卷之上時，這 7 篇是被抄錄於同一卷的。這很可能反映了人們判斷這 7 篇形成一個有別於其他篇章的組合。在形式上，這 7 篇還能分成數個子群。這是因為前 3 篇（〈親士〉、〈修身〉、〈所染〉）並非以「子墨子曰」為開首，但第 4 至 6 篇（〈法儀〉、〈七患〉、〈辭過〉）則以這些字眼開始，而第 7 篇（〈三辯〉）利用儒家一位代表人物所提出的問題進入討論。在三篇沒有以「子墨子曰」作為開端的篇章當中，有兩篇提到一些歷史人物。如果這兩個篇章是以墨子本人之學說的形式呈現，那麼這些歷史人物就時代錯亂了。[140]

第 1 組的 7 篇中有 5 篇以不同方式提及《墨子》一書部分最基礎的教義，如同核心篇章中所述的。第 1 篇（〈親士〉）強調任用一國之內擁有技能且受過良好教育的精英，並與他們保持良好關係的必要性。第 4 篇（〈法儀〉）認為瞭解上天的意願對於善治至為關鍵。第 5 和第 6 篇（〈七患〉、〈辭過〉）共同強調要減省開支。第 7 篇（〈三辯〉）為墨家反對繁複的音樂表演的觀點作出辯護。

與上述篇章相反，第 2 篇（〈修身〉）以修身作為主題，而第 3 篇（〈所染〉）則強調教育及一些歷史人物施及統治者、不論好壞的影響。無論是在核心篇章，還是在文本他處，這些主題都不是重點所在。第 3 篇開頭引用墨子的說話，這段引文使這個篇章得以與全書連結起來。但是，第 2 和第 3 篇在主題上均與核心篇章所表達的《墨子》整體哲學體系格格不入。實

---

140 《墨子·親士》提到吳起死於前 381 年的事，〈所染〉則提到卒於前 286 的宋康。

際上，放在接近全書開首位置的第 2 和第 3 篇，借助揭示修身
與教育歸根究底才是墨家最為關注者。這一點與從核心篇章所
得到的印象恰恰相反，足以修改我們對這部文本的認識。

除卻第 7 篇以外，這組內的所有篇章均為演說體，其中更充
斥著大量在《墨子》他處常見的歷史實例與類比。這些演說為那
些因為國家受到外敵威脅，或因為政權不穩及老百姓貧窮與不滿
而顯得岌岌可危的統治者提供建議。當中似乎充斥著一種緊迫的
氣氛。這或許是它們出現於全書開頭的一個原因。然而，第 7 篇
是墨子與程繁之間的一場對話，後者質疑墨子的非樂學說。他們
的交流並無任何特別緊迫之處。儘管第 7 篇對歷史典範人物的提
及顯示出它與其他大多數篇章至少還有一些聯繫，但在《墨子》
開首的 7 個篇章當中，第 7 篇在形式上是獨一無二的。

這 7 個篇章當中有幾篇不僅提到墨家的基本教義，並且更
收錄了部分摘錄自更充分闡釋這些教義的核心篇章內容。職是
之故，《墨子》開首的 7 篇被學者標識為「節錄」或「摘要」。[141]
但這兩種說法都不能成立。仔細閱讀《墨子》之後便會看到，
顯然這 7 篇的目的是修正與更改核心篇章的主題與段落在原初
所擁有的內涵與意義，而重新將其再語境化。[142] 各篇都以自身
的方式來達成上述目的：

- 第 1 篇（〈親士〉）與〈尚賢〉上、中、下三篇一樣，
  都強調為了國家的存續，統治者必須將職位賜予那些

---

141 杜潤德使用「節錄」（epitomes）一詞，見 Durrant, "An Examination
of Textual and Grammatical Problems in Mo Tzu"；而葛瑞漢則
選用「摘要」（digests），見 Graham, *Divisions in Early Mohism
Reflected in the Core Chapters of Mo-tzu*。

142 我在每篇開首的引言部分對這些觀點有更詳細的討論，見
Knoblock and Riegel, *Mozi*。

最善於履行其職責之人。但與〈尚賢〉不同的是，第 1 篇稱統治者應當任用的人為「君子」。這個詞在孔子的《論語》中用來指稱道德模範人物，但在《墨子》核心篇章中卻是一個笑柄。此外，該篇後半部分顯示出它與早期道家哲學文獻的密切關係。

- 與〈天志〉三元組一樣，第 4 篇（〈法儀〉）勸告統治者將天視作終極的道德權威。但與〈天志〉不同的是，第 4 篇對於下列主張毫不妥協：真正的「仁」應當以唯有天能夠說明的普世主義為特點，而與天相比，他者、親近的人與重要人物，顧名思義都不足以作為道德典範。

- 第 5 篇（〈七患〉）聲稱饑餓是人類最大的危險，而人們因此必須採取重要措施來生產與儲存足夠的食物供應。通過這些方法，它修改了〈節用〉三元組中尚存兩篇所表達的節用觀念。

- 第 6 篇列舉了同樣出現於〈節用〉尚存二篇中關於禁止奢侈消費的法令。但是，它提到一些（不見於那些篇章中）歷史解釋，這些解釋指出聖人「作」，發明了諸如宮室、衣物、飲食等人們所需之物以應時之需。這種解釋與法家集大成之作《韓非子》中的解釋十分類似。在描述適當的兩性關係時，此篇引用核心篇章中沒有提及的陰陽概念與其他早期宇宙論思想中的其他內容。

- 第 7 篇（〈三辯〉）是墨子與程繁（很可能是一名儒家的代言人）之間的對話。其中墨子為非樂的思想進行辯護。但它並非如同〈非樂〉三元組僅剩之篇所指出的那樣認為音樂是浪費的。相反，它採用一種《莊子》

中常見的論點，認為音樂與發明音樂的聖人破壞了上
古烏托邦式的樸素與純潔。

這些篇章起始於核心篇章中的基礎教義，顯示出它們衍生
自核心篇章。因此，不但在思想上繼承了核心篇章，而且也代
表了墨家思想發展的晚期階段。同時，其中部分篇章展示出區
別於核心篇章的融合性元素：第 1 篇和第 7 篇以墨家教義與道
家觀念並舉，第 2 篇和第 3 篇將一種儒家對修身的根本性重視
融入墨學語境當中，而證據表明第 6 篇中墨家受到了二元宇宙
論與法家對上古時期觀點的影響。

可能與這些文獻所展現的融合主義最為近似的當是《呂氏
春秋》。第 3 篇與後者〈當染〉在文本上極為相似。不僅如此，
第 1 篇與第 5 篇的部分內容也與《呂氏春秋》中的一些段落具
有一脈相承的相似關係。《墨子》前 7 篇中的融合主義可能是
人們將其視為全書最基本學說的部分原因。從唐代開始直到明
代，一個三卷、十三篇的版本流傳了將近一千年。這個版本的
上卷由第 1 組的 7 篇所組成，稱這 7 篇為全書之「經」，而中
卷和下卷則分別為〈尚賢〉、〈尚同〉諸篇，號之曰「論」。這
種稱後二者為「論」的做法稍稍使之降格，顯示出今本核心篇
章中的其中六篇僅被認為是注釋而已。[143]

（三）第 4 組的篇章

習慣上將《墨子》第 46 至 50 篇（〈耕柱〉、〈貴義〉、〈公
孟〉、〈魯問〉、〈公輸〉）以及第 39 篇（〈非儒下〉）這 6 篇
歸類為第 4 組。其中第 46 至 49 四篇本質上是對墨子學說與活

---

143 關於《墨子》這個版本的更多資料，見上文注 101。

動所作的記載，框定為他與他者之間的對話。在這方面，它們令人聯想至《論語》，有時被稱為「墨家之《論語》」或「對話之篇章」。如題目所示，〈貴義〉主要關注義的主題，亦可能提示讀者在「墨家之《論語》」的其他對話中尋找這個主題。但除此之外，有別於第 1 組與第 2 組的篇章，這四篇在所涉及的墨家哲學主題上明顯是比較駁雜的。

將第 46 至第 49 篇中的對話放在一起的做法，似乎表達出編者希望保存一份能被看作墨子生平歷史敘述的記錄。然而，這些段落對於墨子言行的敘述是否精確卻十分令人懷疑。這不僅是因為這些對話似乎有用於娛樂消遣之嫌，也反映其對講故事的熱衷，以及見證一場智慧較量的樂趣。幾個例子就足以說明這些對話是精心設計的，以使墨子像是支持那些墨家思想發展中後期的哲學立場。

- 墨子在回答巫馬子所提問題時提倡利他的概念，而這個概念直到〈兼愛中〉成文方才在墨家思想中出現。
- 第 49 篇（〈魯問〉）的開首，在回答魯君所提出問題時，墨子談到「取天下」。這個表述與〈尚賢〉、〈節用〉兩個三元組各自中篇所提到的帝國野心有關。但是，這想法不會早於這兩篇的出現。
- 第 47 篇（〈貴義〉）的作者提到墨子給弟子有關消除情緒的忠告。墨家強調自我犧牲與利他的教義中明確地表達了減少或甚至是消除自我與自我需求的觀念。但相對核心篇章對於相關教義所作的解釋，這一觀點似乎受到前四世紀《管子・內業》的影響更大。

這些例子使渡邊卓認為第 47 篇成書於前三世紀的第一個

25 年，而其餘的三篇則成書於緊隨其後的 25 年內。儘管其他研究這些篇章的學者並不打算給出準確斷代，但多少都沿用了渡邊卓的說法。[144]

第 50 篇（〈公輸〉）在形式上與它之前的四篇有別，這是因為它僅包含一個有關墨子在楚國的進攻下保衛宋國的故事，如前文所及。有關第 46 至 49 篇的史實性警告同樣適用於該篇對墨子的描繪。的確，有關墨子能領導一支三百人的軍隊來反抗強大的楚國的描述，與〈天志〉中的某些段落十分類似。在後者中，墨子被認為具「有天志」，能用天志來衡量所有人，用以確定他們是否達到了上天為這個世界所設定的義的標準。

第 39 篇（〈非儒下〉）反儒家的對話顯示出人們應以看待第 4 組其他篇章的方式來處理此篇。然而，此篇與其他各篇有所不同。這是因為它似乎原是一組篇章的下篇，而上篇已經亡佚。該篇對孔子所作絕無僅有且帶有偏見的攻擊亦同樣將它與其他的篇章區別開來。這種攻擊更進一步顯示出此篇成書於前三世紀末，即墨家思想發展的最後一個階段。儒墨二家對於雙方哲學立場的攻擊在前四世紀與前三世紀期間變得白熱化。第 4 組其他對話式的篇章，即〈貴義〉、〈魯問〉、〈耕柱〉、〈公孟〉以日趨激烈的言論展示出這一情形與日俱增。第 39 篇中墨家的尖酸刻薄攻擊變得不受控制。由於《墨子》一書將這種對孔子正直和忠誠的攻擊代表了墨子的個人主張，故後世的儒家學者認為墨子本人應為這種攻擊負責，而這些觀點並不代表晚期及很可能是非主流的墨學支派。

---

144 渡邊卓：《古代中國思想の研究：〈孔子傳の形成〉と儒墨集團の思想と行動》，頁 544–546；Durrant, "An Examination of Textual and Grammatical Problems in *Mo Tzu*," 317–381；以及 Maeder, "Some Observations on the Composition of the 'Core Chapters' of the *Mozi*," 60, n. 57。

勿事死如事生：《呂氏春秋》論節葬的篇章 *

「國彌大，家彌富，葬彌厚」，這個警句見於《呂氏春秋·節喪》之中。它明確記載晚周時期最顯著的幾個特色，包括多個強大的國家、龐大的私人財產，以及奢華的葬禮。〈節喪〉與緊接其後的〈安死〉均主張遏止在前三世紀明顯風行於精英社群中的揮霍葬禮儀式。[1] 這兩篇文章認為生者歿時所求者，是墓穴之中不受干擾的永生。基於這種看法，它們斷言最能滿足上述願望的做法，是對哀悼加以節制，並且捨棄奢侈的陪葬品。

---

*   Jeffrey Riegel, "Do not Serve the Dead as You Serve the Living: The *Lüshi chunqiu* Treatises on Moderation in Burial," *Early China* 20 (1995): 301–330.
1   本章將附上我為這兩篇所作的完整翻譯。翻譯在引用原文時將會標示卷、篇、主要段落，以及子段落的次序。例如，本章開首所引用的句子見於 10/2.4.B 中，即第 10 卷，第 2 篇，第 4 個段落，以及 B 的子段落。在引用《呂氏春秋》其他文字時，本章所據者為陳奇猷：《呂氏春秋校釋》（上海：學林出版社，1984 年）。所有儒家經典十三經的文字皆引自阮元（1764–1849）監修、於 1816 年印製於江西南昌的版本（唯一的例外是《論語》、《孟子》所據的哈佛燕京引得系列）。除非特別說明，否則本章所有原始文獻的版本皆為《四部備要》本。

戰國之際（前 453– 前 221）[2] 的諸多國家，尤其是秦國，不斷擴張領土，變得愈發強大。因為這些國家吞併鄰近弱小國家，並為準備那些對其命運至關重要的戰役，召集了強大軍隊。除此之外，商人與其他暴發戶累積了前所未見的大量私有財產。呂不韋（卒於前 235）即是一例。事實上，這位商人通過金錢獲得了秦國宰相一職，而這職位使他得以聚攬與資助一班學者，後者的思想反映在《呂氏春秋》這本著作當中。[3]

那些擁有如此強大權力與大量財富的人，過著奢侈得惡名昭彰、且自我放縱的生活。我們從《呂氏春秋》得知，在前三世紀時，富人累積了各式各樣的奢侈品。他們相信這些奢侈品是安逸且舒適的生活所必不可少的。《呂氏春秋》警告這些戰國時期沉湎於奢侈享受的人，他們過度放縱，將對其生命造成無可挽救的傷害，從而使他們對物質的追求變得毫無意義。[4] 例如，〈本生〉羅列了與奢侈生活有關的物品，並稱之為「患者，貴富之所致也」：

> 出則以車，入則以輦，務以自佚，命之曰招蹷之機。肥肉厚酒，務以自彊，命之曰爛腸之食。靡曼皓齒，鄭、衛之音，務以自樂，命之曰伐性之斧。[5]

2　除非特別說明，否則本章提到的所有年分均為公元前【編按：為了讀者方便，此次翻譯已在所有公元前的年分前標示「前」】。

3　司馬遷：《史記》（北京：中華書局，1959 年），卷八十五，〈呂不韋列傳〉，頁 2510。

4　呂不韋：《呂氏春秋》有數篇涉及節制對延年益壽的重要意義，相關討論見 A.C. Graham, "The Background of the Mencian Theory of Human Nature," *Tsing Hua Journal of Chinese Studies* 6 (1967): 215–274。

5　呂不韋：《呂氏春秋》，卷一，〈本生〉，頁 21。

　　這些富有且具有權勢之人或許相信死者所享受的生活與他們生前所習慣的生活是相同的。職是之故，他們花費了相當數量的金錢，或者巨資用於他們自己及其父母與子女的葬禮（就王室成員的葬禮而言，各國王室通常會挪用部分政府的預算，並強迫百姓勞力，以此保證他們能妥善地執行葬禮、建造華美的墳墓[6]）。著名的《楚辭·招魂》有一段非常複雜仔細的咒語，一開始恐嚇遊魂：「魂兮歸來！而離彼不祥些！」接著又向魂魄承諾將予以獎賞，如果他歸來那個「靜閒安些」的墓地的話[7]。我們從中得知，部分富有者希望能有下列物品陪葬：

　　　　二八侍宿，肥牛之腱，臑若芳些，有瓊漿些。

和

　　　　鄭衛妖玩，來雜陳些；《激楚》之結，獨秀先些。
　　（〈招魂〉）[8]

6　呂不韋：《呂氏春秋》，卷二十一，頁 1425–1426。魏國官員害怕在冬天所舉行的惠王（卒於前 319）葬禮將會耗盡官費，同時引起那些必須參與勞動的百姓的怨恨。

7　洪興祖：《楚辭補注》（北京：中華書局，1983 年），卷九，〈招魂〉，頁 202。David Hawkes, *The Songs of the South* (London: Penguin Books, 1985), 226。王逸認為「靜閒安些」是為了「法像舊盧」而建的，而「舊盧」則可能是死者身前居住的地方。

8　四句見洪興祖：《楚辭補注》，卷九，〈招魂〉，頁 211。譯文見 Hawkes, *Songs of the South*, 226–229。但是，我對此作了修訂。根據王逸對「激楚之結」的解釋，我將這句話翻譯作 "Excite-the-Chu" hairknots，即激發楚人關注的髮髻。王逸指出鄭國與魏國的歌女所梳的這種髮髻特別吸引南方的觀眾。

這些用來招魂的感官享受正是〈本生〉告誡在生者不應過度沉溺的部分行為。這些感官享受反映出，生者相信離開的魂魄不願意居住在一個充滿陌生事物與經驗的世界之中——人們不是藉由保證魂魄能有機會駕馭龐帝克汽車【編按：Pontiac，二十世紀下半美國通用公司的時髦汽車品牌，已於 2010 年停產】，與吹奏色士風來召喚他們，相反，魂魄所期望的是一個處所，在這裡能夠享受到戰國時期中國的無盡豐饒且至臻完美的快樂生活。時人對死亡的概念，正是現實生活的投影。

為何死者的遺屬要通過剝奪自己和那些依賴自己的其他生者之財富，來為逝者提供這些財富？《呂氏春秋》的篇章聲稱這些人僅僅是為了向旁觀者炫耀財富才如此做的。[9] 我們亦需要考慮其他動機。奢華的葬禮與深痛的哀悼可能是孝道的展現，如下文的諺語所概括：「事死如事生，事亡如事存。」[10] 除了這些責任與義務的情感之外，遺屬亦可能害怕亡者假若感到不快，他們可能會離開棺木、遊蕩於世，並向沒有履行其願望的生者尋仇。對於那些害怕鬼魂可能作出報復的人而言，奢華的墳墓或許是刻意為使逝者安於其「靜閒安些」之室中所建。正如孔子所建議，或許他援引了一則諺語：「敬鬼神而遠之。」[11]

無論是出於上述或其他動機，人們將死者視如生者一樣照顧，以及隨之在墓葬與陪葬品上的花費，都是一個規模更為龐大的宗教變革的一部分，旨在從墳墓轉變成墓園。這些墓園是面向生者的社區，有別於生者的社會，而相關的禮儀是為了死者的需要而設的。[12] 那些富裕及有權勢者在墓園的高牆內建造

9　見 10/2.3B、10/2.4.D、10/3.1.A，以及本章第三節 G 的討論。

10　本章第三節 A 將會討論這句話。

11　《論語‧雍也》二十二章。

12　有關這項重要宗教變革的討論，見 Wu Hung（巫鴻），"From Temple

了富麗的祠廟、廟宇、祭壇，甚至如山一般高大的墓塚。這些
墓塚是他們有意為之的結果，原因或許是希望這些人造的山嶽
可以與被視為神聖的自然山峰相比擬，因為出於神話史實論的
信仰，人們認為傑出的人物被葬於這些自然山峰之下。[13]

　　華麗裝飾的葬禮絕非臨近戰國之際才有的風氣，而在《呂
氏春秋》成書以前的長時間的歷史裡，人們已因此現象而對揮
霍無度的行為作出批評。即使容許人們在批評時經常誇大其
辭，但是《呂氏春秋》文本中對繁複的葬禮所作的急切抗議以
及強有力的反對，顯示出在前三世紀，人們花費在逝者與伴隨
而來的葬儀上的金額已急速攀升，更遑論這些支出導致諸如盜
墓等社會問題急劇蔓延。

　　本章首先對今本《呂氏春秋》卷十的〈節喪〉、〈安死〉進
行翻譯。在隨後的分析中，本章試圖重建與晚周時人對葬禮的
爭論最為直接相關的歷史。這種爭論即「厚葬」與「薄葬」兩
者之間的辯論，它可以幫助確定《呂氏春秋》二篇在錯綜複雜
的歷史中的地位。本章主要關心的，是辨別及檢視那些影響
《呂氏春秋》二篇論述的文字資料與社會發展。[14] 筆者關注那些
有助理解《呂氏春秋》的必要哲學與社會背景表述。儘管如此，

---

　　to Tomb: Ancient Chinese Art and Religion in Transition," *Early
　　China* 13 (1988): 90–96。

13　其中一個考古學所提供的例子為前四世紀末為中山國王而建的
　　墓園。這個發現特別令人印象深刻的原因是中山國是一個相對
　　較小的國家，見傅熹年：〈戰國中山王𰯼墓出土的兆域圖及其陵
　　園規制的研究〉，《考古學報》1980 年第 1 期，頁 97–119，以及
　　Wu, "From Temple to Tomb: Ancient Chinese Art and Religion in
　　Transition," 90。

14　我在如此做的過程中，受益於河岐孝治的博學研究，見河岐孝治：
　　〈呂氏春秋節喪篇と安死篇とについて〉，《日本中國學會報》第 21
　　期（1979 年），頁 31–42。

我無意對戰國時期葬禮儀式與時人對死者的態度做全面考察。[15]
如此的研究超出闡述《呂氏春秋》內容這個主要考慮的範圍。

一、文本

校訂本與注釋 [16]

〈節喪〉

10/2.1

      A. 審知生，聖人之要也；審知死，聖人之極也。
        知生也者，不以害生，養生之謂也；知死也
        者，不以害死，安死之謂也；此二者，聖人之
        所獨決也。

      A thorough understanding of life is a matter of

15　對於漢代以前文獻有關死亡與葬禮的一個更為廣泛的研究，見 Mu-
chou Poo（蒲慕州），"Ideas concerning death and burial in Pre-Han,"
Asia Major [3rd series] 3.2 (1990): 25–62。這篇文章似乎是他一篇
篇幅較長的中文論文摘要，見蒲慕州：《墓葬與生死》（臺北：聯
經出版有限公司，1993 年）。另外兩篇我覺得有用的文章是 Albert
Dien, "Chinese Beliefs in the Afterworld," in George Kuwayama, ed.,
The Quest for Eternity (San Francisco: Chronicle Books, 1987), 1–15;
Anna Seidel, "Post-mortem Immortality or the Taoist Resurrection
of the Body," in S. Shaked, et.al., *Gilgul: Essays on Transformation,
Revolution and Permanence in the History of Religions* (Leiden: Brill,
1987), 223–237。

16　處理原文時，我使用了下面所列的幾種符號：[ ]＝當中的中文字
需被刪去；（ ）＝當中的文字需要增入；（＞＝當中第一個字應修改
為緊接其後之字；GE＝該字是另一個字的錯別字。本章注 1 曾提
到陳奇猷的《呂氏春秋》的版本，它引用了此處修訂所賴以為據的
各家意見。

importance to the sage. A thorough understanding of death is a matter of urgency[17] to the sage. "Understanding life" means not using what harms the living to nurture the living. "Understanding death" means not using what harms the dead to give the dead peaceful repose. These two are what the sage alone determines.

10/2.2

A. 凡生於天地之間，其必有死。［死人之］[a] 所不免也。孝子之重其親也，慈親之愛其子也，痛於肌骨，性也。所重所愛，死而棄之溝壑，人之情不忍為也，故有葬（死 GE ＞送 [b] 之義。

All that lives between Heaven and Earth must die. [For all men, death] is unavoidable. That a filial child's respect for his parents and a loving parent's love for his child are felt deep in the muscles and bones is due to human nature. To toss into a ditch when they die those we respect and love is something people by their true feelings cannot bear to do.[18] Hence, there is the moral duty to bury and send off the dead.

17 讀「極」為「亟」，因為它與前面的「要」平行，見 Bernhard Karlgren, *Grammata Serica Recensa* (Stockholm: Museum of Far Eastern Antiquities, 1957), 910e。

18 此處暗引《孟子‧滕文公上》五章。

B. 葬也者，藏也，慈親孝子之所慎也。慎之者，
以生人之心［為死者］^{c} 慮［也］^{c}。以生人之心
為死者慮（也）^{d}，莫如無動，莫如無發。無發
無動，莫如無有可利，（則）^{e} 此之謂重閉。

"Burying" means hiding away.[19] This is what
loving parents and filial children are careful
about.[20] When one uses their wishes when
alive to take precautions for the dead nothing
is more important than "Do not disturb!" and
"Do not open!" To accomplish these nothing is
more important than "Let there be no profitable
good!"[21] Such burials are called "doubly sealed."

a: 陳奇猷。

b: 從孫蜀丞說（本高誘注）。

c: 從陶弘景說。

d: 從陶弘景說（本《群書治要》引文）。

e: 陳奇猷：GE，衍文。

---

19 這個定義亦見《禮記·檀弓》，見《禮記》，卷八，〈檀弓〉，頁 16
上。在〈檀弓〉中，這個定義由國子高（鄭玄指出他是齊國的貴族
成員）提出：「葬也者，藏也。藏也者，欲人之弗得見也。是故衣
足以飾身，棺周於衣，槨周於棺，土周於槨，反壞樹之哉。」

20 劉師培認為此句與下一句都應該加入否定詞「非」，則此段讀作「慎
之者，非以生人之心［為死者］慮［也］。非以生人之心為死者慮
［也］，莫如無……。」

21 高誘提到楊王孫（即楊貴）的例子。他在《漢書》的傳記有關於他
裸藏的記載，見班固：《漢書》（北京：中華書局，1962 年），卷
六十七，〈楊胡朱梅云傳〉，頁 2907。

10/2.3

A. 古之人有藏於廣野深山而安者矣，非珠玉國寶
之謂也，葬不可不藏也。

That among the ancients those who were hidden
away in the broad uncultivated lands and deep
mountains have remained in peaceful repose
is not because they had jewels and national
treasures, but because they insisted that their
burials be hidden away.

B. 葬淺則狐狸抇之，深則及於水泉。故凡葬必於
高陵之上，以避狐狸之患、水泉之濕。此則善
矣，而忘姦邪盜賊寇亂之難，豈不惑哉？譬之
若瞽師之避柱也，避柱而疾觸杙也。[狐狸水
泉]ᵃ姦邪盜賊寇亂之患，此杙之大者也。慈親
孝子避之者，得葬之情矣。

Too shallow a burial will be disturbed by
foxes.²² One that is too deep may reach springs
of water. Thus, as a general rule, burials must
be atop a high mountain to avoid the problem
of foxes and inundation by springs. These
problems may have been handled well but is
it not utterly foolish to ignore the difficulties
caused by brigands and rebels? It is analogous
to the blind musicians who in avoiding a post

---

22 傳統認為狐狸是墓地的常客。

bumps smack into pole. The threat posed by foxes, springs, the wicked, robbers and rebels is the biggest pole of them all. Those who avoid it will have grasped the true nature of burial.

C. 善棺槨，所以避螻蟻蛇蟲也。今世俗大亂，
（之 GE> 人 ᵇ 主，愈侈其葬，則心非為乎死者
慮也，生者以相矜尚也。侈靡者以為榮，儉節
者以為陋，不以便死為故，而徒以生者之誹譽
為務，此非慈親孝子之心也。父雖死，孝子之
重之不怠；子雖死，慈親之愛之不懈。夫葬所
愛所重，而以生者之所甚欲，其以安之也，若
之何哉？

A good coffin and vault keep out insects and worms. But in the gross disorder of our vulgar age rulers are ever more extravagant. Thus in their burials their thoughts are not directed at taking precautions for the dead but instead have to do with how the living can outdo each other. Extravagance is considered glorious, frugality demeaning. They are not motivated by what is of convenience to the dead but simply devote themselves to what the living might blame or praise. These are not the feelings of a loving parent or filial child. Although his father has died, a filial son's respect for him does not wane; although his son has died, a loving parent's love for him does not lapse. When burying those one cherishes and respects, how can giving them what the living most desire bring them peaceful repose?

a. 陳昌齊、陶弘景：衍文。

b. 蔣維喬：《群書治要》有互文。

10/2.4

A. 民之於利也，犯流矢，蹈白刃，涉血盩肝以求之。野人之無聞者，忍親戚兄弟知交以求利。今無此之危，無此之醜，其為利甚厚，乘車食肉，澤及子孫，雖聖人猶不能禁，而況於亂？

People will pursue profit even if it means withstanding a flood of arrows, walking on bare blades, shedding their blood, and pulling out their guts. The unlearned among rustics could forebear the suffering of parents, brothers, and acquaintances in their own pursuit of profit. Now when the pursuit of profit requires neither such danger nor such shame, their actions in the interest of profit increase all the more as they ride in carriages, eat meat, and bequeath rich legacies to their descendants. If even a sage could not forbid this, how much less can a disordered state.

B. 國彌大，家彌富，葬彌厚。含珠鱗施，[綸組

節]（夫 GE> 束）ᵃ，玩好貨寶，鍾鼎壺濫，輿
馬衣被戈劍，不可勝其數。諸養生之具，無不
從者。題湊之室，棺槨數襲，積石積炭，以環
其外。

As states grow larger and families richer, burials
become more elaborate. Such a burial includes
a pearl put in the mouth of the corpse, a jade
shroud that covers the body like fish scales, [23]
silk cords and bamboo documents,[24] trinkets
and treasures, bronze goblets, tripods, pots,
and basins, horse-drawn carriages, clothes and
coverlets, as well as halberds and swords — all
too numerous to count. Every utensil required
to nurture the living is included. The chamber
is constructed of stacked wood (with the ends
of the timber facing in), [25] the coffin and vault
are in several layers, and these are surrounded
on the outside by a pile of stones and a heap of

---

23 文章只簡單提到「鱗施」。我的翻譯乃根據高誘對這句話的解釋。
「鱗施」亦見《淮南子》，但據我所知，漢代以前的文獻只有《呂
氏春秋》這個出處，而它亦因此是漢代以前唯一提到以玉裹屍的
文字。

24 陳奇猷解釋這些文件是生者放在墓穴之內伴隨死者的契約。

25 《呂氏春秋》提供關於「題湊」的最早出處。這個詞語的字面意思
是一堆（「湊」）木材的末端（「題」）。它亦見於霍光的傳記（班
固：《漢書》，卷六十八，〈霍光金日磾傳〉，頁 2948）。我的翻譯
基於顏師古注中所引對於這個術語的解釋。「題湊」所使用的木材
是柏木中央黃色的部分，《漢書》將之稱為「黃腸」。

charcoal.[26]

C. 姦人聞之，傳以相告。上雖以嚴威重罪禁之，
猶不可止。且死者彌久，生者彌疏，生者彌
疏，則守者彌怠，守者彌怠而葬器如故，其勢
固不安矣。

When corrupt men hear about these things, they
spread the word among themselves. Although
superiors use strict threats and heavy fines to
prevent them, they cannot be stopped. Further,
the longer a person has been buried, the more
distantly related are his living descendants, and
the more lax those who are to guard him. Those
who are to guard him may be more lax bur the
buried goods are there as they always were. In
this circumstance the dead cannot remain in
peaceful repose.

D. 世俗之行喪，載之以大輴，羽旄旌旗如雲，僂
翣以（督 GE> 瞽）[b]之，珠玉以佩之，黼黻文
章以飭之，引紼者左右萬人以行之，以軍制立
之，然後可。以此觀世，則美矣侈矣；以此為
死，則不可也。苟便於死，則雖貧國勞民，若
慈親孝子者之所不辭為也。

In the funeral processions of our vulgar age, a
huge carriage transports the coffin; there are

---

26 高誘曰：「石以其堅，炭以禦。淫，環繞也。案積炭非但禦淫，亦
使樹木之根不穿入也。」

plumes, flags, pennants and banners, as well as the sides and top of the carriage painted in a cloud design, all of which screen the coffin from view; pearls and jade adorn it, embroiders and insignis embellish it; and it is moved by two ropes, each one pulled by myriad men, who are arranged in military formation. Only when all is like this is the funeral procession thought appropriate. This makes a beautiful and extravagant spectacle for the world to see but it is inappropriate treatment of the dead. If it were really advantageous to the dead, then, even though it impoverished the state and exhausted the people, loving parents and filial children will not refrain from doing it.

a: 譚戒甫、陳奇猷說（本《墨子》、《韓非子》互文）。

b: 陳奇猷。

〈安死篇〉

10/3.1

A. 世之為丘壟也，其高大若山，其樹之若林，其設闕庭、為宮室、造賓阼也若都邑，以此觀世示富則可矣，以此為死則不可也。

A burial mound of the present day is made as tall as a mountain and the tress planted on it are like a forest. The towers and courtyards that are erected, the chambers and halls that are constructed, and the guest stairway that is fashioned, make the burial resemble a city. These features make a spectacle for the world to see and are a means by which to display one's wealth, but to employ such features as a way to treat the dead is improper.

B. 夫死，其視萬歲猶一瞬也。人之壽，久之不過百，中壽不過六十。以百與六十為無窮者之慮，其情必不相當矣。以無窮為死者之慮則得之矣。

The dead regard a myriad years as the blink of an eye. A man of the greatest longevity does not live more than a hundred; one of average longevity not more than sixty. If one uses the point of view of those who live 100 or 60 years to make plans for those whose time is limitless, the feelings inevitably do not match. Only if one employs the point of view of the limitless to anticipate the needs of the dead will one succeed.

10/3.2

A. 今有人於此，為石銘置之壟上，曰：「此其中之物，具珠玉玩好財物寶器甚多，不可不抇，抇之必大富，世世乘車食肉。」人必相與笑

之，以為大惑。世之厚葬也有似於此。

Now suppose there were a man who erected a stone inscription atop a burial mound, saying, "The goods placed within include a great number of jewels, trinkets, goods, and precious vessels. The tomb cannot but be robbed, for those who rob it will become very wealthy and for generations their family will ride in carriages and eat meat." Other people would inevitably joke together about the great obtuseness of such a man, yet the elaborate burials of the present resemble this.

B. 自古及今，未有不亡之國也；無不亡之國者，是無不拍之墓也。以耳目所聞見，齊、荊、燕嘗亡矣，宋、中山已亡矣，趙、魏、韓皆亡矣，其皆故國矣。自此以上者亡國不可勝數，是故大墓無不拍也。而世皆爭為之，豈不悲哉？

From antiquity until now there has never been an imperishable state. Since there are no imperishable states, there are no unrobbable tombs. With our own ears and eyes we have witnessed the ruination of Qi, Chu and Yan.[27]

---

27 齊亡指齊湣王（前 300– 前 284 在位）時，因為燕國將軍樂毅差點佔領齊國而導致齊國瀕臨滅亡。楚亡指秦國的白起將軍於前 278 年征服楚國在過去所有的中心地域，包括楚國舊都與楚王墓地。燕亡指齊宣王（前 319– 前 301 在位）在燕王噲於前 314 年讓位於子之後對燕國的全面征服。

Song and Zhongshan have been annihilated.[28] Zhao, Wei, and Han have all lost the ancient lands.[29] All have become "former states." From these instances back to antiquity, the number of states that have perished cannot be counted and for this reason all their great tombs have been robbed. Is it not then pitiable that today the world strives to make such tombs.

10/3.3

A. 君之不令民，父之不孝子，兄之不悌弟，皆鄉里之所釜鬵者而逐之，憚耕稼采薪之勞，不肯官人事，而祈美衣侈食之樂，智巧窮屈，無以為之，於是乎聚群多之徒，以深山廣澤林藪，扑擊遏奪，又視名丘大墓葬之厚者，求舍便居，以微抇之，日夜不休，必得所利，相與分之。夫有所愛所重，而令姦邪盜賊寇亂之人卒必辱之，此孝子忠臣親父交友之大事。

A ruler's disloyal subjects, a father's unfilial sons, an elder brothers unsubmissive younger brothers — all the villagers who cook in metal pans and eastern pots[30] chase them away. They

---

28 宋國在前 286 年由齊湣王所消滅，而中山國在前 295 年亡於趙國。

29 秦國在前 267 至前 256 年間征服了許多韓、趙、衛舊時的土地，使得這些國家過去的榮耀所剩無幾。

30 這意謂整個鄉里的居民。

dread the toils of weeding and plowing the crops and gathering firewood, and are unwilling to do the work other people do, yet they long for the pleasures of beautiful clothes and gourmet foods. Though they devote all their cleverness and arts to the pursuit, still they lack the means to obtain such things, which is why they gather in bands of fellow spirits. In deep mountains, broad plains, and thick forests these bands attack people, stopping them and taking their goods. When they see the riches of a famous hill with its large burial, they seek to build a shelter at a convenient location from which they can stealthily plunder them. Not resting day or night, it is inevitable that they will obtain what is valuable, which they then divide among themselves. It is the greatest of calamities for the dead that their filial sons, loyal servants, parents, and friends cause those whom they love and value to be shamed and disgraced by corrupt and wicked men, thieves, hoodlums and brigands.

B. 堯葬於穀林，通樹之；舜葬於紀市，不變其肆；禹葬於會稽，不變人徒；是故先王以儉節葬死也，非愛其費也，非惡其勞也，以為死者慮也。

Yao was buried at Gulin forest, and his tomb

was completely planted with trees. Shun was buried at Ji Market, and the marketplace was not moved elsewhere. Yu was buried at Kuaiji, but this did not cause the people any trouble. Thus, the former kings were frugal and moderate in burying the dead. It is not because they begrudged the expenditure nor because they hated the effort, rather in this way they anticipated the needs of the dead.

10/3.4

A. 先王之所惡，惟死者之辱也。發則必辱，儉則不發，故先王之葬，必儉、必合、必同。何謂合？何謂同？葬於山林則合乎山林，葬於阪隰則同乎阪隰，此之謂愛人。夫愛人者眾，知愛人者寡。

What the former kings abhorred was that the dead should be dishonored. If their tombs are opened then they are, of course, dishonored, but if the tombs are modest they will not be opened. Thus the burials of the former kings were invariably modest, invariably fit in, and were invariably indistinguishable. What does it mean to say that they "fit in" and were "indistinguishable." If one is buried in the hills or forests the burial should fit in with the hills and forests; if it is in slopes and valleys it should be indistinguishable from the slopes and valleys — these practices are what we call "loving others." Those who love others are numerous but those who know the right way to love others are few.

B. 故宋未亡而東家拇，齊未亡而莊公冢拇，國安寧而猶若此，又況百世之後而國已亡乎？故孝子忠臣親父交友不可不察於此也。夫愛之而反危之，其此之謂乎。

Before Song perished, its eastern burial mound was robbed and before Qi suffered ruination, the mound of Duke Zhuang was robbed.[31] If this can happen when a state is peaceful and secure as there were, how much more likely is it a hundred generations later when the state has perished? Hence a filial son, loyal subject, parents and friends cannot fail to examine this problem carefully. For is it not this that we mean by "loving a person but inadvertently endangering him"?

（《詩》曰：「不敢暴虎，不敢馮河，人知其一，

---

31 宋國東邊的墓塚指宋文公（前 610– 前 589 在位）的墓塚。根據《左傳》成公二年的記載，「宋文公卒。始厚葬，用蜃炭，益車馬，始用殉。重器備，椁有四阿，棺有翰檜」，見《左傳》，卷二十五，頁 17 下 –18 下。齊莊公是中國歷史上在位最長的統治者之一。他於前 794 至前 731 年在位，統治時期共長達六十四年之久。

莫知其他。」此言不知鄰類也。故反以相非，反以相
是。其所非方其所是也，其所是方其所非也。是非未
定，而喜怒鬪爭，反為用矣。吾不非鬪，不非爭，
而非所以鬪，非所以爭。故凡鬪爭者，是非已定之
用也。今多不先定其是非而先疾鬪爭，此惑之大者
也。）ª

（An *Ode* says:

Dare not wrestle a tiger,

Dare not swim the Yellow River.

People know the one thing,

But no one knows the others.

This say that they do not recognize that the one
thing is the neighbor of the other ……) [32]

a. 陳奇猷。

10/3.5

A. 魯季孫有喪，孔子往弔之。入門而左，從客
也。主人以璵璠收，孔子徑庭而趨，歷級而
上，曰：「以寶玉收，譬之猶暴骸中原也。」
徑庭歷級，非禮也。雖然，以救過也。

When the head of Jisun family of Lu died,

---

32 10/3.3 結尾那個篇幅很長的段落似乎是後人羼入的文字。陳奇猷推
　　測，它應該是《呂氏春秋》另一篇〈不二〉的段落，而〈不二〉則
　　是「覽」這個部分的其中一篇。

Kongzi went to offer his condolences.[33] Entering the door, he stood to the left, joining the other retainers. The official in charge of the ceremony was about to take the treasured *yufan* jade to place it in the coffin[34] when Kongzi ran through the courtyard and up the stairs, saying: "To gather up this precious jade is akin to exposing the corpse in the plains." Although to cut across the courtyard and go up the stairs was contrary to ritual principles, Kongzi saved them from committing a more serious transgression.[35]

---

33 季孫家族的死亡大概是指季平子於前 505 年死亡一事。季、孟、叔三家統稱為「三桓」。他們是魯桓公的後裔，並從大宗手上奪取了權力。季平子於前 517 年曾逼使魯昭公離開自己的國家。但在他死時，他其中一個家臣陽虎卻關押其子，且奪去他所擁有的權力，直至前 502 年為止。孔子本人在這件事情上也沒有全身而退。

34 璵璠是只限魯國君主可以佩戴的象徵性的玉。它本來是預備被放在這位子爵的棺木之中，而這位子爵是在迫使魯公流亡國外之時，從他手中奪到這塊玉的。

35 將玉放入棺木之中是一種嚴重而帶有侮辱性的僭越行為。孔子對這種行為尤其深惡痛絕（見《論語‧八佾》首章）。孔子言論只是用來遏止這種罪行的策略而已。他認為自己使用了只有主人才使用的東階這種違反禮俗之事，並不比佩戴與其名號不符的象徵性飾物一事嚴重。《左傳》定公五年記有這則故事的另一個版本，見《左傳》，卷五十五，頁 1 下 –2 上。其中阻止陽虎將玉佩放進墓葬之中的人是仲梁懷，而不是孔子。

二、成書年代與作者

　　如果《史記》有關呂不韋的傳記是可信的，那麼呂不韋在成為秦國宰相的時候，便召集了一大班學者，讓他們撰寫文章，後來結集而成《呂氏春秋》。[36] 我們可以確定卷十二後的〈序意〉篇成書於前 239 年。因此，《呂氏春秋》，或至少其開首十二卷的內容很有可能是在此以前成書並流布的。[37] 以前 239 年作為成書下限的做法也符合卷十兩篇的整體內容。〈安死〉間接提到前 239 年以前發生的一些事件，如前 286 年齊湣王滅宋、前 278 年秦國白起將軍征服楚國過去的中心地區、以及前 267 至前 256 年期間，秦國併吞韓、趙、衛的固有國土。二篇

36　司馬遷：《史記》，卷八十五，〈呂不韋列傳〉，頁 2510。班固：《漢書》，卷三十，〈藝文志〉，頁 1741。班固指出《呂氏春秋》為「秦相呂不韋輯智略士作」。

37　《史記》提到呂不韋贊助該項目，見司馬遷：《史記》，卷八十五，〈呂不韋列傳〉，頁 2510。卜德認為《呂氏春秋》成書於前 240 年，見 Derk Bodde, "The Biography of Lü Pu-wei," *Statesman, Patriot, and General in Ancient China: Three Shih Chi Biographies of the Ch'in Dynasty (255–206 B.C.)* (New Haven: Yale University Press, 1940), 6, n. 24。卜德的觀點乃依從錢穆在《先秦諸子繫年》所作的論點，見錢穆：《先秦諸子繫年》（北京：中華書局，1985 年），第 126 節。本章認為它成書於前 239 年的依據為呂不韋在《呂氏春秋・序意》所提到的年分，見陳奇猷：《呂氏春秋校譯》，頁 648。沙畹曾對此進行討論，見 Édouard Chavannes, *Les mémoires historique de Se-ma Ts'ien* (Paris: E. Leroux, 1895–1905), vol. 3, 659–660。〈序意〉這篇「跋」為「十二紀」的最後一篇。在所有現存版本之中，「紀」都是這部文獻三個部分之中的第一個部分，其餘兩個部分為「覽」與「論」。我們可以預期這篇「跋」會放在這部著作的結尾，這顯示「紀」在最初可能是這部文獻的最後一個部分，或在今本《呂氏春秋》的內容和順序得到確定以前，「紀」並非與另外兩個部分一同流傳。

都沒有提到任何發生在前 239 年之後的事件。

　　《呂氏春秋》二篇探討死亡與葬禮的文章有一些共同關注的議題，這顯示它們是由同一個人所編撰，或至少反映出思考的同一角度。它們區分亡者與生者，並且主張適用於其中一方的做法並不適用於另一方。不僅如此，二篇更以這一區分為基礎，認為節約能為亡者帶來安寧與安全，故對他們而言是有益的。二篇都對同一件事感到極度焦慮，亦即盜墓者會劫掠那些容易被發現且具有奢華裝飾的墓地，而其墓主會因為失去安寧與安全而蒙羞。

　　此外，二篇與《呂氏春秋》的整體概念框架亦若合符節。例如，〈節喪〉關注人們如何避免向他人炫耀財產，而〈安死〉則強調要使墳墓和諧地與周遭自然環境互相融合。二者都反映出《呂氏春秋》對於節用與和諧的首要考慮。《呂氏春秋》嘗試調和儒墨二家的差異。[38] 它從來沒有提及兩種學說之間極端的差異，或者屢經證實的兩個學派成員之間的敵意。不僅如此，於此綜合體系中，它更試圖加入來自不同根源——亦即農家及楊朱與子華子等「為我」主義者的追隨者——的和諧元素。這種包容性催生了一個以中庸之道為首的哲學，以避免任何過分與極端的思想。這種融合主義可能只是反映了前三世紀一些較為普遍的哲學趨勢，或可能顯示出呂不韋希望帶領秦國政府與社會所通向的方向。無論上述兩種情況何者屬實，《呂氏春秋》大部分內容都致力於社會批評，其旨在以節用與和諧等改革社會，而這部著作則是這種社會批評的一個例子。

---

38 傳世文獻經常以孔子與墨子並舉，並視他們為這些文獻所讚揚特質的化身。《呂氏春秋》亦同時詳細地描述了這兩個思想學派的世系，包括它們各自的主要追隨者以及他們之間的聯繫。

三、《呂氏春秋》節葬觀點的來源和演變

　　《呂氏春秋》二篇的論點是如何呈現出這一形式的？本章
餘下部分將致力釐清此問題，尤其是因為這個問題與下列主題
有關：照顧亡者、人們為何需要節喪、古人的習俗與其對靈魂
的期待、合適的棺木、墓塚和墓園的大小、盜墓者，以及那些
支持奢華葬禮的人的真誠等問題。

　　現存最早反對舉行繁複葬禮的論點見於《墨子・節葬》。
這篇文章是可能成書於前五世紀晚期或前四世紀早期、陳述墨
子基本學說十篇文章的其中一篇。[39] 在現存的唯一文本當中，
〈節葬〉嚴詞譴責繁瑣的葬禮儀式與「久喪」。[40] 後者毫無疑問
是暗示孔子對三年之喪的推廣（見《論語・陽貨》十九章）。[41]

39　A. C. Graham, *Later Mohist Logic, Ethics and Science* (Hong Kong:
　　The Chinese University Press, 1978), 5。我們知道這十篇文章最初出
　　現在三個不同的版本之中，而它們亦可能與《莊子・天下》和《韓
　　非子・顯學》所提及的墨家追隨者各自所屬的三個支派有關。見
　　《莊子》，卷十，〈天下〉，頁 15 上 –16 上；《韓非子》，卷十九，〈顯
　　學〉，頁 9 上。儘管如此，〈節葬〉的第三篇（或稱〈下〉）是此篇
　　僅存的唯一版本。由於這個僅存的版本與其他篇章的第三個版本一
　　樣著重術語多於論證，我十分懷疑我們能否從中得知早期墨家所有
　　有關葬禮的看法。僅存的版本最關注者，為分辨「葬」與「喪」兩
　　個術語之間的差異。同樣，〈兼愛〉第三個版本區別「兼」與「別」，
　　〈非攻〉的第三個版本區分「功」與「誅」。

40　《墨子》，卷六，〈節葬下〉，頁 5 上注。Burton Watson, *Mo Tzu:
　　Basic Writings* (New York: Columbia University Press, 1963), 65ff。

41　《論語》提到三年之喪。與此同時，《荀子・禮論》則解釋「三年之
　　喪，二十五月而畢」，見《荀子》，卷十三，〈禮論〉，頁 13 上，
　　以及 John Knoblock, *Xunzi: A Translation and Study of the Complete
　　Works*, vol. 3 (Stanford: Stanford University Press, 1994), 69。墨子
　　在〈非儒〉中就三年之喪明確地對儒家學者展開攻擊，見《墨子》，
　　卷九，〈非儒〉，頁 11 上，以及 Watson, *Mo Tzu*, 124ff。

墨子將「久喪」與厚葬連結起來，顯示他試圖將後者與孔子聯繫起來，可以說這是墨子針對儒家生活方式造成浪費更為廣泛的攻擊之其中一部分。誠然，墨子在〈非儒〉中用一部分篇幅指責孔子與追隨者假擁護葬禮的「繁飾禮樂」來為自己謀利。[42]《孟子》亦有兩段孟子看來是要回應墨子批評的文字。在〈滕文公上〉五章，孟子避免將自己表現成一位為奢侈葬禮進行辯護的人。相反，他展開對墨者夷之的侮辱性攻擊，譴責他虛偽地一方面推廣節儉，另一方面卻為自己的父母舉行奢華葬禮。在〈公孫丑下〉七章中，孟子為他幫自己母親舉辦繁複的葬禮一事進行辯解。

荀子在〈富國〉中指出墨家對節儉的執著所帶來的經濟災難。但是，我們可以在成書於前 300 至前 284 年之間的〈正論〉中找到他對葬禮的節儉行為之批評。[43] 在這篇文章中，荀子採用糾正錯誤命題的修辭方式。荀子將這些命題歸諸不知名的「宮廷說客」，他們的觀點在當時非常流行。因此，他可能通過一字不差地引用一些當時支持節葬的觀點來展開他對這種行為的反駁。隨後，他本人則認為上古的葬禮儀式並非如他的對手所聲稱的那樣簡陋，而政府管治不善，是驅使人們變成盜墓者的主因，而非奢華的墳墓。

《呂氏春秋》二篇則繼續這些相互對立的文獻之間的辯論。它採用雙方的語言特徵，並提出了許多相同的議題和問題。但與此同時，它亦能夠隨著這場爭論在具有原創性的道路上繼續前進。

---

42 見《墨子》，卷九，〈非儒〉，頁 12 上 –12 下；Watson, *Mo Tzu*, 127。

43 John Knblock, "The Chronology of Xunzi's Works," *Early China* 8 (1982–1983): 36.

（一）照顧亡者

《呂氏春秋・節喪》首先區分照顧生者所重視之事與照顧亡者所重視之事。它認為生者應該得到養育，應該得到食物供應、衣服及其他能夠滿足生理需求的東西。相反，亡者應該安靜地歇息。在分辨應該如何對待與照顧生者和亡者時，《呂氏春秋》的態度有別於我們在儒家文獻中的常見論調。在《論語・為政》五章中，孔子認為「孝道」的意思是：「生，事之以禮；死，葬之以禮。」孔子並沒有提及任何不同或按等級排列的儀式。我們因此可以推斷出，對孔子而言，無論父母是生是死，孝子都必須以同樣的禮節與敬意來對待他們。[44] 荀子在〈禮論〉中對此態度加以呼應，提到以下說法：「夫厚其生而薄其死，是敬其有知而慢其無知也。」[45] 在另一個段落中，他又指出雖然亡者與生者截然不同，但人們仍應等同視之：「故事生不忠厚、不敬文謂之野；送死不忠厚、不敬文謂之瘠。」[46]

這些想法同樣可見於晚周時期一句似乎十分流行的諺語之中：事死如事生，事亡如事存。

《左傳》的編撰者採用上述諺語的第一個分句來定義「禮」。[47] 在《禮記・祭義》中，這個分句亦被用來描述周文王

44　本期期刊【編按：即緊接下面提到的《古代中國》(*Early China*) 第 20 期】所載的另外兩篇論文就孔子對於孝的理解這個問題進行更為直接，且遠比本章全面的研究，見 Lionel Jensen, "Wise Man of the Wilds: Fatherlessness, Fertility, and the Mythic Exemplar, Kongzi," *Early China* 20 (1995): 407–437; Keith Knapp, "The *Ru* Reinterpretation of *Xiao*," *Early China* 20 (1995): 195–222。

45　Knoblock, *Xunzi*, vol. 3, 62.

46　Knoblock, *Xunzi*, vol. 3, 63.

47　見《左傳》哀公十五年，卷五十九，頁 21 上。

的獻祭。[48] 荀子引用全句作為總結〈禮論〉最強而有力的結句，[49]
而〈中庸〉則以此句作為「孝」的定義。[50] 這些文獻之所以經
常重複援引這句話，或許是為了回應那些聲稱自己無法或不知
道該如何侍奉亡者之人。這句話教導人們，如果他們知道如何
侍奉生者，那麼他們便會知道該如何侍奉死者。事實上，這段
話似乎是要規勸那些仍然猶豫不決的人，要他們根據自己之希
望來想像亡者之欲求。這句話通過這種方式擴大需要回應之人
的範圍，因為我們有能力將亡者、逝者成為「恕」的對象。

　　墨家對亡者的看法與此截然不同。根據墨子在〈節葬〉所
述，由於死者已經變成頗為令人厭惡的事物，照料他們一事不
應該在任何情況下干預到人們對生者的責任與義務。埋葬死者
並不是讓生者展現對死者敬重的一個機會，而是一個必要手
段，以保護生者避免目睹死亡所帶來的腐化與腐朽：「棺三寸，
足以朽體；衣衾三領，足以覆惡。以及其葬也，下毋及泉，上
毋通臭。」[51]《墨子》並沒有提到死者的靈魂可能要求生者獻上
祭品，或至少要求生者心懷敬意去緬懷他們。如果人們按照墨
子的建議，假節儉之名以微薄的方式對待死去的父母，從而
導致他們的憤怒，《墨子》同樣沒有對此表現出任何明顯的恐
懼。[52] 根據《墨子》對那些會觸怒神靈之事的關切程度，可以

---

48 《禮記》，卷四十七，〈祭義〉，頁 4 下。
49 Knoblock, *Xunzi*, vol. 3, 73.
50 《禮記》，卷五十二，〈中庸〉，頁 17 上。
51 Watson, *Mo Tzu*, 72.
52 王充（27–100），一個漢代節儉喪禮的擁護者，他抱怨墨者在聲稱
　　自己相信鬼魂的同時，卻又主張以一種簡陋的方法對待鬼魂。這是
　　將自己陷入矛盾之中。見黃暉編：《論衡校譯》（臺北：臺灣商務
　　印書館，1968 年），頁 960；Alfred Forke, *Philosophical Essays of
　　Wang Ch'ung* (New York: Paragon, 1962), vol. 2, 369。

推斷墨子相信死者不會感受此種憤怒，或者他們缺乏表達憤怒的方法而據此採取行動。

在《墨子‧大取》這一葛瑞漢（A.C. Graham）認為較晚成書（前 300）、而更為關注於邏輯和術語的部分，[53] 我們發現下列關於對逝去父母義務的表述：

> 聖人之法，死（亡 GE> 忘親，為天下也。厚親分也，以死（亡 GE> 忘之。（〈大取〉）[54]

〈大取〉為人們忘卻父母一事進行辯護，並認為他們如此做是「為天下」。「為天下」是墨家的格言，它強調整個世界經濟福祉的重要性遠遠超過狹隘的家庭義務。這種看法使人聯想到墨家「兼愛」的教義。這條教義反對儒家有關孝的觀念，並提出子女不應對其父母表現出特別的偏愛這種觀點來取代儒家的孝。墨子似乎相信喪葬禮儀理應是進一步實施他所希望的規模宏大的社會平等（social leveling）。個人對已故父母的尊重不應超過他對一個完全陌生人之死的哀悼。在墨家的體系之中，那些人們曾經最熟悉之人將會成為眾多理應被遺忘，且無法分辨的死者中的一分子。

《呂氏春秋‧安死》主張人們以隱蔽的方式埋葬死者，故認為墳墓不應以任何紀念性的建築物所標識，也不應以任何方

---

53 Graham, *Later Mohist Logics, Ethics, and Science*, 22–25.
54 《墨子》，卷十一，〈大取〉，頁 2 下。Graham, *Later Mohist Logics, Ethics, and Science*, 255–256。葛瑞漢的句讀與我不同，而我沿用的是孫詒讓的意見，見孫詒讓：《墨子間詁》（臺北：世界書局，1965 年），頁 245，與河岐孝治：《呂氏春秋節喪篇と安死篇とについて》，頁 40。至於引文中的校訂符號，見本章注 16。

式有別於其周遭的自然環境，而墓主亦可能因此被世人遺忘。
雖然如此，《呂氏春秋》卻沒有表現出如《墨子》中所看到的
對死者的那種漠不關心。反之，《呂氏春秋》的篇章表現出了
孟子所表達的傷感。

　　孟子〈滕文公上〉五章聲稱，墨家這種信仰的基礎是根本
不埋葬死者遺體的原始習俗：

> 　　蓋上世嘗有不葬其親者，其親死，則舉而委之於
> 壑。他日過之，狐狸食之、蠅蚋姑嘬之；其顙有泚，
> 睨而不視。夫泚也，非為人泚，中心達於面目。蓋歸
> 反虆梩而掩之。掩之誠是也，則孝子仁人之掩其親，
> 亦必有道矣。(〈滕文公上〉) [55]

　　根據孟子的觀點，「中心」決定了葬禮的正當性，而如此
的「中心」則可以表達為：人們在本能上或在毫無準備的情況
下，不能忍受看到其父母遭受任何虐待。正如《孟子》其他段
落所言，孟子此處認為人類的感受是決定人們如何行動的一個
正確引導。他在〈公孫丑上〉六章認為「不忍人之心」使得人
們對即將掉到井中的小孩萌生一種同情心。[56] 而在同篇第二章
中，孟子指出，除非行動滿足個人的內心，否則他便失去任何
判決事情對錯的基準。[57] 在〈滕文公上〉五章中，他指出人類

55　D. C. Lau (劉殿爵), *Mencius* (London: Penguin Books, 1970), 105.

56　Lau, *Mencius*, 82.

57　Jeffrey Riegel, "Reflections on an Unmoved Mind: An Analysis of
　　Mencius 2A2*," Journal of the American Academy of Religion* 47.3S
　　(1979): 444.【編按：即本書〈有關不動心的反思：《孟子·公孫丑
　　上》二章的分析〉一文。】

的情感決定了即使是在父母死後，人們仍應繼續對父母懷有一種特殊的關懷。孟子暗示提倡節葬的墨家忽視了「中心」的作用，同時忽視了人們對父母在本能上的偏愛，而只考慮到那些他們預計將會有利整個世界的事情。[58] 在〈公孫丑下〉七章亦能看到相同的論調。在回應人們對他厚葬母親一事所作的批評時，孟子指出：「君子不以天下儉其親。」孟子有意將父母與整個世界兩者的經濟福祉作出對比，以此來間接提及並拒斥墨家「為天下」這個引自〈大取〉的口號。

孟子與墨子對這個口號的正當性之爭論背後，是一個重大的意識形態分歧。這個分歧在於人們忠誠與依戀的首要對象應是何事。對於孟子與其他儒者而言，一個理想的人首先關心其父母與家庭，然後才會關心較大的群體。對墨子與追隨者而言，情況剛好相反。兩個學派均對在這場論爭中支持其說的上古時代，作出各自的想像，並且各自提出各種治理方式，旨在他們所期盼的社會與道德的世界得以實現。因此，雖然這場爭論淪落至僅為口號上的爭吵，但並非只涉及各種有關死者與葬禮的水火不容的觀點。相反，它亦涉及到兩個學派在歷史先例事實與統治優先次序這兩方面截然不同的構想。對兩個學派而言，一個人埋葬其父母與子女的做法象徵著他所選擇的生活方式。

《呂氏春秋》有關死者與葬禮的篇章在此問題上採納儒家的觀點，它們更因此強調個人對家庭的忠誠以及圍繞葬禮儀式所衍生的義務。《呂氏春秋·節喪》不僅轉述《孟子·滕文公上》五章對葬禮習俗原始起源的記載，它亦以孟子的方式指

---

58 孟子對墨者亦做出同樣攻擊，見〈滕文公上〉九章與〈盡心上〉二十六章。

出，為父母與子女所舉行葬禮的基礎，就是對他們表達敬意，
而這種敬意則是人類真摯的「情」感以及「人之性」的其中一
部分：

> 孝子之重其親也，慈親之愛其子也，痛於肌骨，
> 性也。所重所愛，死而棄之溝壑，人之情不忍為也，
> 故有葬死之義。(〈節喪〉)

這段文字使用「性」的術語，並且提到人們在本能上憎
恨死者遭受不恰當處理，這兩點是從《孟子》一書中借用得來
的。它又認為，適當的葬禮為「義」這種想法明顯不見於墨子
在〈節葬〉的論述中。[59]

但是，雖然欣然接受孟子的部分論點，但有別於孟子的
是，《呂氏春秋》的篇章堅持在葬禮上執行節儉一事是必須
的。墨者可能冷血無情，但對於節葬這個需求而言，他們基本
正確。

（二）為何節儉？

對《呂氏春秋》二篇而言，葬禮與墓葬的裝飾都需要節
儉，目的是確保墳墓不受侵擾，且不被人打開（10/2.2 下）。

---

59 墨家早期哲學詞彙中並不包括「性」這個術語。《墨子·所染》有
一段文字提到這個字，見《墨子》卷一，〈所染〉，頁 6 上；然而此
字有誤，正如《四部備要》編者所指出的，應將之讀作「生」。《呂
氏春秋·當染》一段與之相似的文字亦證明這一點，見《呂氏春
秋》，卷二，〈當染〉，頁 96。這個字在《墨子》中唯一的出處是〈大
取〉這個後期邏輯篇章。有關此篇，見 A. C. Graham, *Later Mohist
Logic*, 245–246。

二篇指出那些繁複的儀式令人注意到葬禮，而那些在葬禮中被埋藏的珍寶對盜墓者而言是無法抗拒的誘惑。對於《呂氏春秋》二篇，葬禮的節制就其本身並不是一種美德，而是一種應該實踐之事。這是因為這一做法及將墳墓設在一個遙遠而安全的地方，將有助於為亡者帶來安全與安寧。

墨子在〈節葬〉中採取了與《呂氏春秋》中截然不同的方式，並認為當時的統治者應該廢除長時間哀悼亡者的程序及繁複的葬禮，因為它們對生者造成影響。墨子擔心長時間哀悼亡者會令哀悼者的身體變得虛弱，且讓國家陷入貧困之中。[60] 奢華的葬禮則會耗盡生者的財富，並因此損害國家經濟。[61] 墨子總結道：「細計厚葬。為多埋賦之財者也。計久喪，為久禁從事者也。」[62]

墨子擔心過度的支出會使國家破產。但與此相反，荀子則認為國家沒有支出才是最終令國家衰落的原因。荀子在〈富國〉中反駁墨子對於供應不足的擔憂，並將之視為「私憂過計」。他指出物質貨品（與嚴厲的刑罰）是統治者維持秩序的手段。荀子認為墨子有關節制與克制的原則只會令國家缺乏刺激人民所需的物質鼓勵，從而導致人民的不滿與社會的混亂。

---

60 《墨子》，卷六，〈節葬〉，頁 6 上–6 下：「曰哭泣不秩，聲翁，繚絰，垂涕，處倚廬，寢苫枕塊，又相率強不食而為飢，薄衣而為寒，使面目陷䶌，顏色黧黑……行若道，使王公大人行此，則必不能蚤朝䮵，五官六府，辟草木，實倉廩。」亦見 Watson, *Mo Tzu*, 68。

61 《墨子》，卷六，〈節葬〉，頁 5 下：「然則姑嘗稽之……此存乎王公大人有喪者，曰棺槨必重，葬埋必厚，衣衾必多，文繡必繁，丘隴必巨；存乎匹夫賤人死者，殆竭家室。」亦見 Watson, *Mo Tzu*, 67。

62 《墨子》，卷六，〈節葬〉，頁 6 下；Watson, *Mo Tzu*, 68。

故墨術誠行則天下尚儉而彌貧，非鬪而日爭，勞苦頓萃而愈無功，愀然憂戚非樂而日不和。（〈富國〉）[63]

儘管《呂氏春秋》二篇採納墨子對節制的強調，但它們卻不接受後者有關經濟的解釋。二篇完全沒有提到墨子的論點，即奢華的葬禮會導致貧窮與生者身體會變得虛弱。相反，〈安死〉強調當他們過分豪華的墓葬受到打擾時，死者將會受到侮辱。我推測，《呂氏春秋》的編撰者之所以不提及墨子與追隨者在經濟方面的論點，原因在於這些論點對仍然支持節葬的人來說已經不再具有說服力了。

（三）古人及靈魂

墨子經常援引古人的習俗作為證據，以證明其所捍衛主張的正確性。因此，墨子在表達他有關節葬的論點時，引用古代聖王的規定：「棺三寸，足以朽體；衣衾三領，足以覆惡。」[64] 荀子所引用支持節葬的論點亦同樣依賴於古代的證據（不過他如此做的原因是為了反駁有關論點）：

太古薄揹，棺厚三寸，衣衾三領，葬田不妨田，故不掘也。亂今厚葬飾棺，故扣也。（〈正論〉）[65]

《呂氏春秋·安死》以一個與這些例子互相一致的方式，提到古代聖人堯、舜、禹被葬在不會擾亂其周遭環境的墓葬之中。它更指出：「先王之葬，必儉、必合、必同。」（10/3.4 上）

63　Knoblock, *Xunzi*, vol. 2, 130.
64　Watson, *Mo Tzu*, 72.
65　《荀子》，卷十二，〈正論〉，頁 9 下 –10 上。

顯而易見，對可能同樣希望社會能夠回歸古風的《呂氏春秋》編撰者而言，歷史的先例具有說服力。

除了依賴古人的支持以外，墨子亦同時轉向超自然的領域，並警告奢華的葬禮及持久的哀悼應該廢除，因為它們將會引起神靈的不悅，並因此置實踐者於一個危險處境當中，即可能會被「上帝鬼神」毀滅。[66]《呂氏春秋》二篇並沒有提到神靈的願望，而荀子所引支持節葬的論點亦沒有提及神靈。對《呂氏春秋》的編撰者而言，如此對神靈的提及，似乎不如間接援引古人的做法來得更有說服力。

（四）棺木與罪人

墨子聲稱古代聖王都被置於僅有三寸厚的棺木之中，而並未借助多重的棺槨或墓穴。這種聲明成為他反對厚葬的一個廣為人知的口號。墨家與追隨者提出另一個獨特要求，表示人們不應使用諸如松木、柏木等良好木材來製造棺木。相反，雖然人們清楚桐木易朽，但人們亦應使用這種劣質木材來製作棺木。因此，墨子提到禹這位墨者英雄的埋葬：「……衣衾三領，桐棺三寸，葛以緘之。」[67]《韓非子‧顯學》與《莊子‧天下》都證實三寸的桐棺象徵墨子理想中的葬禮。[68] 此外，在前三世紀主張節葬的人之中，仍不乏使用三寸厚棺木的支持者。因此，荀子〈正論〉反駁節葬一事，引用一系列見於〈節葬〉的規定，亦同時提及有關三寸棺木的要點。

---

66 《墨子》，卷六，〈節葬〉，頁 8 下；Watson, *Mo Tzu*, 72。

67 Watson, *Mo Tzu*, 73.

68 《韓非》，卷十九，〈顯學〉，頁 9 上；《莊子》，卷十，〈天下〉，頁 15 上。

　　誠然，按照當時的標準，墨者基於人們應該忘去離世的父母這種觀念所主張的對待死去父母的做法，是很不近人情的。荀子在〈禮論〉中反駁墨子對儒家禮儀的抵制，並認為使用「棺槨三寸」及其他墨子所主張的儀式只適用於受過刑罰的罪人，而不是父母或敬重之人的身上。[69] 三寸厚桐棺事實上只限於埋葬罪人一事見於《呂氏春秋》中的一則佚事。這則佚事與這部文獻當中涉及葬禮的篇章完全無關，卻剛好提到允許以如此簡陋的方式來埋葬罪人的風俗。[70] 因此，墨子希望所有人都普遍遵守的處理死者的方式，即是處理被判罪的罪人的方式。[71]

　　上文已指出，《呂氏春秋》二篇有關死亡與葬禮的篇章並沒有像《墨子》一般漠視死者。因此，二篇不僅沒有提及三寸厚桐棺，更認為使用墓穴是符合有關節葬的正確規定的。儘管〈節喪〉容許人們使用墓穴，且不選擇界定合適的棺木厚度，

---

69 《荀子》，卷十三，〈禮論〉，頁 7 下；Burton Watson, *Hsun Tzu: Basic Writings* (New York: Columbia University Pres, 1963), 98, n. 10。華茲生在後者的注釋中指出：「荀子對於埋葬受辱之罪人的描述，與墨子所主張的那種用於古代聖王葬禮儀式實踐以及適用於所有人葬禮儀式的理想十分相似。」

70 《呂氏春秋》，頁 1247。

71 王充聲稱埋葬父母無異於將父母放在一個他們希望脫離的監獄之中，而墨子可能早已預料到王充這番言論，見黃暉：《論衡校釋》，頁 961-962；Forke, *Philosophical Essays of Wang Ch'ung*, vol. 2, 372-373。索安認為「王充在反對奢華的葬禮時亦同時聯想到監獄這個比喻。他指出，有責任感的兒子在面對生病的父母時需要盡己所能尋找醫生和占卜師。這種情況與那些被囚禁監牢、而其案件仍有待判決的父母一樣。兒子在這種情況下需要嘗試將他的父母從危險中解救出來。但是，一旦父母已經死去，被葬於黃泉，王充就將他們比作被關押且將被處罰的犯人，而他們亦無法再提出上訴」，見 Anna Seidel, "Traces of Han Religion"，收入秋月觀瑛編：《道教と宗教文化》（東京：平河出版社，1987 年），頁 691。

但仍然聲稱，一個「善」的棺槨與墓穴只是單純意味著它們可以「避螻蟻蛇蟲也」（10/2.3.C）。同時，它亦認為以「題湊」的方式建築墓穴、以疊套的方式將多個棺木放在另一個棺木之內，以及使用石頭或碳密封墓穴都是過度的做法（10/2.4.B）。

（五）墓塚與墓園

根據〈安死〉（10/3.1.A）所述，前三世紀的墓塚都是「其高大若山，其樹之若林」。這些墓塚是精心建造的墓園的一部分。這些墓園包括一些「闕庭」、「宮室」與其他使得墓園「若都邑」的建築物。前文所引在較早時期荀子〈正論〉中一段有關節葬的引文中，對這種過度的做法已有暗示：引文聲稱古代的墓地「葬田不妨田」。儘管前三世紀的評論家認為這種墳墓的特色值得人們注意，但墨子的〈節葬〉卻幾乎沒有提及墓塚。〈節葬〉亦完全沒有提及墓園及必須避免墓地侵佔耕地等事。巫鴻在有關喪葬建築物與藝術演變的研究中指出，東周時期首次出現了一些經過精心設計的墓園，圍繞著由大型古墳塚所覆蓋的墓穴。[72] 因此，在前五世紀晚期與四世紀初期這段我們認為《墨子·節葬》成書的時間，大型墓園早已存在，但這種習俗可能尚未蔚為風行。一直到前四世紀，這些墓地因侵佔耕地，才成為一個足以引起批評家注意的問題。

（六）盜墓者

《呂氏春秋》突出地提及盜墓者的問題（比如 10/2.2.B、10/2.3B、10/2.3.A-D、10/3.2.A-B、10/3.3.A、10/2.3.A-B）。但是，墨子在批評繁複的葬禮時，卻完全沒有提到這個問題。

---

72 Wu, "From Temple to Tomb," 90–96.

我們再一次在荀子《正論》所引的部分節葬規定中，發現這一
《呂氏春秋》中所關注的先例：「論今厚葬飾棺，故扣也。」荀
子駁斥奢華墓地導致盜墓這一有關節葬的想法，並認為它是錯
誤的：

> 凡人之盜也，必以有為，不以備不足，足則以重
> 有餘也⋯⋯故孔子曰：「天下有道，盜其先變乎！」
> 雖珠玉滿體，文繡充棺，黃金充椁，加之以丹矸，重
> 之以曾青，犀象以為樹⋯⋯，人猶且莫之扣也。是何
> 也？則求利之詭緩，而犯分之羞大也。（〈正論〉）[73]

荀子的論點大體上代表他的社會與經濟哲學。對他而言，
問題不在於奢華墓地，而在於政府無法保證繁榮興旺的整體水
平，而誤入歧途所致的恥辱亦不足以防止人們劫掠墳墓。我懷
疑盜墓之風並沒有得到墨子的批評，但卻見於後世支持節葬議
論的原因，在於它在墨子的時代還沒有蔓延得那麼嚴重。盜墓
之風想必沒有得到控制而方滋未艾，在前三世紀之前才成為一
個較為迫切的問題。或許正是因為如此，這個問題才會在《呂
氏春秋》支持節葬的議論中佔有重要地位。假設撰寫《呂氏春
秋》這些文章的人知道荀子對於盜墓問題起因的見解，那麼他
們忽視荀子的論點——即政府的政策，而不是奢華的墓地才導
致墓穴被人打開——究竟有何意義？或許在前三世紀中期，人
們對於政府能夠控制強盜的問題一事——通過為人民帶來普遍
的物質繁榮或在盜賊中培養一種對違反社會標準的恐懼——已
不再抱有任何希望。的確，《呂氏春秋》篇章中對於盜墓者的

---

73 《荀子》，卷十二，〈正論〉，頁 10 上 –10 下。

刻畫顯示他們完全無可救藥。因此，遏止他們的唯一方法，便是不再於墓穴之中放置任何值得他們偷竊之物。

（七）禮儀：真誠或一己之私？

〈節喪〉認為（10/2.3.C），在它成書的這個「世俗」時代，「善」的棺木與墓穴已被那些無節制的墓葬所取代，而原因並非出於對死者的任何考慮。相反，這些墓葬試圖通過炫耀來引起廣大社會注意。奢靡的儀式是虛偽的這種想法可能讓人回想起墨子。墨子在較早時期已將那些主張舉行繁複葬禮的儒標籤為偽善者。他抱怨儒者「久喪偽哀以謾親」，而他們更因此得以全權負責喪事。[74]

儒家對這種指責非常敏感。孔子在《論語・八佾》四章曰「……喪，與其易也，寧戚」，強調真摯的情感比禮節更為重要。內在、不可觀察的情感世界與儀式表演的公共領域之間可能存在的差異，產生了一種特別的思考模式。這種思考模式最早的證明是荀子對於儒家初學者所作之君子「慎其獨」的勸告。即是說，君子在意其內心深處想法的真誠與否，勝於在意其舉止是否完美。[75] 荀子一步一步地說明這種自我監督是如何達到至「誠」。然而，〈節喪〉則認為奢侈是虛偽的初步證據。它事實上是在勸告人們，使自己免於犯錯的最佳方法並不

---

74 見《墨子》，〈非儒〉，卷九，頁 12 上 –12 下；Watson, *Mo Tzu*, 127。有關儒者被僱用為喪禮司儀的討論，見 Rober Eno, *The Confucian Creation of Heaven: Philosophy and the Defense of Ritual Mastery* (Albany: State University of New York Press, 1990), Chapter Two。

75 《荀子》，卷二，〈不苟〉，頁 4 上 –5 上；Knoblock, *Xunzi*, vol. 1, 177–181。

是荀子自我反省的方案，而是簡單地消除奢侈這種更為直接的
進路。

四、結語

在《呂氏春秋》的〈節喪〉與〈安死〉二篇中，有關節
葬的論點在某種程度上嘗試調和墨家與儒家立場。墨子與追隨
者認為生者應將他們用以哀悼與埋葬死者的努力和相關資源減
至最少。這種論述背後的思想基礎則是相關的墨家觀點：應強
調生者的需求，而死者應被忘卻。儒者反對這種假設，並認為
無論家族成員在世與否，照顧他們都是君子最首要的考量。對
孔子的追隨者而言，這個基礎的信條為他們與時人所認同的奢
華葬禮儀式提供正當性。《呂氏春秋》二篇接納儒家認為應該
照顧死者的基礎教義，但同時也認為如此做的最佳方法是承認
死者並非如生者一樣需要滋養，而是不被他人打擾的安寧；而
保證如此安寧的最好辦法，是避免炫耀自己的財富以招致盜墓
者。故根據《呂氏春秋》所言，人們理應實踐節葬的原因並不
是為了人世的利益，而是為了死去的親屬。

《呂氏春秋》所提出的節制主張不但無法稍微暫緩人們建
造規模更大的墓葬，似乎更被人完全忽視。正如歷史記錄所描
述及近年考古發現所揭示的，始皇帝的墳墓本身就以一種令人
吃驚的方式，證明了呂不韋此部著作所收錄的勸告，被呂氏所
侍之君主與國家所忽視。司馬遷指出秦始皇的墓塚「樹草木以
象山」[76]，而這正是《呂氏春秋》所譴責的風俗（10/3.1.A）。
《呂氏春秋》同時亦批評大型的送葬隊伍，認為當中的參加者

---

76 司馬遷：《史記》，卷六，〈秦始皇本紀〉，頁 265。

為「萬人……以軍制立」（10/2.3.D）。這令人聯想到考古學家在始皇帝墳墓東邊深坑中所發掘出的那些栩栩如生、由表面施漆的陶土所製之士兵與官員隊伍。[77] 對漢代墓葬的挖掘證實《呂氏春秋》所強烈譴責的風俗也為漢朝貴族所採納。例如，考古學家在馬王堆（約前 150）與長江流域其他墓葬中發現了一如〈安死〉（10/2.3.B）所述，由大量木炭所包圍的墓穴。[78] 同篇的一段文字亦提到「含珠鱗施」，其例則見於滿城一座建於前 2 世紀晚期、墓主為漢代中山王劉勝夫妻的墓葬之中。[79]〈安死〉亦提到內有「題湊之室」的墳墓。這是一種精巧的建築技術，在 1974 年距北京西南方九里處大葆臺所發現的漢朝例子則揭示了其技術的細節。[80]

要圓滿地解釋為何《呂氏春秋》的主張與人們實際上的行為之間的差異，絕不能全然歸因於某一個哲學流派打敗了另一個流派這一說法。換言之，戰國、秦代與漢代早期有關繁複葬

77　有關這一發現的報告，見 Albert Dien, trans, "First Report on the Exploratory Excavation of the Ch'in Pit of Pottery Figures at Lin-t'ung *Hsien*," *Chinese Sociology and Anthropology* 10.2 (1977–1978): 3–50。

78　見湖南省博物館、中國科學院考古研究所編：《長沙馬王堆一號漢墓》（北京：文物出版社，1973 年），頁 5–6，以及 Jeffrey Riegel, "A Summary of Some Recent *Wenwu* and *Kaogu* Articles on Mawangdui Tombs Two and Three," *Early China* 1 (1975): 10–15; Jeffrey Rigel, trans, "A Summary of the Excavation of Han Tombs Two and Three at Ma-Wang-Tui," *Chinese Sociology and Anthropology* 10.2 (1977–1978): 51–103，尤其頁 54、56。

79　有關這次發掘的完整報導，見中國社會科學院考古研究所、河北省文物管理處：《滿城漢墓發掘報告》（北京：文物出版社，1980 年）。

80　更多詳情見魯琪：〈試談大葆臺西漢墓的「梓宮」、「便房」、「黃腸題湊」〉，《文物》1977 年第 6 期，頁 30–33。

禮儀式的證據，並不能證明人們在當時欣然接受了正統儒家的哲學，而排斥反對儒家哲學的思想。為了充分地解釋節制的呼籲與實際喪葬習俗之間的分歧，同時亦需要考察哲學話語與那些影響到葬禮風俗的喪葬信仰系統之間的關係。《論語》、《墨子》、《孟子》、《荀子》、《呂氏春秋》這些將重心放在社會政策的著作，只是隱約地提到與死者有關的信仰。「事死如事生」這類諺語引發人們的聯想。但是，當置於一些非哲學語境下時，它們所揭示的事情或許會更多。通過那些古墓中的考古遺存，我們希望發現更多未因哲學爭論而有所文飾的基本信仰。這些信仰關注諸如甚麼事物構成死後的世界、死者所欲為何等問題。古代哲學文獻顯示出，那些以影響更多世俗做法為任的人如何構思其論點，然而如此的任務本身，作為一個題目就含有相當的複雜性，以及許多仍未解決的問題。

《呂氏春秋》：為帝國而設的哲學*

　　《呂氏春秋》在秦相呂不韋的贊助之下問世，時值秦朝建立與中國統一成為亞洲最強大的帝國前夕。通過《呂氏春秋》，呂不韋旨在將全世界的知識網羅在這部規模宏大的百科全書之中。這部作品由呂不韋所聘請的一批學者於前239年編撰而成。呂不韋對於這部成品感到非常滿意，據說他更以千金懸賞任何「有能增損一字者」。《呂氏春秋》是一部內容異常豐富而完整的百科全書，它以迷人、簡明及清晰易讀的散文，敘述了當時種類繁多的信仰與風俗習慣。這部作品展示出當時科技知識的發達，並為後來秦國所建立的中央集權建構出一套哲學。

　　呂不韋的政治生涯遠超其他哲學家的想像。他處心積慮令秦孝文王質子嬴異人繼承王位。嬴異人在登位數月後去世，其幼子嬴政（即後之秦始皇）即位，其時呂不韋便代秦王攝政，並為秦始皇統一中國奠定基礎。呂不韋致力招攬門客編撰《呂氏春秋》，因此為地處偏遠的秦國引入了中原文化與學術。西

---

*　本章原為 Jeffrey Riegel, "The *Lüshi chunqiu*: A Philosophy for Empire," an entry in *Encyclopedia of the History of Science* (*Enciclopedia Italiana*, in collaboration with the Academie Internationale d'Histoire des Sciences, 2002)。為了此次出版，王安國先生對此文進行了全面的修改，並撰寫了新的內容。

方普遍將呂不韋視作富商、文藝贊助人、傑出的政治家與精明的謀士，重要性如同影響了佛羅倫斯、意大利、甚至整個歐洲文明的美第奇（Medici）公爵。但在中國，由於呂不韋生平的種種事跡，且商人社會地位歷來不高，使他遭到漢代文人墨客的抨擊。他們認為秦國作惡多端，亦不認同其統一中國的做法，而秦國之所以得逞，正是拜呂不韋這位暴發戶兼騙子的詭計所賜，故這位邪惡人物理應受到抨擊，遭受嘲笑與污蔑。

呂不韋的《呂氏春秋》是中國思想史上一部不朽的著作，亦是一部具創造力與凝聚力的作品。受到對普世帝國想像的啟發，《呂氏春秋》貫穿了天人合一的宗旨，致力以學術與文化實踐仁德的理念，並為理性與道德所啟發。這部作品兼顧到當時每一種哲學潮流，或對其中主題作出調整，或融合過去沒有聯繫的觀念，或拒絕與駁斥與其基本看法相違的立場。儘管編撰者明顯無法將最初所設計的偉大構想付諸實行，但細心的讀者必定能明白無誤地瞭解到當中思想的整合。由於呂不韋以包羅萬象為其目的，故他的作品保存了大量不為人知或鮮有人知的思想體系，如季子、子華子等，以及最近馬王堆原始文獻所揭露、受伊尹影響的學派。呂不韋在這些思想體系中增補了大量有關農學、宇宙觀、曆法事項與音樂的重要論述。雖然《呂氏春秋》有助於重構前三世紀的哲學論戰，但卻不能因此忽視它偶爾極富原創力的哲學立場。呂不韋意在創造一個獨立的學派。他在跋語中，明確自稱是在傳承顓頊得自黃帝的教誨，並將他的哲學徑直與墨子的禹之道、孟子的堯舜之道與荀子的後代聖王之道這三者相對立。他鼓勵人們高瞻遠矚，心如明鏡而思維敏銳。今天，鑑於大部分中國古典哲學的著作久已失傳，《呂氏春秋》這部總集卻囊括所有基本智慧，更是前三世紀晚期中國思想界的一個縮影，是一部不可或缺的著作。

第三部分

宗教與神話

句芒與蓐收 *

　　在古代中國歷史上，戰國時期（前 453– 前 221）被恰如其分地認為是一個動亂的年代。當時的政治分歧、社會紛爭與文化的激烈對抗，留下了許多標記，而此中百家爭鳴只不過是最習為人知的一個而已。然而，至少在當時一部分博學之士當中，有一種強烈的完全相反的傾向，即試圖在戰國時期不同傳統中，找到一個始終如一且相互協調的知識體系。這種傾向包括尋找方法來讓流行於楚國、沿海國家吳、越，以及其他「蠻夷」地區的陌生習俗和信仰，得以見容於中原地區的古老文化。這些方法所帶來的發展，可見於下述事件：前三世紀出現的一種標準書面語言，使得那些過去僅僅使用中原地區方言所寫成的文獻，越發顯得古奧。但文化和解最強而有力的證據，可能是當時多方根據各種各樣的地方神靈、祖先神及自然神靈，嘗試創造一個統一的神靈體系。這些神靈或是那些在中原地區傳承久遠的神祇，或是那些與邊遠地區新近接觸到的神祇。在現存的文獻記載中，可以看到三種統合神祇體系的做法。

* 　Jeffrey Riegel,"Kou-Mang and Ju-Shou," *Cahiers d'Extrême-Asie* 5 (1989–1990): 55–83。本章所引用的十三經為阮元（1764–1849）所監修的《十三經注疏》，此版本於 1816 年印製於江西南昌。正史的引文則取自臺灣藝文印書館所編的《二十五史》。若非特別指出，其他原始文獻皆引自《四部備要》本。

　　首先，在戰國時代的哲學和歷史文獻中，有著不計其數的短篇寓言故事，其中神靈被表現為構成古老道德觀的元素。這種道德觀認為上天會賞善罰惡，亦是一個系統的一部分。在這個系統中，上天或上帝監督並審判人類的行為，而眾多地位較低的神靈則服務於天，傳達及執行上天所作判決。第二種統合神靈體系的做法清晰體現在那些有圖表性質的文字表述上。這些文字記錄了一個單一宇宙體系中各種神靈的分布情況，而這個體系則是根據時間的週期性前進和空間的對稱配列組織而成的。五行理論的出現，標誌著這些努力達到頂峰。五行理論是一個異常複雜且包羅萬物的體系。它基於神靈最能表現出來的形而上元素或是過程，將各種神靈分類且分配到不同的季節和地理位置之上。[1] 第三種做法聲稱神靈原是東周時代一些主要統治家族的祖先。這與猶希邁羅斯（Euhemerus）的論點並無不同：猶希邁羅斯認為古希臘的眾神都是來自道德高尚者之列。[2] 但戰國思想中則以神話即歷史的觀點，主要通過對複雜官僚體系與世系記載的編制來解釋眾神靈。而這些編撰的目的是為了將各種神靈統合在一個膜拜者熟悉的官僚架構當中，並提供證據，以表示當時的統治世家有著神聖起源。

1　關於五行理論之興起的綜述，見 Joseph Needham, *Science and Civilisation in China* (Cambridge: Cambridge University Press, 1956), vol. 2, 232–253。島邦男在《五行思想と禮記月令の研究》（東京：汲古書院，1971 年）中提供了更為詳盡的論述，並且修正了李約瑟在分析鄒衍材料時所犯的一些錯誤。

2　Jean Seznec 追溯了西方神話歷史觀，即猶希邁羅斯主義（euhemerism）的源起，見 *The Survival of the Pagan Gods* (Princeton: Princeton University Press, 1972), 11–14。根據他對希臘與羅馬世界所作的討論，我們可以在中國的學術潮流中，辨識出那些有利類似思想在此興起的因素。

　　「句芒」和「蓐收」是這種宗教系統化的例子。故本章將
會仔細檢視古代，主要是戰國時期關於這兩個神靈的描述。首
先，本章會仔細閱讀《墨子》和《國語》中兩段內容相似的寓
言。句芒和蓐收在故事中被描述為傳達上天旨意的使者。本章
的第二部分將總結從《呂氏春秋》「十二紀」中所得到的訊息。
「十二紀」是當時最致力將這兩個神靈嘗試納入五行體系的一
篇文獻。最後，本章將討論《左傳》和《國語》中確識出被後
人奉為句芒和蓐收這對神靈的所謂「歷史」人物之段落。[3]

一、《墨子》和《國語》中的故事 [4]

　　《墨子》中關於句芒的段落見於〈明鬼下〉。〈明鬼下〉是
〈明鬼〉篇的第三部分，而前兩部分均佚。有關段落記述句芒
這位神靈在某天早晨拜訪秦穆公（前 659– 前 621 在位）的故
事，其時秦穆公正在宗廟中祭拜先祖。[5]

3　高本漢已經討論過《墨子》與《國語》中的兩個故事以及下文將
　　要提到的許多文獻，見 Bernhard Karlgren, "Legends and Cults in
　　Ancient China," *Bulletin Of The Museum Of Far Eastern* 18 (1946):
　　199–365，尤其頁 221–247。高本漢的研究目的與我不同，因此他
　　的分析及他對這些文字的翻譯與我的或有不同，甚至差異很大。

4　葛瑞漢指出，「對於這十個三元組，亦即《墨子》每篇各有三個部
　　分的篇章，至少就它們的祖本而言，任何一篇的成書時間都不可能
　　晚於前 350 年」，見 A.C. Graham, *Later Mohist Logic: Ethics and
　　Science* (Hong Kong: The Chinese University Press, 1978), 5, n. 7。
　　高本漢根據他對《國語》與《左傳》的語法分析，推斷它們成書的
　　年代很可能是前五世紀中期至前四世紀晚期，見 Bernhard Karlgren,
　　On the Authenticity and Nature of the Tso chuan (Göteborg: Elanders
　　boktryckeri aktiebolag, 1926), 64–65。

5　在大多數《墨子》版本中，故事中受神恩賜的人都是鄭穆公（前
　　627– 前 606 在位）。孫詒讓在《墨子閒詁》（《諸子集成》本，卷

昔者，秦穆公當晝日中處乎廟。有神入門而左，鳥身，[6] 素服三絕，[7] 面狀正方。秦穆公見之，乃恐懼犇。神曰：「無懼！帝享女明德，使予錫女壽十年有九，使若國家蕃昌、子孫茂、毋失秦。」穆公再拜稽首，曰：「敢問神名。」[8] 神曰：「予為句芒。」（〈明鬼〉）[9]

《國語》關於蓐收的故事與上引文字在行文上很相似。該篇故事是《國語》眾多道德說教的佚事之一，是對前 655 年晉伐虢事件之描述的一部分。當時晉軍圍攻虢國都城上陽，為的是處罰虢國國君醜，因為後者在重耳流亡時提供了庇護。[10]

虢公夢在廟，有神，人面、白毛、虎爪，執鉞立

八，〈明鬼〉，頁 141）中指出，很多文獻在引用或提到《墨子》該段內容時都寫作秦穆公。同時，鄭穆公在所有的記載中都無足輕重，且不太可能在如此一個故事中得以長生不死。另一方面，秦穆公則經常出現在早期的超自然故事中。例如，《史記》（卷二十八，〈封禪書〉，頁 1360）提到秦穆公在昏睡時夢見上帝，而這個夢被解釋為他的靈魂升到了天上。

6　孫詒讓在「鳥身」前補上了「人面」二字，並認為此係脫文。

7　「三絕」的意思不詳，我暫將它解釋為「修剪過三次」。

8　有一些版本作「神明」，但我認為應讀作「神名」。

9　《墨子》，卷八，〈明鬼〉，頁 2 下–3 上。

10　眾所周知，《國語》與《左傳》包含很多有關神之使者與神跡的簡短、獨立故事，預言一個人的行為將為他帶來甚麼後果。另一段發生在晉、虢之間一系列事件中的故事講述上陽被圍期間，晉國卜偃向晉獻公引述了一首以韻文形式呈現，且具有預言性的童謠。這首童謠揭示出一些天文跡象，預示晉國將擊敗虢國並取得勝利，見《國語》，卷八，〈晉語二〉，頁 5 下–6 上；《左傳》僖公五年，卷十二，頁 24 上–24 下。

於西阿。公懼而走，神曰：「無走。帝命曰使晉襲於爾門。」公拜稽首。覺，召史嚚占之。對曰：「如君之言，則蓐收也，天之刑神也。」（〈晉語二〉）[11]

《墨子》和《國語》這兩個故事在形式和內容上的相似性，顯示它們最初是引自一部共同文獻的兩個故事。有關文獻可能是一部具有勸誡性質的故事集，並包含句芒、蓐收及其他作為上天使者的神靈。《墨子》原文說句芒故事來自一部「書」，但《國語》卻沒有說明故事來源。

《墨子》引用句芒的故事是為了證明善神的存在。對於墨家成員而言，這就是此故事對於東周時期其他人所具有的主要意義。[12] 儘管如此，這個故事及其他眾多古代文獻的類似故事，都想要傳達如下的基本教誨：天神密切注視著人類的行為，一個人的品格決定了他的最終命運，因為他的品格會引致神聖力量以善或惡的方式來對待他。

那些在東周時期已被人尊為經典的文獻表明，神會賞善罰惡這種理論是真實的。例如，《尚書·高宗肜日》云：「惟天監下民，典厥義，降年有永，有不永。非天夭民，民中絕命。」[13]

---

11 《國語》，卷八，〈晉語二〉，頁 4 下 – 5 上。

12 據王充（27–100）所言，後世的孔子學說追隨者董無心與墨家學徒纏子之間曾發生過一次爭論。在爭論中，纏子宣稱善神是存在的，並且就是以《墨子》所引穆公壽命得到延長的故事以作為支持，見黃暉：《論衡校釋》（臺北：臺灣商務印書館，1968 年），卷六，頁 251–262。《漢書·藝文志》儒家類下列有《董子》一書，班固注指出這本書記載了董無心對墨子的問難，見《漢書》，卷三十，〈藝文志〉，頁 1726。《董子》在儒家類中列於秦代編成的《羊子》之後，這顯示出董子生活在前三世紀晚期至前二世紀早期這段時間。但是，一些學者認為他是戰國時人。早期書目中未見纏子所撰之書。

13 《尚書》，卷十，〈高宗肜日〉，頁 10 上。值得注意的是，古代中

在《墨子》那則故事中，句芒明確地表示，由於秦穆公的「明德」，他被「帝」（即上帝）派遣而來，賞賜穆公以長壽與圓滿的人生。「帝」在周代文獻中與天是同義詞。這個故事就如此將句芒與神會賞善罰惡的這個古老教誨緊密聯繫起來。同樣值得注意的是句芒說帝「享」穆公的美德。「享」一詞顯示，美德被認為與酒食等祭品一樣，能夠滿足天神的欲望。在古代中國的宗教信仰中，人的優良品行不僅是執行獻祭儀式的必備條件，在某些情況下，良好的品行本身甚至就等同於祭祀。

由於蓐收預言了一場使虢國滅亡的敗仗，故《國語》這個故事提到蓐收的目的，無疑是想將他等同於傳達天神之怒的仲介。然而，值得注意的是，蓐收並沒有讓虢公知道「帝」認為他的德行有虧，而是說「帝」決定把勝利給與晉國。這顯示蓐收所扮演的角色並非單純地罰惡，而是通過罰惡來賞善，因為「惡」者的滅亡將使「善」者得利。這樣一個道德體系要求個人不僅要避免行惡，而且還要努力成為一個比身邊之人更有道德的人。這樣天神賜予的好處就會落在他的身上，而非他周圍的人。

國人並不認為一個人命中注定的壽命是固定且不可改變的。相反，依據他的德行，其壽命可以因為神的介入而發生變化與調整。《禮記·文王世子》有一個故事揭示人們尚有另一種方法來改變命中注定的壽命，見《禮記》，卷二十，〈文王世子〉，頁 2 下 –3 上。故事大意如下：周武王告訴其父文王他做了一個夢，夢中「帝」給了他九顆牙齒，他誤以為這表示他將得到西方的九個國家。其父文王糾正了他的想法，並告訴他由於牙齒象徵年齡，故帝實際上是授予他九十年的壽命。文王擔心其子所獲得的時間不夠，加上他知道自己有一百年的壽命，便將其中三年的壽命給了他的兒子，藉以延長武王的壽命。故事最後說，文王活到九十七歲，而武王則活到九十三歲。

（一）神靈官僚體系中天的代理者

這些關於上天賞善罰惡的故事在不經意間提供了大量有關這兩位神靈之外形特徵與習性的資料。首先，蓐收和句芒在神靈官僚體系中的職責很明顯是相輔相成的。[14] 他們都是官方信使，聽從其上司「帝」的「命」和「使」。他們在外貌、舉止、穿著方面的特徵可分別以「文」、「武」概括。通過揭示有關特徵細節，這些故事詳細地說明這兩位神靈所扮演的不同官方角色。句芒被描繪為「面狀正方」，意為有著一副嚴肅、莊嚴的神態，這正像是一位正派文官的樣子。與此相反，蓐收則是一位兇猛的武將。[15] 這不僅僅是因為其頭銜是「刑神」，還因為他「執鉞」。[16] 文官手中不持兵器，而可以通過其衣著及他在腰間所配帶的代表其官職的物件來辨認他的身分。

在創造這兩位傳達上天旨意使者的過程中，《國語》和《墨子》這兩則故事很有可能反映了一種亦見於《左傳》的信仰。這種信仰認為，句芒和蓐收本是凡人，只是因為他們在執行官

---

14 關於古代中國宗教時常出現的官僚術語與比喻，見森三樹三郎的綜述，〈支那の神々の官僚的性格〉，《支那学》第 6 輯第 1 期（1943年），頁 49–81，尤其頁 54–64。

15 時代偏晚的文獻提到蓐收的「轡」，說明這位神靈是戰車御者。一個例子是禰衡（173–198）的〈鸚鵡賦〉，見蕭統輯、李善等注：《文選》，卷十三，頁 29 上。相同的主題啟發了唐代的韓鄂。他在《歲華紀麗》中間接提到蓐收替炎帝駕御戰車。然而，較早期的文獻缺乏有關方面的記載，因而無法知道這個主題究竟早至何時。

16 其他文獻對於蓐收兇猛的外貌有更多詳細記載。《楚辭・大招》警告一個靈魂勿往西去，因為它會在那裡遇到一個可怕的豬頭怪物，它有著「長爪踞牙」，見洪興祖：《楚辭補注》，卷十，〈大招〉，頁 2 下 –3 上。《楚辭》注者王逸（卒於 158）認為這個怪物就是蓐收。如果他所言屬實，姑且不論《楚辭》的祝語經常十分誇張，那麼很明顯，人們之所以懼怕這位神靈，是因為他異常暴力與危險。

僚任務上有過優秀的表現，所以被神化了。[17] 這兩則故事將他們描繪成混雜生物，可能也有以神話即歷史論的重要意義。句芒的「鳥身」顯示出他是許多帶翼神靈中的一位。他們擁有在天地之間傳達資訊的能力。蓐收的「虎爪」則象徵著尚武的兇狠，而這正是代天執行刑罰者所需要的。[18] 然而他們人類的臉龐似乎具有象徵意義地提醒我們，這兩位神靈最初原是凡人，後來才轉化成為神靈。[19]

根據《墨子》所載的故事，句芒的一項公職是把「十年有九」的額外壽命交付給天所選定的受益人。在古代中國，十九年的時間意味深長，因為大約每隔十九年或二百三十五個陰曆月（稱為「章」或太陰周），冬至和朔日（新月初一）會在同一天發生，這標誌著太陽和月亮的循環將在同一天出現，這是罕見的重合情形。另外，根據《墨子》這則故事創作時通行的周代曆法，冬至和朔日重合的那個月正是新的陰曆年中第一個月。[20] 人們很早便知道，古代中國曆法學家都十分關注這些罕見的太陽和月亮循環的重合現象，並仔細地記錄它們（即使後人採用起始月份不同的曆法，他們仍然很關注這種現象）。[21] 不

---

17 對《左傳》以及相關段落的討論見本章第三部分。

18 老虎是勇士的象徵，古代有一些國家美其名曰以老虎指稱其士兵，見《孟子・盡心下》四章。

19 魯惟一提出了一些其他的說法來解釋古代中國人為何將神靈描繪成人獸合一的模樣，見 Michael Loewe, "Man and Beast," *Numen* 25.2 (1978): 97–117。

20 在周代曆法中，冬至日出現在一月的朔日（第一天）。一月即建子之月，子是十二支之首。秦漢所用的曆法，冬至日對應十一月的第一天。十一月在當時仍然為建子之月。如此做法承認周曆在當時的優先性。因此，這使得如下的說法顯得令人懷疑，亦即漢朝在前104 年後恢復並採用了時代更早的夏曆。

21 見 Needham, *Science and Civilisation in China*, vol. 3, 390, 406。

過，儘管《墨子》這則故事很明確地提到了十九年，但尚未充分注意到的是，對於某些人，尤其那些追求長生不老的人來說，十九年也是一個充滿神秘性的時間。[22]

我們可以通過其他文獻證據證實這一點。《史記·封禪書》記載漢武帝如何追求長生不老的惡名昭彰的事，其中有一段敘述值得注意。它提到，來自齊地的方士公孫卿利用武帝輕信他人與自負的弱點來遊說武帝，建議他在冬至和朔日每十九年重合那一天的黃昏時間拜月、黎明時間拜日。這樣他就能開始一個新的生命週期。這個生命週期將持續十九年，直到下一次冬至和朔日重合的那一天為止。[23] 他告訴武帝傳說中黃帝曾進行過二十次這樣的祭祀儀式，並在三百八十年後成仙升天。[24] 為此，在前 113 年冬至和朔日重合的那一天，幻想自己就是當代黃帝的漢武帝參拜並迎接了新月和初升的太陽。其禱詞中有曰：「朔而又朔，終而復始。」[25]

（二）東方之神與西方之神

除了把句芒和蓐收納入神靈官僚體系，這兩個故事也附帶地揭示了他們在神靈世界中的居住地。蓐收的居所在西方，他立於「西阿」，即西側的上翹屋簷下一事說明了這點。句芒則與之相反，他進入秦穆公的宗廟後就站在穆公左側，這表明

---

22 這些頗為神秘的聯繫無疑說明為何熟稔於道的庖丁在《莊子·養生主》一個著名故事中，聲稱他的刀用了十九年卻依然像新的一樣鋒利。見《莊子》，卷二，〈養生主〉，頁 2 下。

23 司馬遷：《史記》，卷二十八，〈封禪書〉，頁 27 下。

24 關於黃帝在漢代神仙崇拜中的角色及其作為漢朝統治者的模仿對象，見 Yü Ying-shih（余英時），"Life and Immortality in Han China," *Harvard Journal of Asiatic Studies* 25 (1964–1965): 102–106。

25 司馬遷：《史記》，卷二十八，〈封禪書〉，頁 29 上 –29 下。

他住在東方。因為古人的站立方向總是面南背北，故此左即是
東。《楚辭·遠遊》描述一個遊蕩的靈魂分別在東方與西方的
天上拜訪了句芒和蓐收：[26]

撰余轡而正策兮，
吾將過乎句芒。
歷太皓以右轉兮，
……
鳳皇翼其承旂兮，
遇蓐收乎西皇。[27]

其他文獻資料用更精確的術語描述這兩位神靈所居住的神
聖世界，同時也顯示這兩位神靈與日出日落有關。比如，《淮
南子·時則》這篇明顯受到五行思想影響的文獻描述人們如何
在日出之地找到句芒的領地所在：

東方之極，自碣石山過朝鮮，貫大人之國，東至
日出之次、榑木之地、青土樹木之野，太皥、句芒之
所司者，萬二千里。

另一段與上文並列的段落則指導人們如何在日落之地找到

---

26 古人分別將位於這兩個方位的天空神化為「太皓」與「西皇」（其
他早期文獻中也作「少皓」）。所以這些名字不僅是指黎明和薄暮，
也指掌管黎明和薄暮的神。因此，〈遠遊〉與五行的敘述是相符的
（討論見下），其中句芒和蓐收分別與太皓和少皓並置。

27 洪興祖：《楚辭補注》，卷五，〈遠遊〉，頁7上和7下。參見 David
Hawkes, *The Songs of the South* (Oxford: Clarendon, 1959), 84, 85。

蓐收的所在地：

> 西方之極，自昆侖絕流沙沉羽，西至三危之國，
> 石城金室，飲氣之民不死之野，少皞、蓐收之所司
> 者，萬二千里。[28]

　　上述記載為我們提供了一些想像的細節。但令人懷疑的
是，這些細節是否代表有關句芒和蓐收的傳統中一個非常古老
的部分，它們對《墨子》和《國語》中那兩則故事的作者是否
造成了影響。相反，它們似乎反映了古人對異域、想像的地方
十分著迷。這種追求在一定程度上受到了五行思想的推論，在
前三世紀成為了一股風潮，人們亦因此將這種愛好附到這兩位
神靈的傳說中。[29] 然而，這兩位神靈與日出日落的基本聯繫，
很可能在這些想像敘述之前已經開始流傳。因此，在閱讀《墨
子》和《國語》中的故事時，可以認為句芒「當晝」而來一事
反映了句芒與日出的聯繫。同樣，虢公之夢亦暗示著蓐收是日
落和夜晚之神。這種做法並沒有過分詮釋之嫌。[30]

28　劉安：《淮南子》，卷五，〈時則〉，頁 16 上和 17 上。《尚書大傳》
　　（《四部叢刊》本，卷三，〈洪範五行傳〉，頁 21 上和 22 下）複述
　　了上述的段落，但其版本要比《淮南子》的精簡。

29　張衡（78–139）在〈思玄賦〉（《文選》，卷十五，頁 7 上 –7 下）
　　中指出，句芒知曉東海中三座仙山的位置，這三座仙山即蓬萊、方
　　丈與瀛洲。他之所以如此做，似乎是因為他受到了古老信仰的啟
　　發，而不是出於某種對玄秘之地的關注。

30　《山海經》的一段記述進一步支持這個結論。《山海經》是古代最
　　著名的關於玄秘之地與相關之物的地理著作。在這部文獻中，蓐收
　　還與另一個神話中的地方，即泑山有關。這座山據說也位於太陽落
　　山之地，見袁珂：《山海經校注》（上海：上海古籍出版社，1980
　　年），卷二，〈西山經〉，頁 56。同一個段落還提到有一位名叫「紅

我們亦可從《國語》故事發現另一種與方位之間的關聯。
儘管可以認為蓐收的虎爪是用來象徵其兇猛的特質，但這一解
釋與下者並不相違，即將蓐收描述為一位原來擁有部分老虎特
徵的神祇，可能也表明《國語》這個故事受到白虎是西方的守
護神這種信仰的影響。在 1978 年發現的曾侯乙墓漆箱蓋上，
繪有東龍西虎以及二十八宿的裝飾圖案，而其他陪葬品上的銘
文亦提到一位楚王在位的年分，相當於前 433 年。這顯示在前
五世紀甚至可能更早的時間，以龍、虎這對動物配置宇宙東西
的想法已廣為人知。[31] 然而，《墨子》的故事卻完全沒有提到句
芒和龍有關。[32]

（三）幼小生命的守護者和死亡的預告者

在句芒對秦穆公的宣告中，他指出穆公之壽命已得到延

光」的神靈掌管此山。袁珂在注釋中指出郝懿行（1757–1825）認
為蓐收即紅光。如果郝懿行的看法是正確的，那麼「紅光」這個名
字可能是用來描寫蓐收這位黃昏之神的外貌。

31 這個漆箱所在墓葬發掘報告見《文物》1979 年第 7 期，頁 1–24。
有關箱蓋文字的更多詳情，見 Donald Harper, "The Han Cosmic
Board: A Response to Christopher Cullen," *Early China* 6 (1980–
1981): 49, and Anna Seidel, "Tokens of Immortality in Han Graves,"
Numen 29.1 (1982): 92–93。

32 山西北部的李峪村在 1975 年出土了一批文物，其中有一件前五
世紀的青銅器，在上面多個部位有一個形象共出現了三次，人頭
鳥身，有著雉雞般的長羽毛，身上纏繞著一條盤旋的龍。這些圖
像可能就是句芒和東方的蒼龍。這件青銅器上的裝飾是迄今所
見最早將此二神並置的例子。有關這件青銅器藝術品的討論，
見 Jenny So（蘇芳淑）, "New Departures of Eastern Zhou Bronze
Designs," in Wen Fong（方聞）, ed., *The Great Bronze Age of China:
An Exhibition from the People's Republic of China* (New York: The
Metropolitan Museum of Art, 1980), 267–268 and plate 69。

長，因此穆公的家族將會「蕃昌」，子孫亦「茂」，即繁衍增長。這顯示出作為一位神靈，句芒不僅與延長德行醇厚的年長者壽命相關，還與繁殖並養育新生命相關。《淮南子・時則》的一段文字表達同樣的訊息：「養幼小，存孤獨，以通句萌。」[33]這段文字似乎使用另一個名字來稱呼這位神靈（討論見下）。同時，它似乎是一根與《淮南子・時則》上下文不連貫的錯簡。如果這句話代表的是某些漢代之前對句芒看法的個別遺存，那麼我們便可以將它視為另一個線索，從中可以得知句芒既與年輕生命的養育相關，同時亦對君主照顧且關注幼小及脆弱生命的這種美德有所反應。

句芒不僅僅只對人類負責。「蕃昌」和「茂」這兩個詞同時亦可描寫植物生長繁茂且數量眾多。以植物栽培的語言來形容人類生活的各個方面，是一種常見的文學手法。例如，《孟子》就常常以植物發芽有關的語言來描繪人的原始且天然的情感稟賦。[34] 由於這種古老用法是如此俯拾即是，我們很懷疑它在《墨子》、《孟子》及其他文獻中，是否只是一種文學上的修飾而已。相反，我認為應該把它解讀為一種概念性統一體的例子。這種概念性的統一體將不同的生命形式相提並論，並將植物的生長模式視為其他生物生命輪迴的代表。從這個觀點出發，人們對句芒的另一個看法，很可能是以他作為一種神聖力量來崇拜，這種神聖力量孕育與保護各種動植物的新生命及其苗壯成長。古代中國人認為植物幼苗破土而出與動物幼崽的誕生，好比多子或延壽，都是天喜之象。如果君主想要尋求上述福祉的話，就需要如《淮南子》所說的那樣，去尊重且保護新

---

33 劉安：《淮南子》，卷五，〈時則〉，頁3上。

34 見《孟子・公孫丑上》六章、〈告子上〉七章、〈告子上〉八章以及〈告子上〉九章。

的生命。

雖然我們沒有任何古代的證據，但根據上文對於句芒之角色所作較為寬廣的解釋，可以推斷與句芒相對應的蓐收可能同樣涉及其他生命型態。換句話說，蓐收對虢公的懲罰只是他眾多職責的其中一項而已。與此相類的是蓐收在適當的季節準備莊稼的收割，以及允許進行狩獵活動。由於蓐收造訪虢公一事代表晉獻公獲得恩惠，因此蓐收帶來的動植物的死亡一事很可能是用以證明一國農夫與獵人的首領，亦即其國君的美德。

有關信仰認為句芒是新生命的養育者和保護者，可能是由另外兩隻神獸的相關傳統所聯想到且加以充實的。這兩隻神獸在中原國家被當成幼小生命的保護者而得到崇拜。其一是麟，它關心所有種類的幼小生物，並痛恨無辜的流血犧牲。以下兩點代表它這種特質，包括麟長有一個不會刺傷人的「肉角」，以及其腳蹄「不履生蟲，不折生草」。[35] 據《史記·孔子世家》所言，孔子曾說過，若國君「刳胎殺夭，則麒麟不至郊」。[36] 這正使人聯想上文所引《淮南子》教人如何與「句萌」溝通的段落。同時，與句萌這位神靈一樣，麟的出現被認為是對君主美德的重要確證。

神獸當中與麟同類的還有騶虞，崇拜者將它描繪成一隻溫順的老虎。《詩經》中與之同名之詩，是在慶祝騶虞到來時所詠唱的。與之伴隨的是射箭儀式。在儀式中，人們以箭射豬（或者是裝飾成豬的箭靶）來驅除有害的力量，以激勵與鼓舞

---

35 孔穎達《左傳疏》引用了《廣雅》這段描述，見《左傳》哀公十四年，卷五十九，頁11上。

36 司馬遷：《史記》，卷四十七，〈孔子世家〉，頁15下。《詩經·麟之趾》是一首召喚麒麟的詩，它亦是一通祈求神准許春天到來的禱文。

幼苗在春天破土發芽。〈騶虞〉：

> 彼茁者葭，壹發五豝，吁嗟乎騶虞！
>
> 彼茁者蓬，壹發五豵，吁嗟乎騶虞！[37]

《毛傳》曰：「騶虞，義獸也。白虎，黑文。不食生物。有至信之德則應之。」因此，儘管騶虞是一隻老虎，但作為一位神靈，它更類似於句芒而非蓐收。[38] 騶虞與蓐收之間的差異可從前者身帶「黑文」的特徵直接表現出來，這象徵了它溫和的性情（擁有「文」這種特質通常是溫文有禮的標誌）。

（四）神靈體系

我在上文已指出，可以如此看待《國語》與《墨子》中的兩個故事：其作者試圖將句芒和蓐收確定為統一神靈體系中的一部分，而這個體系的基礎就是神靈賞善罰惡的道德真理。這兩個故事在敘述上的對稱性似乎是為了刻意表明，句芒和蓐收是兩位相互關聯的神靈，並且與一個更大的神靈體系有關。上文已經通過文本的細讀指出，這兩個故事說明兩個基本的對

---

37 《詩經》卷一之五，〈騶虞〉，頁 14 上 –15 下。張衡在〈東京賦〉中，對於這種伴隨騶虞的射箭活動做出了另外一番敘述。這種射箭活動舉行的目的是要「達餘萌於暮春」，見蕭統輯、李善等注：《文選》，卷三，頁 75 下 –76 下，以及 David Knechtges, *Wen xuan or Selections of Refined Literature* (Princeton: Princeton University Press, 1982), 283。

38 在古代中國，老虎作為守護者的形象並不罕見。張光直將著名青銅器，即商虎食人卣解釋為一隻老虎懷抱且保護一個人，見 K .C. Chang, *Art, Myth, and Ritual* (Cambridge: Harvard University Press, 1983), 72–75 and 62 (figure 25)。

立：句芒將長壽與繁榮作為上天的禮物帶給有德之人，而蓐收則代表死亡與終結。但在這一呈現過程中，這兩則故事還揭示了很多其他的二元對立。這些二元對立包括：將這兩位神靈描述成文官、武官加以對比；分別將它們置於東方、西方；分別將它們與日出、日落相聯繫；將它們描述為生與死輪迴中的執行者。很明顯，這些二元對立與這兩位神靈的道德職責是密不可分的。

　　在這個神靈賞善罰惡的體系中，另外兩個主要方位似乎是由另一對神靈代表的，祝融居南，而玄冥在北。祝融是火神，根據《墨子》所複述的故事，上天命祝融在夏都城放火，湯遂能征服夏人並以商朝取而代之。[39] 與祝融相應的神靈玄冥則在北面，是一名水神。《左傳》描述在前 524 年，鄭人為了消弭一場大火，在國都北面的一座祭壇上獻祭於玄冥與另一位神靈。[40]

　　戰國時代對這四位神靈的信仰，可能是商王朝禮儀在後世的表現。在商代禮儀中，人們向四方獻祭的目的是為了獲得豐收，並希望它們幫助鎮壓大自然那些擾亂王室生活的異象。[41] 但我們也要留意，這四位方位神靈的數目只比「十二紀」以及其他五行文獻所提到的五位神靈少了一位而已。此外，五行學說的影響也明顯表現在祝融與火、玄冥與水的聯繫之上。這些象徵性的聯繫強烈地表明，我們應該將《國語》中有關蓐收手執斧鉞的描述理解為一個說明五行理論的例子，因為兵器在該

39　《墨子》，卷五，〈非攻〉，頁 8 下。

40　《左傳》昭公十八年，卷四十八，頁 17 上。

41　關於商代的信仰，見陳夢家：《殷虛卜辭綜述》（北京：科學出版社，1956 年），頁 582–586。

理論中通常被理解為「金」的象徵。同樣道理，《墨子》的記載顯示句芒與萌芽狀態的植物有關。這可能反映五行理論通常將生長中的草木解釋為「木」的象徵。[42]

（五）句芒和蓐收起源的可能性推測

句芒和蓐收在《墨子》與《國語》故事中是上天執行賞善罰惡的工具。為了釐清其意義與性質，我們有必要思考句芒和蓐收的起源。我們可以從句芒的名字找到有關他在更早期歷史中的線索。就第一個音節「句」而言，這個音素常見於吳、越這些沿海國家的一些專有名稱之中。例如，吳地百姓會稱自己的國家為「句吳」，而越國有一位著名君主名曰「句踐」。[43]「句芒」的名字中出現這個音節，或許可以據此確定這位神祇最初產生於吳越地區百姓之中。如果以上所言屬實，那麼他出現在

---

42 在《呂氏春秋‧應同》中，刀刃出現於水中被解釋為金氣勝的象徵，而草木在秋天依然茂盛被解釋為木氣勝的象徵，見呂不韋：《呂氏春秋》，卷十三，〈應同〉，頁 4 上。

43 顏師古（581–645）注釋《漢書》對吳地的敘述，將「句」解釋為「夷俗語之發聲也」（原按：所謂「夷」即東方的蠻夷部落），見卷二十八下，頁 66 上。想必顏氏的意思是上古音作 *ku 的「句」是中原地區對夷語中一個前綴的記錄，這個前綴是用來指示或強調「吳」（上古音作 *ngo）的喉音聲母。然而，考慮到其名字擁有這個前綴的相關人士與事物的崇高性，這個夷語中的前綴可能並不單單只是一個語素。它最初可能是一個敬語，而那些名字開首帶有這個前綴的人與事是值得尊敬的。一對新近出土的青銅器銘文中發現了一項證據，可用以證明中原國家在早期已採納在地名「吳」的前面加上「句」的前綴的做法。該青銅器是宋景公（前 516– 前 477 在位）將其妹嫁到吳國時所鑄造的，是隨行嫁妝的一部分。銘文稱這位長公主為「句吳季子」，見《文物》1981 年第 1 期，頁 1–8；以及 Li Xueqin（李學勤），*Eastern Zhou and Qin Civilizations* (New Haven: Yale University Press, 1985), 153。

《墨子》的那個故事中就顯示出中原國家的文化借用了一位由古代中國沿海居民所創造的神靈。

商代甲骨卜辭中有一位名叫「𢼎」的神靈，其特徵預示了蓐收的性質。[44] 根據卜辭，「𢼎」是人們求雨和祈求豐收時的禱告對象。但卜辭的上下文顯示，這個名字同時也可以作為一個動詞，其意思大約是「懲罰」或「攻擊」。[45] 因此「𢼎」既可能是一位關注收成和降雨的自然界神靈，亦可能是一位懲罰邪惡的神祇。這種矛盾屬性與上文所述蓐收同時扮演豐收之神和「天之刑神」兩個角色頗為相似。[46] 就表示商代這位神靈名

---

44 關於上述部分卜辭的著作，見赤塚忠：《中国古代の宗教と文化 —— 殷王朝の祭祀》（東京：研文社，1977 年），頁 349–350；以及島邦男：《殷墟卜辭研究》（弘前：日本弘前大学文理学部中国学研究会，1958 年），頁 240–241。連劭名於 1986 年的未刊稿，〈卜辭中的叢神與蓐收〉，有一份更完整的清單。這篇文章是連劭名在加利福尼亞大學伯克利分校擔任魯斯基金會的訪問人員（Luce Fellow）期間、為了準備一場演講所撰寫的。我很感謝他允許我提及並引述他的文章。

45 赤塚忠指出，雖然相似用法顯示出這個字的意思與商代所出現的「伐」字接近，但仍然需要區分兩者，因為後者也可以用作祭品的名字，而我們正在討論的字則不可。見赤塚忠：《中国古代の宗教と文化 —— 殷王朝の祭祀》，頁 352。

46 這是赤塚忠的觀點。赤塚忠對此字的字形分析是他研究的一個附錄。他根據上下文判斷，這個字既是一位神靈的名字，亦是一個動詞，意為「懲罰」。見赤塚忠：《中国古代の宗教と文化 —— 殷王朝の祭祀》，頁 352–353。此外，由於這個字有上述兩種用法，並且有理由推測這個動詞與神靈的名字有關，因此赤塚忠推斷這位神靈既是刑殺之神，又是一位執掌收穫之神。他試圖同時解釋這位神靈所擁有的兩個職責，故他認為這位神靈起初是位刑殺之神，但由於它負責檢查農民的辛勞，後來就被當成了收穫之神。但是，他的說法並無根據。正如本章所言，在古代中國人看來，凡人受到的懲罰與即將要收割的莊稼在本質上指的是同一件事。

字的文字而言，其字形顯示某種生物手持一把斧頭並置於背後，這一形象與出現在虢公面前且爪「執鉞」的蓐收十分接近。另外，最近中國國家文物局的連劭名提出一種假設，認為商代「釚」字應釋作「夒」。[47] 根據西周青銅銘文中「柔」字的通假用法，連劭名認為「夒」應讀作「柔」（古音作 *niôg），而這個字與代表猴子的「猱」字屬同源詞。[48] 連劭名據此推斷，商代這位神靈最初是一隻被神化的猴子，而蓐收（上古音作 *niuk－siôg）則是商代這位神靈的名字在後世的雙音節拼寫。如果連氏對字形的釋定與字音的解釋是正確的，那麼他的論點便能支持我由上述巧合所得出來的結論，即蓐收這位在東周時期負責傳達上天旨意的神靈乃源於商代王室的宗教信仰。

　　將句芒確定為東方的守護神，並與日出聯繫起來，可能是受到這位神靈最初被敬奉的地方就是中國沿海地區的啟發。[49]

47　連劭名未刊稿：〈卜辭中的叢神與蓐收〉，注 39。連氏所作的釋文與其他學者在更早時期所發表的解釋有根本差異。島邦男說商代的「釚」和「𠂤」是同字異形，見島邦男：《殷墟卜辭研究》，頁 241–242。根據早年學界對後一字所作釋文，島邦男認為它在商代作為動詞時應讀作「蔑」，亦即消滅。島邦男提到郭沫若曾認為這位神靈（釋作「蔑」）應該就是《山海經》所提到的「女蔑」，有時候會被視為與「女戚」相同的神靈（見袁珂：《山海經校注》，頁 216、410）。島氏自己則認為，這位神靈應該是《史記・殷本紀》（卷三，頁 2 上）所提到的商人祖先冥。

48　根據這種說法，值得注意的是《說文解字》將「夒」釋為「貪獸」，一說為「母猴」。《說文》又用「夒」來解釋「猴」字的意思。見段玉裁：《說文解字注》（1872 年刻本；上海：上海古籍出版社，1981 年），卷五下，頁 37 上；卷十下，頁 35 上。

49　塞克勒美術館收藏的著名楚帛書，以神話的形式敘述楚國歷史，而祝融的名字赫然見於其中。據此可以證明祝融與南方的楚國有關。這可以解釋為何祝融在五行體系中會被安排在南方的位置。見饒宗頤、曾憲通：《楚帛書》（香港：中華書局，1985 年），頁 27–28，

這位神靈的鳥身可能代表這種早期崇拜信仰的遺存。但是，那些反映他作為上天意志的傳遞者，及其與麟和騶虞之間的相似之處的種種陳述，可能是在如《墨子》的故事中所見到的、將這位區域性神靈納入統一神靈體系的過程中，因需要及啟發而產生的。

在五行系統中，商代和與之相關的事物通常與其他有關西方元素聯繫在一起。[50] 有關蓐收原是一位商代神靈的一些記憶，可能促成了他在五行理論以及《國語》故事所隱藏的神靈體系中被歸類為西方的神靈。如果蓐收如其商代名字所暗示，最初是一位猴神，那麼以虎爪加諸其身的做法，肯定是人們相信蓐收與西方白虎有關這一神靈信仰所導致。雖然商代已有先例證明蓐收與死亡和刑罰有關，但是蓐收爪中所握的斧鉞可能是唯一真正商代信仰的遺存。而它之所以能保存下來，很可能是因為它正巧符合五行的原理。

二、「十二紀」與其他有關五行的文獻

句芒和蓐收被納入「五行」或「五德」理論，標誌著有關這兩位神靈的概念發生了變化。在前四世紀，五行的理論家相當全面地概括了古代中國宗教、社會、思想及政治方面的歷史發展。他們將所有人或事都分別納入其概要的「五德」中之一「德」。如此一來，他們便創造了一個有著五位成員的神靈家族，其中包括句芒、蓐收、祝融、玄冥這四位方神，以及第五個神靈后土，中央之神。在那些試圖融合上述神靈與系統中

以及頁 10 所附的釋文。
50 見《呂氏春秋》，卷十三，〈應同〉，頁 4 上的例子。

其他元素的努力中，有一部曆書最為詳盡，即《呂氏春秋》的「十二紀」與《禮記・月令》。雖然這部曆書所記錄的季節性禮儀是前三世紀所有，但顯然今本所見的形式似乎要到前一世紀晚期才得以成書。[51]

這部曆書分別對五個季節性禮儀作出描述（除了通常四個季節以外，還加上由夏末秋初這段時間所組成的第五個季節；如此創製的目的是為符合五行體系所需）。每個季節的開首都有一段行文類似的說辭。這些說辭以摘要的方式整合了相應季節舉行各種祭祀活動的日期、所崇拜的神靈、獻祭的種類與準備工作的內容，以及慶祝活動其他方面的細節。五行系統聲稱以上規定與所屬季節是配合的。例如，春天第一個月的記錄〈孟春紀〉有曰：

> 孟春之月……其日甲乙，其帝太皞，其神句芒，其蟲鱗，其音角……其味酸，其臭羶，其祀戶，祭先脾。[52]

---

51 據島邦男所說，《呂氏春秋》「十二紀」是編纂於前 238 年的著作，其所依據的是大量前三世紀有關禮儀的敘述，其中包括《管子》中的四個篇章。這份原始「十二紀」被分拆成《呂氏春秋》最後十二卷（現為開首十二卷）的引言。它連同劉向（前 79– 前 6）〈洪範五行傳〉中的文字以及其他相關文獻，又被《淮南子・時則》所抄錄。所有這些文獻，以及一些來自漢代其他禮儀專著中的段落構成了《禮記・月令》。最後這篇文獻的影響導致《呂氏春秋》中原本的「十二紀」出現了意義重大的變化。相關討論見島邦男：《五行思想と禮記月令の研究》，頁 126–127。

52 我只翻譯了在春季三個月敘述中都出現的句子。正如此處的省略號所示，我沒有翻譯那些在不同月份敘述中不一樣的句子，例如太陽相對於其他星體位置的描述。島邦男認為句芒不見於所謂原始「十二紀」，而是從劉向〈洪範五行傳〉被引介過來的，見上注所引

正如句芒與「十二紀」中所有春天的特徵有關，蓐收也同樣與秋天相聯繫。因此，這部文獻通過下列各個方面來宣稱這對神靈在本質上與春天及秋天有關：

——天干紀日被分為五組。在不同的天干日裡，人們要舉行合適的季節性獻祭；[53]

——五「蟲」，即五種生物。這種分類法不僅將動物分為五個種類，它同時也將諸如龍、麟等各種神獸分成五類。在某些版本中它們是代表五個方位的靈獸。人們認為它們是這五種分類最基本的表現形式；[54]

著作頁 128。據島邦男所說，原始月令只有日干、數、味等數項。

53 早至商代，某些獻祭儀式被指定於一旬中的某些日子舉行，這些日子乃是以天干標識。例如，名為「甲」的祖先在甲日受祭，見 David Keightley, *Sources of Shang History: The Oracle-bone Inscriptions of Bronze Age China* (Berkeley: University of California Press, 1978), 177–179。五行體系借用了這種選定一旬中某天干日來執行指定儀式的古老做法。但是，它將一旬分為五組，其中每組共有兩個接連的天干日，並將五組與五個季節聯繫起來。以上兩種做法很可能都受到了五行理論中其他五重分類的啟發。

54 《大戴禮記》的一段文字（卷五，〈曾子天圓〉，頁 8 下 –9 上）將這五類中的「精」者確定為五種吉祥的生物：麟（毛蟲）、鳳（羽蟲）、龜（介蟲）、龍（鱗蟲）、聖人（倮蟲）。這份清單亦出現在今已亡佚的緯書《樂緯》中，孔穎達的《禮記》注釋（卷十六，頁 14 上）曾引用其中的內容。《樂緯》補充了一項新的訊息，指出這五類每種各有 360 名成員，而上述五種吉祥生物則是它們之首「長」。鄭玄注釋《禮記・月令》時採用了這個系統。這個系統值得注意的原因一方面在它強調這五種吉祥生物，另一方面也由於它安排聖人處於中心的位置，這反映出周代和漢代的人文精神。然而，其他系統卻與它衝突。這個系統在《淮南子・天文》（卷三，〈天文〉，頁 3 上 –3 下）中有一個占星學的版本，其中五種動物分別是舊有的四方神獸，包括蒼龍、朱鳥、白虎、玄武，以及居中的黃龍。在這個版本中，居於中央的並非「聖人」。

——五音；

——五色及五味；

——住宅內部及周邊五個被神化的場所。人們會對這五個場所舉行「五祀」[55] 與「五祭」的儀式。[56]

為證明諸神靈與五行體系中對應季節內容的本質聯繫，那些受到上述思維影響的人，巧妙地篡改了這對神靈名字的含義。他們所用的方法包括聲訓法或將其名字雙音節化。這些都是古代常見的詞典編纂學手段。杜預（222–284）《左傳》注中有一段以標準的五行理論解釋「句芒」這個名字的記載：「木

---

55 家神崇拜當然在五行體系以前就出現了。例如，對灶神的崇拜十分普遍，以至於《論語・八佾》三章所記載的一句諺語也提到灶神崇拜；《詩經》中一些詩歌也提到人們祭祀行神的儀式。但可以肯定的是，五行思想使這些家神的數目固定為五，並把它們確定為此處所提及的五位神靈。在《莊子・達生》中，灶神和門神被收入一份記錄各種居家神與自然神的名單之中，見卷七，頁 5 上。這份名單很長，但其中並未包括這份月令所提到的其他居家神。關於灶神崇拜的更多內容，見 Edward H. Schafer, "The Stove God and the Alchemists," in Laurence G. Thompson, ed., *Studia Asiatica: Essays in Asian Studies in Felicitation of the Seventy-fifth Anniversary of Professor Ch'en Shou-yi* (San Francisco: Chinese Materials Center, 1975), 261–266。關於行神崇拜，見 Bruno Schindler, "On the Travel, Wayside, and Wind Offerings in Ancient China," *Asia Major* 1 (1924): 624–656。

56 尚不清楚為何這部月令將這五種器官（在五種祭祀儀式中奉獻）與五種崇拜聯繫起來。高誘的《呂氏春秋》注指出，選擇於某個季節奉獻某個臟器的原因，在於所奉獻臟器之五行屬性會受到主宰該季節之五行屬性的制約。例如，人們會首先於春祭奉上脾，因為脾的屬性為土。根據五行「相勝」理論，土會受春季的五行屬性，亦即木的制約。但高誘指出，另有一說認為所選臟器和獻祭舉辦季節之五行屬性相同，例如脾的屬性為木。可是，他沒有對此做詳細解釋。

生句曲，而有芒角也。」[57] 這裡把「句芒」這個名字中的兩個音節各自擴展為一個雙音節的詞語。這個做法縮小了這名字可能存在的含義範圍，並同時將其與五行系統中的其他元素聯繫了起來。這種把「句」解釋為「句曲」的做法遮蔽了一個事實，即「句」這個音節經常被生活在古代沿海吳、越兩國的人作為專有名稱的前綴。「芒」在古代文獻中通常作為一種草的名字出現，又稱為「茅」。[58] 然而，將其名字解釋為「芒角」的原因，似乎是因為在「十二紀」中「句芒」與五音之一的「角」相關。[59]

《白虎通義・五行》則以聲訓的方法解釋「芒」的意思：「芒之為言萌也。」[60] 在上古漢語中，「萌」與「芒」的讀音相近。若非其他涉及五行的文獻同樣以韻近雙關語方式訓釋「青龍」中「龍」的意思（「龍之為言萌也」），人們可能會傾向於認為，這位神靈的名字正確且適當的讀法為「萌」。[61] 這表示人們以雙關語訓釋之目的，既是為了清楚說明句芒與青龍之間的

---

57 《左傳》，卷五十三，頁 6 上。這段文字之所以重要，在於它對諸神靈進行了神話歷史化敘述。對這段文字的分析見本章第三部分。杜預的解釋後來又見於《太平御覽》所引崔靈恩（大約活躍於 525 年）《三禮義宗》文字，以及孔穎達《禮記疏》中（卷十四，頁 7 下）。文字大致相同。

58 參見水上靜夫：《中国古代の植物学の研究》（東京：角川書店，1977 年），頁 555–557。

59 相反，受五行影響的《漢書・律曆志》以本質上相同的方式將「角」解釋為「角，觸也，物觸地而出，戴芒角也」，見《漢書》，卷二十一上，〈律曆志〉，頁 3 下。

60 陳立：《白虎通義》（淮南書局，1875 年本），卷四，頁 28 上。相同的解釋可能影響了《淮南子・時則》對「句芒」名字的解讀，有關引文和討論見上。

61 陳立：《白虎通義》，卷四，頁 28 下。引用了《元命苞》的一些佚文。

聯繫，也是為了顯示「句芒」與「青龍」這兩位神靈都與春天植物萌芽有關。[62] 而且，古代文獻亦證明「萌」並非這位神靈唯一的別名。在《史記》的世表，以及一些顯然未受五行理論影響，且持神話為歷史觀的相關文獻中，這位神靈的名字被寫成「句望」。[63]

為了補充對句芒所作的解釋，杜預同時亦將蓐收的名字擴展成一個雙音節詞：「物摧蓐而可收也。」[64] 儘管這個定義能很好地解釋蓐收名字中的第二個音節「收」，但它對第一個音節「蓐」的重新界定則有問題。《說文解字》對「蓐」的定義是「陳艸復生也」，指年老草木從根部長出新芽。[65] 但是，杜預的解釋依賴將「蓐」當作一個與「耨」（意為除草）和「薅」（意為拔草）

---

62 同樣的，五行體系中其他術語也得以被定義，以符合其作為五行系統的季節性禮儀中的新角色。例如，「甲」（天干）被指定為舉行春祭兩天中的其中一天，它由於上述原因被認為同時具有另一個意思，相關意義被解釋為「萬物解孚甲而生也」，見班固：《漢書》，卷二十一上，〈律曆志〉，頁 12 下–13 上，以及劉熙：《釋名》，卷一，頁 4 下。

63 在《史記·三代世表》中，句望被指稱為黃帝三世孫，見司馬遷：《史記》，卷十三，〈三代世表〉，頁 2 下，表第 5 行。句望也出現在《漢書》中，卷二十，〈古今人表〉，頁 15 下，表第 2 行。在《世本》（秦嘉謨輯《世本八種》，上海：商務印書館，1957 年，頁 12）和《大戴禮記》（《四部叢刊》本，卷七，頁 4 下）的〈帝繫〉（也就是《世本》或《史記》世表的敘述版本）中，同一個人的名字被寫成「句芒」，這證明「望」和「芒」在表示同一個人名字時是可以互換的。此外，這個「句望」所屬世系與蔡墨在論說時所提到的有所不同。

64 《左傳》，卷五十三，頁 6 下；孔穎達《禮記疏》複述了這段文字，見《禮記》，卷十六，〈月令〉，頁 16 下。

65 段玉裁：《說文解字注》，卷一下，頁 53 上。如果接受這種解釋的話，可以將「蓐收」解讀為「收集復生的陳草」，並因此想像這位神靈的形象：他來到人間，斬除那些應死之人的剩餘生命。

有關的雙關語。又陸德明說「蓐」古也作「辱」，這使杜預的文字遊戲顯得更加可疑。這種解釋顯示「蓐收」這個名字的意思是「召集不道德之人」。這個意思很貼合蓐收作為負責懲罰諸如虢公如此無德之人的角色。[66]

　　儘管上文那些與五行有關的訓釋都與植物相關，但沒有任何一種解釋試圖將句芒和蓐收視作只是負責掌管莊稼萌芽與收穫的神靈，或認為這些是他們主要的職責。與《墨子》的故事一樣，這裡有關農業的詞彙只是作為例子說明這兩位神靈所擁有的更廣泛的作用。這些解釋試圖證明這兩位神靈和相應季節間的聯繫，藉此強調作為神靈的句芒負責在春季養育幼小生物，而蓐收則負責在秋季執掌垂老生物之凋零。[67]以上職責與他們所屬的季節是有關的。

　　受五行理論影響的《淮南子・天文》進一步詳述了「十二紀」對於各個季節所作的說明，其方法是列出伴隨五個季節演替過程中所出現的天體，並觀測在這些不同季節中天體所發生的變化。例如，該文關於東方與西方的論述指出：

> 東方木也，其帝太皞，其佐句芒，執規而治春，其神為歲星，其獸蒼龍。……

---

66 《左傳》，卷五十三，頁 6 下。

67 為了確保這種觀點沒有任何可疑之處，隋代經學家劉炫（約 550–617）借用了早期賈達（174–228）對「句芒」所作解釋來修正杜預的意見。他認為，「句芒」指涉的是「萬物」，而並非如杜預所說僅僅指涉「木」，見《左傳》，卷五十三，頁 6 上 –6 下。孔穎達則認為劉炫的修訂是不必要的，理由是杜預僅以「木」為例，他並不認為句芒的關注點只限於草木而已。

西方金也，其帝少昊，其佐蓐收，執矩而治秋，
其神為太白，其獸白虎。……（〈天文〉）[68]

正如與五顆行星，以及五種用以命名二十八宿所在星體的
五種動物（即蒼龍等）相並置所見，顯而易見，句芒、蓐收以
及其他「佐」均被認為是星體。不幸的是，這些觀念只保存在
《星經》的佚文中，而這篇文獻的成書年代亦成疑問。它將玄
冥這一北方神靈定為二十八宿中的營室。[69]〈天文〉中最值得注
意的，可能就是它說句芒執規、蓐收執矩，以及諸如此類的記
載。這些器物象徵著宇宙的四方與中心。正如這篇文章下文所
言，它們賦予其擁有者以權力，令其得以進行那些通常與季節
相關的活動：「規生，矩殺，衡長（在南），權藏（在北），繩
居中央，為四時根。」[70] 句芒和蓐收的地位在《淮南子》中因
此被提升到不亞於控制著春生與秋殺的天神地位。

三、《左傳》和《國語》中的神話古史化

大約在五行家將句芒和蓐收納入五行理論的同一時期，其

68　劉安：《淮南子》，卷三，〈天文〉，頁 3 上 –3 下。

69　有關內容引自瞿曇悉達：《開元占經》（1850 年刻本），卷六十一，
　　頁 6 下。另可參看 Gustav Schlegel, *Uranographie Chinoise* (1875;
　　reprinted in Taibei: Chengwen, 1967), 280。

70　劉安：《淮南子》，卷三，〈天文〉，頁 11 下。這些與宇宙有關
　　象徵的討論，見 Harper, "The Han Cosmic Board: A Response to
　　Christopher Cullen," 51–52。這些象徵與這兩位神靈的聯繫未見於
　　任何傳世文獻之中。此外，其他文字記載，比如《漢書‧魏相傳》
　　（卷七十四，〈魏相傳〉，頁 5 上 –5 下）指出，規、矩分別是太昊
　　與少昊的所持之物。但是，漢代圖像資料經常顯示出，規、矩為伏
　　羲與女媧（他們有時也被人視為太皓與少皓）這對神靈夫婦所持有。

他人開始認為他們本為凡間的官員，由其才能與成就而變成神靈。《左傳》昭公二十九年晉國太史蔡墨的說辭是這種將神話歷史化的一個例子。魏獻子向蔡墨詢問為何龍不復出現，而後者借用五行理論描述那些促使各種神獸到來的古代官職：

> 故有五行之官，是謂五官。實列受氏姓，封為上公，祀為貴神。社稷五祀是尊是奉。木正曰句芒，火正曰祝融，金正曰蓐收，水正曰玄冥，土正曰后土。[71]

蔡墨很明顯受到了五行相關的影響，他聲稱遠古時期有一個「五官」系統，其長官被賦予崇高的頭銜，且他們的子孫可以世襲其位。據蔡墨所說，他們的後裔奉之以為值得敬仰的神靈，並允許設立祭拜祖先的儀式來祭拜這些被視為家族創始人的祖先。蔡墨同時指出，此外，這些被神化的凡人就是後世被人祭拜的社稷神和五祀之神。因此，我們從蔡墨的論說中找到了一個歷史理據，能夠解釋「十二紀」按照五行理論，將五祀之神與五個季節神靈並置。蔡墨顯然依據當時認為神靈的名字來自其官名的信仰，認定句芒與其餘四位神靈的名字最初原是各個「五官」之首的頭銜。在進一步解釋他前面所說的內容如何與龍這個甚為罕見的現象相關之後，他接著說出最早執掌有關職位並在後來成為神靈的歷史人物名字：

> 少皞氏有四叔，曰重、曰該、曰脩、曰熙，實能金、木及水。使重為句芒，該為蓐收，脩及熙為玄

---

71 《左傳》，卷五十三，頁 5 下–6 下。這段文字的轉述見森三樹三郎：《支那の神々の官僚的性格》，頁 57。

冥，世不失職，遂濟窮桑。此其三祀也。顓頊氏有子
曰犂，為祝融；共工氏有子曰句龍，為后土。此其二
祀也。后土為社。稷，田正也。有烈山氏之子曰柱，
為稷，自夏以上祀之；周棄亦為稷，自商以來祀之。[72]

《國語》的一段文字為出現在《左傳》中的兩個人物提供
了更多訊息。他們分別是身為木正的「重」（即句芒）與身為
火正的「犂」（即祝融）。這段文字說明他們的角色徹底劃分神
靈世界與人類世界之間的界限。這段更為詳細的解釋則是楚昭
王（前 515– 前 489 在位）詢問楚大夫觀射父有關《周書》一
段文字時所提出的。這段文字提到重、犂隔絕了人類與神靈，
「使天地不通」，楚昭王因而詢問後者這是否意味著人類無法再
次「登天」？[73] 觀射父答曰，人神不雜自始以來即已存在，並
且是一種合宜的狀態。在這種狀態下，人與神都能各自專注於
其本身的工作和責任，即人類獻祭於神，而作為回報，神則賜

---

72 《左傳》，卷五十三，頁 9 上 –11 上。杜預在注釋蔡墨論述此一部
分時提出了兩件尤其值得注意的事項，都與這兩位神靈後代的世
襲權有關。首先，蔡墨在提到脩及熙為玄冥時，意思是這兩個宗
族交替執掌有關職位。正如宇都木章所指出，不同家族可分擔同
一官職的做法在東周時期廣為人知，見宇都木章：〈春秋時代の宋
の貴族〉，《古代學》第 16 輯（京都：古代学協会，1969 年），
頁 44–45。張光直找到一些證據，顯示商代王位明顯是由多個不同
的王室宗族所共同分擔，見 K. C. Chang, "T'ien Kan: A Key to the
History of the Shang," in David T. Roy and Tsuen-hsuin Tsien（錢存
訓）, eds., *Ancient China: Studies in Early Civilization* (Hong Kong:
The Chinese University Press, 1978)。杜預提出的第二點是，蔡墨
聲稱「重」以及其他人是家族中的年輕成員，是因為他們的能力而
獲得遴選。這說明他們的後代並不堅持祖先所定下的嫡長子繼承規
定，而是選擇最有能力的成員來繼承他們的頭銜。

73 《國語》，卷十八，〈楚語〉，頁 1 上 –2 上。

福予人類。只有在道德敗壞的時代，神、人才會雜處且互相干涉。據觀射父所言，那就是「及少皞之衰也，九黎亂德」時期所發生的事：

> 顓頊受之，乃命木正[74] 重司天以屬神，命火正黎司地以屬民，使復舊常，無相侵瀆。是謂絕地天通。其後三苗復九黎之德，堯復育重犁之後不忘舊者，使復典之，以至於夏商，故重犁氏世敘天地而別其分主者也。其在周，程伯休父其後也。當宣王時，失其官守，而為司馬氏。寵神其祖，以取威於民，曰：「重實上天，黎實下地。遭世之亂，而莫之能禦也。」[75]

這段文字把這兩位神靈說成是兩名在俗世中為顓頊服務的官員。儘管其中充斥著大量將神話歷史化的語言，觀射父這番言論還提到一個值得注意的神話。根據這則神話，句芒司天而祝融司地，他們同時被認為曾經召集神靈與人類進行一次大型集會來重建舊有秩序，藉以分配給神與人相應的合適工作。或許我們還可以在句芒的事務之上多加一項，因為《墨子》那則故事清楚說明，他擁有召集與指揮天上所有神靈的權力。觀射父在最後提到，自句芒和祝融世襲而來的官職，到周宣王時期的程伯休父那裡已經廢除。這可能是在警告以後再也不會有

---

74 根據蔡墨的論述，同時為了使重的頭銜與黎的頭銜亦即「火正」相符，故此處我將「南正」改作「木正」，見福永光司：〈墨子の思想と道教〉，《吉岡博士還曆記念道教研究論集：道教の思想と文化》（東京：国書刊行会，1977 年），頁 31。

75 《國語》，卷十八，〈楚語〉，頁 2 上 –2 下。

神靈的代表來確保天地一直保持著適當的距離，並以此抵抗伴隨著周幽王災難性統治與西周都城淪陷而來的道德衰敗與天下大亂。

四、結語

　　句芒最初可能是在東部沿海受到崇拜的神靈，而蓐收則很可能是從商代信仰遺存下來的神祇。由於二元對立式地選擇多種不同的神靈，並將它們統合在一個非常完整的宗教體系之中，故兩位神靈在東周人的觀念中被結合成為一對被人奉若神明的兄弟。他們將東方與西方的宇宙力量具體化。同時，在生死循環的道德運作中，他們亦起到一定的作用。上文區別了三種人為地將他們組合成一對神祇的機制，但並非彼此毫不相關孤立地運作。那些支持神話歷史觀的人基於五行宇宙中各成員間之關係，認為句芒和蓐收這對神靈源於凡人。此外，他們被視為代表上天旨意執行賞善罰惡的神靈，這一描述與以下兩點密不可分：首先是分別視他們為東方與西方的代表，其次是二者與這些空間方位的基本聯繫。對於東周時代創作《國語》與《墨子》中那兩個故事的作者來說，這些二重性被同一條線緊緊地串連在一起，是同一真理的不同方面。因此，神的賞善罰惡被認為是一種帶有宇宙涵義的道德原則：太陽的東升西落被視為道德原則運行的證據，而那些空間方位並非地平線上的中性點，而是產生祝福與懲罰的聖域。

　　我們已經檢視過的文獻，如《墨子》、《國語》、《左傳》，以及《呂氏春秋》與《淮南子》都顯露出將各種神靈納入一個統一宗教體系的機制。這顯示再繼續如高本漢那樣，區分哪些文獻曾參與這個對立統一、而哪些文獻沒有參與其中，不盡合

理。[76] 難以確定戰國時代是否有任何一部文獻完全沒有受到這系統化思維的影響，或者當中有關神靈的細節在這系統化思維中是否僅僅是附帶為之，甚或與它無關。相反，它們顯示出有系統地組織宗教信仰並將之合理化在當時的知識生活中，佔據著多麼中心的地位。

但是，我們仍然必須小心地區分「十二紀」中對句芒與蓐收的記載，以及是那些向凡人敘述兩位神靈顯現故事中與之性質相近的五行曆書。我們在前者中發現：（1）這類文獻明確地強調句芒與蓐收的出現是宇宙有規律運行的結果。由於四季更替是不可逆轉的，故句芒與蓐收會機械性地在包羅萬物的系統中交替地出現；（2）伴隨第一點而來的是，這些文獻沒有對他們作為代表上天執行賞罰的神靈一事作出任何暗示。《國語》與《墨子》的故事假定上天賞善罰惡的原理是其宇宙觀的基礎。但這種原理並不見於「十二紀」與其他曆書所表述的五行體系中。唯一保留於這個體系中的觀念，是人所必須遵從的宇宙的交替循環，乃是先天既存在且不可移易的。

在某種意義上，神靈及其被完美地納入流行宗教信仰之中的理論解釋促成了其持續的存在與影響力。首先，儘管是在稍微限定的場合，句芒和蓐收在五行體系的角色似乎保證了他們得以持續地受人崇拜。由於其職責為五行系統中執掌春天與秋天的神靈，因此兩位神靈被納入古代帝王遵行的季節性儀式之中。一世紀，漢平帝在王莽的建議下於長安城內與城外興建了

---

76 Karlgren, "Legends and Cults in Ancient China," 201–220。高本漢對所謂「系統化的」（systematizing）與「游離的」（free）文本作出區分，相關問題顧若愚已論及了，見 Hermann Köster, "Zur Religion in der chinesischen Vorgeschichte," *Monumenta Serica* 14 (1949–1955): 202–206。

一系列用作舉行禮儀的建築物，作為迎接即將來臨季節（迎氣）禮儀的一部分，在此祭拜各種天上的神靈。除卻那些為了祭拜日、月以及相關星群所建造的聖祠與神廟，都城東西兩側的聖域也分別建有祭拜句芒與蓐收的祭壇。[77] 唐睿宗（684–690、710–712 在位）之後的皇帝，為迎接春秋二季，也曾在四方祭壇上獻祭句芒、蓐收，以及五行體系中與他們有關的其他天體等諸神靈。[78]

　　句芒與蓐收在國家所舉行的季節性禮儀中雖然得以奉祀，但除此之外，我們從兩者名字的出現次數可以推斷出至少在西漢末期，兩位神靈的影響力似乎已明顯下降。除卻學術性注釋竭力通過枯燥乏味的討論解釋兩位神靈名字的含義，僅剩下少數的詩歌提到他們。東漢時代的一些材料在某種程度上或許能幫助我們理解更早時期祭祀這兩位神靈之儀式的性質。[79] 但是，當中大多數材料要麼將古代神靈視作古代遺存而加以援引，要麼，指出他們象徵不同季節以及作為五行體系的組成部分，且提出做作的暗示。[80]

　　儘管這段時期的文獻相較過去而言鮮少提及他們的名字，

77　班固：《漢書》，卷二十五下，〈郊祀志〉，頁 21 下 –22 上。

78　歐陽修等：《新唐書》，卷十二，〈禮樂志〉，頁 7 上 –7 下。

79　例如注 15 和注 29 所引禰衡與張衡的作品。

80　曹植〈七啟〉間接地提到蓐收與辛味在五行中的關係，見蕭統輯、李善等注：《文選》，卷三十四，頁 21 上 –21 下。張協〈七命〉也提到蓐收與商聲有上述同樣的關係，見蕭統輯、李善等注：《文選》，卷三十五，頁 5 下。郭璞〈遊仙詩〉說蓐收是秋天的象徵，見蕭統輯、李善等注：《文選》，卷二十一，頁 33 上。唐代閻朝隱的詩重複了《山海經》對句芒的描述：「句芒人面乘兩龍，道是春神衛九重。」見上文注 16。有意思的是，句芒在韓偓（844–923）的〈早起探春〉中以春季草木之神的身分出現，見韓偓：《玉山樵人集》（《四部叢刊》本），頁 32 上。

但這並不表示他們所體現的思想亦見衰落。後來「東王公」和
「西王母」所擁有的多項特徵,其起源都可以追溯到有關句芒
與蓐收的刻劃之上。有關句芒與蓐收的描述不但見於古老的道
德寓言,也見於五行曆書以及那些歷史化的神話敘述中。而這
些歷史化的神話敘述中都將二者視為神靈官僚體系中的成員
(見本章附錄)。道教茅山派對青童以及其他被認為是「司命」
的神靈的崇拜顯然借鑑了《墨子》中句芒造訪秦穆公的故事。
也有可能借鑑了《國語》認為這位神祇負責召集眾位天上神靈
的說法。必須注意《國語》在敘述時是以句芒作為「凡人」的
名字與頭銜來稱呼他的。[81] 所以,句芒與蓐收各種不同的特徵
乃源於戰國時人如下的願望,亦即從各種神靈的差異之中,找
到一個基礎能將不同宗教信仰組織在一個系統而完整的體系之
內。而這些特徵被借用於漢代的神靈,以及漢代以後民間信仰
與道教所崇拜的神祇的外貌、力量與職責。

附錄:東王公和西王母

通過神話歷史化與借用五行學說的方法,人們對句芒與蓐
收作出了解釋。在此後不久,或者是在稍微重疊的時間裡,有
兩個角色相輔相成的神靈在東周晚期至漢代早期出現,分別為

---

81 福永光司列出了這些及其他古代有關《墨子》對道教影響作用的討
論,見福永光司:〈墨子の思想と道教〉,頁 19–41。亦可參考原田
正己:〈中国人の土地信仰についての一考察〉,《白初洪淳昶博士
還曆紀念史學特輯》(首爾:螢雪出版社,1977 年),頁 6。有實
例證明道教徒通過禮拜句芒肖像而不是道教文獻摹本來慶祝春季,
這很可能反映了皇室宗教對後來道教禮拜儀式所產生的影響。龍彼
得記錄了清代一個相關的例子,見 Piet van der Loon, "Les origines
rituelles du théâtre chinois," *Journal Asiatique* 265 (1977): 145。

東王公和西王母。[82] 這兩位神靈的出現與人們對長生和成仙的追求密不可分。時人對於長生和成仙均十分著迷，而帝王和其大臣也為此投入了大量精力。在這一追求過程中，人們主要關心的問題是確定位於西方的昆侖山、位於東方的蓬萊島這兩塊神聖而神秘土地的具體所在。他們相信這兩塊神聖之地藏有長壽的秘訣，而西王母和東王公與這兩塊神聖之地密切相關。比如在藝術圖像上，東王公和西王母均居於山巔之上，而文獻清楚指出這兩座山就是蓬萊和昆侖。另外，毫無疑問這兩座神聖山峰的重要性與這兩位神靈的極高聲譽密切關聯。[83]

---

82 西王母是這兩位神靈中較為重要的一位，而學界對於西王母所作研究要比東王公更為詳細。小南一郎對西王母這位女神的宗教與文化意義作了詳細描述，見〈西王母と七夕傳承〉，《東方学報》第 46 期（1974 年），頁 33–81。魯惟一有專章討論她在漢代知識與宗教生活中的地位，見 Michael Loewe, *Ways to Paradise: The Chinese Quest for Immortality* (London: Unwin Hyman, 1979)。

83 曾布川寬對昆侖的宗教意義做了詳盡叙述，見曾布川寬：〈昆崙山と升仙〉，《東方学報》第 51 期（1979 年），頁 83–185。在該文頁 161–163 中，他概括了這座聖山與西王母在圖像上的關係。又見 Seidel, "Tokens of Immortality in Han Graves," 113–114。余英時在專文中引述了其他日本學者有關西王母與昆侖這一主題的研究，見 "Life and Immortality in Han China," 96, n. 70。山東省沂南發現的一座建造於三世紀的墓葬，其入口石柱上刻有描繪這兩位神靈端坐於其聖山之上的最著名畫像，見曾昭燏等：《沂南古畫像石墓發掘報告》（上海：文化部文物管理局，1956 年），頁 43–44，以及圖版 6、25、26。林巳奈夫對沂南古墓遺址宗教圖像提供了最詳細解釋，見其《漢代鬼神の世界》，《東方学報》第 46 期（1974 年），頁 223–242。魯惟一討論了墓門柱上這兩位神靈的畫像，見 *Ways to Paradise*, 121–123。三世紀道教經典《老子中經》為東王公與西王母所居之山命名。這部文獻詳細地描述這兩位神靈的外貌，我們因此可將之與諸如在沂南發現的那些畫像做有效比較。《老子中經》見《雲笈七籤》卷十八、卷十九。它又名《珠宮玉曆》。又見於《道藏》第 839 分冊，題為《太上老君中經》（哈佛燕京第 1160

儘管東王公和西王母崇拜反映出漢代的宗教需求與宗教觀念，但很明顯的是，這種崇拜中的一些重要元素令人回想起句芒和蓐收。最近在一座漢代墓葬中發現了一件人工製品，戲劇性地證明句芒與東王公之間的聯繫。1968 年，考古工作者在河北滿城的一處半山腰上發掘了漢代中山靖王劉勝的墓葬（前 154– 前 113 為中山王）。[84] 其墓中出土了許多文物，包括一件將劉勝屍體從頭到腳包裹住的金縷玉衣、精美的鑲飾青銅器、金銀針灸用針，以及無數的陶製酒器。這些酒器似乎為劉勝好酒而放縱的惡名提供了實證。[85] 其中易為忽視的是，在這些頗惹人注目的財富之中有一件小巧、從藝術而言毫不起眼的玉雕。這尊玉雕的外形是一個男子莊嚴地跪坐在一張矮桌之後。[86] 玉雕底部有銘文曰：

維古玉人王公延十九年

儘管他的稱號在這段銘文中被簡稱為「王公」，但這件毫

號）。施舟人對這些版本間之關係與文本的其他特徵做過討論，見 K. M. Schipper, "The Taoist Body," *History of Religions* 17 (1978): 370–372; and "Le Calendrier de Jade — Note sur le *Laozi zhongjing*," *Mitteilungen der Gesellschaft für Natur-und Völkerkunde Ostasiens* 125 (1979): 75–80。

84 對於這次考古發掘的完整記錄，見中國社會科學院考古研究所編：《滿城漢墓發掘報告》（上下冊）（北京：文物出版社，1980 年）。

85 劉勝傳記見班固：《漢書》，卷五十三，〈景十三王傳〉，頁 10 上 –12 下。

86 中國社會科學院考古研究所編：《滿城漢墓發掘報告》，上冊，頁 104；下冊，彩色圖版 16 與圖 104.1、104.2。我要感謝北京中國社科院歷史研究所的李學勤先生，他提醒我注意這尊人型玉雕。這件工藝品令人想起進獻給武帝的一隻玉杯，上有銘文曰「人主延壽」，見司馬遷：《史記》，卷二十八，〈封禪書〉，頁 19 下。

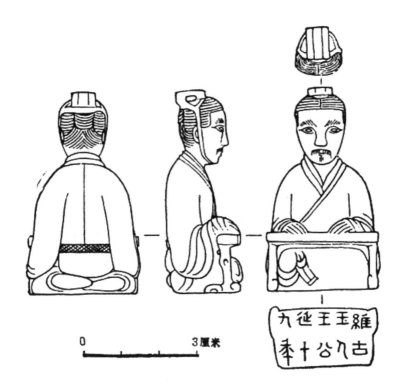

不起眼的物件,毫無疑問是我們所見有關「東王公」的最早藝術品。[87] 因此,滿城出土的這尊玉雕顯示在西漢中期或以前東王公已經繼承了句芒,成為人們信仰中能賦予凡人十九年延長

---

87 《九懷·陶壅》(前一世紀中期)提到一位「皇公」,它可能是東王公這個稱呼的另一種省簡稱謂,見洪興祖:《楚辭補注》,卷十五,〈九懷〉,頁 10 上 –10 下。這是陳槃的觀點,見其〈於歷史與民俗之間看所謂「瘞錢」與「地券」〉,收入《中央研究院第一屆國際漢學會議論文集》(臺北:中央研究院,1981 年),卷四,頁 859。在這首詩中,主人公在溺水遇到「皇公」。這意味著溺水並非一條位於西方的河流(東王公不該出現在西方),而是〈大招〉所提到的位於東方的「溺水」(這也是除〈陶壅〉之外,《楚辭》唯一提到「溺水」之處),見洪興祖:《楚辭補注》,卷十,〈大招〉,頁 2 上。

壽命的神靈。

　　一些文獻證據可以對這種關係加以確認。例如，《楚辭·遠遊》提到一個靈魂拜訪句芒，而這段文字後來被一名中古時期作者改寫為一篇散文故事。在這則現在收錄於《洞冥記》的故事中，那個四處遊蕩的靈魂變成了著名的漢代朝臣東方朔（前 154– 前 93？）。他在六朝那些關於漢武帝尋求長生的故事中是一個很著名的角色。而句芒在《洞冥記》這篇故事中則被東王公所取代。[88] 此外，在漢代滅亡之後幾個世紀的道教文獻中，東王公還擁有「木公」這個頭銜。[89]「木公」毫無疑問是從蔡墨對句芒的神話歷史化敘述中提到的「木正」而來的。

　　我們亦能夠通過類似的文獻證據將西王母與蓐收聯繫起來。在《山海經》中，西王母據說有「虎齒」，這個描述與蓐收身上的老虎特徵可謂如出一轍。而且《山海經》還提到她「司天之厲及五殘」，令人回想起在《國語》那則故事中，蓐收的職責是「天之刑神」。[90] 然而在古代及以後的時代，西王母

88　郭憲：《洞冥記》（《古今逸史》本），卷一，頁 1 下。又見 Chen Pao-ki（陳寶吉），trans., "Kouo Hsien: Tong-fang Chouo," Études françaises 4 (1943): 65。《洞冥記》中的這個故事創作於四世紀至六世紀之間的某個時期。它充其量只是將《楚辭》那首詩簡略地改寫為散文而已。

89　有關《仙傳拾遺》引文，見李昉等：《太平廣記》（北京：人民文學出版社，1959 年），卷一，〈神仙〉，頁 5。東王公並不是句芒傳說的唯一後繼者。在更晚時代有一位名曰青童的神靈，他是東王公的化身，其名字標明他為東方與春季之神。青童在道教經典中身為司命而受到推崇。他是掌管命運的神祇，能延長或縮減凡人的壽命，並規定得以位列仙班的確定依據。關於東王公與青童之間的緊密關係，以及後者其他相關特徵，見 K. M. Schipper, *L'Empereur Wou des Han dans la légende taoïste* (Paris: Adrien-Maisonneuve, 1965), 21。

90　袁珂：《山海經校注》，卷二，〈海外西經〉，頁 50。

在絕大多數情況下並非作為一位專司刑殺的女神而受人敬畏，而是一位施予恩惠的女神形象。她既大方又寬容，敬奉者可以向她求得恩賜和庇佑。她將新生命賜予敬奉者，而受到人們的愛戴。正如她在形貌上與蓐收一樣恐怖，人們對她的愛戴可能也顯示出她繼承了圍繞句芒、麟、騶虞及相關神靈的傳統。我並不認為她和善的特徵反映出後人對這位女神崇拜的發展。相反，我認為應該將這些特徵視為其較為可怕容貌的補充。這兩種特徵不但同樣古老，而且如小南一郎所言，是可用來證明她「雌雄同體」的一個例子。即是說，作為母神，她自身就同時包含了陰和陽，所以她獨立無伴，並凌駕於整個宇宙之上。

早期中國的箭靶巫術 *

在早期中國兩種最重要的射箭巫術中，吸引大多數學者注意的是人們為了消災擋禍，而把箭射向天空、大地、四方的儀式。[1] 利用具有避邪能力的木材所製作的弓箭，這些儀式的巫術得以實現。[2] 本章要探討的主題是另一種射箭儀式。在這種儀式

*   Jeffrey Riegel,"Early Chinese Target Magic," *Society for the Study of Chinese Religions Bulletin* 10 (1982): 1–18.

[1]   葛蘭言討論了出生三天的嬰兒在最終被家族接納之前，其家人會向六個方位射箭，藉以淨化受到邪惡力量影響的環境，見 Marcel Granet, "Le depot de l'enfant sur le sol," in *Études sociologiques sur la Chine* (Paris: Les Presses universitaires de France, 1953), 164–165。卜德提到射箭活動在漢代大儺中所具有的淨化作用，見 Derk Bodde, *Festivals in Classical China: New Year and Other Annual Observances during the Han Dynasty, 206 B.C. –A.D. 220* (Princeton: Princeton University Press, 1975), 84–85。最近在馬王堆發現的一篇關於醫治疾病的文獻，將射箭視為其中一種巫術治癒法。夏德安翻譯了整篇文獻，並詳細研究了當中包括藥理學和巫術兩方面的治療方法，見 Donald J. Harper, "The Wu Shih Erh Ping Fang: Translation and Prolegomena" (Ph.D. dissertation, University of California, Berkeley, 1982)。我十分感謝夏先生允許我使用他的文章，並以我在研究中提出的許多問題與我進行討論。此外，我要感謝加州大學校委會所提供的青年教師研究獎金，以及加州大學伯克利分校中國研究中心所提供的教師研究資助。

[2]   葛蘭言討論了漢代禮儀文獻中所記載、驅邪儀式中用於製作成弓的避邪木材，見 Granet, "Le depot de l'enfant sur le sol," 165–167。卜德引用了《左傳》和其他文獻關於「桃弧棘矢」之巫術力量的文字，

中，箭靶與上述弓箭的巫術功效等同。³ 雖然驅逐邪惡力量與有害之氣也是箭靶巫術中的重要內容，但這種儀式的主要目的是迫使那些頑固而不來朝見君主的諸侯臣服於君主之下。研究這些儀式，我們也能夠闡明用來指代箭靶的「侯」字是如何等同於貴族爵位頭銜的。

首先，通過《考工記》一段簡短文字的分析，我們至少可以開始理解箭靶巫術的性質。《考工記》是一部成書於前三世紀（？）關於百工的專著，這部文獻作為《周禮》中的〈冬官〉篇而得以保存至今。⁴ 有關文字曰：

> 梓人為侯，廣與崇方，參分其廣，而鵠居一焉。
> 上兩個與其身三，下兩個半之。上綱與下綱出舌⁵
> 尋，縜寸焉。（〈冬官〉）⁶

見 Bodde, *Festivals in Classical China, 206 B.C. –A.D. 220*, 84, 127。

3　陳槃羅列了很多理解箭靶巫術的必要文獻，見陳槃：〈「侯」與「射侯」〉，《中央研究院歷史語言研究所集刊》第 22 本（臺北：中央研究院歷史語言研究所，1950 年），頁 121–126。陳氏對這些文獻的討論及其結論與我的很不一樣。箭靶巫術與射禮最明顯的不同之處，可能在於後者缺少一個特定的箭靶，而這點可能有助於它的驅邪效力。張衡（78–139）〈東京賦〉有與大儺相關的描述，其曰：「侲子萬童，丹首玄制，桃弧棘矢，所發無臬。」見蕭統輯、李善等注：《文選》（《四部備要》本），卷三，頁 16 上。

4　《考工記》的性質與成書年代都是此處無法詳論的問題。吉田光邦認為這部著作成書於周朝末年，見吉田光邦：〈周礼考工記の一考察〉，《東方学報》第 30 期（1959 年），頁 167–226。李約瑟討論了這部文獻，並認為它可能「源於戰國時期齊國的一部官方文集」，見 Joseph Needham, *Science and Civilisation in China*, vol. 4.2 (Cambridge: Cambridge University Press, 1965), 11–17。

5　此處「舌」指一個舌狀的突出物。

6　鄭玄：《周禮》（《十三經注疏》1816 年刻本），卷四十一，頁 17 上 –18 下。

　　負責製作「侯」的工匠被稱為「梓人」，是《考工記》所
列三十二工之一。我們不清楚這個稱謂的準確意思。有人認為
它最初可能跟「梓」這種梓屬植物有關，而梓木則經常被用以
製作禮器。[7] 但是，由於「梓」與「宰」（屠夫）[8]、「辠」（「罪」
字在先秦時的寫法，亦即通過切割身體的某部分來懲罰犯人）[9]
是同源詞，因此我傾向將「梓人」這個稱謂解釋為那些擅長雕
刻與切割的技工。這個稱謂似乎特別突出他們所製造雕塑品具
有極高的像真度，以至於作品看上去栩栩如生。《考工記》顯
示，梓人除了製作箭靶外，也是製造祭拜祖先時舉行音樂禮儀
所用鐘磬架子的專家。梓人會在鐘磬架的直柱上用精湛的技巧
來雕刻想像中的神獸，藉以表達出當鐘磬受到敲擊時，那些傳
達到先人耳中的樂聲，似乎是從這些神獸口中發出的。[10] 或許
梓人中技藝最高超的是梓慶。[11] 據《莊子》所言，他在鐘架的

7　許慎列出其他四種指稱「梓」這種梓屬植物的名稱，見段玉裁：《說
　　文解字注》，卷六上，頁 8 上。早期文獻經常提及人們在製作下列
　　幾種器物時偏好使用這種木材：棺木、樂器，以及祭祖禮儀中所用
　　到的禮器。

8　段玉裁：《說文解字注》，卷六上，頁 8 上。

9　段玉裁：《說文解字注》，卷十四下，頁 22 下。

10　在《考工記》中，樂器架的柱被稱作「虡」。這個字是「虞」字在
　　某種程度上的簡寫。許慎對此完整字形的分析指出，它是由三個象
　　形部件所組成的：「虍」是意符，「畀」代表雕刻在柱上猛獸的頭和
　　爪（？），而「丌」則是樂器架的底座，見段玉裁：《說文解字注》，
　　卷五上，頁 43 上。《考工記》更明確指出鐘聲是從裝飾柱子的虎豹
　　口中發出的，而磬聲則是從羽獸口中發出的。考古學家在前 433 年
　　的湖北曾侯乙墓中發現了一些製作精美的青銅器，為瞭解這些柱子
　　的真實模樣提供了線索，見《文物》1979 年第 7 期，圖版 1 和插
　　圖 21。

11　在《左傳》中他被稱為「匠慶」。該段落提到他當時正以適當的
　　葬儀一事告誡魯國的正卿。見《左傳》襄公四年（《十三經注疏》
　　本），卷二十九，頁 20 下–21 上。

直杆上雕刻了一個鬼神圖案，由於他製作得太過逼真，以至於見者「驚猶鬼神」也。[12]

梓人所製箭靶的外觀與人類很相似。在鄭玄（127–200）為上引文字所作的注釋中，他說侯「取象於人」。[13] 由於這一類比在《考工記》的描述並未明言，所以「侯」的中心部分稱為「身」（軀幹）、伸出來的細繩是「尋」（手臂）[14]、打結的環被叫作「寸」（拇指）。鄭玄將從軀幹伸出的直角形附件確定為「臂」和「足」。[15]《考工記》說「侯」的「身」橫向分作三個部分，[16] 而「鵠」則被置於其中之一之上。我們知道「鵠」指的就是所謂的「靶心」，但早期注釋並沒有對此作任何解釋。[17] 由於箭靶被製作成人的樣子，故「鵠」的常見解釋，亦即天鵝，在這裡就不太可能是正確的了。以下幾點都顯示「鵠」的外形彷如一張大之口：「鵠」的聲旁「告」（呼喊）、與「鵠」相關的詞語意思，[18] 以及在戰國時期一些帶有圖像的青銅器上，箭

---

12 《莊子・達生》，見郭慶藩：《莊子集釋》（臺北：河洛圖書出版社，1974 年），頁 658–659。其中鐘架的柱子應作「虡」，但該文則作「鐻」，即《考工記》「虡」字的一個異體字。早期《莊子》注釋者無法識別這幾個字之間的關係，以致在一定程度上誤解了這段文字的意思。

13 「侯制上廣下狹，蓋取象於人也，張臂八尺，張足六尺」，見《周禮》，卷四十一，頁 18 上。鄭玄在《儀禮》（《十三經注疏》本）中重複了這個解釋，見卷十一，頁 4 上。

14 一人雙臂張開時，兩個中指指端之間的距離稱作「尋」。在傳統的計量中，這個距離相當於八尺，而一尺大約等於 231 毫米。

15 鄭玄在本章注 13 所引注釋中稱這些附件為「臂」和「足」。在這條《儀禮》注中鄭玄說「下綱」類似於雙腳。

16 陸德明在對《考工記》這段文字的注釋中也提到了「下身」，表明其支持上述解釋。

17 鄭玄僅僅指出「鵠」為「所射也」。

18 高本漢列出了同一個同源詞族（word family）中的「浩」、「窖」、

靶圖案顯示出「鵠」是一個圓形或方形的洞。[19] 因此，我們可以把「侯」理解為人體繪圖，而製作者則是一班匠人，他們以令人信服的逼真細節再現其藝術品，因而聞名於此。

梓人在製作箭靶方面的能力，跟他們在裝飾鐘架時一樣，也顯示出巫術的技藝。當人們張開梓人的製品時，箭靶所類比的物件就會不可思議地自動遵從箭手的命令。《考工記》續道：

> 張皮侯而棲鵠則春以功。張五采之侯則遠國屬。
> 張獸侯則王以息燕。(〈梓人〉)[20]

由於《考工記》此處關注的是描述梓人的製品，因此完全沒有提到射箭活動，僅僅基於箭靶外觀的某些特點，以及各種箭靶所具有的禮儀功能，簡要地告訴我們幾種箭靶的類型。我

「告」等字，見 Bernhard Karlgren, *Grammata Serica Recensa* (Stockholm: Museum of the Far Eastern Antiquities, 1957), 1039。我的同事吉德煒（David N. Keightley）向我指出，「鵠」這個名稱可能源於箭射中靶心時所發出的巨響。

19 在春秋晚期與戰國時期一些帶有圖像的青銅器殘件之中，我們可以看到一系列極有意思的箭靶形狀，見 Charles D. Weber, "Chinese Pictorial Bronze Vessels of the Late Chou Period, Part IV," *Artibus Asiae* 30.2/3 (1968), figure 77。在我看來，圖 77g 和圖 77h 所複製的圖像與《考工記》所描述的特別近似，也與馬王堆一號墓和三號墓（年代分別為大約前 150 年以及前 168 年）中發現的 T 形帛畫非常類似。這兩幅圖畫各自分成三個橫行的部分，亦各由三塊布料所製成，包括一塊垂直的長形布料，以及兩塊較短的布料（其長度大約是長形布料的三分之一）。這兩塊較短的布料被縫到圖畫最頂部分的兩側，像手臂一樣伸出。馬王堆帛畫並沒有「足」的部分。相關討論見湖南省博物館、中國科學院考古研究所編：《長沙馬王堆一號漢墓》（北京：文物出版社，1973 年），第 1 冊，頁 39。

20 《周禮》，卷四十一，頁 18 下 –19 下。

們可以從《白虎通義》對《考工記》這段文字的解說，[21] 以及許慎的《說文解字》找到這些簡略表述的詳細闡釋。[22]《白虎通義》記錄了公元 78 年一次關於經典術語的辯論，而《說文解字》則成書於公元 100 年。這些文獻及《考工記》的注釋幫助確定那些射擊每種箭靶的箭手，勾勒出那些箭靶所代表之人的身分，並解釋箭靶表面上的裝飾部分所具有的象徵功能——箭靶的不同名稱正是源自其不同的裝飾。

　　《白虎通義》和《說文解字》以製作箭靶的皮的名字，即「熊」、「虎」、「豹」來稱呼「皮侯」。[23] 根據《周禮》另一段文字，以這三種皮所製作的箭靶，會用於君王所行的射箭活動中。[24]《白虎通義》和《說文解字》則確定這三種箭靶用於天子射箭。我們可以認為這種射箭活動就是他處所言的「大射禮」這種儀式。[25]「皮侯」因其外形而被用來指代《考工記》所斥責的「蠹」人。這個罕見的綽號是用來咒罵那些尚未開化的「蠻」

---

21 「天子射熊，諸侯射麋，大夫射虎豹，士射鹿豕。天子所以射熊何？示服猛、遠巧佞也。熊為獸猛巧者也，非但當服猛也，示當服天下巧佞之臣也。諸侯射麋何也？示遠迷惑人也。大夫射虎豹何也？示服猛也」，見陳立：《白虎通義》（《抱經堂叢書》1784 年刻本），卷二下，頁 6 上–6 下。英文翻譯見 Tjan Tjoe Som（曾珠森），*Po Hu T'ung: The Comprehensive Discussions in the White Tiger Hall* (Leiden: Brill, 1952), vol. 2, 474–475。

22 《說文解字》「侯」字下云：「天子射熊、虎、豹，服猛也。諸侯射熊、虎。大夫射麋。麋，惑也。士射鹿豕，為田除害也」，見段玉裁：《說文解字注》，卷五下，頁 23 上–24 上。

23 《白虎通義》在闡述這一點時只提到「熊」，因此它與《儀禮》（卷十三，頁 10 下）所描述的射禮傳統是吻合的。《說文解字》的解釋則符合《周禮》（卷七，頁 7 上）所記載傳統。因此，這兩部文獻似乎各自代表今古文經學在如何正確舉行儀式這個議題上的對立。

24 《周禮》，卷七，頁 7 上。

25 《周禮》，卷三十，頁 19 下；以及《儀禮》，卷十三，頁 10 下。

人，而有關例子則可從《詩經》其中一首詩中看到。[26]《白虎通義》和《說文解字》以「猛」（像野獸般暴力）取代「蠻」，並說天子射皮侯以征「服」之。我們應當把箭靶所表現的那些人視為君主希望統治，卻又殊死反抗者。君主於是投之以侮辱，把他們比作蟲豸野獸——古代中國人以此來詆毀那些愚蠢地拒絕承認主上的人。熊、虎、豹的皮無論是整張用來製作箭靶，或是像一些早期學者所言被切割成條狀來裝飾箭靶，[27] 和被裁剪成人形的箭靶一樣，都是用以代表膽敢挑戰君主權威、難以捉摸的反抗者。

據《白虎通義》和《說文解字》所言，「五采之侯」用於侯和大夫的射箭禮儀中。其見於《考工記》中「遠國屬」（遠方的國家臣服）一文，據說就是張開箭靶的結果。但這句話似乎是一個早期的文本訛誤。根據一些後來的版本，「遠國」應該作「遠惑」（驅逐奸佞之人，使之居於遠方）。[28]《白虎通義》認為「惑」存在於服侍諸侯和大夫的臣子當中，而「五采之侯」所模擬的就是這些巧佞之臣。鄭玄談到這些色彩斑斕的裝飾，

---

26 該字在《考工記》中作「春」，但鄭玄指出當改讀為「蠢」。後者的意思為「作也，出也」（蠕動、扭動）。但是，這個字在這裡代表一種侮辱。它描寫那些暴虐而混亂不堪的行為，而做出這些行為的是那些君主更希望他們變得溫順且服從王命的人。在〈芣苢〉中，不順王命者被稱為「蠢」，見《詩經》（《十三經注疏》本），卷十下，頁 12 下。孔穎達將「蠢」釋為「不遜」。

27 這是陸德明的觀點，見《周禮》，卷四十一，頁 19 上。

28 在《考工記》最初的版本中，這詞很可能作「遠惑」，因為《白虎通義》把它解釋作「遠迷惑人」。但在後者編成以後的某個時間，曾經存在的那個原始版本出現了錯訛，於是「惑」變成了「國」。為了使文意通順，人們加上「屬」這個動詞。這些文本上的變化發生在二世紀鄭玄為《周禮》作注之前，這是因為鄭玄所見文本已經是今天所能見到的版本了。

其中箭靶的中心畫有赤、白、青、黃、黑五色的同心圓，其邊緣處則飾以由相同顏色繪製的雲氣。我們尚不清楚這些顏色如何在象徵層面有助於驅逐那些惑人之臣。

據《白虎通義》和《說文解字》的描述，士會射擊繪有鹿豕圖像的箭靶，為的是「為田除害」。[29] 因此，這裡所說箭靶的外形一定和被認為會造成上述危害的野獸十分相似。人們很可能會將鹿和豕這兩種古代文獻常見的避邪動物畫在箭靶上，藉此協助通過巫術驅逐有害野獸。我們應該把《考工記》「張獸侯則王以息燕」這段文字解釋為君主通過士的驅邪之箭，得以讓在田間辛勤勞作的農民和其他人「息燕」，即讓他們休息，並酬謝他們。[30]

《白虎通義》和《說文解字》都把這些巫術效果歸功於「射」擊箭靶這個舉動。即是說，箭穿過箭靶一事，會使箭靶所代表的對象做出射箭者所希望的事。但《考工記》與這些後來的說法不同，它聲稱梓人所作箭靶的巫術效果是通過「張」開它們來達到的。「張」很明顯被看作是一種類似「射」的儀式。由於箭靶被視作人體的複製品，我們可以認為「張侯」與古代儀式性的磔刑相彷。在這種刑罰中，執行者會撕裂犧牲者，或者將其四肢從其身體上撕扯下來。[31] 人們常常是為了宗教目的而實施這種酷刑。[32]

在進行張開箭靶這個儀式後，人們會向箭靶獻祭，藉以進

---

29 《說文解字》「為田除害」的解釋或多或少擴展了《白虎通義》「除害」這個比較省略的說法。

30 鄭玄把《考工記》中的「息燕」解釋為「休農、勞使臣」。

31 比如王先謙：《荀子集解》（1891 年刻本），卷二十，頁 5 下。

32 卜德討論了在夏天肢解犬類的儀式，這種儀式的目的是迴避伴隨暑熱的邪惡力量，見 Bodde, *Festivals in Classical China, 206 B.C. – A.D. 220*, 317, 320。

一步誘使箭靶所代表的人物服從射箭者的意願。人們隨後會唸一通咒語，這通咒語是他們在射箭之前所作的公開恐嚇。《考工記》以下文總結這段內容：

> 祭侯之禮以酒脯醢。
> 1. 其辭曰：
> 2. 惟若甯（侯毋或 [= 惑]）*。
> 3. 若女不甯（侯不屬於王所）*，
> 4.（故）抗而射女。
> 5. 強飲強食。
> 6. 詒女曾孫。
> 7. 諸侯百福。（〈梓人〉）[33]

　　人們在獻上食物的同時所唸誦的這通咒語[34]是一種詛咒。這種詛咒的表達方式與古代文獻所記同類文體的例子相同：在唸誦這些咒語時，人們會先作出警告，以此制止邪惡行動；如果邪惡力量不聽從告誡，接下來會威脅對其形成傷害。[35]

---

[33] 《周禮》，卷四十一，頁 19 下 –20 上。「祭侯之禮以酒脯醢」一句描述祭品，緊接其後的是一通咒語。許慎在《說文解字》中亦重複了這通咒語，見段玉裁：《說文解字注》，卷五下，頁 24 上。《大戴禮記‧投壺》轉述了這通咒語。《考工記》所載原初版本帶有注釋（引文以 * 標示之）。許慎和《大戴禮記》在引述與改寫這通咒語時，誤將這些注釋當作咒語的一部分一並收入這通咒語之中。我校訂了這通咒語，並揭示出其原初的韻律結構。由於第 2 和第 3 行用星號標示的部分只是注釋同一行咒語的意思，且其意思和同一行的咒語的意思相同，故可將之刪去。又由於格律的緣故，我將第 4 行的「故」字刪去。

[34] 《說文解字》在引用這通咒語時以「祝」取代《考工記》的「辭」。

[35] 我們可以將這些針對箭靶的咒語與諸如人們在大儺之中所唸的著名

通過分析《史記·封禪書》中對於箭靶巫術的敘述，我們可以進一步探討這種詛咒的性質和意義：

> ……是時萇弘以方事周靈王（前 572 至前 547 年在位）。諸侯莫朝周，周力少。萇弘乃明鬼神事，設射狸首。（司馬遷注解云：）「狸首者，諸侯之不來者。依物怪，欲以致諸侯。諸侯不從，而晉人執殺萇弘。」[36]

就本章的目的而言，這則故事最重要的特點在於它把萇弘[37]向周靈王展示的箭靶巫術稱為「射狸首」。在《儀禮》對於「大射禮」的描述中，「狸首」是一首君王射箭時所演奏的詩歌。[38] 關於《儀禮》的敘述，鄭玄指出〈狸首〉是《詩經》在當時的一首逸詩。雖然鄭玄沒有說明他所引據的資料為何，但是他提到這首詩的歌詞內容是射擊那些不來朝見的侯；同時亦指出後世也稱這首詩為〈曾孫〉，因為「曾孫」這個詞出現在詩的首章當中。由於上文所引《考工記》的詛咒是在箭靶巫術的儀式中唸誦的，加上它與射「侯」有關，同時也包含「曾

咒語作對比。後者針對的是過去一年會帶來的有害影響；見范曄著，李賢注，王先謙集解：《後漢書集解》（《二十五史》本），卷五，頁 10 下：「難」。

36 司馬遷：《史記》（《二十五史》本），卷二十八，〈封禪書〉，頁 7 上–7 下。

37 《漢書·藝文志》兵家類列有一部萇弘所撰著作。我們從《左傳》得知萇弘彪炳的功績。《淮南子》指出萇弘是一位著名的「執數者」，他精通各種占星和律曆之術，見劉安：《淮南子》（《諸子集成》本），卷十三，〈氾論訓〉，頁 223。

38 《儀禮》，卷十八，頁 14 上–14 下。

孫」二字，[39] 故很可能就是這首逸詩的殘存部分。

《考工記》在記錄上述咒語時同時提到兩個短句：「侯毋或」和「侯不屬於王所」。雖然混入咒語，但我們不應將之視為這道咒語韻律齊整段落的一部分。相反，應該將其視作早期的一些訓釋，作用是確定被詛咒者的身分為「侯」。〈貍首〉的主題亦進一步證明被詛咒者的身分確為「侯」。在上引《史記》的文字中，司馬遷相當簡略地解釋道：「貍首者，諸侯之不來者。」鄭玄在注釋《儀禮》有關這首詩的段落時，解釋了司馬遷的注解。他指出人們在傳統上以「不來」的聲訓解釋「貍」。[40]「貍」同時亦指涉那些不來朝見的諸侯。正如上文所提到的，這是因為鄭玄認為〈貍首〉這首詩的內容與射擊諸侯相關（鄭玄對此字所作的傳統訓釋頗符合這種動物名稱的含義。陸德明〔556–627〕指出「貍」字古音與「埋」相同。[41]「埋」與「貍」二字屬同源詞，而前者的意思亦以「貍」為根據。他這樣解釋的原因，在於許慎把後者解釋為「伏獸」，即一種喜歡隱藏自己的動物。[42] 這種特性無疑使人聯想到鄭玄所引用的聲訓，以及以這種動物來象徵不來朝見的諸侯之做法）。

在《史記》的故事中，這種箭靶巫術是代表周王而舉行的，其目的是使不來朝見的諸侯出現。由於《考工記》的咒語與（內容可能完全相同的）〈貍首〉據稱都是關於射擊那些不來朝見的諸侯，因此人們一定是在向王所射之「皮侯」進行獻

39　見上文注 33。

40　許多早期文獻指出貍與「狐」在外形上有很多相似的地方，這使人們經常錯誤地將「貍」解釋為「野貓」。日本人把「貍」叫做「たぬき」（貉），其意思比「野貓」更接近貍之本義。

41　《儀禮》，卷十八，頁 14 下。

42　段玉裁：《說文解字注》，卷九下，頁 41 下。

祭時，才會唱誦這些詛咒。而在獻祭諸侯、大夫、士所射的箭靶時，則不會唱誦有關詛咒。這意味著「皮侯」表現為那些不來朝見君王的諸侯，而「蟲」這個帶侮辱性的綽號也用來針對同一班人。

鄭玄指出「逸詩」〈貍首〉本是《詩經》的一部分。我們從現存經典詩集中發現有兩首詩歌，其功能類似於《考工記》那段咒語。[43] 其一為〈騶虞〉，[44] 在《禮記》中，〈騶虞〉被認為是一首君主射箭時的用樂。這首詩是用來召喚「騶虞」這種非凡的神獸。召喚騶虞的方法是威脅將要射擊代表騶虞的箭靶，而所用的箭更鋒利得可一箭射穿五頭野豬。[45]《詩經》中的另一首射箭詩為〈麟之趾〉，[46]《詩經》最早的注釋者認為它是〈騶虞〉的姐妹作。這首詩是用來召喚不可思議的「麒麟」的，而召喚

---

43 《考工記》所載咒語的格律形式與《詩經》所載詩歌的格律形式相同。而且，其他早期文獻亦證實咒語所用的語言。在被認為是最早寫成、可以確定寫成於西周時期的《易經》卦辭有曰：「不寧方來。」見《周易》比卦（《十三經注疏》本），卷二，頁 10 下。據《漢書補注》（《二十五史》本），沈欽韓（1775–1832）認為上述所引卦辭與使用箭靶巫術有關，見卷二十五上，頁 8 上注。我們在此不可能準確地得知這些咒語與相關儀式究竟早至何時，以及使用箭靶巫術禮儀的真實細節。這是因為幾個原因，包括還需要知道更多我們無法得知、關於射禮在商代與周代早期所具有功能的訊息。錢大昕（1728–1804）發現《史記》及其他文獻有關箭靶巫術的記載並不是孤立而特殊的例子。相反，它們是有關記錄的殘餘部分。古代帝王正是憑藉這些來歷更加久遠的儀式來建立他們的權威，見王先謙：《漢書補注》，卷二十五上，頁 8 上注。

44 《詩經》，卷一之五，頁 13 下 –15 下。

45 這首詩具有咒語的特質，關於這點以及它在射箭巫術中的功用，見 Marcel Granet, *Danses et Légendes de la Chine Ancienne* (Paris : Presses Universitaires de France, 1959), 11, n. 1。

46 《詩經》，卷一之三，頁 10 上 –12 下。

方法則是由諸侯宗室中的公子取弓瞄準繪有麒麟的角、定（前
額）和趾的箭靶。

　　《考工記》只記有王室射箭活動時唸誦的咒語。這可能顯
示這種場合下箭靶巫術比地位低於王室之人所用的巫術更為重
要。無論如何，本章餘下部分將以君主所使用的箭靶巫術為討
論中心。通過一則記錄有關儀式如何進行的文字，我們可以更
充分理解古人是如何相信這種箭靶巫術能夠奏效的。《六韜》
是一部成書於約前三世紀的兵書，而下引文字則來自《六韜》
一節已佚的內容，[47] 它講述一個有關箭靶巫術、且富有戲劇性

47 《六韜》據說是由呂望所作（一個當然相當荒謬的說法），即這則
　　故事中的「太公」。顏師古認為這部文獻就是《漢書・藝文志》儒
　　家類中所列的《周史六弢》，見王先謙：《漢書補注》，卷三十，頁
　　29 下。夏倫指出我們不能認為現存的《六韜》是一部儒家文獻，而
　　應該是一部依託太公的大型文集中一部分的一個本子，而這部文集
　　則列於《漢書・藝文志》道家類之下，見 Gustav Haloun, "Legalist
　　Fragments, Part I: Kuan-tsï 55 and Related Texts," *Asia Major* [new
　　series] 2.1 (1951): 92–93。他推測這部文集成書於前三世紀，而《六
　　韜》這個本子不會早於公元 150 年左右。在山東臨淄一座前二世
　　紀的墓葬中，考古學家發現了一部寫在木簡上、殘缺不全的文獻，
　　它跟今本《六韜》中的某些內容十分類似（見《文物》1974 年第
　　2 期，頁 29–30）。雖然這一發現證實了諸如今本《六韜》中材料
　　的真確性，但由於木簡沒有篇題，故這一發現並不能告訴我們任何
　　關於《六韜》成書年代的新訊息。敦煌文獻中有一件《六韜》寫
　　本，其成書年代為 627–649 年，我尚未對這件寫本進行研究。所
　　有《六韜》的現行版本皆來自 1080 年的宋本，但這個版本並不包
　　含上述引文。這段文字為《太平御覽》所引，見李昉等：《太平御
　　覽》，卷七三七，頁 2 下 –3 上。《藝文類聚》所引故事與《太平御
　　覽》大致相同，但指出這個故事來自《太公金匱》，見歐陽詢撰，
　　汪紹楹校：《藝文類聚》（上海：中華書局，1965 年），卷五十九，
　　頁 1063。《太公金匱》今已亡佚，同樣可假設它源於上文提到的那
　　部成書於前三世紀、依託太公之文集。相關詳細資料，見姚振宗：
　　《隋書經籍志考證》（《二十五史補編》，臺北：臺灣開明書店，

的故事，並且討論到《考工記》提及的許多主題：

> 《六韜》曰：武王伐殷，丁侯不朝。太公乃畫丁
> 侯於策，三箭射之，丁侯病困。卜者占，云「祟在
> 周」。恐懼，乃請舉國為臣。太公使人甲乙日拔丁侯
> 著頭箭，丙丁日拔著口箭，戊己日拔著腹箭，丁侯病
> 稍愈。四夷聞，各以來貢。[48]

這則佚事證實我們對《考工記》所載文字整體要點的分析
是合理的：箭靶被製作成人的形象；王室射箭儀式中所用的箭
靶代表不服從王室的諸侯；這種巫術旨在鎮壓不服從的諸侯，
且迫使他們效忠。但這段敘述之所以重要的原因，在於它為我
們提供了一些額外的見解。

首先，這個儀式並非由君王自己，而是由其代理人所執
行。在上述故事中，這位代理人為太公（也作太公望）。他是
齊國的首任統治者，而其超凡的軍事才能也是眾所周知的。[49]

根據《六韜》這則佚事，箭靶乃是以「策」（多束木條）
所製成的。[50] 考古發現出土了前三世紀所製、多束這種綑綁在
一起的竹簡。這些用於書寫的竹簡被緊緊地綑綁在一起，看上
去幾乎形成了一張不可分割的表面。[51] 這些精心製作的策能夠

1959 年），第 4 冊，頁 5546。

48 李昉等：《太平御覽》，卷七三七，頁 2 下 –3 上。

49 見上文注 47。

50 「策」本義是一束綑綁在一起的竹簡或木簡，其表面可供書寫。一
　般來說，「策」大約長二尺，它被用於記錄篇幅較長的文字，而
　「方」則用來抄錄篇幅較短的文字。見《儀禮》，卷二十四，頁 3 上。

51 湖北睡虎地秦墓（前 217）出土的木簡文書可分隔的部分多達六
　個。多條橫跨木簡的的直線將這些部分標示出來，而這些線條通常

輕易抵擋梓人製造的箭靶所承受的張力。

　　值得注意的是，當卜人診斷丁侯之疾時，他宣布那是「祟」，亦即由鬼神所帶來的痛苦。[52] 很明顯，這種出現在丁侯身體上的疾病是只有那些善於解讀龜卜之兆的人才能解釋的病種。這種用法意味著箭手在射擊箭靶時並非通過交感巫術，而是依靠鬼神力量的協助來使丁侯患病的。因此，執行箭靶巫術這種神秘儀式的箭手能夠控制某些能引起疾病的鬼神。他射向箭靶的箭，可能是用來引導那些惡意鬼神所投出的精神之鏢應前往何方。[53] 如果這是君王之箭所具有的力量，那麼也就不會奇怪為何西周青銅器銘文在提及它們時，會經常將之視為珍貴的禮物。總之，把這種箭射向箭靶以鎮壓敵人的做法很容易令人聯想到古代君王通過揮舞武器來征服敵人的儀式性舞蹈。[54]

　　只是以一筆劃出的。這些可供書寫的平面木簡必須如何緊密地編連在一起的具體證據，見《雲夢睡虎地秦墓》編寫組編：《雲夢睡虎地秦墓》（北京：文物出版社，1981 年），圖版 131、135、137。

52 《左傳》昭公元年（卷 41，頁 20 上）記載的一則故事清楚說明「祟」的意思：「晉侯有疾。鄭伯使公孫僑如晉，聘且問疾。叔向問焉曰：『寡君之疾病，卜人曰：「實沈、臺駘為祟。」史莫之知，敢問此何神也？』」故事隨後指出實沈是主參宿之神，而臺駘則是汾水之神。

53 早至商代，人們已經相信疾病與鬼神所射之箭有關。商代甲骨文中一個常見的主題，為通過占卜來確定貴族的「疾」，即疾病是由哪一位祖先的詛咒所引起，見 David N. Keightley, *Sources of Shang History: The Oracle-bone Inscriptions of Bronze Age China* (Berkeley: University of California Press, 1978), 34; 以及白川靜：《漢字の世界：中國文化の原點》（東京：平凡社，1976 年），卷二，頁 231。在商代，「疾」字寫作「𤕫」，或許應將此字解釋為一個因鬼神之箭而感染疾病的人。

54 高本漢引用了各種戰國時期文獻，這些文獻保存了關於這些儀式性舞蹈的傳說故事，見 Bernhard Karlgren, "Legends and Cults in Ancient China," *Bulletin of the Museum of Far Eastern Antiquities* 18

　　鑑於箭是用來引導神靈的倒鉤，箭靶似乎並不僅僅是一具與預期犧牲者相對應的藝術品而已。反之，它是犧牲者身體的示意圖，其上標示有箭手想要傷害的脆弱部位。梓人所製之侯分為三個區域，它們可能構成一個由三個部分組成的人體示意圖。以下情況可能反映上述這種將箭靶一分為三的做法：太公在代表丁侯的箭靶上用箭射中頭、口、腹三個部位，以及《詩經》那首詩中，代表麒麟的箭靶具有角、定、趾三個部位。[55]

　　《六韜》的故事顯示，那些被箭靶巫術這種蠻橫手段所控制的人已經被稱為「侯」了。不過，這則故事當然是在丁侯服從周王，且自稱為「臣」這個「事實」發生之後撰寫的。仔細研究《考工記》的咒語，我們卻發現並不知道這段咒語前幾句所提及的那些受到責罵且被勸誘臣服的人是何方神聖。「侯」這個名稱要到這段咒語的最後一句才出現。很明顯，「侯」僅僅是指那些接受獻給「侯」的禮物而臣服於君王的諸侯。因此，正是通過這一射箭巫術的特定形式，一個人才被迫服從而成為「侯」，而咒語則是這種巫術的一部分。換言之，「侯」本來代表古代君王試圖通過巫術來征服的人，它後來則用於指巫術實施之後臣服於君王之人。

　　《說文解字》「侯」字字條對於這個爵位名稱來歷的解說與上文所言若合符節。許慎認為這個字的意思為「春饗所射侯

(1946): 252。高本漢在引用《韓非子》的一段記載時，理解有誤。同時，他聲稱「我們沒有理由在這個具有傳說性的主題上添加任何超自然的解釋」，這也是不對的。

55　上述三個部位都顯示出，頭部在箭靶的「示意圖」中比軀幹的其餘部分都要大，而且不成比例。在《六韜》中，每隔兩天拔去箭靶上的箭，過程持續三次，而形成一個循環。這個循環中每個階段名稱必定與箭靶身軀一分為三做法的理解有關，但我仍未清楚它們的確切意義為何。

也」，並將這個字的字形分析成一幅圖畫：「象張布，矢在其下。」[56] 他通過兩個方法來說明他的分析。首先，如上所言，他意譯了《考工記》中有關箭靶形象之巫術效果的文字。同時又引用一段同樣出自《考工記》、針對「侯」所作的咒語。許慎的分析表明，他相信「侯」字的本義是箭靶，而以此字代表一個「封建制度」的頭銜則為該字的引申用法。不單如此，他亦相信這個頭銜從箭靶巫術的儀式發展而來。[57] 根據這點以及上文的分析，我把「侯」這個頭銜譯作 "Target-Lord"。它所指稱的，正是那些君主通過箭靶巫術來控制的諸侯。

56　「春饗所射侯也。从人从厂，象張布，矢在其下」，見段玉裁：《說文解字注》，卷五下，頁 23 上–23 下。

57　我們能在古代文獻中，找到有關這個頭銜與「箭靶」之間的語義關係的其他解釋。《禮記》（《十三經注疏》本）認同「侯」字最初意思是箭靶，但它聲稱封建頭銜「侯」是授予那些能射中靶心的人，見卷六十二，頁 8 上。然而，這是一個錯誤的合理化解釋，它混同了王室射箭禮儀與諸侯、大夫的射箭活動。前者是王室成員為迫使那些難以馴服者臣服於己而舉行的儀式，而後者則是由諸侯、大夫所執行的活動。諸侯和大夫朝見天子而宣稱自己效忠王室，於是被允許使用箭靶巫術來驅逐他們自己的「惑」，即叛逆的下屬。兩者之所以產生混同，很可能源於《禮記》大多數篇章的辯證模式。這種辯證模式也使其成為一部帶有缺陷的文獻，無法為有關禮儀實踐與禮儀術語提供公正客觀的訊息。《白虎通義》（卷二下，頁 6 下）有另一個例子：一些學者（未具名）排斥《周禮》（見上文注 23）所存古文版本的禮儀，顛倒《考工記》那通咒語所說的禮儀次序，並且相當武斷地聲稱「侯」最初是作為一個貴族頭銜而出現的，而作為箭靶的「侯」字則源於箭靶是諸侯的象徵性表現。

論古代中國的鬼神[*]

一女子下夜班，一男子尾隨意圖謀不軌，女子慎怕，路過墳地，靈機一動，對墳地說：「爸爸，我回來了，開門啊。」男子大懼，哇哇大叫奔逃。女子心安，正要離開，忽然從墳墓中傳來陰深神的聲音：「你又忘了帶鑰匙啊。」女子驚駭，也哇哇奔逃。這時從墳墓裡鑽出個盜墓的說到：「靠，耽誤我工作，嚇死你們。」「你趕緊挖啊，嚇人家小姑娘幹甚麼？我都躺在這 20 年了，憋壞了⋯⋯」盜墓的立刻暈倒。

這是我在 2009 年 1 月 10 日收到的一則手機短信。發送這則故事的中國友人可能是下載了這則故事，並發送給手機通訊錄上的所有朋友，引人開懷一笑。倘若撇開其簡單的結構、粗糙的語法與一些錯別字，本章之所以以這則故事開首，是因為它的內容與流傳的方式，證明了關於鬼魂與惡魔的超自然故事在中國民間悠久持續地流傳。這種傳統深深地紮根於其文化之中。

我認為，這種對於鬼魂與惡魔的懼怕和著迷反映了人們對於他者一種深層次的文化焦慮，這裡的他者是指不熟悉、甚至是非人類的事物。在本章中，我將介紹關於這種焦慮的早期

---

*　Jeffrey Riegel, "Defining the Demonic in Ancient China," *What is the Human? Australian Voices from the Humanities*, eds. L.E. Semler, Bob Hodge, and Philippa Kelly (Melbourne: Australian Scholarly Publishing, 2012), 203–218.

文獻遺存，以及人們早期相當自覺地對於鬼神所進行的解釋與定義。我進行這個研究的一部分原因是，通過研究中國人對待妖怪與鬼魂（那些被想像為有別於人類，又不為人類所熟悉的東西）的態度，我們能夠理解關於人類與人類所熟悉事物的觀念，是如何被建構起來，並被賦予價值的。這裡讓我先從兩個主張說起，後文將會證實它們的真確性。

首先，對於古代中國人來說，做一個人，重點並非符合人類的科學定義，而是其出身之處。這個地方就是他們文明的故鄉、「天下」之中。在這個中心之外的人注定不如「人」，或非「人」。只有那些生於斯、長於斯的人，始能繼承且學習到這個地區的風俗與傳統——包括道德、文化、政治制度，這些人道的本質，才算是完整意義下的「人」。在孔子（傳統認為其生卒年為前551–前479）的《論語》中，我們讀到「子不語：怪、力、亂、神」。[1]孔子如此說，並不是因為他認為這些東西不存在或無關緊要，而是因為他主要的事業在於闡明做人的含義是甚麼，並教導他人如何做人。

第二，鬼神與人類之間的界線是模糊而可相互滲透的。有著一副人類外表並不能使某種生物成為「人」，因為一些非人的生物能夠變成或假裝成擁有人類的外貌。此外，有一些神靈是混合體的，同時擁有人類與非人類的特徵。最後，由於鬼魂原先也是人類，故它們尤其令人感到困惑：通過禮儀的力量，部分鬼魂可以保持一定程度的人性；在酒食等祭品的引導下，鬼魂可以記住它們與在世後人之間的盟約。但那些受暴力致死與枉死的鬼魂則有著非常強烈的復仇執念，這種執念使它們捨棄剩餘的半點人性，並化身成可怕的生物。

1　《論語·述而》二十一章。

下面我將舉出不同時期的一些故事，以闡明我的第二個主張。然後再返回討論第一個主張。

一、超自然的故事

《左傳》大概是最早一部包含有關鬼神、惡魔或相關事物故事的文字記錄。它是一部大概成書於前四世紀某段時間內的敘事史，記載了前八至前五世紀期間的史事。這部文獻中有許多內容提到神靈和鬼怪，它們恐嚇人們、引發疾病、擾亂國家、肆行暴虐，甚至殺害冒犯它們的人。

《左傳》中有一個典型故事，講述伯有被殺後化為厲鬼，回來對其祖國鄭國的人們進行復仇。故事指出，由於他製造的傷害如此頻繁與普遍，以至於無論何時只要有人大喊「伯有至矣」，鄭人便會驚慌地四散奔逃。這個鬼魂曾一度身披鎧甲出現在某人夢境中，宣稱他將殺死兩個過去與他有仇隙的人。當現實中那兩個人真的死去時，強烈的恐慌立刻席捲了整個鄭國，這使得鄭相子產必須舉行儀式安撫這個惡鬼，並恢復原有的秩序和寧靜。儘管伯有擁有可怕的力量，但對於那些看到他的鬼魂的人來說，他依然是人類的樣子。其他早期文獻清楚地表明，儘管鬼魂從前是人，但卻與人類有著明顯不同。人在文明的中心地帶出生長大，穿衣束髮，而鬼魂則披頭散髮，不穿衣物，就如此四處竄蕩。只有強有力的驅鬼儀式，才能將它們驅逐出人類所住的區域。[2]

2　成書於前三世紀的《韓非子》中有一則故事，它說明了一個鬼魂外貌的眾多特徵，以及驅逐鬼魂的必要步驟。見 W. K. Liao（廖文魁），*The Complete Works of Han Fei Tzŭ: A Classic of Chinese Political Science,* vol. 2 (London: Arthur Probsthain, 1959), 7–8。

　　前五世紀的一位思想家墨子為了確保政治有序與社會穩定，提出了一些與孔子所倡議明顯不同的策略來達到其目的。有別於孔子，他很樂於教導弟子一些有關鬼怪與神靈之事。《墨子‧明鬼》收錄多則相關故事，其目的不僅是為了證明鬼神的存在，也是為了顯示出他們代替神靈監督人類，是神人之間互惠關係的代理人。《墨子》中收錄了一個簡短的故事，它很可能曾是有關四方神靈系列故事中的一部分：

　　　　昔者，秦穆公當晝日中處乎廟。有神入門而左，鳥身，素服三絕，面狀正方。秦穆公見之，乃恐懼犇。神曰：「無懼！帝享女明德，使予錫女壽十年有九，使若國家蕃昌、子孫茂、毋失秦。」穆公再拜稽首，曰：「敢問神名。」神曰：「予為句芒。」（〈明鬼下〉）[3]

　　也許，句芒必須有一個人類的頭，才能與人類以漢語說話，藉以傳達上帝的資料給後者。

　　《左傳》與《墨子》是廣為人知、且得到學者充分研究的文獻。它們從很早的時期就得以保存，並一直收藏在皇家書庫之中。通過學者如實地抄錄與傳授，這兩篇文獻在許多世紀後依然持續流傳。過去幾十年來，中國的考古工作者們發掘出許多寫在木牘、竹簡及絲織物上的寫本。它們未曾流傳於世，在近期被發現之前是佚失的。

　　在這些過去失傳的寫本之中，有八枚竹簡為考古學家在中

3　關於此段文字的更詳細討論，見 Jeffrey Riegel, "Kou-Mang and Ju-Shou," *Cahiers d'Extrême-Asie* 5 (1989–1990): 55–83。【編按：見本書 3.1 章。】

國西北甘肅放馬灘一座前三世紀的墓葬中所發現。這八枚竹簡上寫有一個關於復活的奇異故事，可轉述如下。[4] 有位地方官獲報，一個名叫丹的人在殺人後又自殺身亡，他的屍體曝露於市，三日後被埋葬，然後他被帶到地下判官面前，判官告訴他尚未到該死之時，命他還陽。接下來，一隻可能是古代中國的刻耳柏洛斯（Cerberus）的白犬為丹挖出一道通路，而他則重出世間。雖然丹恢復了知覺，但他仍然像一具行屍一樣，無法自如地運用四肢，另外，他曾經死亡，並遭到埋葬，也給他留下了創傷。故事結尾說，儘管他變得傷痕累累且受傷致殘，但這個從死亡中復活的人卻向人們講述往生者意欲何求。對於聽他講述的人來說，他所獲得的知識是極其重要的，因為他曾從人世到陰間遊歷了一番；而那個世界對他們來說就像任何異域的國度一樣陌生而遙遠。

我認為，放馬灘簡中這個復活的故事就是我手機短信中那個鬼故事的遠祖。它寫在竹簡上，這種古老的載體記錄了古代各種故事，並將其廣為傳播。同時，故事中也描繪了一個不想待在墓穴的死人。

秦朝與漢朝延續了對鬼神與超自然事物的關注。一些當時存留下來的文獻記載了人類世界與鬼神力量之間的衝突。[5] 我並不打算引述這些保存下來的文獻內容。相反，我只簡單地列舉一些曾經收藏在漢代皇家藏書庫中、涉及鬼神方面的著作

4　放馬灘墓發掘報告請看田建、何雙全：〈甘肅天水放馬灘戰國秦漢墓群的發掘〉，《文物》1989 年第 2 期，頁 1–11、31。有關鬼魂復活的故事，參考李學勤：〈放馬灘簡中的志怪故事〉，《文物》1990年第 4 期，頁 43–47；以及 Donald Harper, "Resurrection in Warring States Popular Religion," *Taoist Resources* 5.2 (1994): 22。

5　參看 Donald Harper, "Wang Yen-shou's Nightmare Poem." *Harvard Journal of Asiatic Studies* 47 (1987): 239–283。

題目：

　　禎祥變怪二十一卷
　　變怪誥咎十三卷
　　執不祥劾鬼物八卷[6]

　　隨著公元 220 年漢朝的滅亡，中國進入了一段動盪時期。其時北方遊牧部落入侵中原，導致原本屬於黃河和渭水河谷地區的傳統文化被遷移至更南邊的長江流域。同時，印度的佛教傳入中國，而道教則崛起成為中國最主要的本土宗教。與上述發展同時，且無疑受到它們影響，當時出現了多部收錄各種鬼怪與超自然故事的結集。最終，人們意識到這些故事集的內容構成了一種文體，而它則在（相當晚的）明代（1368–1643）被命名為「志怪」。

　　《搜神記》是最早期那些所謂的志怪小說集的其中一部，由東晉（217–419）一位中層官員干寶所撰。[7]這部故事集中有一則講述一位老婦命運的故事，它很能代表這部文集中各種故事的風格與幽默感。故事中，這位老婦人由於洗澡時間過長，變成了一隻巨大的軟殼龜。儘管如此，人們還是看得出那就是她本人，因為人們看到烏龜頭上仍插著髮簪。故事最後說，從此她的親屬再也不敢吃龜肉了。就像生物能幻化人形，人也有可能變成別的東西。

6　引自 Donald Harper, "A Chinese Demonography of the Third Century B.C.," *Harvard Journal of Asiatic Studies* 45 (1985): 460。

7　見 James Crump and Kenneth DeWoskin, *In Search of the Supernatural: The Written Record* (Stanford: Stanford University Press, 1996)。

顏之推（531- 約 591）所著的《冤魂志》出現在幾個世紀之後。顏之推是一位著名的文學家與學者，生值漢唐之際的分裂時期。他會編撰如此一部故事集，說明時人對鬼怪故事十分看重。其中有一個反映佛教影響的故事，講述幾個四處劫掠的士兵是如何從一座廟宇偷得一塊貴重的水晶，然後將它賣出以換取食物的佚事。他們當中有一個士兵沒享用以不正當手段獲得的食物，後來除了他之外，所有人都遭到了不測。[8]

儘管本章只是對志怪文學作一膚淺的介紹，但如果不提及「狐妖」這種亞類型故事的話，那麼本章仍不夠完整。這些故事講述狐狸如何既讓人害怕又讓人著迷，因為它們能變成俊男美女，與人類交媾。這些故事中隱含著某種自我滿足：人類和人類的生活是如此值得豔羨，以至於連鬼神都在追求。然而，這些故事也表達出人們對於以下問題所感到的焦慮：犯罪行為為何會出現在文明的中心地帶？為何這個田園牧歌的奧茲（Oz）仙境中會出現為非作歹的事？「天下」為何會有邪惡？這種焦慮尤見於晚唐出現的中國文學史上稱之為「傳奇」的一些短篇故事之中。這些「傳奇」是由一些最著名的唐代文學家所創作。它們與更早期故事的最主要區別，不僅在於它們在篇幅上更長以及我們知道它們是何人所作，還在於它們生動地展現了唐代的日常生活，尤其是大唐都城長安居民的浪漫生活。然而，由於「傳奇」內容太複雜，以至於不可能試圖在這裡以一個簡單的闡述來描述任何一個故事。取而代之，我將引述唐代

8　關於《冤魂志》與這則故事的研究，請參考 Albert E. Dien, "The *Yüan-hun Chih* (Accounts of Ghosts with Grievances): A Sixth-Century Collection of Stories," in Chow Tse-tsung（周策縱）, ed., *Wen-lin: Studies in the Chinese Humanities* (Madison: University of Wisconsin Press, 1968), 211–228。

著名詩人白居易（772-846）的一首詩歌，這首詩精彩地總結了在晚唐社會中，人們認為狐妖最令人不安之處為何：

> 古塚狐，妖且老，
> 化為婦人顏色好。
> 頭變雲鬟面變妝，
> 大尾曳作長紅裳。
> 徐徐行傍荒村路，
> 日欲暮時人靜處。
> 或歌或舞或悲啼，
> 翠眉不舉花鈿低。
> 忽然一笑千萬態，
> 見者十人八九迷。
> 假色迷人猶若是，
> 真色迷人應過此。
> 彼真此假俱迷人，
> 人心惡假貴重真。
> 狐假女妖害猶淺，
> 一朝一夕迷人眼。
> 女為狐媚害卻深，
> 日增月長溺人心。（〈古塚狐－戒艷色〉）[9]

9　唐傳奇中與狐妖有關故事的翻譯，見 Y. W. Ma（馬幼垣）and Joseph S. M. Lau（劉紹銘）, eds., *Traditional Chinese Stories: Themes and Variations* (New York: Columbia University Press, 1978)。關於狐狸崇拜與相關文學的研究，見 Kang Xiaofei（康笑菲）, *The Cult of the Fox* (New York: Columbia University Press, 2006)。詩歌引自 J. J. M. de Groot, *The Religious System of China* (Leiden: Brill, 1907), 589。

　　十世紀早期唐王朝滅亡之後，超自然的故事作為一種廣受歡迎的文學傳統，持續繁榮興盛。的確，十四世紀開啟了一個相當長的時段，無論就技巧運用或情節的複雜程度而言，講故事更普遍地都達到了前所未有的高度。至於流行文學方面，最為人熟知的就是偉大的中國戲劇和小說在此時被創作出來。但這段時期亦產生了可說是鬼怪故事及相關文體的最佳代表作品。

　　蒲松齡（1640–1715）是公認這一時間的鬼怪故事大師。他的故事集《聊齋志異》「不僅僅在風格、複雜性與涉及範圍上是古典小說（引者按：即志怪與傳奇）的巔峰，而且可以毫不誇張地說，這部小說集界定了我們對這種文體的概念」。[10]蒲松齡所撰的故事有數百篇之多，這些故事的最主要特徵，在於它們「故意模糊了現實和幻覺之間的界線」。而且，很可能就像蒲松齡自己一樣，故事中的主人公通常是不受束縛的浪漫主義者，他們渴望所有機會以便從一個世界穿越到另一個世界。

　　一個令人驚歎的例子是一則有關一位身型肥胖的書生的故事。蒲松齡在故事中稱其「豐肥」。他讀了蒲松齡寫的另一篇關於絕色狐仙的故事，即〈青鳳〉，隨後就無法再想任何人、任何事。受到蒲松齡文學作品的啟發，他的熱烈憧憬竟讓狐仙青鳳來訪。而為了嘉獎他的熱情，青鳳將她十五歲的女兒許配給了他。她的女兒當然也是一名狐仙。婚後，少女帶這位書生去見她的姐妹。她們全是狐狸。這位書生與她們徹夜飲酒。次晨醒來，他深信昨夜皆為一場夢。少女解釋說：「姊妹怖君狂

10　Judith Zeitlin, *Historian of the Strange* (Stanford: Stanford University Press, 1993), 4.

噪，故托之夢，實非夢也。」最後這兩人分開了，因為狐女受到眾神徵召，要去履行更高級別的神靈職務。分別之際，書生允諾實現她的願望，即請蒲松齡為她作傳，這樣她在文學作品中就能和其母青鳳一樣有名。[11] 我盡自己本分將此故事收入本章之中。我如此做的另一個目的，在於這則故事表明狐狸精一方面既能化作人形，另一方面亦能履行人類世界的所有社會禮儀與細枝末節。

另一位值得人們注意的古典小說作家是袁枚（1716–1798），儘管遜於蒲松齡。他是一位著名詩人，並因其屢屢挑起學術爭端而廣為人知。[12] 袁枚給他那部龐大的超自然故事集取名為《子不語》，這當然與本章開頭提到的《論語》中那句話有關。他想表明的是，他對孔子所關注的道德不感興趣，相反，他所感興趣者是那些充斥及擾亂著時人生活的「怪力亂神」。

袁枚的超自然故事集包括尖銳的社會批評及各種詼諧故事，前者關注女性的困境及十八世紀中國社會中受到迫害的那些人，後者則嘲弄僧侶、道士，以及那些在官府中身居要職的浮誇的道貌岸然之輩。所有故事都以某種方式提供寶貴線索，幫助理解宗教信仰與迷信在日常生活中所發揮的核心作用。以下例子節錄自《子不語》的一則故事：

11　此處轉述依據蔡九迪翻譯，見 Zeitlin, *Historian of the Strange*, 211–216。

12　學界有三部全面討論袁枚生平的研究，包括 Arthur Waley, *Yuan Mei: Eighteenth Century Chinese Poet* (London: George Allen and Unwin, 1956)；王英志：《袁枚評傳》（南京：南京大學出版社，2002 年），以及 J. D. Schmidt, *Harmony Garden: The Life, Literary Criticism, and Poetry of Yuan Mei* (London: Routledge, 2003)。

在黔時，有惡棍某，案如山積。官府杖殺，投屍於河。三日還魂，五日作惡，如是者數次。訴之撫軍。撫軍怒，請王命斬之，身首異處。三日後又活，身首交合，頸邊隱隱然紅絲一條，作惡如初。後毆其母，母來控官，手一罈曰：「此逆子藏魂罈也。逆子自知罪大惡極，故居家先將魂提出，煉藏罈內。官府所刑殺者，其血肉之體，非其魂也。以久煉之魂，治新傷之體，三日即能平復。今惡續滿盈，毆及老婦，老婦不能容。求官府先毀其罈，取風輪扇扇散其魂，再加刑於其體，庶幾惡子乃真死矣。」官如其言，杖斃之。而驗其屍，不浹旬已臭腐。（《子不語》卷五）[13]

這個故事吸引人的其中一件事情是，考古學家在長江流域、主要是三至四世紀的墓葬中發掘出一種被鑑定為「魂瓶」的器物。這些罐子或許是作為屍體不會腐壞的替代品而置放在墓中，藉以收納靈魂的。它們上面的圖像很複雜：有些或許是一位女性正在懷抱著一個兒童，而這個兒童可能就代表著死者；另外一些似乎受到了佛教舍利匣的影響，因此展現出佛陀的形象；還有一些讓人聯想到鳥類棲息的穀倉，如此的象徵可能是要吸引死者的靈魂，使其下來並停駐於此。袁枚的故事似乎顯示出，靈魂在作惡時發現其人類軀體是一種妨礙，因此需要由更加耐用材質所製成的容器，亦即瓷器，而非肉體。

13　袁枚：《袁枚全集》（南京：江蘇古籍出版社，1993 年），第 4 冊，頁 98–99。

二、超自然的理論

　　袁枚在這個故事中提及煉魂的「道法」，並視之為邪惡主
人公能在肉體被毀壞的情況下持續存活下來的一部分原因。大
多數古典故事都隱含著一個有關靈魂與其他超自然體如何產生
的解釋。在《左傳》中，當被問及諸如伯有這位鬧事者的靈魂
是否真有可能存在時，成功鎮壓惡魔的鄭相子產給出了一個毫
不含糊的回答。實際上，子產為那些來日將化成鬼魂的人作出
闡釋，他指出，拜其榮華富貴與門第高貴所賜，像伯有如此顯
赫的人能夠攝取精美殽饌中有效保證其靈魂不死的精華。換句
話說，有些人能夠通過人的手段來掌握超越其自身人性的方
法。財富與權力不但使人在活著的時候受益，也保證其死後依
然擁有特權。這個有趣的觀點反映在中國最近幾十年出土的無
數古代墓葬之中。[14]

　　這些含蓄或明確的解釋，以及這些解釋意圖合理化的鬼怪
與超自然的故事，都十分流行；以致一些早期思想家認為它們
會對一個秩序良好的社會造成危害，並質疑其只是一大堆荒誕
不經的傳說與空洞的猜想。在我看來，這些質疑當中最有說服
力，而且無疑也是最有趣的，當以漢代學者王充（27–100）所
提出者莫屬。在他一共收錄了八十五篇文章、總名曰《論衡》
的文集中，他闡述了一些關於宇宙物質運作的詳盡觀點。其中
一個可代表其論證方法特點的是，他試圖證明打雷並不像大眾
所理解的出於上天發怒，而是由於大氣中積聚了過多的熱量。
王充在《論衡》中以四篇的篇幅來批評民眾對死亡、靈魂與超

---

14 儘管《墨子》那篇關於超自然生物的篇章名作〈明鬼〉，但它並沒
　　有說明他們的存在。相反，它只是論證有關他們的信仰對於政治秩
　　序與社會穩定而言為何不可或缺。

自然體的理解。在上述四篇的前三篇中，他提出死亡就是終點，沒有任何生命的部分超越或倖存下來。他解釋說，當人們聲稱看到鬼魂或惡魔時，或是因為做夢，或是因為他們的感官由於疾病或即將到來的死亡而受到損傷。

但在這一主題的第四篇文章〈訂鬼〉中，王充除了重複上述的一些想法，也認同在某些情況下那些在病中看到鬼魂的人，事實上就是見到了鬼怪。然而他又詳細闡釋說，這些鬼怪無論如何都不是已故的人類，即亡者之魂。他認為他們與人類毫無半點關聯！王充隨後描述了這些鬼怪分屬的類別。[15]

在王充對這些鬼怪所作的分類中，第一類被誤以為是鬼魂的是在古代中國的農業社會和鄉村環境中的動物，包括家養的和野生的動物。王充聲稱，有些動物天生就有變換形貌的能力。他可能想到了狐妖，或可能觀察到寵物有時會長得像主人。王充對這種現象作出解釋，認為動物與人近距離生活，因此他們在呼吸與其他活動中共用周遭的精氣。王充舉出一些顯然是人獸交媾的例子來證明這種變形。他承認，這種人獸之間的交媾最可能發生在人類患病的時候。王充斷定，無論如何，當某個病人自稱看到一個鬼魂沖他而來，例如當他看到一個死人在墓穴中向他招手時，他所看到的只可能是他左鄰右舍院子裡常見的「六畜」（牛、馬、羊、雞、狗、豬）之一，而不可能是別的東西。

王充提出的另一類鬼怪是由那些「本生於人」、但未能成長為人的「人」所變成的。有別於那些長大成人的人，他們在嬰兒時期就流落野外，成為了傳染給人類社會的致命瘟疫的來

---

15 轉述自王充：《論衡》（上海：上海人民出版社，1974 年），頁342–345。

源。這些疾病纏身的惡魔將自己偽裝成普通人，對年老與體弱者下手。儘管是一個負面形象，但王充把孩子視為不如或者不同於人的生物的描述，卻在部分程度上支持了傳統上對於亟需教育與父母悉心栽培的強調。王充注意到，甚至是最有道德的人也會生出上述生物；而雖然是道德之人的後裔，且有著道德之人的外表，但事實上它們卻身懷最具危害性的疾病。我們不清楚是何人何事啟發了王充上述言論。但這些言論提醒我們，出生在文明的中心地帶不足以使一個「人」成為人類，他必須在那裡被撫養至成年才能成為人類。

第三種鬼怪包括很多正在閱讀本章的讀者。王充說：

> 鬼者，物也，與人無異。天地之間有鬼之物，常在四邊之外，時往來中國，與人雜，則凶惡之類也，故人病且死者乃見之。（〈訂鬼〉）

王充在書寫這段文字的時候，他和同時代的人正深刻地意識到世界有多麼大，而漢朝只佔據了其中一小部分。政府派遣的外交使團早已深入中亞，同時佛教亦正敲打著中國的大門。漢軍士兵遠征至現在的越南，以及東南亞、中亞、東北亞這些對他們來說都是相當遙遠的地方。從這些活動得來的地理知識就如同王充所敘述的一樣相當稀奇古怪。在同一節中，王充引用了一部古老的文獻《山海經》。這是一部關於各種奇怪生物的神話和故事集，這些生物的排列順序依據它們在帝國周邊所處的假定位置而決定。像其他早期的動物寓言集一樣，這部書中的「異常現象被收集彙編的目的，是為了傳授知識、滿足人

們的好奇心與娛樂讀者」。[16]

> 《山海經》曰：「北方有鬼國。」……《山海經》又
> 曰：「滄海之中有度朔之山，上有大桃木，其屈蟠
> 三千里，其枝間東北曰『鬼門』，萬鬼所出入也。上
> 有二神人，一曰神荼，一曰鬱壘，主閱領萬鬼。惡害
> 之鬼，執以葦索，而以食虎。於是黃帝乃作禮，以時
> 驅之。立大桃人門戶，畫神荼、鬱壘，懸葦索，以禦
> 凶魅。」（〈訂鬼〉）[17]

當《山海經》在前四至一世紀某個時間首次編著完成時，
它很可能是一部圖文並茂的作品。現存最早的插圖是明代萬曆
年間（1573–1620）的雕版印刷本。一個與上文相關的例子，
是書中有一段文字描述王充提到的「鬼國」，並附有插圖（年
代在 1628–1644 之間）。在插圖中我們看到：

> 鬼國在貳負之屍北，為物人面而一目。一曰貳負
> 神在其東，人面蛇身。
> 蜪犬如犬，青，食人從首始。
> 窮奇狀如虎，有翼，食人從首始，所食被髮。在
> 蜪犬北。一曰從足。

---

16 Richard E. Strassberg, *A Chinese Bestiary: Strange Creatures from the Guideways through Mountains and Seas* (Berkeley and Los Angeles: University of California Press, 2002), xiii。此書的完整翻譯見 Rémi Mathieu, *Étude sur la mythologie et l'ethnographie de la Chine ancienne* (Paris: Collège de France, Institute des Hautes Études Chinoises, 1983)。

17 此段文字不見傳世本《山海經》。

關非人面而獸身，青色。(〈海內北經〉)[18]

　　儘管王充和《山海經》所述的這種奇異想法與許多中古時期冒險至遠方的旅行者的經歷相互矛盾，但有關想法卻一直持續了許多個世紀。最後，讓我以兩個代表這種傳統依舊持續的現代例子來結束本章。

　　澳洲華人藝術家關偉於 1989 年移民至澳洲。數年之後，當他回顧這個跨文化之旅的時候，他帶著想像將這段經歷比喻成著名的艦隊司令鄭和（1371–1432）在南洋的探險。2006 年底至 2007 年初，悉尼動力博物館舉辦了一次名為「另類歷史」（Other Histories）的展覽。作為展覽的一部分，關偉創造了一些與鄭和探險相關的歷史「工藝品」（當然也與他自己從中國到澳洲的旅程有關）。在這些物品中有一些帶有插圖的書頁，上面所畫的生物令人聯想到人類，但卻不完全是人類。儘管藝術品是關偉設計的，但這些插圖乃取自《山海經》。從而反映出這部文獻的一種持久力量，無論在何時何地，它都能顯示出鬼怪的威脅是以何種姿態等候著膽敢沖出中國邊界限制的人。

　　1970 年代初，我還是一名在臺灣學習漢語的學生。當時臺灣是保存中國傳統的一座堡壘，之後才成為今日的國際中心。那時，當小孩一看到外國人，他們會既興奮而又淘氣地大喊「洋鬼子來了」。這種情況並不罕見。儘管他們大喊的部分原因是開玩笑，但這句話的目的是警告並提醒朋友和鄰居，就像古代「伯有至矣」的警報一樣。由於這句話暗示我是鬼不是人，故我當時稍微感到被冒犯了。而在中國豐沃的文學史之

---

18 改編自 Strassberg, *A Chinese Bestiary: Strange Creatures from the Guideways through Mountains and Seas*, 197–199。

中，這個用以指稱那些從外地來人的綽號，有著與眾不同的血統，或許可以上溯至《左傳》和《墨子》中的鬼怪故事、王充的思辨，以及《山海經》中稀奇古怪的敘述。如果我當時知道這一點，可能我的感受就不一樣了。

第四部分

文獻研究

郭店〈緇衣〉：早期儒家子思學派的新證據？*

　　1993 年，考古學家在湖北省荊門郭店發現了一座楚國墓葬。根據這個墓室所出土的文物，以及它與包山所發現的一組楚國墓的相似性（在包山 2 號墓所出土的竹簡文件中，有一篇寫於大約前 323 年的古代年表；包山 4 號和 5 號墓的年分是前 273 年秦國佔領該地之前），該墓的年代似乎是前 300 年。

　　郭店墓，又稱為郭店 1 號墓，被發現於曾經是楚國王室首都城郊的地區。李學勤認為這座墓屬於一位王室的導師（一個具有戰國時期風格的酒杯上刻有或釋「東宮之師」的銘文）。其他人卻不認同。這座墓所發現的文物包括一些保存得非常完好的竹簡文獻。無論墓主是誰，我們現在擁有一個楚國相當重要的圖書館。

　　郭店竹簡的照片及附有注釋的釋文以《郭店楚墓竹簡》這個精美的圖書形式於 1998 年 5 月出版。我在稍後的 1998 年夏天得到了這本書。像所有閱讀過它的人一樣，我為郭店所出土

---

*　　Jeffrey Riegel, "New Evidence for the Zisi School of Early Confucianism?"（發表於武漢大學中國文化研究院、美國哈佛燕京學社、國際儒學聯合會、中國哲學史學會、湖北省哲學史學會主辦：郭店楚簡國際學術研討會，武漢：武漢大學，1999 年）。

文獻的豐富與稀有程度感到震懾。學者們將注意力放在三組記錄《老子》部分內容的竹簡之上。此外，附在《老子》第三組竹簡之後，以《太一生水》為名的道家宇宙論同樣令人饒有興味。其餘的郭店文獻很多都與早期儒家有關，有些與之關係較為密切，而有些則與之稍為疏遠（見表 1）。

李學勤認為第 3 至第 8 篇為同一本書籍的六篇篇章（他這樣認為的原因，在於它們的觀點相同，而且似乎是由同一個人所抄寫的）。根據李學勤的說法，這部書籍基本上就是在《漢書·藝文志》中被列入「儒家」的《子思》（〈藝文志〉指出這本書一共 23 篇，並且是由孔子之孫孔伋所撰）。李學勤同時認為，第 9 和第 10 篇屬於儒家文獻，但他並沒有說它們源自《子思》。第 11 和 12 篇對於王位禪讓一事提供了強而有力的論據。李學勤因此認為縱橫家的說客撰寫了這兩篇文獻，而它們與前 316 年燕王將王位讓給其宰相這個著名的事件直接相關。《語叢》是一部一共有四個部分、彷如教科書的哲學學說文集。李學勤認為，它在形式與內容上為賈誼《新書》的先驅。

我在這裡沒有足夠時間詳細審視每篇文獻。無論如何，我主要感興趣的，是第 3 至第 8 篇這些李學勤視為第一組的文獻。雖然我有時會提到其他文獻，特別是第 4 篇文獻〈五行〉，但我的評論將集中於這些竹簡裡的第一篇，即〈緇衣〉。

為了指出〈緇衣〉發現的重要性，我希望向各位介紹我本人學思歷程的一部分，更準確地說，是我在斯坦福大學所寫之博士論文的一個章節。

我在博士論文裡開始搜集失傳的儒家書籍《子思》佚文。《漢書》的目錄指出它有 23 篇，且其作者「名伋，孔子孫，為魯繆公師」（郭店所列的第 7 篇文獻證明了子思和繆公的聯繫。錢穆在《先秦諸子繫年》中利用了這一聯繫以及其他證據，推

定子思的生卒年是前 483 年至前 402 年，但我們很難確認錢穆的推算是否準確）。

　　我之所以對這個研究項目感興趣，是因為我在斯坦福大學所撰寫的碩士論文已對一些其他散佚的儒家文獻進行了研究。我如此做的榜樣與靈感來自夏倫（Gustav Haloun）於 1932 年在 *Asia Major* 所刊登的論文："Fragmente des Fu-tsi und des Tsin-tsi: Frühkonfuzianische Fragmente I"（宓子與景子的佚文：早期儒家散佚文獻研究之一）。

　　歸根究柢，子思是孔子之孫一事是促使我進行這項研究的原因。此外，《韓非子》告訴我們，子思學派是在孔子死後所形成的儒家八大學派之一。於是我參考了顧實《漢書藝文志講疏》這部權威性著作（前言寫於 1922 年）。顧實歸納了幾個與子思有關的要點：

（1）司馬遷（〈孔子世家〉）云：「子思作〈中庸〉。」（雖然並非所有人都如此認為，但學界普遍假定司馬遷指的是《禮記》中著名的一篇篇章。它和《大學》、《論語》、《孟子》共同組成宋代「道學」著名的「四書」。）

（2）沈約（441–513）在 502 年撰寫了一篇長篇的奏疏。他在這篇文章中提及很多事情，其中一項為：「〈中庸〉、〈表記〉、〈坊記〉、〈緇衣〉皆取《子思子》。」（沈約是南朝梁代一位博學及才華橫溢的官員。他寫這篇文章是詆毀《禮記》；作為一部拼湊而成的著作，它並不值得梁武帝的重視。）顧實在一個注腳中指出，唐代哲學類書《意林》引用了《子思子》（而此書很可能是沈約見過的），其中一段見於〈表記〉，另外兩段見於〈緇衣〉。他推斷沈約之證詞是可靠的

（宋代博學的學者王應麟〔1233–1296〕早已在其對
《漢書・藝文志》著名的研究中，對沈約的陳述表達
了認可）。

（3）《子思子》在 1127 年北宋滅亡後仍然倖存，並因此被
晁公武（前言寫於 1511 年）列於其《郡齋讀書志》
之中。但這部書籍似乎在這之後很快便失傳了。

（4）黃以周（1828–1899）收集了《子思子》的佚文（他
收錄了上述四篇《禮記》的篇章，並引用沈約的奏
疏來證明其做法的合理性。著名的馬國翰並沒有搜集
《子思子》的佚文。但是，孫星衍〔1753–1818〕的學
生洪頤烜〔1765–1837〕在為《子思子》做輯佚時並
沒有把其餘三篇《禮記》的篇章納入其中）。

即使在進行研究初期，我對顧實的敘述及他對沈約的信賴
都感到懷疑。我對顧實就書目連續性所作的假設感到困惑。我
們如何得知司馬遷所提到的〈中庸〉就是《禮記》中的篇章？
我們如何確定《漢書・藝文志》中所列那部書籍就是沈約所看
到的那部著作，以及後世書目所列那部文獻的原型？這部古老
書籍是否有可能在失傳後，根據《禮記》等篇被再次拼湊出
來？如果黃以周在十九世紀進行了上述工作的話，那為何這項
工作無法在四世紀進行？

我在追溯顧實所使用的材料後發現，沈約的奏疏與黃以周
對《子思子》佚文所作的輯本，對現代有關早期儒家子思學派
所作的評價起了重大的影響。在 1920 年代，武內義雄發表了
四篇具開創性的論文。馬伯樂沿用了武內義雄在這些論文中所
提出的論點，並利用〈緇衣〉及其他材料聲稱：「子思學派在
大約前三世紀將《易經》整理成最終的形態。」馬伯樂又以《禮

記》相同的文字為基礎指出，這個學派撰寫了「多篇次級的禮
學文獻。儘管當中一部分保存於《禮記》之中，但當中大部分
文獻今已散佚。〈中庸〉下半部分大概是這個學派在秦始皇禁
書前所完成的最後著作的其中一部」。馬伯樂沒有將今本〈中
庸〉的所有內容視為子思學派著作，即使在今天，我仍佩服他
這種有所保留的做法。正如我們所見，如果這位偉大的法國漢
學家能夠看到郭店〈緇衣〉，那麼他在主張子思學派曾參與《易
經》的流傳時，便會有所遲疑。

　　儘管我仍抱著懷疑的態度，但我沒有理由忽視沈約的證
詞。因此，我著手對《禮記》這四篇篇章進行翻譯與注釋，並
對《禮記》本身的性質進行了更為廣泛的研究。洪業為哈佛燕
京學社《禮記引得》所寫的〈序言〉是研究《禮記》的權威性
著作。洪業的著作，連同數位日本權威學者使我確信我們無法
在不顧漢代禮學專家活動的情況下討論《禮記》的內容。在機
緣巧合之下，劍橋的杜希德（Denis Twitchett）寄給我一篇夏
倫未曾發表、有關〈中庸〉的研究。夏倫是杜希德的老師之
一。夏倫和我研讀〈中庸〉的取徑相同：研究《子思子》的佚
文。夏倫對〈中庸〉的分析很引人注目。他將文本分成九個層
次，並推斷當中只有一小部分內容可追溯至早期的儒家材料。
我在閱讀夏倫的研究後發現，我們不可能將《禮記》其他篇章
視為一個完整而不可分割的文本。而我認為我在這些篇章中發
現的不同部分，應該歸屬於洪業在其序言中詳細列舉的那些漢
代禮學專家。

　　因為這些圍繞《禮記》編纂情況的疑慮，我認為當中的內
容並不是證明早期儒家思想的可靠材料。我放棄了以重構失傳
的《子思子》作為我博士論文的目標，轉而將精力及論據集中
在描述《禮記》的起源之上（我在魯惟一〔Michael Loewe〕

的 *Early Chinese Texts: A Bibliographical Guide*［中國古代典籍導讀］中，以名曰《禮記》與《大戴禮記》的條目出版了這篇論文的一小部分）。當我在去年夏天拿到《郭店楚墓竹簡》時，我才發現我轉移博士論文的焦點一事是多麼錯誤。我以此結束本人學思歷程的自敘。現在，我將轉至眼下，討論因郭店文獻的發現所作的修改。

儘管新出土郭店〈緇衣〉原先並無標題，但它無疑與《禮記》篇章有關：總體而言，兩篇文獻之間只存有一些細微的差異。一個合理的假設是《禮記》的篇章乃源於這篇早期文獻，而這個篇章事實上可能是從某部將之包括在內的書籍中所取出的。這部書籍是否即《子思》？或許是。與〈緇衣〉一同被發現的是〈五行〉的早期版本。〈五行〉是一篇討論仁、義、禮、智、聖這些被這篇文獻名為「五行」的儒家德目的專著。荀子在〈非十二子〉中提到孟子與子思（或是他們的追隨者）使用「五行」一詞。龐樸與其他學者提出強而有力的論證，說明荀子所談論的正是〈五行〉這篇文獻所說的「五行」，他們指出我們應該認為這篇文獻屬於子思學派（這個議題比他們所言稍微複雜了一點。馬王堆 3 號墓〔前 167 年〕中出土了〈五行〉另一個附有注解的版本。有關注解引用另一位早期儒家哲學家世子，而《漢書·藝文志》則提到他已經失傳的著作。這可以表明子思學派與世子有關。或許世子的追隨者把子思的文獻視為屬於他們的著作，而此舉使他們撰寫了一篇注解來認可他們老師的學說。我在斯坦福大學的碩士論文對《世子》做過輯佚，而我也需要對這篇論文作出修改）。其他支持郭店〈緇衣〉與《子思》有關的證據事實上亦見於郭店的文獻之中。這證據為題為《魯穆公問子思》的對話。它明確提到孔子之孫，顯示他在郭店文集中有較為普遍的重要性。

　　這些與子思的聯繫，連同郭店文獻成書甚早的情形，均有力地支持沈約認為《禮記》中的〈緇衣〉來自《漢書・藝文志》所列《子思》的說法。我們亦需要認真看待沈約陳述的其餘部分，承認〈表記〉、〈坊記〉與〈中庸〉也是取自於《子思子》所包括的材料之中。郭店文獻《性自命出》開頭幾行文字與〈中庸〉的一些段落十分相似，而這個事實則可支持我們上述的舉動（我們或許應該更加嚴肅地看待不為沈約所證實卻認為《禮記・大學》與曾子存在某種聯繫的這一傳統）。

　　我承認我在現時仍然不敢貿然參加由李學勤、龐樸及其他學者所組織的子思隊伍。我之所以有所保留的原因如下：首先，有早期的證據與沈約的證詞相互矛盾。與沈約同時的劉獻認為〈緇衣〉的作者是公孫尼子。他是另一位《漢書・藝文志》所羅列其著作的早期儒家學者（劉獻是經學的權威；陸德明對《禮記》的注釋引用了他的見解）。此外，在我們如李學勤那樣視〈五行〉與〈緇衣〉為同一個作者所作時，我們必須密切留意兩者之間的差異。這兩篇文獻對我來說在形式及內容方面都是完全不同的。要證明兩者可能是同一學派的作品，需要仔細的分析。我們在進行這種分析時，必須將另一篇與〈五行〉有緊密關聯的郭店文獻《六德》納入討論之中。

　　即使我們認同《子思》是《禮記》篇章的來源，我們並不能因此斷定我們所看到的《禮記》與其漢代以前的來源完全相同。為此，我認為強調郭店〈緇衣〉與《禮記》篇章之間的微細差異是有價值的。舉例來說，郭店〈緇衣〉並沒有引用《易經》，而對《易經》的引用，致使武內義雄和馬伯樂都推斷這部卜筮的典籍對子思學派相當重要。或許《禮記》對《易經》的引用是在漢代首次出現的。此外，《禮記・緇衣》其中三個段落（1、16、18）並不見於郭店〈緇衣〉之中（見表2）。同

樣，斷定在《禮記》中所看到的〈中庸〉是戰國時期文獻，也是很天真的做法。儘管〈中庸〉一定有一個核心──或許就是夏倫所視為第一層次的內容──但〈中庸〉的許多內容可能是由後人所補充的。我仍然未能相信當司馬遷說子思撰寫了〈中庸〉時，他是在指我們今天所見《禮記》中的那篇文獻。換言之，《禮記》從《子思》之中「取」材的過程可能是間接、漫長且複雜的。

儘管如此，郭店的發現已向我們表明《禮記》是我們研究早期儒家教義的一個很有價值的材料。李學勤認為《禮記》那些劉向（前 79– 前 6）在其《別錄》中視為「通論」、與禮儀細節無關的篇章，作為這些儒家教義的重要證據，最有可能幫助我們重新思考這一命題。

〈緇衣〉、〈五行〉與其他郭店文獻使我們得以窺探荀子及遠至孟子之前的儒家思想。〈緇衣〉告訴我們甚麼訊息？首先，我們可以對文本格式做出幾點觀察。這篇文獻排列一連串的引文。首先是夫子，其餘部分則是弟子之言。首段引文有可能用來代表孔子言論，而其餘引文則旨在被理解為從其他來源，或許是子思，或許是其他弟子所得來的評論或闡述。這篇文獻經常引用《詩》與多篇《尚書》篇章中文字。這些引文顯示在前四世紀末以前，《詩》和《書》已經成為經典。其他郭店文集中的文獻說明，六經，即《詩》、《書》、《禮》、《樂》、《易》、《春秋》在這段時間之前已經成形。最後，與《禮記》那個篇章一樣，這篇文獻保存了《論語・為政》三章比較德行效果與體罰的著名段落的一個版本。這將會使那些認為《論語・為政》最遲成書於前三世紀的學者修改這種不妥當的判斷。

郭店〈緇衣〉以統治者的舉止與他如何對待臣下為主要討論主題。這篇文獻開首指出應清楚劃分他所喜愛的與他所厭惡

的事物。第二至第九段討論這種明辨好惡的主題，以及確保統治者在處理這兩種行為模式時不會有所動搖。第五到第九段指出，由於統治者是他人密切觀察與模仿的典範，故此他應注意他對待別人的方法。第十和第十一段告訴我們，統治者該做的是依循那些善良而傑出的人物。但根據第十二和第十三段，他在對惡人作出反應時不應訴諸於刑罰。我們從第十四到第十九段得知最為有效者，為統治者密切留意他所說的話，並保證在他所統治的所有範圍內，言行都協調一致。這篇文獻的結論強調統治者在對待所有人時應該要公正、始終如一。這些段落依序地強調這個主題的不同方面。這篇文獻在《禮記》中所保存的版本失去了這種安排的邏輯性與連貫性。

本章沒有一個轟動的結論。我很感激能有這個機會，讓我再次向諸位提及一個從我撰寫博士論文開始，對子思與《禮記》便已關注了超過二十五年的主題，以及分享我的興奮心情：現在我們所擁有的新證據，可以幫助我們解決許多舊問題。

表 1：郭店文獻

（1）老子	（6）尊德義	（11）唐虞之道
（2）太一生水	（7）性自命出	（12）忠信之道
（3）緇衣	（8）六德	（13）語叢
（4）五行	（9）魯穆公問子思	
（5）成之聞之	（10）窮達以時	

表 2：郭店〈緇衣〉和《禮記・緇衣》的文字排序和重合

1. 見於《禮記・緇衣》中的郭店〈緇衣〉段落

郭店〈緇衣〉	《禮記・緇衣》	
1	2	卷 55，頁 1 下－2 下（927）

（續上表）

郭店〈緇衣〉	《禮記・緇衣》	
2	11	卷 55，頁 7 上（930）
3	10	卷 55，頁 6 下 –7 上（929–930）
4	12	卷 55，頁 7 下 –8 上（930）
5	17	卷 55，頁 13 下、14 上（933）
6	6	卷 55，頁 4 下（928）
7	5	卷 55，頁 3 下 –4 上（928）
8	4	卷 55，頁 3 下（928）
9	9	卷 55，頁 6 上 –6 下（929）
10	15	卷 55，頁 9 下 –10 下（931）
11	14	卷 55，頁 8 下 –9 下（930–931）
12	3	卷 55，頁 2 下 –3 下（927–928）
13	13	卷 55，頁 8 上 –8 下（930）
14	7（1）	卷 55，頁 4 下 –5 上（928–929）
15	7（2）	卷 55，頁 5 上 –5 下（929）
16	8	卷 55，頁 5 下 –6 上（929）
17	24	卷 55，頁 17 上 –18 上（935）
18	19	卷 55，頁 14 下 –15 上（933– 934）
19	23	卷 55，頁 16 下 –17 上（934–935）
20	22	卷 55，頁 16 上（934）
21	20	卷 55，頁 15 上 –15 下（934）
22	21	卷 55，頁 15 下 –16 上（934）
23	25	卷 55，頁 18 上 –19 下（935 – 936）

2. 見於郭店〈緇衣〉中的《禮記・緇衣》段落

《禮記・緇衣》	郭店〈緇衣〉
1	0
2	1
3	12
4	8
5	7
6	6
7	14 和 15
8	16
9	9
10	3
11	2
12	4
13	13
14	11
15	10
16	0
17	5
18	0
19	18
20	21
21	22
23	19

（續上表）

《禮記・緇衣》	郭店〈緇衣〉
24	17
25	23

清代學者對漢代以前散佚哲學文獻的重建 *

　　在十八和十九世紀，一些學者努力地蒐集早期文學、哲學文集以及後來的注釋、類書與選集所引用佚書的佚文。由於他們的努力，其時對漢代以前中國哲學的研究有了大幅的發展。雖然我們可以將其源頭至少追溯到諸如博古學家王應麟（1233–1296）等人物 [1]，但對文獻佚文進行收集這項工作直至清代才吸引大批的學者。[2] 總的來說，他們的工作成為後來人們所認識的輯佚運動。

　　這種「拯救失傳文獻」的嘗試，相應地成為清代知識文

---

* Jeffrey Riegel, "Some Notes on the Ch'ing Reconstruction of Lost Pre-Han Philosophical Texts," *Selected Papers in Asian Studies* 1 (1976): 172–185.

1　王應麟對《漢書‧藝文志》所作的開創性研究，即《漢書藝文志考證》和他有關目錄學的著作（詳見王應麟：《玉海》〔1806 年江寧本〕，卷五十二，頁 1 上；卷五十三，頁 25 下），也包括《困學紀聞》中那些無數有關文本問題的札記。這些都為試圖重構散佚文獻的學者提供了堅實基礎。

2　清代工作正式開始的時間是 1773 年，該年清高宗接受了朱筠（1729–1781）的建議，即從《永樂大典》抄錄稀有與散佚書籍；見 Arthur W. Hummel, ed., *Eminent Chinese of the Ch'ing Period (1644–1912)* (Washington D.C.: Library of Congress, 1943–1944), 198–199。

化復興的組成部分，其特徵是學者們對古代目錄與文獻問題重燃興致。例如，我們知道時人重新編纂佚書的努力，部分是因為清代的文獻批評家意識到很多書籍的傳世本包括一些在宋代與宋代以後所羼入的文字，而這些書籍的校本（只是部分）有可能利用較早時期文獻所援引這些書籍的內容。此外，輯佚學者對於早期注釋與類書內容的驚人熟悉程度，毫無疑問反映出文獻批評家與語言學家在校勘傳世文獻以及解讀訛誤文字時，充分利用了這些文獻。最後，我們從他們的書信中得悉，諸如歷史學家章學誠（1744–1832）[3] 和語文學家王念孫（1744–1832）[4] 等其他領域的學者亦對這個運動十分瞭解，並且亦對其做出了貢獻。

　　雖然輯佚運動包括蒐集所有種類和各個時期的佚書佚文，[5] 但本章的目的只是分享幾則札記，涉及那些對恢復古代中國哲學文本作出貢獻的工作。現在回顧這項運動中這一特殊方面，其意義出於以下幾個原因。首先，西方學者在近年針對散佚哲學文獻進行了多項新的研究。[6] 鑑於一定程度上所有人都依賴清

3　章學誠是朱筠的學生、邵晉涵的好友。在與邵晉涵往來的信件中，章學誠不僅對較早時期根據經典注釋所作的輯佚表示敬佩，而且指出他收到章宗源對一部散佚的歷史著作所作輯本之複本，且打算在其《史籍考》一書中使用這部歷史著作；見章學誠：《章氏遺書》（上海：商務印書館，1936 年），卷十三，〈校讎通義〉，頁 19。

4　王念孫及其子王引之（1766–1834）皆收到了孫星衍的來信，得以持續知悉輯佚學術研究的最新進展。當中一部分書信複印於羅振玉所編：《昭代經師手簡》（自印，1918 年），第 1 冊，頁 25 上 –26 下；第 2 冊，頁 2 上 –7 下。

5　翻閱《中國叢書綜錄》所羅列文集，即可得到一個關於輯佚學術研究所涉及範圍的直接印象，見上海圖書館編：《中國叢書綜錄》（上海：中華書局，1959–1962 年），卷一，頁 386–408。

6　Paul Thompson, "The *Shen Tzu* Fragments [of Shen Tao]," (Ph.D.

代學者的工作，因此為了評估這些貢獻，我們需要瞭解清代學者的方法論。另一個原因是中國考古學家在近年發現了一些此前失傳的哲學文獻的古代寫本。[7] 為了研究這些新發現，我們有必要將這些新見寫本與清代學者的編定本進行比較。最後，我有一個比較個人的理由。我本人對散佚的儒家文獻研究驅使我對清代學術的這個部分進行考察，並且提示我需要根據近年關於早期著述與書籍編撰的性質的研究，來考察輯佚在這些方面的基本假設。本章試圖制定一些標準來判斷這些假設，並趁此機會介紹它們。但是，讓我們首先概述那些重新編纂漢代以前散佚哲學文獻的主要清代人物的生平與貢獻，他們包括章宗源、洪頤煊、馬國翰、黃以周。[8]

我們知道最早對古代哲學文獻進行系統重建的清代學者，是章學誠的堂弟章宗源（1752？–1800）。[9] 章宗源受業於邵晉涵（1743–1797）。[10] 邵晉涵在協助編訂《四庫全書》時從明代

---

dissertation, University of Washington, 1970); Herrlee G. Creel, *Shen Pu-hai: A Chinese Political Philosopher of the Fourth Century B.C.* (Chicago: University of Chicago Press, 1974); Frank Kierman, "Lu Chung-lien and the Lu Lien Tzu," in David C. Buxbaum and Frederick W Mote eds., *Transition and Permanence: Chinese History and Culture; A Festschrift in Honor of Dr. Hsiao Kung-ch'üan* (Taipei: Cathay, 1972), 269–284.

7　新近出土的眾多漢代寫本包括學者認為散佚的《孫臏兵法》（見《文物》1974 年第 2 期，頁 15–20）。另一件寫本則包括道家文獻《伊尹》的部分內容以及儒家文獻《尸子》（見《文物》1974 年第 11 期，頁 22–27、44）。

8　以下歷史評論僅涵蓋我自己研究集中討論的學者。

9　孫星衍〈章宗源傳〉是我們瞭解有關章宗源生平資料的主要來源，該文收入孫星衍：《孫淵如先生全集》（上海：商務印書館，1935年），頁 238–239。

10　相關生平資料，見 Hummel, 637–638。

類書《永樂大典》中復原了多篇文獻的佚文，而這正是他埋首參與輯佚運動的開始。章宗源在完成學業後，花了十多年的時間重整散佚文獻，並且對《隋書‧經籍志》展開了具有開拓性的研究。[11] 他因為這些項目而累積了大量材料。他將一部分賣給其他學者，而其餘部分則出人意表地草率，不知下落。在其導師邵晉涵過世之後，他人生的最後幾年是一個相當混亂的時期。此時他因為受到一個佛教僧侶的牽連——此人因為某些妖妄教義的學說觸怒了當局——使得他失去了舉人的身分。此外，因為無力償還債務，一個憤怒的地主燒毀了他所擁有的手稿。[12]

　　章宗源大部分的作品，落入那些無意以任何形式去複製其著作的私人收藏家之手。我們無從得知這些手稿最終的命運如何。[13] 幸運的是，少數他重新輯佚的著作落入了其他學者手中。孫星衍（1753–1818）[14] 和他的學生便是當中的例子。他

11　《隋書經籍志考證》。這部書僅存的部分見二十五史刊行委員會編：《二十五史補》，頁 4943–5037。

12　孫星衍記述了章宗源特別酸楚的悲慘結局，見孫星衍：〈章宗源傳〉，《孫淵如先生全集》，頁 239。

13　下面兩種著作都指出葉繼文（1757–1832）獲得了章宗源絕大部分的著作：孫星衍為章宗源所輯《古史考》所撰的前言，見《平津館叢書》（孫星衍 1800–1809 年出版）；以及黃奭 1843 年校訂《後漢紀》所作之前言，見《漢學堂叢書》（總序作於 1893 年）。葉繼文是一位因收集書籍而聞名的藏書家。此外，黃奭補充說，章宗源的作品流入了葉名琛（1807–1859；見 Hummel, 904–905）手中。葉名琛為洋務大臣及兩廣總督。他在英國人炮轟廣州後，被監禁在印度加爾各答，最後亦在此死去。

14　關於孫星衍之生平的權威敘述，見阮元：《揅經室集》（《國學基本叢書》本），頁 402–408，以及 Hummel, 675–677。孫星衍在注 13 所引同一篇序言中指出，他得到了章宗源所作的眾多輯本的十分之一至五分之一。

們編訂了他的著作，而且恰如其分地將它們歸功於章宗源。今天，我們有直接證據證實章宗源是六個輯本的作者。這六部著作之中只有尸佼的《尸子》是古代的哲學文獻。[15] 與其餘五個輯本一樣，可以從孫星衍輯刊叢書中找到這個輯本。[16]

古代哲學文獻的輯佚雖然不是孫星衍主要關心的工作，但是他的兩位學生，即洪頤煊（1765–1837）和嚴可均（1762–1843）卻在這方面做出了重要的貢獻。洪頤煊並沒有親自接觸過邵晉涵和章宗源。[17] 他在三十五歲以前都生活在他的故鄉浙江省，而據說他在這裡十分努力地學習。在 1795 至 1798 年主持該省學政的阮元（1764–1849）邀請洪頤煊及其弟協助編纂《經籍纂詁》這部阮元用來對經典詞彙進行訓釋的詞典。阮元在 1800 年邀請孫星衍到紹興主持蕺山書院，而孫星衍通過阮元認識了洪頤煊。洪頤煊從孫星衍身上接受到重新編纂佚書的訓練，而當後者在山東出仕為官時，洪頤煊即隸屬其下。洪頤煊重新編纂了三十部文獻，其中有三篇為漢代以前的哲學著作。[18]

嚴可均與在他之前的洪頤煊一樣，他早年的很多輯佚訓練都是來自孫星衍。嚴可均在後者於 1811 年退休之後成為他的

---

15 《漢書‧藝文志》將《尸子》列為雜家。尸佼（前 390– 前 330）為魯國人，他曾在秦國為官，據說是商君的老師，相關生平資料見梁玉繩：《漢書人表考》（上海：商務印書館，1937 年），頁 279。

16 見孫星衍輯：《平津館叢書》，卷三和卷十一，以及孫馮翼編：《問經堂叢書》（山東，1797–1802 年），卷十二。

17 有關洪頤煊生平的最好記述是朱一新《佩弦齋雜文》，收入朱一新：《拙盦叢稿》（1896 年），第 15 冊，卷一，頁 7 下 –8 下。

18 見上海圖書館：《中國叢書綜錄》，卷一，頁 386。這三部哲學著作的名稱為《子思》、《公孫尼子》、《魯連子》。

助理。[19] 兩人在很多計劃中皆有合作，而我們從嚴可均後來著作與編輯的文集中可清楚看出，嚴可均很明顯是從孫星衍身上學習到諸多組織上的原則。[20] 我們從嚴可均在 1834 年對自己作品所整理的書目得知，雖然他在 1815 年之前仍在接受孫星衍的指導，但他已經對六部哲學文獻完成了輯佚工作。[21] 除卻兩部之外，其餘輯本都已經失傳。但是，我們從現存序文中可以容易地想像其輯本之究竟，以及嚴可均在對佚文進行蒐集和分類時所用到的方法論。

就他們在學術、私人關係以及方法論的方面而言，我們可以將章宗源、洪頤煊和嚴可均視為輯佚運動同一分支的成員。不同於後來那些試圖在重構佚書方面繼承他們的學者，他們三位與他們同時代的重要學者均有聯繫。同樣，與他們繼承人的方法論比較，他們的方法論也是獨特的。在《尸子》這部唯一倖存的哲學輯本中，章宗源只是運用了中古時代的類書和注釋在提到其書名時所直接引用到的文字。洪頤煊和嚴可均在他們所輯佚的著作中均沿用了相同的方法，並因此十分依賴為中古時期文獻所證實的佚文。至少對於已經散佚的漢代以前哲學著作所進行的修訂而言，這種方法上的嚴謹，後世學者無出其右。

馬國翰（1794–1857）是另一個世代的清代學者。他是一

19　有關嚴可均生平詳情，見 Hummel, 910–912。

20　孫星衍與嚴可均合作的證據，可見嚴可均於 1843 年為其著作所準備的《四錄堂類聚書目》，見嚴可均的《鐵橋漫稿》，收入蔣鳳藻輯：《心矩齋叢書》（1885 年），卷三十一，頁 7 上 –21 下。在這份書目的卷三，頁 18 上，嚴可均描述了孫星衍如何要求他寫出他研究《說文解字》時將援用的方法論。

21　《四錄堂類聚書目》中列有《王孫子》、《蘇子》、《慎子》、《申子》、《闕子》、《鶡子》。

位熱誠的藏書家，其收藏多至 57,000 卷。[22] 雖然他與其他參與
重建古籍的學者甚少聯絡，甚至完全沒有，而且沒有接受過任
何這些學者所運用的專門方法論訓練，但人們相信，他所整理
唐代以前佚書的數量比任何他的前輩與同輩都要多。這些輯本
今見於《玉函山房輯佚書》這部自他在世時即一直陸續出版的
著作，直至其謝世。[23]

《玉函山房輯佚書》目錄沿用了大部分《漢書・藝文志》
與《隋書・經籍志》關於所錄著作的順序，將文獻分成三大
系列：經類、史類與子類（哲學）。哲學這個系列包含了四十
篇新輯的漢代以前著作。[24] 每個輯本之前都附有一篇簡短的序
言。序言的內容包括對有關著作目錄學資料的敘述、對所謂作

---

22 最早關於馬國翰生平的資料，是匡源為馬國翰輯本的 1874 年本所
  寫的序言。

23 我們不確定馬國翰何時開始進行相關工作。我們知道他早在 1838
  年已經開始收集農家文獻佚文。雖然有關著作與《玉函山房輯佚
  書》中對農家文獻所作的輯本有著相似之處，但兩者並不完全相
  同。馬國翰已於 1849 年為經部與子部書籍做好了用以印刷的雕
  板，但他卻沒有為其餘系列書籍做同樣準備。根據匡源序言所言，
  這是因為馬國翰在當時仍然未完成史部文獻的工作（《玉函山房輯
  佚書》史部似乎最後也沒有完成）。那些已經準備好的雕板在馬國
  翰死後若干年間立刻得到使用。根據匡源，其他雕板是為了數年之
  後印刷那些餘下文獻所準備的（或可能是重新印刷所有文獻。我們
  對此並不清楚）。這些雕板用於印刷 1874 年的版本（臺灣文海出
  版社重印了這個版本的樣本，而這裡所引者即為這個版本）。1883
  年在湖南出版了 1874 年本袖珍版本。在 1874 年本出版了一段時間
  後，人們對它和其他在馬國翰死後立刻出現的版本進行了校勘。隨
  後出版了 1884 年的增修版本。1874 年以前出版的馬國翰著作隨後
  均消失無蹤。有關《玉函山房輯佚書》目錄，見上海圖書館：《中
  國叢書綜錄》，卷一，頁 388–395。

24 這裡僅計算《玉函山房輯佚書》中所收篇題見於《漢書・藝文志》
  所羅列哲學流派書名的幾種。

者的可用資料的概述、對有關著作相關問題的簡單介紹，以及
一段簡略描述重新纂輯的著作價值之總結性評語。這些輯本的
構成，多來自不是現存文獻中直接可判定出自這些散佚著作的
段落。它們只不過是馬國翰推測源於這些著作之中的文字而
已。雖然《玉函山房輯佚書》並沒有說明篩選段落的原則為
何，但我們可以推測，如果一個人物出現在一部早期彙編所收
錄的佚事之中，那麼便可以假定有關佚事的最初起源就是與那
位人物有關的哲學著作。[25]

　我們缺少有關馬國翰的資歷與其著作詳情，這使我們對
他聲稱是這部文集的作者一事感到懷疑。令這一懷疑雪上加霜
的是：當時一些說法認為他盜用了章宗源的作品（他大概從一
名時代較早的收藏家手上得到），並以自己的名字發行這部作
品。[26] 對他最不利的證據，是《玉函山房輯佚書》的一些較早
時期版本，明顯以本「家」指稱章學誠。此外，多部輯本之前
小序引用了後者的理論。[27] 學者花了相當多的時間來調查《玉

---

25 這種有關佚事源自漢代以前與漢代的看法並不牽強。正如高本漢所
　　指出的，所有古代作者都利用了「一個古代傳說的共同庫存……，
　　而作為一種規則，他們在利用時並不會說明自己所用的材料來源為
　　何」，見 Bernhard Karlgren, "The Authenticity of Ancient Chinese
　　Texts," *Bulletin of the Museum of Far Eastern Antiquities* 1 (1929):
　　172。

26 這個指責最初是由朱學勤（1823–1875）在為顧修（活躍於 1799
　　年）《彙刻書目》所作補遺中提出的，見顧修編：《彙刻書目》（1889
　　年），卷十四，頁 32 上。皮錫瑞則沿用朱學勤觀點，並直接視章宗
　　源為《玉函山房輯佚書》的作者，見皮錫瑞：《經學歷史》（上海：
　　商務印書館，1927 年），頁 63。王重民對有關問題作了最為全面
　　的討論（並最終反駁了朱學勤的指責）。見王重民：〈清代兩個大輯
　　佚書家評傳〉，《輔仁學誌》1932 年第 3 卷第 1 期，頁 1–46。

27 現存的所有《玉函山房輯佚書》版本都無這段文字。然而，朱學勤
　　曾接觸過今天已經失傳的多個 1874 年以前版本，而這些版本很可

函山房輯佚書》的作者問題，但礙於篇幅所限，我們在這裡無
法詳細描述那些複雜的細節。[28] 但我推斷，儘管有理由懷疑馬
國翰是否是《玉函山房輯佚書》中那些倖存直至被收錄於《隋
書・經籍志》中的佚書輯本的作者，我們亦有相同數量的證據
說明他是《玉函山房輯佚書》其他部分、即那些《隋書・經籍
志》成書之前已經散佚的漢代以前文獻佚書輯本的作者。此
外，我亦有其他證據推斷，章宗源無論如何都不會是上文所提
及後者的編者。[29]

　　這裡所介紹的最後一位人物是黃以周（1828–1899），一
位最鮮為人知的輯佚學者。[30] 黃以周把他大部分的學術生命都
投入到經典文獻的研究中。隨後，他在編訂唐代類書《意林》
新輯本時，遇到文獻散佚的問題。[31] 利用《意林》中引文以及

能就是他觀點的來源。

28 有關這些觀點的詳細描述，見上文所引王重民文。

29 除了馬國翰的背景以及《玉函山房輯佚書》某些頗為神秘的文本歷
　　史，還有一些原因導致上述三個部分的結論，可概括如下：《玉函
　　山房輯佚書》並沒有引用一些馬國翰可以獲得、但章宗源卻無法獲
　　得的關鍵材料的文字（如類書《群書治要》），這點支持結論的第
　　一部分；章宗源專長於《隋書・經籍志》，但他對《漢書》相關的
　　內容相對不感興趣，這分別支持第一與第三點；馬國翰在較早時期
　　對農家文獻的整理與《玉函山房輯佚書》中的相應部分在方法論上
　　的相似性，這點支持結論的第二個部分；《玉函山房輯佚書》所用
　　方法論，明顯有別於現存章宗源有關漢代以前哲學文獻所用的方法
　　論，此外《玉函山房輯佚書》使用一些孫星衍及其同仁猛烈抨擊的
　　文獻，如曹庭棟（1699–1785）的《孔子逸語》。這都傾向於支持
　　第二與第三點。

30 關於黃以周，見繆荃孫：《藝風堂文續集》（1910 年），卷一，〈中
　　書銜處州府學教授黃先生墓志銘〉，頁 13 上 –15 下。繆荃孫繼承
　　黃以周出掌江蘇南菁書院山長，遂結識黃以周。

31 黃以周在輯本序言（見注 34）聲稱，他發現了《意林》的一個宋代
　　稀有版本，其中包括其他所有版本均遺失的第六卷。

其他材料，他重構了四十四部哲學文獻，其中五部為漢代以前著作。[32] 1879 年，在即將離開浙江的仁和前往京師之前（他在京師參加了進士資格考試），他將所有手稿交給了一位提議將其出版的仁和許某。然而許某後逃遁不見，只留下黃以周給他的兩卷有關《意林》的著作，以及其他輯本的序言而無其輯本。[33] 1896 年，黃以周雖然疾病纏身，但他仍然完成了重新編纂另一部佚書《子思》的工作。[34] 這部哲學文獻顯然對他個人十分重要。

　　黃以周在《子思》輯本中所採用的方法介乎於那些只利用可證實材料的較早時期清代學者，以及聲稱佚文來自各式各樣材料的《玉函山房輯佚書》之間。黃以周兼用已經證實與未經證實的資料。同時，假若類書、注釋與其他中古時期文獻直接引用了某段文字中的部分內容，那他亦願意視整段文字為已經證實的佚文，[35] 洪頤煊和嚴可均則拒絕使用這種方法。[36]

　　無論上述所有學者所使用的方法有何不同，他們都在對書

---

32 《魯連子》、《隨巢子》、《王孫子》、《申子》、《子思》。

33 後來他將所有序文，包括一篇為《意林》輯本所撰者付梓刊行、題名為《子敘》，收錄在南菁書院於 1894 年出版的《儆季雜著五種》這部黃以周文集中。

34 與他從《意林》所輯另外 43 部文獻一樣，黃以周在 1879 年遺失了他最初所作《子思》輯本。新輯本完成後，由南菁書院出版，並且加上了他的序文。標題頁背面寫有「《意林》逸子之第二種」（伯克利藏 1896 本），這個系列第一部作品的標題為何則無法得知。

35 據他現已遺失的《魯連子》輯本序言得知，黃以周對這部文獻採用了相似的方法，但這個輯本也包括中古文獻的引文和《戰國策》中相似的文字，見黃以周：《子敘》，卷二十一，頁 2 上 –2 下。

36 見洪頤煊《魯連子》輯本，《經典集林》，收入孫馮翼：《問經堂叢書》，卷二十一，頁 1 上 –4 下，以及嚴可均為他的《王孫子》輯本所撰序言，見嚴可均：《鐵橋漫稿》，卷五，頁 16 下 –17 上。

籍進行重建。因此，即使沒有在著作中清楚地闡明，但他們所有人毫無疑問都對漢代以前文獻的作者性質與形式作出假設。因為如果沒有這些先見，他們每個人如何能決定哪些文字應被歸類為某本書籍的佚文？為了判別這些假設的合法性以及由此帶來的復原方法，我們有必要依據現存的幾個例子，重審這些漢代以前文獻的作者性質與編輯工作。

我們可以根據參與撰寫的著述人數，對於漢代以前的哲學文獻進行分類，進而根據它們內容的形式，把它們分成五類。首先是由單一作者所撰寫哲學著作的兩類：

1. 由單一作者完成的書籍。它們主要是由長篇的哲學論文與至少與其作者有關的佚事或歷史敘事所組成。《荀子》，亦或《韓非子》即屬此例子。[37]

2. 由單一作者完成的書籍。它們是由涉及歷史或神話人物的歷史敘事或佚事材料所組成。這類書籍包括一些哲學對話，而它們通常不可能出自所描繪的主人翁之手。這位主人翁的名字通常即是有關書籍的書名。[38]

---

37 《荀子》似乎包含了少量在後代增入的材料。但是，這部文獻的絕大部分內容都是由他本人所撰，儘管很多文章成書於這位哲學家人生的不同階段。至於《韓非子》，雖然學界已指出它是由多人所撰，但我認為他們的觀點整體而言是沒有說服力的。那些被歸類為第一類的書籍與諸如柏拉圖（Plato）及亞里斯多德（Aristotle）等古希臘哲學文獻在形式上是非常相近的。赫爾曼·亞歷山大·迪爾斯（Hermann Alexander Diels, 1848–1922）和其他古典學語文學家因此假定那些已經散佚的前蘇格拉底時期（Presocratic）文獻在著作者與形式方面有相同的特徵。他們將那些提及前蘇格拉底時期文獻的內容分成直接引文，亦即佚文；與證言（testimonia），亦即有關他們生平與思想的第二、第三手陳述。

38 關於這一分類的例子，筆者遲疑未決，這是因為我們現在無法確定

　　然而，大部分漢代以前的哲學著作都是由多人撰述。他們有時是同時代共同合作的人。有時則是相繼出現，對前輩著作進行增補：

3. 主要代表某一人思想的書籍。這人通常是一個哲學學派創始人，並一定程度上影響其思想的記錄。這類書籍包括哲學論文，以及由追隨者和支持者所記錄、涉及學派創始人與他主要弟子的歷史敘事或佚事。《孟子》即是一個例子。[39]

4. 由一群人就某一哲學家的生平和思想所撰寫的書籍。這位哲學家通常是一個學派的創始人。這類書籍，例如《論語》，大部分內容都是與主要哲學家和他最重要的弟子有關的佚事。其他文獻，諸如《墨子》則可能另外包括一些篇幅較長的哲學論文以及後來的材料。[40]

參與撰寫一部文獻的作者人數，而我們亦因此無法確定一部書籍到底應歸入第二類或第四類的哪一類之中。

[39]《史記》收集了一些與孟子有關的傳說：我們從中得知，傳統上人們相信這位哲學家偕同其少數屬意的弟子記錄了他自己的思想與對話。這部文獻的部分內容，尤其〈梁惠王〉上下、〈公孫丑〉上、〈告子〉上的語言都是精心設計的，而當中所提供的細節顯示這些文字是第一手描述。這部文獻的其他部分，諸如〈離婁〉的所有內容都較為龐雜，似乎是弟子與後來追隨者所記錄的一些對話和片段佚事。在古希臘文獻的研究中，學者成功地劃分出佚文與證言，然而這兩種分類，對於那些由他人所記錄有關孟子生平與思想的描述、以及該書中與第四類相似的描述而言，卻曖昧不清。

[40]《論語》顧名思義是從一部與孔子和他幾個主要弟子相關的大型格言（logia）文集中所編選出來的合集。在孔子死後約兩百年間，這部格言文集的規模似乎有所擴充，而今本《論語》則要到漢代早期才得以成形（也就是說，就我們所知，我們沒有證據表明，漢代以前已經有一部名為《論語》、主要由今本《論語》所載格言所組

5. 收錄多篇由不同人所撰寫的，且互有差異的論文的書籍。這些論文由某人編輯收集，並根據某位名人的姓名來命名。有時候，這個產品來自一個學派或學院，其成員回溯某歷史或神話人物而視其為始祖或是靈感來源，儘管此人的哲學思想（如果他有的話）完全與此學派或學院成員無關。《管子》即是其中一例。[41]

　　當然，所有書籍都會在流傳的過程中有所變化，形式上或有增補（無論被承認或不被承認）、或有散佚，以及後來與其他材料一同的編輯（有時候被認可，有時候則沒有）。[42]

　　我們從上述初步的五類區分之中看出，現存漢代以前哲學書籍的作者情況與其形式種類有很大的不同。類似情況亦適用於佚失文獻之上，而這防止了部分清代輯佚學者對這些文獻的作者與內容作出草率的判斷。這些學者留意於此，而產生了一

　　成的文獻在世）。《墨子》由三種作品構成：篇幅較長的論文，有時不止一個版本（這或是代表墨家哲學表達方式的轉變，或是代表墨家不同支派所保存的不同版本）；墨子和他的弟子較為簡短的對話（它們有時被稱作「墨家語錄」〔The Mohist Analects〕）；以及一些難以理解、有關邏輯和其他技術性主題的論文，似乎成書於較晚的時期。

41 《管子》是一部內容龐雜的文集，這些論文很多據信由那些在前四世紀晚期和前三世紀早期聚集於齊國（管仲的故鄉）稷下學宮的學者所撰寫。

42 譚樸森（Paul Thompson）證明慎到的《慎子》在一千年前已經散佚，而那些聲稱是這部文獻原貌的本子，如由慎懋賞所作版本，都是一些不被認可的佚文編纂以及偽造的材料。見前引書。《隋書・經籍志》不載申不害的《申子》，顯示這部文獻可能同樣在隋代以前即已散佚。然而，顧立雅（Herrlee G. Creel）則認為《隋書・經籍志》編者的疏忽，導致了它不見於這份目錄之中。見前引書，頁305。

些嚴格的操作，即只利用直接引用的佚書文字。儘管這也無法保證所輯佚內容準確地反映漢代以前著作的原貌。跟語文學和文本批評的學者一樣，最優秀的輯佚學者意識到類書編輯的缺陷可謂聲名狼藉，而類書與一些注釋中的引文並非直接來自原始文獻，以及因為文學或其他目的，引文常常是原始文獻刪減之後的內容。因此，這些清代學者利用盡可能最多的資料來試圖正確地重建有關文獻。但即使如此，部分人仍高估了類書與其他中古時期材料的用處。這是因為他們假設文獻的流傳在唐代相對而言並沒有受到干擾，由是漢代以前文獻在中古時期的版本比宋代與宋代以後的版本更能反映它們的原始面貌。這個假設基本上是沒有根據的。

那些至少流傳至漢代以後的哲學文獻中，我們知道《尸子》、《公孫尼子》、《王孫子》、《闕子》的文本產生了缺失，並在隨後有所增補。當諸如惠棟（1697–1758）、章宗源與孫星衍這些學者在著手收集《尸子》的佚文時，他們都隨意地使用中古時期的材料。[43] 嚴可均是一個例外。他意識到梁元帝（552 至 555 年在位）對《闕子》進行了增補，並只利用那些能證明是在梁代以前的材料。而《玉函山房輯佚書》對《闕子》的輯佚則忽略了梁代有所增補的證據，無所顧慮地使用各種中古時期類書中發現的引文。[44]

有些清代編輯學者並沒有意識到漢代以前哲學文獻著述

43　見孫星衍在 1799 年為章宗源輯本所作序言，載於《問經堂叢書》第 12 冊，以及孫星衍寫給王念孫之信件，重印於羅振玉：《昭代經師手簡》，卷一，頁 26 上。

44　見嚴可均在 1848 年為其輯本所作序言，見嚴可均：《鐵橋漫稿》，卷五，頁 21 上。至於《玉函山房輯佚書》輯本，見該書頁 2685–2686。

情況的多樣性。例如,《玉函山房輯佚書》輯本假定了哲學文獻主要是由與書名同名人物的相關佚事所組成。毫無疑問,上述第三與第四類的書籍顯然是與書名同名人物生平和思想的彙編。第二類的書籍偶爾也是如此。然而,其他漢代以前的文獻明顯不是這樣。

　　一個恰當的例子便是《玉函山房輯佚書》對佚失的《伊尹》輯佚。[45] 有些令人困惑的是,馬國翰無視《漢書‧藝文志》將此書歸入道家文獻的事實,[46] 而從不同材料中抄錄了與這位商代宰相生平有關的佚事。這些故事中的伊尹陳述了儒家的陳詞濫調。對於這一出現在周代對商代歷史敘述中的伊尹,並不令人感到驚訝。但是,這樣的故事出現在劉向這位並非一般的目錄學家所歸入的道家文獻中,就很引人矚目。近年在長沙市附近馬王堆所發現的一座漢代墓葬中出土了一篇文獻,它證明這些佚聞不可能源自《伊尹》一書。[47] 這篇文獻出現在一個同時抄寫《老子》本子的書卷之上,且被認為是《伊尹‧九主》篇,這是因為有關內容相當於劉向《別錄》和司馬遷《史記》中所述相關內容。[48] 最近出版的一篇這件寫本的釋文顯示這篇文獻與《老子》在風格上相當接近,換言之,它是一篇有著道家外表的法家理論。如果這個鑑定是正確的,那麼就比較容易理解為何劉向將《伊尹》歸入道家。因此,借用一位正在對這件新出土寫本進行研究的學者凌襄所說,《玉函山房輯佚書》中所

45　馬國翰:《玉函山房輯佚書》,頁 2584–2588。

46　班固:《漢書》,〈藝文志〉,頁 1 上。

47　出土這件寫本的墓葬時代是前 168 年,見《文物》1974 年第 7 期,頁 46。

48　《別錄》文字引自《史記集解》注,見瀧川龜太郎編:《史記會注考證》(東京:東方文化學院東京研究所,1932–1934 年),卷三,〈殷本紀〉,頁 7。

記載佚事「未必源於《伊尹》」。[49]《伊尹》最初可能是一部屬於第五類的書籍。然而，只有仔細地分析新出土的文字碎片，我們才能得悉到底有多少人參與了《伊尹》的撰寫。

同時，有一些輯本隱晦地假設一部書籍的名字所代表的人名是這部書籍唯一的作者。這種比較刻板的理解在章宗源、洪頤煊與嚴可均的作品中尚不明顯，這或許反映了章學誠對他們的影響。借用倪德衛（David Nivison）所說，章學誠斷言很多古代的書籍「一定不是這些書籍的書名所代表的人物所撰寫……而它們也不是贗品。相反，它們反映與這些著名人物有關的口頭傳統。在黃金時代結束以後，人們為了保存這些傳統而把它們寫了下來」。[50]

本章所研究的《玉函山房輯佚書》輯本忽略了這些理解。例如，馬國翰在復原儒家佚書《漆雕子》時，[51] 支吾其詞地指出它的作者是漆雕憑，並繼而將一則漆雕憑（除此之外，我們對他一無所知）和孔子之間對話的佚事視為這部文獻的一段佚文。另一個說法是這部文獻的作者是孔子的一位直系弟子漆雕啟，而更有另一個說法將其作者視為後者後人。但是，由於上述所有的人選都不可能撰寫這部書籍，故這些差異無關緊要。[52]

---

49 有關這部據說是《伊尹》佚文的全面描述與釋文，見凌襄：〈試論馬王堆漢墓帛書《伊尹·九主》〉，《文物》1974 年第 11 期，頁 21–27、44。

50 David Shepherd Nivison, *The Life and Thought of Chang Hsüeh-ch'eng* (Stanford: Stanford University Press, 1966), 119–120。章學誠正確地指出個別文獻作者身分不詳。但是，我們不一定要接受他如下的觀點，即這類文獻是由較早時期流傳下來的傳統所組成。

51 馬國翰：《玉函山房輯佚書》，頁 2391–2392。

52 班固在《漢書·藝文志》的《漆雕子》條目下云：「孔子弟子漆雕啓後。」見《漢書》，〈藝文志〉，頁 1 上。馬國翰序言近結尾處及在第二則記有與孔子及漆雕憑相關佚事的按語中，又謂「後」就

馬國翰亦從《韓非子・顯學》中引用了以下一段他認為屬於《漆雕子》的佚文：

> 漆雕氏之議曰：「不色撓，不目逃，行曲則違於臧獲，行直則怒於諸侯。」[53]

《韓非子》的內容顯示韓非從一部與漆雕這個名字相關的書籍中引用這段文字，因此，馬國翰將這段文字放入輯本的做法可能是正確的。韓非在同一篇章的前幾句羅列了儒家在他的時代所存在的八派，並將其中一個分支稱為「漆雕氏之儒」。[54] 後文的學說正是在此語境下被引用。故這段文字似乎與儒家的其中一個分支有關，而不一定是某位人物。當我們審視《孟子・公孫丑上》一段與上文部分相似的段落後，上述印象即可得到證實。[55] 我們發現《韓非子》的文字混合了兩種有關勇敢

是後人，並因此認為他是這部文獻的作者。梁啟超和王瑗仲（蓬常）在這個作者問題上都沿用馬國翰的觀點，前者見梁啟超：《諸子考釋》（臺北：臺灣中華書局，1957年），頁71，而後者見陳奇猷編：《韓非子集釋》（臺北：臺灣商務印書館，1974年），頁1086，注6。但是，楊樹達和郭沫若認為《漢書》的「後」字是多餘的。楊樹達的觀點在梁啟超注釋中被引用，見《諸子考釋》，頁71，而郭沫若的觀點則見氏著：《十批判書》（北京：科學出版社，1956年），頁145。楊樹達解釋，由於《漆雕子》在這份目錄中乃處於《宓子》與《曾子》這兩篇著作之間，而它們都依託與書名名字相同的孔子弟子，故我們應同樣認為《漆雕子》與孔子首代弟子，即漆雕啟相關。郭沫若則指出「後」字實際上是漆雕啟之「啟」的錯字。

53 韓非：《韓非子》（《四部備要》本），卷十九，〈顯學〉，頁9下。

54 韓非：《韓非子》，卷十九，〈顯學〉，頁9上。

55 焦循與焦廷琥編：《孟子正義》（臺北：世界書局，1966年），〈公孫丑上〉，頁111，第13–14行，以及頁114，第4–5行。

的學說。孟子認為第一種學說是由某位北宮黝提出的，至於第
二種則與之大相徑庭，孟子認為是由曾子所提出的，而後者又
聲稱其學說來自孔子。由此看見在孟子所身處的時代，流傳有
許多與勇敢相關的論述。與漆雕這個名字有關的儒家分支可能
對於這些論述十分感興趣，甚至編寫了一部以此作為基礎的書
籍。就我們所知的漆雕憑或漆雕啟，並無提供任何理由將他們
之中任意一人與勇敢的學說相聯繫。如果他們有撰著關於勇敢
學說的著作，孟子肯定會留意到。因此，《漆雕子》最初的版
本是第五類之中的一本書籍，它的命名來自一位與孔子相關之
人，而此人可能是這個新興學派的祖師。

　　同樣地，黃以周對《子思》的佚文所作輯本反映出他相信
孔子的孫子，又名孔伋的子思是這部書籍的作者。[56] 他所收錄的
佚文包括《禮記》的四個篇章：〈表記〉、〈坊記〉、〈緇衣〉、〈中
庸〉。這個做法似乎有著更早根據：《禮記》的編者從《子思》
之中抽取了這四篇，[57] 同時中古時期文獻所引用的《子思》也與
這四篇的文字互相一致。這四篇之中最著名的〈中庸〉在宋代
的地位得到了提高，並排除了諸多傳統說法而僅保留了關於作
者的理解；然而對這個篇章成書的一個更為分析性的研究則顯
示該篇（其他三篇亦然）不可能是孔伋的著作【編按：對此論
點作者後來有所修訂，請參考本書〈郭店《緇衣》：早期儒家
子思學派的新證據？〉一章】。我們在〈中庸〉之中能夠分辨
出幾個層次：[58]

56　黃以周輯本見上文注 34。

57　《隋書》所引沈約（441–513）說法是關於這個做法的最早證據，
　　見魏徵等：《隋書》（北京：中華書局，1973 年），卷十三，〈音樂
　　上〉，頁 288。

58　杜希德（Denis Twitchett）十分慷慨地將夏倫（Gustav Haloun）的

1. 與《論語》相似的語錄；
2. 與各種有關周代禮儀著作中段落相似的禮儀學說；
3. 與所謂「哀公文學」相似的孔子對話；
4. 與自我修養哲學有關的佚文，包括一些不可能出現早於《孟子》的技術性詞彙，例如「性」、「誠」；
5. 與秦代改革有關的一些政治陳述；
6. 對孔子的神化；具有臨近漢代及漢代的文獻特點，且部分近於歌頌秦始皇的輓歌。

上述部分層次在其餘三篇《禮記》的篇章中亦同樣明顯。那些比較刻板的學者在遇到這類證據時，都會把它們視為文本竄入的孤例而不予考慮。但如果這四篇《禮記》的篇章確實出自《子思》，那麼我們必須作出以下結論，即這本書籍是由某人或是由一班學者在不早於最後一個層次，亦即秦代或漢代早期成書時所編撰而成的。馬伯樂（Henri Maspero）已經將這些作者所屬學術派系定為早期儒家的「禮學」分支。[59] 無論這個判定是否正確，假設孔伋為這部書籍的作者充其量是一個天真的看法。他可能負責保存了《禮記》四篇篇章中最早期的語錄。在這種情況下，《子思》可歸為第三類書籍。但是，孔伋很有可能並沒有參與任何編撰這部以他命名的書籍的工作，而這部書籍亦因此可被歸為第一類（如果它是由某人所編纂）或第五類（如果它是某群體共同努力的成果）。

上文對清代輯佚學術所作的歷史回顧和評論可能過分專

研究筆記轉贈予我，而我對〈中庸〉之不同層次的判定部分基於夏倫研究。

59 Henri Maspero, *La Chine Antique* (New edition; Paris: Imprimerie Nationale, 1955), 477.

注於輯佚學術的一些缺點上。雖然注意到較早期學者著作中的問題是很重要的，但這須在我們對有關學術研究整體的性質和規模有相當的認識之後。相當可悲的是，西方學界卻忽視了清人為重構散佚哲學文獻所作的努力，儘管有關材料如此複雜而廣泛，以致必定有助於增補與改進我們對中國哲學流派在早前發展的認識。歐美學者在近年才將他們的注意力轉向那些散佚的哲學文獻以及清人在該領域的貢獻，來賡續夏倫（Gustav Haloun）具有開創性的研究工作。[60]

考古學界有可能進一步發現那些長期散佚的文獻寫本，而這必定會導致其他人轉而留意輯佚學者的工作。因此，對於這個較早時期學術研究的性質，以及那些參與其中的人的研究意圖和目標進行回顧是很重要的。這樣我們便可以知道有甚麼已經完成，以及還有甚麼有待完成。

---

60 Gustav Haloun, "Legalist Fragments, Part 1: Kuan-tsi 55 and Related Texts," *Asia Major* 2 (1951–1952): 85–120。夏倫在這篇對一些法家佚文所寫的論文中指出（頁 87，注 6，以及頁 95），他隨後將會發表他所作關於慎到《慎子》與申不害《申子》的輯本，然而因為他過早離世而沒有下文。正如上文所言，譚樸森與顧立雅已對它們作過討論。

孺子痏與魏氏家族的世系 *

　　我們對周代封建家族世系的認識，主要根據《史記》的〈世家〉，其次則是中古時期傳注所引用的《世本》。《世本》是一部有系統的世系專著。在它於唐代散佚之前，它受到諸如杜預（222–284）、司馬貞（大約 719–736）等史家以及諸如孔穎達（574–648）等經學家的鍾愛。[1]《史記・魏世家》所提供的世系

* 　Jeffrey Riegel, "Ju-tzu Hsi and the Genealogy of the House of Wei," *Early China* 3 (1977): 46–51。我在數年前美國東方學會西部支部（Western Branch of American Oriental Society）的會議上宣讀了本章初稿。我很感謝斯坦福大學的丁愛博教授（Albert E. Dien）和邁阿密大學的王志民教授（John H. Knoblock）在準備論文期間給我的幫助。誠然，儘管王志民不願意邀功，但他在初步研究中所作的工作是幾乎不亞於我的。
1 　我們不知道《世本》是在何時編纂而成的。班固在《漢書》對司馬遷所作論贊中指出，它是《史記》的一個資料來源，且它「錄黃帝以來至春秋時帝王公侯卿大夫祖世所出」，見王先謙編：《漢書補注》，卷六十二，頁 25 下。然而，司馬遷並沒有透露他對這篇文獻有任何留意。劉向在《漢書・藝文志》中列有這篇文獻，並認為它的來源是「古之史官」。見王先謙編：《漢書補注》，卷三十，頁 17。在漢代以後，這篇文獻共有兩個修訂本流傳於世。第一個版本與劉向有關，而第二個版本則包括由魏代博學之士宋忠（亦作衷）所撰之注解。有關宋忠的討論，見 Tjan Tjoe Som（曾珠森）, *Po Hu T'ung; The Comprehensive Discussions in the White Tiger Hall*

與《世本》所引世系存在一些差異。後者被引用在司馬貞對《史記》所作的注釋，以及孔穎達對《左傳》與《禮記》所作的疏中。最主要的分歧是與文侯這位被形容為桓子兒子或孫子的人物有關。這種世系上的矛盾與另外一個嚴重分歧結合在一起，它是《史記》與《竹書紀年》輯本[2]對文侯統治時期及統治時間長短的分歧。我相信對繫年方面的困難進行謹慎考察能幫助我們為這種世系上的矛盾提供解答，從而讓我們做好準備，以便較為全面地解決《史記》與《世本》對魏氏宗族世系的矛盾之處。

　　以下文字是本章所討論問題最重要者：「桓子之孫曰文侯

(Leiden: Brill, 1949), 23–24 各處。隋代和唐代正史中的書目在提及這部文獻時都記有不同版本。所有版本大概都在唐末時散佚了。清代出現了很多《世本》輯本，皆收錄於《世本八種》，見秦嘉謨等：《世本八種》（上海：商務印書館，1957 年）。

2　《竹書紀年》是一部記錄魏氏家族從最早時期到大約前 299 年之間的歷史的編年史。在 279、280 或 281 年，一班盜墓賊在盜竊魏襄王（卒於前 296）墓葬時發現了這篇文獻。中古時期的學者和注家廣泛地引用了這篇文獻，故雖然它在宋代散佚，但後世學者亦能拼湊原著的佚文（為了作出區別，人們通常以「古本」指稱原著，相對的是「今本」這部未被承認的輯本，而後者亦同時包括很多虛假材料。理雅各在他的《尚書》譯本序言中翻譯了後者這部偽作，見 James Legge, *The Chinese Classics, vol. 3: The Shoo King or The Book of Historical Documents* (Hong Kong: Hong Kong University Press, 1960), 108–176）。本章所引《竹書紀年》文字來自范祥雍：《古本竹書紀年輯校訂補》（上海：上海人民出版社，1957 年）。這部著作包括王國維最初所作輯本，連同增補與改正，以及一個十分有用的年表。儘管《竹書紀年》對於最早時期的繫年是有問題的，但學者普遍相信它對於魏氏家族在東周晚期所涉之事的順序與年分是正確的，例如金谷治：〈戰國年表雜識〉，《集刊東洋學》第 8 期（1962 年），頁 44–52。

都。」³徐廣（352–425）對《史記》這個句子作出如下補充：
「《世本》曰『（文侯名）斯』也。」司馬貞進一步指出：「《系⁴
本》云『桓子生文侯斯』⁵，其傳云『孺子㵂，是魏駒之子』，
與此系代亦不同也。」徐廣的要點是指出《史記》與《世本》
兩者對於文侯之名為何出現分歧（由於《史記·六國年表》亦
以「斯」為文侯之名，因此我們清楚知道〈魏世家〉的版本必
然是錯誤的⁶）。司馬貞評論的重要性取決於不同解釋。他引
用的《世本》明顯與《史記》的世系不同。但是，他亦同時從
大概是對《世本》當中零星的世系進行注釋的「傳」或說明中，
引用了一段文字，認為孺子㵂是桓子之子。孺子（字面意思為
「嬰兒」、「男孩」⁷）㵂這個在整個中國傳統文獻中只出現過一
次的名字是否就是那位司馬遷無法辨認其身分的文侯之父的乳
名？抑或孺子㵂是文侯的別名？如果後者屬實的話，我們又將
如何解決人們給予他眾多名字之間的差異？影響我們解釋的因
素都是繫年性和世系性的，而我們最好是從魏氏家族整個世系
所作描述來審視這些因素。我們可以構想三種這類「世系」：
《史記》、《世本》中的世系以及隨後在《左傳》和《竹書紀年》
中所見世系（見下文世系表）。

3　瀧川龜太郎：《史記會注考證》（東京：東方文化學院東京研究所，
　　1932–1934 年），卷四十四，〈魏世家〉，頁 6。
4　為了避唐太宗李世民諱，司馬貞始終如一地以「系」代替「世」字。
5　衍「其」字。
6　司馬遷：《史記》，卷十五，〈六國年表〉，頁 35。
7　例如《孟子·公孫丑上》六章。

表 1：《左傳》、《史記》、《世本》世系

《左傳》	《史記》	《世本》
畢萬（前 661）[8]	1. 畢萬（前 661）[9]	1. 畢萬
		2. 芒季[10]
武子（前 655– 前 632）（= 魏犨）[11]	2. 武子	3. 武仲州[12]

8　阮元編：《左傳注疏》（《四部備要》本），卷十一（僖公元年），頁 2。《左傳》此處記錄前 661 年的事件：獻公將魏這個古代國家作為封地授予畢萬，此即魏氏家族之肇端（下文對於《左傳》所提及人物的年分是他們的名字最初與最後出現年分）。

9　司馬遷：《史記》，卷十四，〈十二諸侯年表〉，頁 71。此處《史記》所載年分與《左傳》相同。我們僅從文侯開始才能夠系統地確定魏氏家族成員的時代（亦即常規且連續在位時間的記載）。我們從〈魏世家〉所得到那些先於文侯之人物的年分與那些依據《左傳》敘述所提出的年分大致相符，故下文將不再提及。

10　孔穎達《禮記》疏引用《世本》一段文字，指出芒季為兩個不同人物：即芒與他的兒子季，見阮元編：《禮記注疏》，卷三十八，頁 19。此段引文有誤，我們從下列兩點可以得知：司馬貞引用了《世本》相同文字（見《史記》，卷四十四，〈魏世家〉，頁 3），不僅如此，孔穎達《左傳》疏也引用了相同文字，見阮元編：《左傳注疏》，卷十一，頁 2。上述兩者都將芒季視為同一個人物。

11　阮元編：《左傳注疏》，卷十五（僖公二十三年），頁 5。根據《左傳》記載，武子與法定繼承人重耳，即未來的晉文公逃離了晉國。此事發生在前 655 年（有關此年的更多討論，見瀧川龜太郎：《史記會注考證》，卷四十四，〈魏世家〉，頁 3 所引梁玉繩之說）。後來，當重耳成為文公後，武子在前 633 年成為戎右（《左傳》，卷十六［僖公二十七年］，頁 7），並在前 632 年因違抗命令而幾乎被文公所殺。見《左傳》，卷十六（僖公二十八年），頁 10。

12　司馬貞認為武仲州是《史記》當中的武子（見司馬遷：《史記》，卷四十四，頁 3）。《史記》沒有提到這位武子的名字為何，但《左傳》的記載是「犨」（字面意思為「牛的咕噥聲」）。司馬貞認為後者與《世本》當中的用字相同。孔穎達同樣認為兩者相同。就武子與畢萬的關係而言，杜預似乎沿用了《世本》世系（《左傳》，卷十一，頁 2），並因此指出畢萬是武子之祖父。

（續上表）

《左傳》	《史記》	《世本》
	3. 悼子 [13]	
莊子（前 573– 前 559）（＝魏絳）[14]	4. 昭子（＝魏絳）	4. 莊子 [15]（＝魏降）
	5. 魏嬴 [16]	
獻子（前 550– 前 510）（＝魏舒）[17]	6. 獻子	5. 獻子（＝魏荼）[18]

---

13 悼子並不見於各種從《世本》世系所引用文字之中。但是，他卻見於《世本・居篇》引文之中（由司馬貞所引，見司馬遷：《史記》，卷四十四，〈魏世家〉，頁 4），其中提到：「魏武子居魏，悼子徙霍。」司馬貞從而推斷我們應將悼子增入《世本》世系中。杜預指出魏絳為魏犨之子，並因此支持《世本》世系中的記載（《左傳》，卷二十八［成公十八年］，頁 16 下）。

14 莊子的生涯從前 573 年直至前 559 年。在這段時間內，他首先成為司馬（《左傳》，卷二十八［成公十八年］，頁 16 下），並因為在沒有得到授權的情況下殺了某人而差點被處死（《左傳》，卷二十九［襄公三年］，頁 7 下）。他後來成為晉國三軍將領的助手（《左傳》，卷三十二［襄公十三年］，頁 2），最後獲升成為三軍將領（《左傳》，卷三十三［襄公十八年］，頁 7 下）。

15 雖然莊子和昭子肯定是同一人，但我們並不肯定他的諡號正字為何。司馬貞指出，雖然他在《世本》世系中作「莊」，但〈居篇〉卻稱他為昭子（《史記》，卷四十四，〈魏世家〉，頁 4）。考慮到《左傳》記載，「莊」肯定是正字。

16 見注 19。

17 獻子的生涯從前 550 年開始，當時他與欒盈有聯繫（《左傳》，卷三十五［襄公二十三年］，頁 5 下）。前 544 年，韓氏家族的宣子去世，晉國政府落入獻子手中（《左傳》，卷五十二［昭公二十八年］，頁 14）。而在前 510 年，當獻子與韓氏家族的成員召集各國諸侯大夫時，獻子得以面向南方（即是眾諸侯大夫的領袖），並因此召來很多有關他死亡的預言（《左傳》，卷五十三［昭公三十二年］，頁 13 下）。我們並不肯定他的卒年為何。《史記》認為他在前 476 年仍然在世，而這是一個不太可能的說法。見司馬遷：《史記》，卷十五，〈六國年表〉，頁 7。

18 《世本》名字的寫法是《左傳》用字的假借，見 Bernhard Karlgren,

（續上表）

《左傳》	《史記》	《世本》
		6. 簡子 （＝魏取）[19]
襄子（前497–前486） （＝魏曼多）[20]	7. 魏侈	7. 襄子 （＝魏多）[21]
《竹書紀年》	8. X	
桓子（前453）[22]	9. 桓子	8. 桓子 （＝魏駒）
	10. X	

Grammata Serica Recensa (Stockholm: Museum of the Far Eastern Antiquities, 1957), 82x and 83k。

19 在《世本》世系中，簡子位處獻子與襄子之間。與《史記》中魏嬴一樣，簡子亦不見於《左傳》。獻子卒於前509年，其年分比襄子第一次見於《左傳》之中早了十二年。因此，兩者之間可能相隔了一個世代。簡子與魏嬴亦有可能是同一個人，而《世本》或《史記》在計算世代時有可能錯誤地將他加入其中了。

20 襄子首次見於一則前497年的記錄：他、晉侯以及韓氏和趙氏家族的支持者，對范氏和中行氏進行了一場以失敗告終的襲擊（它預示了晉國於前453年的分裂；見《左傳》，卷五十七〔定公十三年〕，頁7）。稍後，他在前488年和前482年兩個時間入侵衞國。《春秋》哀公七年與十三年記有這兩次襲擊。

21 《史記》中的魏侈被認為和襄子是同一人。正如司馬貞所言，「侈」字有可能為「哆」字的誤寫。「哆」字與《世本》中的名字是同音字。《左傳》的寫法證明後者才是正寫。

22 范祥雍：《古本竹書紀年輯校訂補》，頁46。范祥雍將記有趙襄子、韓康子及魏桓子一同謀殺知伯一事的佚文放在晉出公二十二年（即前453）下。這種做法沿用司馬貞提及的《竹書紀年》的說法，見司馬遷：《史記》，卷三十九，〈晉世家〉，頁92。

（續上表）

《左傳》	《史記》	《世本》
文侯（前 446–前 397）[23]	11. 文侯（前 424–前 387）[24]（＝魏斯）	9. 文侯（＝魏斯）
武侯（前 396–前 371）[25]	12. 武侯（前 386–前 371）[26]	10. 武侯（＝魏擊）
惠成王（前 370–前 319）[27]	13. 惠王（前 370– 前 335）[28]	11. 惠王

---

23 范祥雍：《古本竹書紀年輯校訂補》，頁 46。范祥雍將記有文侯獲得名號一事的佚文放在晉敬公六年，即前 446 年下。這裡得出年分的方法，是按照中國的數目從前 371 年開始往後計算七十六年。這個數字得自文侯的五十年在位年數，連同武侯的二十六年在位年數，兩者都見於司馬貞所引用的一則佚文，見司馬遷：《史記》，卷四十四，〈魏世家〉，頁 12。這一年為武侯卒年，而且與《竹書紀年》與《史記》的繫年相符，見司馬遷：《史記》，卷三十九，〈晉世家〉，頁 93。但是，司馬貞卻引用《竹書紀年》的一段文字，指出文侯是在敬公十八年獲得名號的。王國維認為在直行書寫的文獻中，「十八」是「六」的誤寫。范祥雍和其他研究《竹書紀年》的學者都沿用他的說法。

24 司馬遷：《史記》，卷十五，〈六國年表〉，頁 35、50。

25 這裡所列武侯獲得名號的年分是按照中國的算法，從前 371 年減去其在位的二十六年。見注 14。

26 司馬遷：《史記》，卷十五，〈六國年表〉，頁 50、58。

27 司馬貞所引《竹書紀年》的文字見司馬遷：《史記》，卷十四，〈十二諸侯年表〉，頁 25。又見《古本竹書紀年輯校訂補》，頁 55、67、95、99。

28 司馬遷：《史記》，卷十五，〈六國年表〉，頁 58、73。《史記》錯誤地認為惠王三十六年為他在位最後一年。這是因為司馬遷誤將惠王於三十七年設立新曆法一事視作襄王在位的開始。司馬貞轉述了《竹書紀年》有關新曆法被採納的記載，見司馬遷：《史記》，卷四十四，〈魏世家〉，頁 22。

（續上表）

《左傳》	《史記》	《世本》
襄王（前 318–前 296）[29]	14. 襄王（前 334–前 319）[30]	12. 襄王
	15. 哀王（前 318–前 296）[31]	
	16. 昭王（前 295–前 277）[32]	13. 昭王
	17. 安釐王（前 278–前 245）[33]	14. 安僖王
	18. 景湣王（前 244–前 230）[34]	15. 景愍王
	19. 假王（前 229–前 227）[35]	16. 假王

《史記》與《世本》中記載的世系共有七點不同之處：（1）芒季；（2）悼子；（3）魏贏；（4）簡子；（5）襄子與桓子的關係；

---

29 見司馬遷：《史記》，卷十四，〈十二諸侯年表〉，頁 25《集解》所引《竹書紀年》的記載。《竹書紀年》以襄王為結，並稱襄王為「今王」。根據司馬貞所言，《竹書紀年》完結的年分，為《史記》所言哀公十二年，即前 299 年。見司馬遷：《史記》，卷四十四，〈魏世家〉，頁 31。

30 司馬遷：《史記》，卷十五，〈六國年表〉，頁 73、79。但是，由於司馬遷認為襄王在位的時間，實際上是在惠王統治的最後十六年期間，故有關年分是錯誤的。

31 司馬遷：《史記》，卷十五，〈六國年表〉，頁 80、90。根據顧炎武（1613–1682）所言，由於司馬遷將襄王放在實際上是惠王統治的最後時期當中，故他創造了另一個人物，亦即哀王來填補襄王的空缺（相關全面討論，見金谷治：〈戰國年表雜識〉，頁 47）。《世本》世系不包括哀王在內一事是很重要的。

32 司馬遷：《史記》，卷十五，〈六國年表〉，頁 91、98。

33 司馬遷：《史記》，卷十五，〈六國年表〉，頁 115、119。

34 司馬遷：《史記》，卷十五，〈六國年表〉，頁 99、115。

35 司馬遷：《史記》，卷十五，〈六國年表〉，頁 119–121。最後一條指出秦國俘虜了假王。《集解》所引《列女傳》一段文字指出秦殺死了假王，見司馬遷：《史記》，卷四十四，〈魏世家〉，頁 49。

（6）桓子與文侯的關係；以及（7）哀王。我們對世系中問題
的分析最好是在一個相對穩定的繫年框架之中進行。為了建構
這種穩定的框架，我們可以將畢萬於前 661 年被授以采邑一事
作為起點，以及以假王於前 227 年的死亡作為終點。這兩個
時間均是固定的，而且與兩個世系相符。由於畢萬只見於《左
傳》和《史記》對他授以采邑一事的記載之中，且其兒子或孫
子武子的事業只順利地維持了六年，故我們可以假設他在當時
已十分年邁並在數年之後離世。如果我們假設他在被授以采邑
時至少四十歲，他便應是在前 701 年或更早的時期出生。如此
一來，從畢萬出生開始到假王之死這段時間便持續了一共 474
年。當我們將《史記》所載十九個世代放進這個框架之中，那
麼每個世代平均共有 24.9 年。而當我們將《世本》所載十六
個世代放進其中，那麼每個世代平均便有 29.6 年。山田統對
東周時代封建家族世代的平均時間進行了系統研究。[36] 如果我
們計算他所得出的數字，便會發現春秋時期十二個國家每個世
代的平均時間為 25.7 年，而戰國時期十一個國家各世代的平
均時間為 22.9 年。至於整個東周時期每個世代的平均時間則
為 24.95 年。[37] 就這些數字而言，《世本》的數字似乎偏高。相
反，《史記》的數字則相當準確。這促使我們傾向於選擇《史
記》整體的世系。但就兩者的矛盾而言，上述數字並不足以讓
我們決定哪一個世系才是正確的。為此，我們必須對所有差異

36　山田統：《竹書紀年と六国魏表》，見《中国古代史研究》（東京：
　　吉川弘文館，1960 年），頁 120、123。

37　我們在公元前的第二個千年的古代近東地區找到了一個有意思的
　　平行現象，見 M.B. Rowton, "The Date of Hammurabi," *Journal of
　　Near Eastern Studies* 17.2 (1958): 97–111。作者認為一個世代平均
　　時間的下限是 21.1 年、中位數是 26.4 年，而上限是 31.7 年。

進行考察，但這個任務有待來日。

　　本章只對有關衝突的第六點，即桓子與文侯的關係進行討論。由於《左傳》對這個世系最後的記錄已經散佚，且《史記》和《竹書紀年》均缺少任何有意義的資料，故我們在描述主要人物時遇到一定困難。桓子是襄子之兒子或孫子，他在前453 年連同韓氏與趙氏家族領袖一同消滅了知伯。[38] 這是對他的事跡所作的唯一記錄。《史記》與《竹書紀年》對這起事件之後所發生事情的記載有嚴重差異。《史記》載魏文侯、韓武子及趙桓子在前 424 年都成為了統治者，[39] 這種近乎不可能的巧合暗示有關記錄在這裡只是以這三位掌權之人重新開始。《竹書紀年》則指出魏文侯在晉敬公六年繼位，並在在位第五十年時去世。[40] 這便將他的統治時間定為前 446 至前 397 年。與此相對，《史記》記載他於前 427 年至前 387 年這三十八年間在位。[41] 究竟何者正確？

　　戰國早期一件最為著名的事件為我們提供了另一個繫年的證據：孔子弟子子夏與文侯會面。《史記・仲尼弟子列傳》云：「子夏，少孔子四十四歲。」這意味著他大概是前 507 年出生的。[42] 如果我們接受《史記》所言，前 424 年為文侯在位首年的記載，子夏在當時便至少 83 歲。但《史記》隨後指出文侯在他在位的第二十五年（前 400）接見了子夏。[43] 其時子夏已

38　見注 22。

39　司馬遷：《史記》，卷十五，〈六國年表〉，頁 35。

40　見注 23。

41　見注 26。

42　司馬遷：《史記》，卷六十七，〈仲尼弟子列傳〉，頁 28。

43　司馬遷：《史記》，卷四十四，〈魏世家〉，頁 8。我們在《禮記》中找到了一段聲稱是子夏與文侯對話的記錄，見《禮記》，卷三十八，頁 19 至卷三十九，頁 6 下。

經老至 107 歲，而這明顯是一個不可能的數字。另一方面，根
據《竹書紀年》繫年，文侯即位時子夏為 61 歲。在他們會面
時，子夏則為 86 歲。雖然這些數字或許有點高，但並不是不
可能。而且，如果兩人在文侯在位較早的時間會面，那麼這些
數字便似乎是可信的。由於《竹書紀年》代表的是魏氏家族紀
年，故此我們可以假設《竹書紀年》比《史記》更為準確地反
映了歷史情況，而後者所依賴者，是在秦代興亡動盪之後仍然
倖存的這類材料。《史記》在魏惠王與魏襄王之紀年所出現的
錯誤，以及哀王的杜撰無疑都支持這種假設。[44] 再加上子夏面
見文侯這個確鑿無誤的傳統記載，上述假設似乎足以令人懷疑
《史記》的可信度。[45] 如果接受《竹書紀年》對文侯統治時期，
即前 446 至前 397 年的記載，那麼桓子在前 453 年參與消滅知
伯與文侯即位的時間只相隔七年。因此，桓子與文侯之間不太
可能會有另一人出現。

　　《史記》提到兩者之間還存在著另一個世代，而唯一一項
似乎能證實這個額外的世代存在的證據，為司馬貞所引「傳」
中曾提到的孺子痊這個名字。如果這個名字與一位既是桓子之
子，又是文侯之父的人物有關，那麼《世本》之中便存在著
內部的矛盾，而我們在這裡也要對《史記》的世系作出一些
辯解。[46] 然而，我們並不能作出這樣的聯繫。《世本》的世系和

44　見注 30、32、33。

45　錢穆因為其他證據採納《竹書紀年》對文侯年分的記載，見錢穆：
　　《先秦諸子繫年》（香港：香港大學出版社，1956 年），頁 123–
　　124。

46　清代學者雷學淇在《世本八種》所收錄《世本》輯本（頁 38）中，
　　似乎也提出了上述觀點。司馬貞在其他地方引用了其他證明《世
　　本》內在矛盾的證據，而這一情形可為雷學淇觀點的佐證，見注
　　15、17。

《史記·六國年表》都提到文侯的名字是「斯」（字面意思為「劈開、撕碎」），它與下列的幾個詞語組成一個同源詞族：嘶₁（馬鳴聲）、厮₂（廝₂ₐ和㒓₂ᵦ為其異體字；其意為撕扯、製造騷動）、澌₃（耗盡、碎裂聲）、瘯₄（意思待定）。包括斯在內，這些字上古音的發音類似於 *sieg。[47] 段玉裁（1735–1815）與朱駿聲（1788–1858）收集了相關證據，指出所有用以書寫這些詞語的字形都是可以互用的。[48] 我認為「瘯」是文侯之名的基本字形。《史記》和《世本》所使用的「斯」只是這個字在刪去表意部件「疒」之後，經過簡化的字形。[49] 孺子瘯的「瘯」只有這個出處，而它是有關漢字基本字形在抄寫時所造成的錯誤。這個字將聲符右邊的部件刪去，而這個字從來沒有存在過。孺子瘯是文侯在嬰兒時期被人稱呼的名字，而我們可通過幾個方法解釋這個名字，即「瘯」字基本形式的意思。《方言》中指出它的意思為「散也……器破」。但在他處，它認為其本字「瘯」與「噎」是同義字，意為「窒息」或「哽住的聲音」。[50]《廣韻》認為「瘯」本字的意思是「痠瘻、疼痛」，且是「瘄」的異體字。[51] 與《方言》一樣，《說文解字》將它定義為「散聲」。考慮到這個字（和同一詞族的其他成員）在擬聲方面的聯繫，以及它們有關疼痛、痛苦的意思，我認為本字的基本意思似乎可能是因疼痛而產生的呻吟聲。我們由此可以將它理解

---

47 Karlgren, *Grammata Serica Recensa*, 869.

48 丁福保編：《說文解字詁林》（上海：詁林精舍，1928 年），頁 3320 下。

49 朱駿聲舉其他例證，說明「斯」在漢代文獻中被錯誤地借來代替其他更完整字形，然而記錄的都是與它同源的詞彙。

50 上述兩種定義均為段玉裁所引，見丁福保編：《說文解字詁林》，頁 3320 下。

51 丁福保編：《說文解字詁林》校錄案語，頁 3320 下。

為具有驅邪的作用，意指保護孩童遠離嚴重疾病。

　　總結而言，《世本》與《史記》所載的世系存有明顯的差異。孺子瘨並不可能置入桓子與文侯之間。我們可以進一步推斷，《竹書紀年》的繫年明顯支持《世本》的世系。我們在對本章所概述的繫年框架中其餘矛盾進行仔細的考察後，理應會找到解決有關困難的方法，且亦能夠為魏氏家族提供一個更為穩固、且確鑿無誤的繫年。

《易經》文本札記 *

　　這篇簡短的札記將在其結尾對《易經》坤卦中一個久未得到正確解釋的段落作出解釋。[1] 我的解釋得自一種具體的研究方法，它的一部分根據是衛德明（Hellmut Wilhelm）在本刊【編按：即 *Journal of American Oriental Society*】第 79 卷的一篇論文中所提出的方法論，[2] 針對的是《易經》時代較早、且具有韻文性質的一些段落。在衛德明的論文中，通過刪去那些他認為是因為補充說明才額外出現的段落，他聲稱可以還原乾卦

* Jeffrey Riegel, "A Textual Note on the *I Ching*," *Journal of the American Oriental Society* 103.3 (1983): 601–605.

1 本篇札記是美國學術團體協會（American Council of Learned Societies）所支持研究計劃成果之一。該計劃部分資金由國家人文學科基金會（National Endowment for the Humanities）所提供。

2 Hellmut Wilhelm, "*I-ching* Oracles in the *Tso-chuan* and *Kuoyu*," *Journal of the American Oriental Society* 79 (1959): 275–280。衛德明的研究比本章更具野心，這是因為他試圖確定各種形成《易經》傳世本章獻與注釋的成書年代。根據馬王堆三號墓（前 168）出土《易經》寫本，我們需要重新審視他的幾個結論，尤其是那些關於「十翼」中一部分成書年代的結論。有關馬王堆寫本的討論，見《文物》1974 年第 9 期，頁 42；Ngo Van Xuyet（吳文雪），*Divination Magie et Politique dans la Chine Ancienne* (Paris: Presses universitaires de France, 1976), 162, n.1；以及 Michael Loewe, "Manuscripts Found Recently in China: A Preliminary Survey," *T'oung Pao* 63.2–3 (1977): 117–118。

「爻辭」的最初版本。他認為這些因為補充說明才額外出現的段落包括「貞人時常利用甲骨用語所呈現的格式套話」、一些羼入的注釋,[3] 以及「有別於周代早期,且為此破壞了文本原始邏輯和韻律」的儒家術語。[4] 除去這些,剩下的是一部在用辭、用韻與格律上使人聯想起《詩經》中詩篇,且構成爻辭獨立部分的具有韻文特質的文獻。

本章附錄將完整地介紹坤卦的爻辭。我們可將這些爻辭中具有韻文特質的部分獨立出來,它們不過是由首五爻各自開頭兩個字和第六爻結尾兩字所組成的。它們形成了一系列兩個字的韻文:履霜、直方、含章、括囊、黃裳、玄黃。現已失傳的鄭玄(127–200)《易經》注有一則佚文,而上述一系列韻腳正好與這則佚文所引用爻辭一樣。[5] 但是,由於我沒有證據證明坤卦爻辭的其餘部分有羼入的注解,或受到儒家的干擾,故我們面對一個情況:坤卦爻辭仍有相當大一部分不具有任何的韻文,需要被歸類為「貞人的格式套話」。因此,衛德明就乾卦

3　Wilhelm, "*I-ching* Oracles in the *Tso-chuan* and *Kuoyu*," 275, n. 2。對於衛德明在此引用的例子,我認為充滿臆測性,且難以接受。作為《易經》他處一個羼入注解的例子,困卦九五「爻辭」的「劓刖」很可能是一個對上六「臲卼」這個更為冷僻之詞所作的注釋。

4　在此基礎上,衛德明從文本中剔除了「君子」一詞。見 Wilhelm, "*I-ching* Oracles in the *Tso-chuan* and *Kuoyu*," 275。如果此詞一如衛德明所相信的那樣是指「君子」這個概念的話,那麼它就可以被認為是受到儒家影響的文字。但我們必須注意,「君子」一詞可能有另一種更早,且更適用於《易經》語境意思的可能性。赤塚忠令人信服地論證了《詩經‧有杕之杜》的「君子」是指一名扮演神靈的人,見赤塚忠:《中國古代の宗教と文化 —— 殷王朝の祭祀》(東京:研文社,1977 年),頁 395。這個意思和其他相關的意思可能是乾卦「君子」應有的意思。

5　引文見聞一多:《璞堂雜識》,收入氏著:《古典新義》(北京:古籍出版社,1956 年),頁 587–588。

所作文本分類——作為一種分析別組爻辭的方法而言——似乎
多少有點局限。

毫無疑問，坤卦中那些具有韻文特質的段落在形式上是
完整的，它們獨立於那些不具有韻文特質的段落之外，但也因
為後者而變得晦澀難解。儘管如此，當我們認清這兩部分之間
的差異時，剩下的工作就是識別出組成爻辭眾多元素的占卜功
能。此外，爻辭與卦之間最初關係為何——這是一個更基本的
問題。

一方面，許多《易經》爻辭中那些具有韻文特質的段落可
以如此理解：它們通過徵兆與預示，以文學形式與某一卦互為
補充。[6] 然而許多同樣具有韻文特質的段落看來並非如此。部分
內容似乎是由蓍草占筮所作的詢問，而它們可能因此類似於商
代從事甲骨占卜的人向祖先提出的「命辭」。[7] 其他具有韻文特
質的部分似乎是對禮儀所作的描述，雖然它們與占筮的關係並
不清楚。[8] 我們或許應將坤卦爻辭中一系列由兩個字組成韻腳
的內容解釋為後一類例子（見附錄）。至於那些不具韻文特質

---

6 這基本上是韋利（Arthur Waley）和李鏡池對這個爻辭的觀點，見
   Arthur Waley, "The Book of Changes," *Bulletin of the Museum of Far
   Eastern Antiquities* 5 (1933): 121–142；李鏡池：〈古代的物占〉，《嶺
   南學報》1932 年第 2 卷第 4 期，頁 78–101。李鏡池這篇文章和他
   有關《易經》的其他論文近期已重印在李鏡池：《周易探源》（北京：
   中華書局，1978 年）。

7 例如蠱卦中的韻文部分，似乎是試圖確定引起某次蠱術事件究竟是
   一位男性的先人之靈還是一位女性的先人之靈。關於商代占卜中
   「命辭」，見 David N. Keightley, *The Sources of Shang History: The
   Oracle-Bone Inscriptions of Bronze Age China* (Berkeley: University
   of California Press, 1978), 33–36。

8 例如否卦「爻辭」所描述的，是人們為了酬謝神靈所準備的包裹
   祭品。

的部分，李鏡池很久以前就指出很多詞組，例如在坤卦六四與
六五開頭，在兩個字組成的慣用語之後出現的詞組，都可以比
附用於記錄商代甲骨出現裂紋時所獲得先人之回答的記號。[9] 我
們亦應補充一點，即這些記號在《易經》占筮的語境可能是用
於記錄陰爻或陽爻的吉凶，而不是直接與那些具有韻文特質的
部分有關。此外，像那些緊隨初六、六二和六三開頭以兩個字
組成的慣用語之後的詞組，亦有可能是一些「占辭」，源自對
卦中各爻所作的解釋。[10] 我提出這些試探性觀察的原因，只是
為了指出爻辭的不同部分在其本身之間，以及與其他卦之間發
生關係的一些複雜可能。

我們可以更加明確地證明，爻辭不應被視為是對「乾」、
「坤」等卦名的主題所作的詳細闡述。在六十四個卦名中，有
五十九個出現在它們各自爻辭的那些具有韻文特質的部分當
中。其他學者已注意到這種一致性，[11] 而他們指出，如果要理
解卦名的意義，我們必須檢視這些字詞在韻文部分中是如何被
使用的。人們尚未注意到，這種關係意味著被視為卦名的字詞
事實上就是這些零碎、具有韻文特質部分的標題，正如《詩經》
中的篇名是來自詩歌中的字詞一樣。由於這些標題源於爻辭中
某些部分，所以在卦名象徵意義之中尋找這些卦名的意思為
何，並且如人們經常做的那樣，進一步在爻辭的那些具有或不
具有韻文特質的部分中，尋找證據印證那些卦名的重要性——

9　李鏡池：〈周易筮辭續考〉，收入氏著：《周易探源》，頁 73 及隨
　　後數頁。關於商代甲骨裂紋的記號，見 Keightley, *The Sources of
　　Shang History*, 40。

10　它們或許可與吉德煒所描述商代甲骨占卜中的「預言」互相比較，
　　見 Keightley, *The Sources of Shang History*, 40–42。

11　Wilhelm, "*I-ching* Oracles in the *Tso-chuan* and *Kuoyu*," 275, n. 2.

這些做法都是錯誤的。[12]

讓我們從這種籠統的考慮轉向一個能說明爻辭中各種不同元素的區分是如何有助於我們理解坤卦的內容，尤其六二的含義的解釋。六二的前三字為「直方大」，通常被放在一起理解，並且被視作大地的三種特徵。同時，基於與這個卦象所包含宇宙論的象徵意義，人們錯誤地假設這些特徵是坤卦爻辭的主題。[13] 六二的其餘部分「不習」從未得到過令人滿意的解釋。當我們將適當的注意力放到上文所說一系列由兩個字組成的韻文存在時，我們便會清楚得知必須在「方」之後斷句，而非在「大」之後。因此，我們需要解釋爻辭的兩個部分，分別為「大不習」與「直方」這個由兩個字組成，且與坤卦爻辭其他部分押韻的詞組。前者可能是最不合語法的。但是，理解它的關鍵在於注意到初六與這個詞組互相平行的三個字。換言之，同「堅」一樣，「大」是一個形容詞。又和「至」一樣，「習」是一個動詞。「習」本義似乎是指「拍打翅膀」，但它在《詩經》中的意思只是「重複地颳風」。[14]「不」是一個最麻煩的字詞。如果六二與初六之間的平行成立，那麼「不」字便出現在一個我們應預期是名詞，而非否定詞的位置。就如「冰」一樣，作

---

12 Iulian Shchutskii, *Researches on the I Ching* (Princeton: Princeton University Press, 1979)。這部著作由 William L. MacDonald 從俄文譯至英文，並包括 Gerald Swanson 所撰之評論。這部著作認為卦「名」早於「爻辭」出現，因而對於《易經》之起源做出了一種特別錯誤的解釋。

13 這個卦包含六條斷開的爻「☷」，人們因此認為它象徵著「陰」和大地。我們在〈象傳〉中可看到這些觀念是如何運用到「爻辭」解釋上的。但是，由於〈象傳〉並不見於馬王堆《易經》（見注 2），故我們未能確定這種解釋究竟有多古老。

14 這個詞只出現在兩首詩之中，且它在二者之中的意思均是如此：《邶風・谷風》第 1 章和《大雅・谷風》第 1、2、3 章。

為名詞的意思是符合語境的。我認為，這恰恰就是我們所擁有
文本的意思。

在楚帛書這個戰國中期的著名文物中，[15] 兩次出現「風」
字的古文字字形「𩙿」。[16] 我們可以證明這個字是「風」原來
字形「鳳」的另一種形體。與現在通行的「風」字不同，「鳳」
並不包含「虫」這個部件，而是以「鳥」的部件作為其形旁。[17]
在楚帛書中，該字下半部分「不」與早期用來寫「不」字的字
形非常相似。[18] 許慎在其《說文解字》中將「不」釋作「鳥飛

---

15 這份現為塞克勒美術館收藏的寫本在 1942 年於長沙南郊子彈庫
的一座楚墓出土。我們可從以下著作中找到對其內容的介紹：
Noel Barnard, "The Ch'u Silk Manuscript and Other Archaeological
Documents of Ancient China"; Jao Tsung-i, "Some aspects of the
Calendar, Astrology, and Religious Concepts of the Ch'u People as
Revealed in the Ch'u silk manuscript"；以及 Hayashi Minao（林巳
奈夫）, "The Twelve Gods of the Chan-kuo Period Silk Manuscript
Excavated at Ch'ang-sha"。上述三文皆見於 Noel Barnard ed., *Early
Chinese Art and Its Possible Influence in the Pacific Basin* (Authorised
Taiwan edition, 1974)。近期在該墓原址所進行的考古工作出土了
其他文物，它們顯示該墓及其中隨葬物的年代屬於前四世紀晚期，
見文物出版社編：《長沙楚墓帛畫》（北京：文物出版社，1973 年）
序言。

16 Jao, "Some Aspects of the Calendar, Astrology, and Religious Concepts
of the Ch'u People as Revealed in the Ch'u Silk Manuscript," 113。饒
宗頤基於上下文和該字形的分析做出了上述判斷。正如我在下文所
言（見注 22），他的分析與我不同。楚帛書釋文、該字原始字形，
以及相關上下文皆見 Barnard, "The Ch'u Silk Manuscript and Other
Archaeological Documents of Ancient China", 92–93。

17 白川靜討論了「風」的本來字形，並指出我們尚未釐清从「虫」的
「風」字是在何時開始流行的，見《漢字の世界》（東京：平凡社，
1976 年），卷二，頁 112–119。

18 楚帛書中用作「不」字的字形「不」比用作「風」的下半部分的
字形要複雜得多（見 Barnard, "The Ch'u Silk Manuscript and Other

上翔，不下來也」。[19] 我們幾乎可以肯定許慎對該字起源的分析是錯誤的。[20] 雖然如此，他所表達這些觀點似乎能在早至春秋晚期的書寫行為與語言習慣中反映出來。[21] 無論如何，我們應

Archaeological Documents of Ancient China", 92–93）。雖然如此，在時間約為前 300 年的中山國青銅器銘文中，「↑」這個字形的不同例子卻非常接近。見張守中編：《中山王䆜器文字編》（北京：中華書局，1981 年），頁 10。「不」字的簡化字形在前三世紀期間一直持續出現，我們可從前 217 年的湖北睡虎地遺址證實這一點。該處所出土木牘「不」字作「🐦」。見《雲夢睡虎地秦墓》編寫組編：《雲夢睡虎地秦墓》（北京：文物出版社，1981 年）附錄中的照片與釋文，該字在其中多處出現。

19 段玉裁：《說文解字注》（1872 年木刻本），卷十二上，頁 2 上。許慎提供此字小篆字形「不」，並認為是一象形字。這部字典中的下一條目是「至」，他釋作「鳥飛從高下至地也」。這個注釋以及「至」那個像一個上下顛倒的「不」字的小篆字形「𝚾」，顯示許慎認為後者為前者的轉注，此為《說文解字詁林》所引朱駿聲觀點，見丁福保編：《說文解字詁林》（上海：詁林精舍，1928 年），卷九，頁953。

20 近代有大量研究認為「不」字最古老字形代表一朵花的花萼，如白川靜：《汉字の世界》，卷一，頁 16–17。《詩經・常棣》在書寫「否」（即花萼之基座）時使用了這個字形，又諸如「杯」（比較拉丁文的 calix）等詞義相關的同源詞，都提供了支援這個觀點的有力證據。高本漢仍遵循許慎原來的意見，見 Bernhard Karlgren, *Grammata Serica Recensa* (Stockholm: Museum of the Far Eastern Antiquities, 1957)，第 999 條。必須注意的是現代學者也反對許慎有關「至」字的解釋（見注 19），並認為該字早期字形是在描繪一枝射中靶子的箭，見白川靜：《汉字の世界》，卷二，頁 113。

21 白川靜從春秋時期銅器銘文中找到證據說明當時的書寫者可能認為「不」字字形所象徵的是一隻鳥而非花萼，見白川靜：《汉字の世界》，卷一，頁 17。此外，在《呂氏春秋》中該字被用來寫作一個「否」的動詞，意為「高飛」。見 Bernhard. Karlgren, *Grammata Serica Recensa*，第 999 條。我們亦從「至」的轉注字形看到許慎的分析有多古老。朱駿聲（見注 19）指出《論語・子罕》九章「鳳

當將楚帛書中字形的下半部分視為對「鳳」字所從之「鳥」部件的刻意省略，且認為楚帛書中的整個字形是原始字形的簡化形式。[22]

我認為，出現在坤卦六二爻辭中的第四字，其意思並非否定詞「不」，而是「風」原始字形被省略後的樣貌。這個字形抹去了聲旁，而僅留下了形旁（這個字形的這種簡化形體在《易經》文本歷史中是一個早期的特徵。這是因為它早已出現在馬王堆三號墓中出土、且目前尚未出版的《易經》寫本之中。這座墓葬的時代是前 168 年 [23] ）。因此，在六二爻辭中，出現在韻文部分之後的三個字，正確讀法應當是「大風習」。「大風」這個正確的稱謂頻繁出現在早期文學作品中，甚至是商代甲骨文中的占卜主題。[24] 用作書寫這個字詞的原始字形，以及保存在楚帛書和傳世本《易經》之中被省略的版本，反映出了那些認為風即是鳥的古老信仰。[25] 故在《易經》段落中，

鳥不至」顯示，早至這部文本，鳥之起落已被認為是「至」這個意義的根源。因此，我們不應認為許慎對這幾個字形之起源的解釋是他的發明，正如我們應該容許有一些信仰和觀念——它們不僅在本質上超越了語言，而且與那些實際產生這些字形的信仰和觀念都毫無關係——影響到這些字形後來的歷史，以及同時代對它們所代表之詞語所作的解釋。

22 饒宗頤認為楚帛書中的這個字形是「風」的一個从「虫」的異體，見 Jao, "Some Aspects of the Calendar, Astrology, and Religious Concepts of the Ch'u people as Revealed in the Ch'u Silk Manuscript," 113, n.1。的確，他將前者的下半部分「𠆢」識別為「虫」的異體字。

23 我在 1982 年 9 月 14 日與張政烺先生的談話中聽說此事。張先生是負責釋寫馬王堆帛書的編輯者。

24 赤塚忠：《中国古代の宗教と文化 —— 殷王朝の祭祀》，頁 415–442。赤塚忠為這兩個觀點舉出了證據。

25 白川靜：《汉字の世界》，卷一，頁 112–119。他在這裡回顧了與這類信仰有關的文字證據。或許在字形上最能表現「風—鳥」信仰的

用同時包括「拍打翅膀」和「重複地刮風」這兩種意思的動詞「習」來描繪這隻大風鳥的到來是適當的。

「風」省略形體的使用並不限於《易經》段落之中。我認為，在《詩經‧漸漸之石》三句詩中都出現的「不皇」，事實上應當讀作「鳳皇」。這三句從漢代起就被曲解了，[26] 而我們應將它們翻譯為：

> ……鳳皇朝矣。…The Phoenix has attended the dawn levee!
> ……鳳皇出矣。…The Phoenix has emerged!
> ……鳳皇他矣。…The Phoenix has contented!

回到我們正在討論的《易經》段落，筆者將這則爻辭的開首翻譯如下：

> Treading on frost.[27] The Hard Ice will descend.
> Directed toward the (proper) quarter.[28] The Great

證據——即使是在從「虫」的後出字形得到採用之後——是馬王堆三號墓中的一個寫本。它記錄占星和天象預兆，而在頂端畫了一隻筆直豎立、且有字注明曰「大鳳」的鳥。這件寫本完整地被複製在《中國文物》1979 年第 1 期，頁 1–4。

26 高本漢總結了較早時期為理解這些詩句所作的「牽強」嘗試，並加入了他自己的解釋，見 Bernhard Karlgren, "Glosses on the Book of Odes," *Bulletin of the Museum of Far Eastern Antiquities* 14 (1942): 744。

27 我們對「履霜」的理解應與《禮記》對它所作描述相同。見《禮記》（《十三經注疏》1816 年木刻本），卷四十七，頁 1 上。換言之，即是秋天獻祭活動中的一種儀式表演，目的是期望靈魂的到來。

28 在這個試探性翻譯中，我認為「直」即《儀禮》「直東」一詞中的

Wind will gust.

我對坤卦爻辭其餘部分的解釋則必須等待進一步研究。

附錄

初六 履霜堅冰至

六二 直方大不習無不利

六三 含章可貞或從王事無成有終

六四 括囊無咎無譽

六五 黃裳元吉

上六 龍戰於野其血玄黃

「直」，見《儀禮》（《十三經注疏》1816 年刻本），卷二，頁 13 上。「方」所指可能是預期風將吹來的特定方向。這兩個詞彙合起來可能是指一種與秋季之「履霜」一起表演的儀式。

第五部分

秦代考古與歷史

秦始皇陵墓之考古[*]

古代中國在很大程度上是一個有著眾多高牆、封閉空間與禁區的世界。這些建築令人驚歎的精巧例子是最近幾十年由考古學家發掘的古墓。這些古墓中最著名的是中國第一位皇帝，即秦始皇（前 259–前 210）的陵墓。大約 40 年前，人們在陵墓遺址東面的三個大坑中發現了「兵馬俑」。隨著雜誌、電視與網路越來越觸手可及，還有誰不曾見過相關的圖片或評論？比較不為人所知的，是最近在遺址得到了一些戲劇性的發現，這些發現顯示早期中國人工築成的高牆與令人畏懼的自然壁壘是可以被滲透的。此外，來自遙遠地區的影響深深地紮入了「中國」的中心。¹

至少在中國，始皇帝生平的故事幾乎與兵馬俑一樣為人熟知。他在中國歷史上是一位聲名狼藉的人物，這歸功於司馬遷

*   Jeffrey Riegel, "The Archaeology of the First Emperor's Tomb" (A Keynote Address Delivered to the Fiftieth Anniversary Conference of the Oriental Society of Australia), *Journal of the Oriental Society of Australia* 38 (2006): 91–103.

1   我誠摯感謝段清波教授。段教授是陝西考古所的成員，也是秦始皇陵遺址調查和發掘團隊的領導。因為盧斯基金會（Luce Foundation）對單一學者的資助，段清波得以於 2006 年秋天在伯克利盤桓三個月。這篇論文很大程度上源自我與段清波在那段時期的談話。為了符合作為一篇「主題演講」講稿的要求，下文注腳與引文均盡量簡要。

（前 145 至前 86）對他所作那篇有損形象的敘述。現在我們瞭解到，這位漢朝史官對秦始皇所作言論，大部分都是為了警告漢朝而建構出來的誹謗。[2]

這裡隨意選取了一些有關始皇帝的「事實」，既與我的論文密切相關，且大概是可靠的。當秦始皇十三歲繼承王位時，大權掌握在丞相呂不韋手中。[3] 八年後，當他控制政權時，他起用李斯來取代呂不韋，並和他一起為秦朝進行規劃。他極力於包括建造其陵墓在內的數個大型工程。這座陵墓坐落在西安以東約 30 公里外的驪山之下。因此，這座高達 55 米的巨大墓塚也被叫做驪山。1974 年，人們在遺址東面發現了所謂的「兵馬俑」，這個發現使得這座墓陵建築群成為了中國最著名的考古遺址。[4]

現存最早關於秦始皇陵設計的敘述是由司馬遷在前 2 世紀晚期所撰寫的。司馬遷似乎不知道「兵馬俑」及陵墓中其他由考古學所揭示的重要特徵。儘管如此，他一共 91 字的評論依然充滿令人嘖嘖稱奇的論點。其中一部分如下：

> 宮觀百官奇器珍怪徙臧滿之。令匠作機弩矢，有

2　司馬遷在〈秦始皇本紀〉的敘述，見司馬遷：《史記》（北京：中華書局，1969 年），卷六，〈秦始皇本紀〉，頁 223–294。又見 Derk Bodde, *China's First Unifier* (Hong Kong: Hong Kong University Press, 1967), 112–123, 162–180。

3　有關呂不韋在秦國的所作所為，見 John Knoblock and Jeffrey Riegel, *The Annals of Lü Buwei* (Stanford: Stanford University Press, 2001), 1–26。

4　最近一篇有關遺址的兵馬俑與其他發現的綜述，雖然其性質比較通俗，見吳永琪：《秦始皇陵及兵馬俑》（西安：三秦出版社，2004 年）。

所穿近者輒射之。以水銀為百川江河大海，機相灌
輸，上具天文，下具地理。以人魚膏為燭，度不滅者
久之。……樹草木以象山。(〈秦始皇本紀〉)[5]

司馬遷意欲將這個描述作為一種批評，這種批評是他將始
皇帝妖魔化為一位暴力、自我放縱、癡迷於權力與自己年壽的
人的一部分。不過，其中部分內容為考古學家勘查遺址提供了
引導。對宮殿、瞭望臺、官員以及水銀所造江河和大海的細節
在這方面尤其重要。

我的計劃是對遺址上的考古情況作一回顧，時間從 1974
年「兵馬俑」的發現到近期。這在很大程度上是學者將他們大
部分生命奉獻給這個遺址的故事。我們可以把他們分為兩代。
第一代學者中，最重要的權威是袁仲一，我從這個世代的學者
中所習得的絕大部分有關「兵馬俑」的知識，便是從他身上而
來。他是最早的發掘隊伍的成員，且在隨後擔任了秦始皇兵馬
俑博物館館長，並於 4 年前退休【編按：即 2003 年】。[6]

從 1998 年起，新一代考古學家已著手投入了秦始皇陵的
勘查工作。這個團隊由段清波領導。與很多在此遺址工作的人
一樣，段清波畢業於位於西安的西北大學考古系。段清波和他
的團隊不但繼續從事重要的發掘工作，他們也使用「高科技」
的非侵入式方式去觀察司馬遷所描述的陵墓內部秘密。

那些包括士兵、官員、馬車與戰馬在內的深坑，可看作
是埋葬馬車、戰馬與御者的古老傳統的一部分。而這個傳統的

5　見《史記》，卷六，〈秦始皇本紀〉，頁 265。

6　我在 2005 年夏天和秋天有機會在多個場合與袁教授會面。他已出
　　版許多著作，包括重要的袁仲一：《秦始皇陵兵馬俑研究》(北京：
　　文物出版社，1990 年)。

時代則可追溯至商周時代。陝西平原中部已發掘上千座秦墓。這顯示出秦代帝王和貴族有著為自己建造精美陵墓的久遠傳統，秦始皇陵只是其中的一個組成部分而已。因此這種觀念是甚為古老的，儘管它在秦始皇陵墓遺址的執行在各方面都前所未見。

1974 年 3 月，1 號坑的一角被附近西楊村農民在打井時發現。考古學家被請來進駐，而袁仲一當時預計只是一個為期三週的計劃。這些調查不僅展現出了 1 號坑龐大的面積，而且也揭開了另兩處深坑：2 號坑和 3 號坑分別在 1974 年 4 月和 5 月被發現。沒有完成的 4 號坑也在 6 月被發現。當用於遮覆的建築物完工後，對 1 號坑的正式發掘於 1978 年 5 月啟動。1978 年 10 月，在這個遺址於 1979 年向公眾開放之前，我首次拜訪了它。1 號坑由約 6000 名排列成一個巨大陣行的士兵所組成。2 號坑物件可分成弓兵、騎兵、步兵與戰車。3 號坑似乎代表某種軍事指揮部。未完工的 4 號坑似乎確定了有關建築是在秦始皇死後倉促進行的。

有一些人認為這個軍隊的發現證明了始皇帝在暴力與戰爭上的聲望。另外一些人則推測整個建築群布局及「兵馬俑」坑與墓葬群其他部分的關係。[7]

我們必須注意到，戰士並未戴有頭盔，前排很多戰士未穿鎧甲，他們也並未以一種侵略性的姿態握著兵器，而那些所謂的騎兵並非騎在馬上，而是牽著馬。總之，這個軍隊似乎是以其規模與恢弘的氣勢，而不是軍事本領來給觀看者留下深刻的印象。

許多兵馬俑士兵都配備了青銅兵器。除卻一個使用鐵這

7　如王學理：《秦俑專題研究》（西安：三秦出版社，1994 年）。

種留作製造農具的材料而製成的箭頭外，所有兵器都是由青銅製造。青銅兵器都是澆模鑄造，並遵守設計與品質上的嚴格標準。上面的銘文顯示秦代宰相呂不韋是兵器製造的總管。袁仲一基於對這些銘文的初期研究，從而推斷 1 號坑與秦始皇陵有關。他和其他人已能夠重建兵器生產時的管理層級，並識別出那些最底層工匠的名字。這項研究已經揭示出很多情況，比如有一個人在同一個兵器生產工廠中花了其人生十六年的時間來製造戟。

上千的箭頭以同樣處方鑄造而成，故它們皆擁有同樣威力強大的品質。秦代長劍極富傳奇色彩。目前已有 17 把刻有連續編號的完整青銅佩劍出土。秦代佩劍長 91 釐米，而當時敵對國家所生產的劍大約只有這一半長度。它們的木質劍鞘已朽爛。另一方面，很多劍表面都經過處理來防銹，而所使用的材料可能是鉻。這些劍在出土時亦因而尚如剃刀般閃亮和鋒利。

弩箭機上的扳機與其他部件是可以互換的。這種可複製性和組裝式的魅力是大量製造這些人偶本身的關鍵。這些製造技術類似於中國一些現代手工藝品工廠所使用的技術。它包括使用許多模具分別製作不同部件，然後集合與裝配不同部件，並在有需要之處加上最後的裝飾。[8] 這些秦代人偶最初塗有鮮明的彩繪。他們的臉和手臂是粉紅的，而其戰服則具有多種色彩，其中至少有 15 種顏色已被識別出來。對顏料所作分析顯示幾乎所有顏料都是礦物：紅色主要由朱砂製成，綠色則是孔雀石。硫酸鉛和方解石可能用來控制與調整色彩明暗。我們在眾多顏料之中亦發現了石英。段清波積極地忙於追查紫色是如何

8　雷德侯的重要研究對生產過程的操作系統做出描述，見 Lothar Ledderose, "A Magic Army for the Emperor," in *Ten Thousand Things* (Princeton: Princeton University Press, 2000), 51–74。

製成的。大多數人偶表層的顏料在出土時都已剝落。儘管慕尼黑的保存實驗室為控制顏料丟失提供了幫助，但遺址上的考古學家們則透露，德國技術能保持彩繪不剝落，但無法阻止它們褪色。

「兵馬俑」坑被發現之後，考古學家和其他學者的注意力都放在對這些土製人偶所作研究、重建與保存上。在三個坑被發現之後，袁仲一於 1974 年 7 月開始有系統地圍繞陵墓周邊更大圓形範圍行走。[9]他首先在墓葬群的外城牆東門外發現了城樓遺跡。在 8 月，他又追蹤到內城牆遺跡。1976 年，袁仲一在內城牆之內發現了用於分割內城牆內區域、規模更小的南北城牆。1976 年 6 月，他在距外城牆以北 1300 米（即距陵墓 2 公里遠）發現了一處 2,000 米長的魚池遺跡。我在下文還會談到這個魚池。

1977 年，人們在陵墓北部發掘到鑑定為便殿的遺跡。便殿是向始皇帝之神靈獻祭的地點之一。同年，人們在陵區西部內外城牆之間又進行了一次對土坑的調查。這些土坑包括被描述為一些稀有動物與鳥類的殘骸，以及一些呈跪姿，可能是用於「照料」這個動物園中的動物而被放在那裡的陶製人偶。這些殘骸過於殘破，以致我們無法辨認出它們屬何種動物。

1980 年調查工作轉移到了陵墓南側。年初，被考古學家稱作「地宮」的一部分南牆被發掘出來。但 1980 年最著名的發現發生在冬天。人們發現了一個藏有兩乘彩繪的銅車馬土坑。這兩臺車輛的尺寸大約為實際大小的一半，但它們至少重

9　我對 1974 至 1984 年間所取得發現，包括對「兵馬俑坑」發現的描述，部分基於下列有關這十年工作的權威考古報告，亦即陝西省考古研究所、始皇陵秦俑坑考古發掘隊編：《秦始皇陵兵馬俑坑》（北京：文物出版社，1988 年）。

現了始皇帝所用馬車。以下是一些值得注意的特點：車輪的輻條、輪轂蓋、弩和箭、韁繩、傘蓋與看臺。很多學者已經注意到，這兩乘戰車雖是為了始皇帝而製作的，但是他並沒有出現在上頭。

從 1985 到 1995 年間，在陵墓所進行的工作出現了長時間的停頓，但人們隨後亦立刻啟動了一些搶救工作。不過，1998年標誌著遺址新時代的開始。當年的調查工作換了一位新的領導人：新近從西北大學考古專業畢業的青年學者（34 歲）段清波。同年 10 月，陝西省考古所和秦始皇兵馬俑博物館組織了一個合作團隊並為發掘、保存與對墓園的徹底調查擬定了計劃。

1999 年這個團隊主持了一次規模為 20,000 平方米的大型調查。這次調查引發了新一輪的發掘，並為我們對始皇帝陵墓整體布局提供了更好的理解。迄今為止，考古學家已發現 177處藏有人偶和其他物品的土坑。下面我只能提到其中的一部分。[10]

段清波和他的團隊在內外城牆之間的東南角發現了一個13,000 平方米的土坑——K9801。這個土坑的內部大部分由木頭築成。這是至今發現最大的土坑，又由於它同樣由很多地下通道組成，故其結構與 1 號坑很相似。對該處局部的發掘已出土了上百副鎧甲和 43 具頭盔，它們都由經高度處理與拋光的

---

10 K9801 和 K9901 發現的詳細資料見陝西省考古研究所、秦始皇兵馬俑博物館編：《秦始皇帝陵園考古報告》（1999 年版）（北京：科學出版社，2000 年）。這是一部有關遺址於 1999 年之發現的權威報告，其大部分內容都出自段清波之手。有關 K9901 的額外資料又見陝西省考古研究所、秦始皇兵馬俑博物館編：《秦始皇帝陵園考古報告》（2000 年版）（北京：文物出版社，2006 年）。這部書同樣大部分是由段清波所完成的。

石塊製成（人們同時發現了三套為馬匹而製的石造鎧甲）。測驗顯示在坑內將近 6,500 平方米的地面區域中，每一平方米都埋有鎧甲。一具修復後的鎧甲包含 612 塊由銅線連綴起來的石塊，並總重 18 千克。一具由 74 塊石塊所組成的頭盔則比 3 千克稍重。對石塊的分析顯示它採自今陝西富平縣。在遺址工作的學者們推斷這副鎧甲是為墓葬而製作的，且在當時被認為是人死後不可或缺之物。

通過鑽取土芯而發現的 K9901 號坑位於 K9801 號坑南側，其內部為土木混合結構，這與兵馬俑 1 號坑中所見並無多大不同。對通向土坑主要部分的北側入口通道的測試發掘出土了 11 具陶製人偶。這些人偶在出土時已破裂成多塊碎片。與「兵馬俑」坑中的人偶不同，這些土偶在被製造時運用了更多雕塑技法，而非澆模法。這點在細節上似乎是很明顯的。這些雕塑技法是史無前例的，而且在中國藝術傳統中也沒有直接的繼承者。對段清波與其他人來說，它們的獨特性暗示了外來影響的存在。這些影響可能是由從事希臘藝術的中亞工匠帶來，而這些工匠的後人在後來佛教藝術和肖像的製作中亦被證明很具影響力。

段清波和他的團隊在 2000 年發掘了一個有著許多墓室，且包括多具官員土偶的土坑（K0006）。[11] 這個發現連同被確認為對「百官」的發現（K0101，下文有述），很大程度上改變了人們對這座墓葬的觀點：它並非為了象徵秦朝的武德，而是為了象徵其文德。

自 2002 年 9 月至 2003 年 3 月，考古學家發掘了一處土坑（K0007），它位於袁仲一在 1976 年所發現「魚池」附近的

---

11 該坑資訊見《秦始皇帝陵園考古報告》（2000 年版）。

外城牆以北約 900 米處。[12] 它首先在 2000 年被發現，但直到這次發掘我們才意識到這兩處遺址的關係。該坑分為土結構和木結構兩部分。一條東西向的通道包含了一條地下水流、一處包括青銅水鳥在內的「河堤」。另一部分由兩條南北向的木制通道組成，較寬的通道內有一些放有坐姿或跪姿土偶的房間。與銅鳥一同被發現的，是 15 具呈以下兩種姿勢的陶土人偶：7 具為跪姿，同時右手上舉；8 具為坐姿，並同時伸出其腿部和手臂。段清波和他的一些同事推斷，這些人偶分別代表樂師正在表演打擊與彈撥樂器。陝西師範大學的音樂學者陳四海確認了該坑地上找到的小塊銀器和翡翠物件係琵琶演奏者所用的撥片指套。

我在之前提到，人們於 1999 年曾在墓園和周邊區域運用新技術進行過一次勘查。由於最初的成功，這次調查變成了一個有著眾多參與者的國家項目（編號 863），這些參與者中最突出的當數陝西省考古所與中國地質調查局。[13] 這個正式項目於 2002 年 11 月啟動，並在持續進行中。有關這次研究結果最近期的長篇專著於 2005 年 4 月發表。[14] 人們將該項目的目標界定為探索「地宮」是否存在於陵墓之下，並確定其具體狀況為何。

對陵墓所進行的科學調查包括許多儀器的使用，它們對磁力、重力與遺址電阻進行測試，也對其中物理與化學構造的特

12　有關這個發現的初步報告，見段清波：〈秦始皇的地下園林〉，《文物天地》2005 年第 1 期。

13　劉士毅編：《秦始皇陵地宮地球物理探測成果與技術（修訂版）》（北京：地質出版社，2005 年）。

14　見蔣宏耀、張立敏：《考古地球物理學》（北京：科學出版社，2000 年），頁 199–250。

徵進行測量，包括土壤溫度、濕度，以及其質地與密度。這些測試和測量已經在中國大約 20 個考古遺址進行過。

因為這項工作，我們現在得知人們在當時製造了一個精心設計的系統使源自驪山的地下水流改變方向，離開陵墓。由粘土與夯土建成的水道將水導向北方，而這些水則被用來製造 K0007 號坑的「地下濕地」。這個系統非常完整，而它在目前尚在運作。陵墓與周邊的濕度差異暗示墓穴尚處於密封狀態。人們在陵墓北邊和東邊發現了用於離開墓地的隧道。

被標為 K0101 的東北角有精心製作的地下建築遺跡。這些建築被認為是司馬遷對陵墓的描述中所提到的「百官」。我們亦清楚知道陵墓的夯土地基比目前所見表面更為廣大。這和其他證據表明在最初的計劃中，墳堆要比現在的 55 米更高。司馬遷一則不完整的記述表明，陵墓在始皇帝逝世兩年後的前 208 年尚未完工。但由於秦朝受到了外來威脅，故有關工程被迫中止進行。

這個相同的調查工作顯示出，在墓園東西入口處，具體為內外城牆之間區域建有 4 座由 3 部分構成的高塔，這是秦朝獨一無二的建築象徵。

對地磁異常與電阻的測試結果，與陵墓正下方存在著一個包括在一個界限清楚的區域之內，並呈矩形缺口的情形相互符合。在 2003 年 3 月 19 日和 20 日的日間和夜間時分，為了測量熱量異常而裝備紅外線設備的飛機在始皇帝陵墓遺址上空進行了總達 65 次的定點飛行。這些資料與攝於 1974 和 1985 年的紅外線照片相結合。人們同樣進行了聲音測量與其他一些通常被稱為透地雷達的測試。隨後，中國考古學家們使用了他們最愛的工具——「洛陽鏟」，小心翼翼地進行核心抽樣的工作。

　　以下是從所有資料中得出的情況：該處有一面夯土製的矩
形階梯狀承重牆，與陵墓中的夯土不同；這面牆的一部分是由
石頭建造，而它的頂端則為一個可能是塔的木構建築。這可能
就是司馬遷所描述的「觀」。在圍牆所包圍的空間正中心，距
陵墓頂端約 70 米處是墓葬的地下室。它被稱之為「地宮」，
而它可能就是司馬遷提到的墓中宮殿。墳土之下的圍牆可能與
位於河北北部，建於前三世紀早期的中山王墓墓室相似，[15] 但
是，中山王墓之上覆有建築物。而在秦始皇陵中，土墩卻覆蓋
了建築物。

　　最後，人們亦在墓室圍牆所圍成的區域中進行了水銀測
試。這些測試顯示在圍牆之外並未出現高濃度的水銀。而在墓
室的東北和西南角，水銀的濃度卻特別高。令人想起司馬遷對
墓室所寫：「以水銀為百川江河大海。」這些測試表明一幅以
水銀製成的江河大海地圖確實覆蓋了墓中的地面。不同的水銀
濃度說明這幅地圖可能展現了黃河、長江流域，以及東北方的
渤海與西南的一處湖泊和沼澤。該區域是秦始皇帝國的中心，
也成為了他陵墓的中心。這座陵墓被地宮和周邊墓室的牆所包
圍，並由封墓地的墳土堆所覆蓋。

　　我們尚無法確定陵墓自身是否會在不久的將來打開。對於
有太多事物是以如此匆忙的方法被發掘，袁仲一、段清波和與
他們一起工作的考古學家表示遺憾。然而，如果我們將過去當
作某種指示的話，依然能期待在坑洞與在秦始皇陵周邊規格較
小的墓穴中得到令人矚目的發現。我們目前所知道的情形顯示
出，陵墓並非是為了作為享樂的宮殿或真實帝國首都的複製品

15　見河北省文物研究所：《䤅墓：戰國中山國國王之墓》（北京：文物
　　出版社，1996 年）。

而建造。我們亦無證據證明始皇帝在傳言中對自己長壽和不死的著迷超越了時人對死後永生所普遍持有的看法。[16] 軍隊在整體墓葬群中只是扮演了一個小角色，而用於複製這隊軍隊的土坑也遠離墓葬群中心。位於中心的是秦始皇居處、他的私人馬車、他豐功偉業的建築象徵、讓他得以俯瞰其王國的高塔，以及用來管理帝國的百官。這些都顯示出始皇帝已經計劃好，他即使死後也要永遠致力於統治和管理他所創建的帝國。

---

16 關於這種觀念，見 Anna Seidel, "Post-mortem Immortality or the Taoist Resurrection of the Body," in S. Shaked, D Shulman, and G. G. Stroumsa eds., *Gilgul: Essays on Transformation, Revolution and Permanence in the History of Religions* (Leiden: Brill, 1987), 223–237。

秦始皇[*]

　　我們現今對秦始皇（前 259– 前 210，前 247– 前 210 在位）的認知，是經過兩千年傳統過濾的結果。這些傳統將秦始皇看作狡猾且冷酷的獨裁者。他為尋求帝國的理想，組建了龐大的軍隊，並摧毀了所有的異見者與敵對勢力，更以律法統治取代了孔子（通常認為其年代在前 551– 前 479）所盛讚的儒家思想。秦始皇與孔子的差別尤為值得注意。傳統將孔子描繪成秦始皇的對立，他是一位道德高尚的「素王」，並塑造了中國文化，更寫下了具有奠基意義的文化著作，且致力培養貴族青年的高雅技藝。這些對於孔子與秦始皇的描寫，在一定程度上有誇張之嫌。然而它們無法被忽視，因為這些誇大其實的呈現手法對民眾在歷史與國家認同的看法上產生極大影響力。中華文明史上存在著一種固定的認識，古代有一位具有無可比擬的道德與人文關懷導師，以及一位為追求力量與霸權冷酷狡猾而獨樹一幟的統治者。

---

* 　Jeffrey Riegel, "Emperor Qin Shi Huang," Introduction to *Terra Cotta Warriors: Guardians of China's First Emperor*, ed. Albert Dien (Santa Ana: Bowers Museum, 2008), 23–37.

一、歷史背景

　　為了更全面理解秦始皇及他在歷史上所扮演的角色，我們可以簡單回顧一下他如何戰勝秦國敵對勢力，並最終得以統一天下。大約從前 1000 年開始，強大的周王室領導下的諸侯國同盟佔據現今的中國北部。這一地區包括黃河流域及其主要的支流，即汾、洛、涇、渭。早期的周王在統治中成功地說服追隨者信奉君權神授一說。從二十世紀八十年代中期開始，在現今中國陝西省工作的考古工作者已在一處稱為周原的區域搜索周代的早期都城。他們發掘出的文物中有周代貴族製作的青銅器，上面的銘文反映了周代統治者對其成就的自豪以及對統治他人之神權的自信。

　　到了前九世紀晚期與前八世紀，周王室的統治權與威望普遍遭受了質疑，加上周代統治受到兇猛外敵的威脅，同盟分崩離析成為互相競爭的列國。在中國歷史上，這段漫長、戰火頻頻且沒有最高王權的時期分成兩個部分：春秋（前 770– 前 453）與戰國（前 453– 前 221）時期。

　　春秋戰國時代的統治者失去了宣稱其神聖統治權的能力。為了給人民帶來穩定，並保證他們忠誠，這些統治者制定了法典與血誓體系。根據一部早期的歷史文獻，中國最早的法典由子產在前 536 年公布，他是鄭國這一古老而受人尊崇國家的大臣。子產向全國百姓宣布了一部巨大的刑法法典，並將之銘刻在一組青銅器上。我們不知道這部古老中國法典的內容，但是「刑」這個名字顯示它在其他作用之外，一定詳述了給予罪犯的肉體懲罰。

　　這份早期的史料也頻繁地提到統治者使其追隨者起誓效忠之事。二十世紀 60 年代中期，在陝西省侯馬村附近的一處早

期青銅鑄造遺址，考古學家發現了一些深坑，其中包含有獻祭動物以及如同早期歷史文獻中所提及那些盟誓與條約的多件副本。在作用上，寫在玉上的誓約就是預留空白、方便盟誓者填入名字的表格。如此做出的誓約並不被認為是意義深遠的忠誠觀念的表達，而是對統治者意志的服從。盟誓與條約並不依賴於參與者的信賴，而是依賴於他們對沒能遵守誓約條款就會得到神靈報應的敬畏之心。

二、戰國與戰國哲學

孔子思想的主要特徵之一，是他反對道德行為可以通過獎賞的許諾與懲罰的威脅，來強制人民遵守法律和宣誓。他認為道德教育是社會的基礎，他對修身在建立一個有序社會中所扮演角色的想法，被他的信徒和弟子們提煉成為現今所謂的儒家學說。儒家學說主要的反對勢力來自兩個學派——墨家與法家。墨家反對儒家的道德學說，認為其不切實際且只對自身有用。墨家傾向於一種自由意志，一個人選擇做某事並非因為它與個人道德密切相關，而是因為他意識到這麼做對自己有利。對墨家而言，對道德的幻覺只會阻止人們看清，並且選擇實現自己的個人利益。

另一反對勢力來自法家。他們代表一個植根於我們先前討論過的法典之上的悠久傳統。對他們來說，為了創造一個穩定而公正的社會，法律是最可靠、最公平的方式。因為孔子聲稱他關於道德教育的觀念立足於歷史事例之上，他的見解被法家看作不合時宜，而且還導致人民疏離法治。儒家如此做的方式是教導人們：自我的決定比法庭上的法律更重要。

在孔子死後，困擾著社會與政治的崩壞依然繼續，且並未

有所減輕。各種思想學派無論是贊成或反對孔子學說，百家爭鳴只顯示出一種跡象，即和平與融洽還非常遙遠。然而，對處於論爭中的許多學派來說，其所達成的共識是，必然將出現一位吞併天下的統治者來終結戰爭和衝突。事實上這位人物出現於前三世紀後半葉，並將在歷史上成為秦代的首位皇帝。

三、首位皇帝的出現

前 259 年，未來首位皇帝出生在秦國鄰近的趙國，當時其父子楚作為人質被拘留在此，原因是為了確保秦國遵守對趙國的條約義務。子楚似乎只是個次要人物，最初並不具有王位繼承人的地位。然而他的命運在其子出生前發生了迅速的戲劇性轉變，子楚在後世歷史文獻中被描繪為趙國商人，或許也是當時最富有之人呂不韋的幫助。根據這些文獻記載，呂不韋實實在在地為子楚及其子亦即未來的秦始皇購得了繼承權。事實上，由漢王朝撰寫的歷史延續了當時廣為流傳的流言，即呂不韋才是秦始皇生父，因為他母親曾是呂不韋的小妾之一。但這些有關繼承權、秦始皇之血統及其他秦代宮廷通姦事件等故事都不可信，它們的本來面目應當被揭開：漢王朝企圖抹黑秦代皇室，並且減弱秦始皇統一帝國的成就。對不受歡迎或非正統的統治者造謠中傷其出身，這在中國歷史上幾乎已是司空見慣之事。

四、秦始皇的意識形態

秦始皇的成功並非小事，他從周代戰爭的孑餘中創造了一個帝國。秦國位於遙遠的西部，相對周代領導下的諸侯國同

盟，它是一個比較野蠻的國家。前266年，鄰近的魏國有一位
貴族說：「秦與戎翟同俗，有虎狼之心……不識禮義德行。」
不過雖然發源於野蠻之地，秦國也在不斷地變化與革新：前
350年的法家學者商鞅變法——一部新的法典及有關土地分配
與公民義務的法規——使秦國社會遠遠超越了很多自命不凡的
鄰國。

這些在法律系統、官僚行政的發展，以及在前五世紀下葉
期間由一系列秦君所取得的軍事勝利，都為首位皇帝鋪平了道
路。當前246年他登上秦國王位時，秦國已吞併了廣闊而富饒
的巴蜀地區（現今的四川），且已全方位地擴張了其國境與影
響，征服並摧毀了弱小的周王室殘餘勢力。

這位年輕的國王在年幼的13歲便登上秦國王位，受到由
他提拔至相國之位的呂不韋輔助。呂不韋不甘於秦國落後，於
是在秦國聚集了數百學者。據說他付給這些學者高額的酬金，
命其撰寫有關當時重要議題的學術論文。集結而成的作品《呂
氏春秋》細緻地評價了前三世紀的生活，從該書160篇中我們
能看到一些政治和社會變遷，以及當時席捲了整個大地的知識
與宗教革新。

年輕的國王最終不再需要他的相國，他在前239年強硬地
奪回了政治大權，隨後便著手征服所有的秦國殘餘敵人，將中
國有史以來最龐大、最訓練有素的軍隊投入戰場。據歷史和考
古證據估計，為了進行這所有的軍事活動，這位未來的首位皇
帝徵召了一支將近百萬人的軍隊，帝國中17至60歲的男性都
被送入了戰爭之中。

根據早期歷史文獻記載，前234年他攻打了其父曾作為人
質的趙國，斬首十萬趙國士兵，以此作為對未來敵軍的警示。
韓、趙、魏三國先後在前230、前228、前225年淪陷，南方

大國楚在前 223 年被征服，東北的燕於前 222 年陷落，最後一個殘存的大國、位於現今山東的齊在前 221 年失守，由此開闢了帝國時代。

　　秦始皇也反對呂不韋的政治哲學——一種混合儒家倫理觀、修身觀念以及墨家實用主義元素的綜合體——而支持法家學說。隨著前 239 年之後呂不韋罷相及死亡，秦始皇任命了一位優秀的法家學者李斯作為丞相。李斯將當時名望最盛的法家學者韓非子介紹到秦國。韓非此時已完成了一部宏偉的法家思想著作，強調法律的首要地位及維繫政權與創建職業的官僚政治等，用以充分順應國家與未來帝國的需求。

　　在早期中國的思想史上這是一個有趣的反諷：韓非子和他現在的主顧李斯，都曾是前三世紀孔子追隨者荀子的學生，諷刺的是因為他們都否定歷史教訓。如果說孔子在中國傳統上是過去的創始人，那麼法家尤其是韓非子，就是它的破壞者。他們主張一種決不妥協的現代性，認為過去君王的政策應當被廢除，它們只是帶點雅致的老古董，只適用於解決過去的問題，而現今已經無用。韓非子喜歡講述一個愚蠢農夫的故事，有一次他捉到一隻不巧撞在樹樁上的兔子，於是便放下他的犁，把所有時間都用來守著那個樹樁，等待再有兔子犯上同樣的錯誤。韓非子認為儒家比這個農夫好不到哪裡，他們死守著徒勞且毫無生機的觀念。

　　韓非子對過去之摧毀的一部分做法，是反駁孔子所提出的道德教育。修身的價值只是過去留下的無用遺跡，而堅持自稱能帶來穩定和平社會只是儒家的騙局。韓非子提倡將所謂「二柄」——賞與罰——作為實現目標的最有效手段。他認為孔子之錯在於，他把這種動機看作毫無效用，並且認為它們的實踐導致社會的分崩離析。他說，問題不在於動機本身，而在於誰

在控制它們。因而他主張一種政體，統治者自私地掌握這些工具的使用，不與任何人分享他專制的賞罰之權。韓非的法家思想基礎是一個中央集權的政府，其能夠響應社會當下需求，然而目的則是為了維護統治者的統治。正是秦始皇的改革將這種思想在帝國的統治中付諸實踐。

直到最近，一個困擾著早期中國法家研究的難題是，我們對古代法律的真實內容沒有任何概念。韓非子對法律的性質與意義做出了理論層面的探討，然而他卻未提供任何已頒布的法規例證。由於 1975 年在湖北省一處秦墓中的出土文獻，我們現在對秦代法典的內容與秦代法律思想的性質已有了更堅實的理解。

五、作為帝國建立者的首位皇帝

為了象徵其政權無可比擬的力量，秦始皇在咸陽建都，呈現其帝國的一個縮影。他所征服國家中的十二萬戶貴族被遷至咸陽，那裡有為他們而建的宮殿，也便於監視他們。他們原先所住宮殿都在咸陽被複製，使得國都成為帝國建築傳統的寶庫與縮影。全國的兵器都被收繳並帶至咸陽，被熔鑄成大鐘、鐘架以及 12 尊巨大的人形塑像，據說每尊都重 29 英噸，被樹立在秦宮殿外牆之內。

四千英里的新馳道被建造出來，用以連接國都和地方；帝國成立前各國在北部邊境修建的城牆被連接起來成為長城；一條溝通兩條水系的運河被開挖出來，使得在長江和廣東之間運輸貨物成為可能。此外，漢字、重量與長度得到了統一，車輛也有了標準尺寸。這些多方面的改革確立了秦始皇在帝國制度上的開創地位，而這些制度並沒有因為他的死去而煙消雲散。

事實上，他所創造的行政單位系統是現今中國縣、郡、省的直接源頭。

　　毫無疑問，秦始皇對帝國強制實行一個單一標準的癡迷，同樣也延伸至思想與文學領域。與其他獨裁者一樣，他採取了措施保證他的帝國哲學不受嚴重質疑或暗中破壞。很可能他的丞相李斯實施了嚴格的審查制度與管理政策，而至於焚燒書籍和活埋反對他們的學者相對較無可能。無論如何，這種言論在後來漢代文獻中才被製造出來，但我們可以將其看作是一種誇大其辭，意圖將秦始皇和李斯等同於中國更早傳說中的暴君。秦始皇行為的這個描繪即使沒有證據支持，還是在中國歷史中被頑強地保留下來，通常被舉證為秦朝何以維持了僅僅 11 年的原因之一。每當後世的中國皇帝對身邊博學的士大夫產生敵意，後者總會提到秦始皇的行為和他政權所遭遇的下場。

六、死亡和埋葬

　　秦始皇死於前 210 年，享年 46 歲，在他死後，其帝國也沒能存活多久。這從某種程度上顯示，他創造的帝國依賴的是他屹立不倒而形成的力量。秦始皇意識到了這點，便採取手段來延長他的生命與權力。他在晚年熱衷於對不死藥的追求，結果當然只是徒勞。然而，與一些流行的說法相反，這一追求不包括服用迷信中所謂的能延長其生命、而事實上卻在毒害他並使他變得瘋狂的水銀。沒有任何證據能證明他曾將水銀當作藥物，雖然這種物質的性質使當時的人們著迷，也啟發了後世皇帝從事一些奇怪的實驗。

　　無論如何，雖然他沒能找到藥物來延長他的生命，但至少從前 221 年建立帝國開始，他便開始採取措施為其建造所謂的

「死後的永生」——一個精心建造的墓園。由於中國考古學家們近三十年來的工作，其細節已逐漸明朗。我們現在知道秦始皇為自己建造的龐大陵墓在設計和布局上比他現實中的國都咸陽要完美得多。

秦始皇並不是中國歷史上第一位為自己精心建造陵墓的統治者。這一傳統可上溯至周代，甚至更早。比如，廣為人知的著名「兵馬俑」坑可認為是埋葬戰車、戰馬與御者這一古老傳統的一部分。陝西平原已發掘了上千座帝國之前的秦國墓葬，這表明秦始皇的墓葬是秦國統治者與貴族精心為自己建造陵墓這種久遠傳統的一部分。將秦始皇陵與前人區別開來的，是其規模、複雜程度、尺寸以及其中建築規劃的精巧。秦始皇建造的不僅僅是一座墓葬，而是一片60平方千米的龐大地下城市，以使其安居並且獲得保護，在永恆中得到娛樂與滋養。

這座巨大的陵墓包括一座地下宮殿、獻祭堂、御馬廄、皇輦與戰車庫、廚房及官署。另一處區域則發現有娛樂區、動物園與遍布水池的遊樂園。防衛方面，該陵墓也包含了一座軍械庫和由成千上萬泥土士兵組成的軍事護衛隊。

地下宮殿位於墓塚之下，顯然經過了豪華裝潢，其地面裝飾有帝國及河流全景式透視圖，天花板則是星空圖。一份寫於秦始皇陵竣工百年後的漢代資料描繪地下宮殿曰：

> 始皇初即位，穿治驪山。及並天下，天下徒送詣七十餘萬人。穿三泉，下銅而致槨。宮觀百官、奇器珍怪徒藏滿之。令匠作機弩矢，有所穿近者輒射之。以水銀為百川江河大海，機相灌輸。上具天文，下具地理。以人魚膏為燭，度不滅者久之。……閉中羨，下外羨，門盡閉，工匠藏者無復出者。樹草木以象

山。(〈秦始皇本紀〉)

遺址上進行的考古檢驗證實了陵墓地下構造仍然完好無損，在其範圍內有著異常高濃度的水銀。

獻祭堂是一座精心設計的建築物，帝王的子孫可在此款待先王的英靈。在秦始皇死後居住的宮殿中，屋頂的其中一塊瓦片上刻有「長生」的祝詞。御馬廄中包含有真馬遺骸與泥塑馬夫。廚房和餐廳是為了給秦始皇的英靈提供必需品，以及為承擔廣闊的墓園地面維護的工作人員提供食物。娛樂區中有泥塑雜技演員，其身上的細節彩繪令人想起早期希臘雕刻藝術。包含異國動物遺骸的動物園與遊樂園中充滿了青銅水鳥，隨著演奏鼓和琵琶的泥塑樂師翩翩起舞。距離墓葬更近處有一個土坑，其中停著實物一半大小的青銅戰車與豪華馬車，用於車載秦始皇之英靈在陰間出行。同樣位於附近的是一處軍械庫，其中藏有將近 6,500 套石製戰甲，僅合陰間的士兵使用，因為真實世界中的士兵無法承受其重量，且一旦作出快速動作，就會損壞盔甲上易碎的石片。所有這些秦始皇陵的特徵都意味著它不但是真實國都咸陽的反映，更是超越真實的改善。由於國都咸陽留下的遺跡很少，考古學家通過研究陵墓去理解早期中國的城市規劃。毫無疑問，這些研究顯示秦始皇與他的大臣創造了這座國都的布局、設計與特點，使其成為一個典範，不但被後世的王朝建立者（包括北京紫禁城的建設者）所仿效，也影響了日本、韓國與越南歷史上的國都。

七、兵馬俑

最後，可以提到在地下世界作為武裝衛隊為秦始皇服務的

兵馬俑。在一定程度上，兵馬俑是秦國投入戰場的真實軍隊寫照。從這個角度看，我們所找到的描述大體上並不超出我們已知的早期中國軍事史。比如，在 1 號坑中，由馬拉行的戰車作為軍隊構成的必備要素，就完全符合以下的印象——戰車從很早開始就是軍隊中最重要的部分。在此前的一千年間，周代注重車戰，也正如人們經常注意到的那樣，這種長期存在的戰鬥模式是其他古文化包括埃及與巴比倫的典型特點。而將早期中國與它們區分開的一大特徵是有效的戰馬護具得到了成熟的發展。在兵馬俑坑中獸皮製成的馬具最初是為其中載客馬車的馬而設計的，但很早就已碎裂。對騎兵所用的戰馬與安置了秦始皇私人皇輦及戰車的「車庫」坑來說，有一個青銅材質、且精緻燦爛的馬具與韁繩被保存了下來。

我們在兵馬俑坑中也看到行伍整齊的步兵團，它們穿著代表性的皮製戰甲，握有真實的兵器（僅存青銅部分）。在發現兵馬俑之前，我們對早期中國軍隊裝備的知識尚存在某些空白。因此，兵馬俑的發現幫助我們填補了這一空白，不僅對於早期中國，就是對中國軍事史上後來的階段也是如此。大多數土製士兵都握有兵器，有裝在長棍上的戟，也有青銅長劍。這些青銅技術的傑作對秦國征服敵人來說是極重要的兵器。秦國的劍是敵國軍隊用劍的一半長，而且它們的表面經過鉻的處理，以確保不生鏽，並能保持其銳利的劍刃。同樣給人深刻印象的是 2 號坑中呈現跪姿的弓箭手小隊所持的弩。語言的證據顯示弩在亞洲最早出現在當今中國南部地區。大約從前五世紀開始，弩就已被早期中國人採用並改進為一種武器，在力量和致命的精確度方面所向無敵。在秦國遺址上發現的弩箭機遺存均為青銅扳機與箭頭。扳機精確與規則到它們的部件是完全可替換的。這非常了不起，因為當時還不可能有用於金屬加工的

車床。其精確度與規則性很可能是由於銼刀的大量使用。箭頭在製造上也同樣完全一致。對其所作的精確顯微測試證明了所有的箭頭事實上幾乎是完全相同的，這一事實顯示生產過程中的審慎、監督與規格化。這種對規格的堅持說明了秦國在製造和管理上的品質。

兵馬俑戰士的每個個頭都比實際要大（或許它代表著那個時代最魁梧的人類樣本），而且他們的外貌和衣著都非常英俊。有些穿著束腰外衣，其餘人穿著用以保護的皮製戰甲。這些人俑最初用彩繪裝飾，使得它們顯得比現在更生動。從其製造可以明顯看出，兵馬俑肖像在一個龐大的裝配線上被製造出來，以保證每一尊都能達到標準——一種職業戰士外表上應有的完美狀態。

我們從一些遺址出土，即早先提到的秦代法典看到，大多數戰士的生活都很悲慘。他們配備不足，報酬低廉。我們讀到士兵從別的士兵處竊取敵人首級，這樣他們就能憑此索取報酬。有些士兵寫信回家要錢，為的是買得起足夠的食物與衣物，這樣才能在冬天生存下來。在其中一封信中，一名戰士重複了三遍「迫切」這個詞，以將處境的嚴重性切實地傳達給家人。這種現實離在地下世界陪伴秦始皇的兵馬俑很遙遠。但重要的是，在秦始皇的領導下，擁有一支專業的軍隊，具備完美的體質與武器裝備，以及超常的耐久性和殺傷力，這種觀念的萌芽已經植根於早期中國。

秦國崛起的五件決定性事件 *

> 秦之先，帝顓頊之苗裔。孫曰女脩，女脩織，玄鳥隕卵，女脩吞之，生子大業。大業取少典之子曰女華，女華生大費，與禹平水土。(〈秦本紀〉)[1]

漢代史家司馬遷（前 145 年 – 前 86 年）如此開始他對秦國起源與壯大的敘述。與這段開頭的文字一樣，這位史家的敘述具有世系的細節與神話式的浪漫。後者的增補不僅是為了文學修飾，也是為了對秦國統治者與人民的起源及本性作出相關

---

* Jeffrey Riegel, "Five Decisive Events in the Rise of the State of Qin," *China's Terracotta Warriors: The First Emperor's Legacy*, ed. Yang Liu (Minneapolis: Minneapolis Institute of Arts, 2012), 19–28.

1 這段文字是〈秦本紀〉開首的文字，見司馬遷：《史記》（北京：中華書局，1959 年），卷五，〈秦本紀〉，頁 173–221。完整翻譯見 William H. Nienhauser Jr., ed., *The Grand Scribe's Records*, vol. 1 (Bloomington: Indiana University Press, 1994), 87–125；以及 Burton Watson, *Records of the Grand Historian: Qin Dynasty* (New York: Columbia University Press, 1993), 1–34。有關秦在前 221 年前的歷史的更多細節，以及《史記》作為秦國歷史資料的局限性，見 Derk Bodde, "State and Empire of Ch'in," in Denis Twitchett and Michael Loewe, eds., *The Cambridge History of China*, vol. 1 (Cambridge: Cambridge University Press, 1986), 20–102。

論述。大業感生的神話，強烈地使人聯想到啟的故事。他是古
老的商王室世系的祖先，其出生也是其母吞下玄鳥，即燕子的
卵所導致的結果。[2] 司馬遷的論點可能是說，秦國宗族與商王室
一樣都是由神靈所建立，故在某種程度上是注定擁有權力的。
然而，秦國掌權者可能會把這兩個起源神話的相似之處當作證
據：他們的祖先來自東方文明的商朝領土，而不是西方的野蠻
之地。

　　這篇文獻中不見女修父親之名，這可能是用來說明早期秦
國人民是通過其母而非其父來追溯他們的血統。大費與著名勞
動者大禹的聯繫將這位早期秦國的先祖置於上古文化英雄行列
中。由於大費的成就與其「調訓鳥獸」的本事，傳說中的帝王
舜賜予他嬴姓（意為充裕）。直至秦代結束它都是秦王室的姓
氏。太史公重述這個故事與相關的神話，目的或許是為了表明
秦人及其統治者從最早時期開始，就被視為能征服野生動物的
鬥士與牧民。

一、秦國東遷

　　在司馬遷的敘述中，居於犬丘的非子出現在大費之後的數
頁，即大約十七個世代之後。與非子較近的祖先包括商周兩代
著名的御夫，其中一位「鳥身人言」，而其他祖先則與西方的
戎人雜居。戎人這班牧民因為擁有有關動物的豐富知識而受人
尊敬，也是令人害怕的兇猛武士。秦很有可能與戎有關。

　　犬丘位於甘肅東南角，離甘肅與陝西交界處不遠。非子居

2　商代起源神話見於經典文獻《詩經》所收〈玄鳥〉；Arthur Waley,
　　The Book of Songs (New York: Grove Press, 1996), 320。

於此處時，因作為一位「好馬及畜，善養息之」[3] 的人而名聲大噪。周孝王（約前 872– 前 866 在位）因此令其在陝西最西邊汧渭二水之間的高原上負責管理馬匹。他因為飼養馬匹這項功勞而被賜予犬丘附近帶有城牆的秦邑。關於秦國早期數個世紀歷史的這段記載也提到其他由城牆包圍、名為秦的城市，亦同樣位於陝西西部。其中一座位處現今寶雞的稍東北之處，該地在秦時名曰雍。另一座離汧渭二水之交匯處不遠，在寶雞以東約十英里。[4] 在前九世紀至前七世紀之間，秦人有可能是沿著渭河水道向東邊遷徙，亦有可能曾遷都數次。

因此，秦人的發源地為現今中國西北部。然而，他們的命運卻延伸至更遙遠的東方。前七世紀早期，秦德公進行了一次預言國家未來的占卜：「子孫飲馬於河。」[5] 在這五個世紀裡，秦人將其權力中心從甘肅東移了 110 英里，並在前 350 年於西安西北方約 12 英里的咸陽建立了最後的都城。

周孝王把非子稱作秦嬴，秦國王室的可靠歷史亦是由非子所開始。從其子秦侯（約前 857– 前 848 在位）開始，人們均以西周及東周兩代所使用封建爵位來指稱秦國統治者。[6] 而秦

3　關於犬丘所在位置，見林劍鳴：《秦史稿》（上海：上海人民出版社，1981 年），頁 33，注 16。根據我對〈秦本紀〉這段文字的理解，我認為犬丘與「西犬丘」是相同的。見譚其驤：《中國歷史地圖集》（上海：中國地圖出版社，1982 年），第 1 冊，頁 22。

4　參見譚其驤：《中國歷史地圖集》，第 1 冊，頁 22。

5　司馬遷：《史記》，卷五，〈秦本紀〉，頁 184。

6　「侯」這個頭銜通常被譯為 marquis，其字義為「目標」（target）。這可能表明擁有該頭銜者是周王信任的射手之一，或者是被周王的箭所臣服的人，雖然他也有可能是自願的。可能非子之子是在死後被其子孫冠以「侯」這個頭銜的，其目的是為了紀念其父對家族的貢獻。我們不確定秦侯之子與其孫的頭銜和爵位等級。見 Jeffrey Riegel, "Early Chinese Target Magic," *Society for the Study of*

國、周王朝與其他諸侯國的歷史亦從此緊密地交織在一起。司馬遷聲稱非子玄孫在死後被追封諡號為秦莊公（前821-前778在位）。而要到後者的兒子襄公統治時，秦國統治者才位列「諸侯」之中，亦即被正式承認為周王封臣與擁護者。在前771年至前338年之間，共有二十四位秦國統治者在死後被追封諡號為「公」。前337年，秦國統治者使用了「王」的稱號。南方大國楚已在兩個世紀前實施了這種對周王室特權的僭越行為。在前337年至前247年之間，共有四位秦國統治者持有這個稱號。隨後，嬴政於前246年登上王位成為秦王，這情況一直要到他在前221年消滅了秦國最後的敵人後，使用「始皇帝」這個稱號才結束。

　　對早期秦國而言，前八世紀有兩個重要趨勢。一是秦國越來越多參與周王朝與諸侯的事務之中。例如在前771年，當戎襲擊周幽王、而諸侯也起來反抗他、且迫使周王室搬遷時，秦襄公護送周平王東遷至洛邑。該城在今河南省境內，位於洛水和黃河之間。我們懷疑可能是因為秦國的舉措，周才決定放棄他們渭河流域的舊地。護送周王有可能既是為了保護王室，又是為了迫使他們離開。司馬遷指出，平王在離開後不但將周王朝的舊都豐賜予秦襄公，也同時賜予他岐山以西的所有土地。在《詩經》這部經典文獻中，這片土地被頌揚為周人祖先的居所。[7]毫無疑問，我們應該只將此次授予視為周王在事情發生後對實情的承認。因為到公元前八世紀，秦國已掌握了這片地區的實際權力。為了讓公眾瞭解，周王頒布了一份聲明來解釋其行為對於防衛戎而言是必要的：「戎無道，侵奪我岐、豐之地。

　　Chinese Religions Bulletin 10 (1982): 1–18。【編按：即本書〈早期中國的箭靶巫術〉一文。】

7　Waley, *Book of Songs*, 314.

秦能攻逐戎,即有其地。」[8]

　　秦國一旦掌握這片原屬周王室的地區,秦文公(前765–前716在位)及其繼承人便開始將此地區改造成神聖的土地。他們的方式是為那些他們認為戰功顯赫的先祖建造大量神祠和祭壇。這是第二個重要趨勢。前756年,秦文公夢見一條巨大的黃蛇自天而降,並親吻了位於雍的鄜衍的土地。他於是在此建了一座神祠,以牛、羊、豬獻祭於其先祖。前747年,秦文公建了一座神廟以安置陳寶。據說這塊神石(可能是隕石)狀如一隻帶著火光降落大地的雞或雉。人們在廟中拜祭「或歲不至,或歲數來」[9]的神石之靈,而寶雞這座陝西古城就圍繞著這座廟而發展了起來。作為一塊其地位只有山東的泰山能與之相埒的神聖地域,雍到了漢代依然受到人們的尊敬。[10]

二、秦穆公的統治

　　在建立帝國前,秦國最著名、最重要的統治者當數秦穆公(前659–前621在位)。無論是在秦國,還是在周代所有其他諸侯國與采邑中,他都受到高度的尊崇。這點可從一個廣為流傳的神話中反映出來。上帝被秦穆公的美德所感動,遂將其早已注定的壽命延長了十九年,以確保他能為秦國王室帶來長久

8　司馬遷:《史記》,卷五,〈秦本紀〉,頁179。

9　〈秦本紀〉提到秦文公得到「陳寶」之事,同上注。對石之靈的描述則見〈封禪書〉,司馬遷:《史記》,卷二十八,〈封禪書〉,頁1359。

10　〈封禪書〉描述雍的聖殿與泰山,見司馬遷:《史記》,卷二十八,〈封禪書〉,頁1355–1404。〈封禪書〉的通篇翻譯見 Burton Watson, trans., *Records of the Grand Historian*, vol. 2 (New York: Columbia University, 1961), 13–69。

的力量與繁榮。[11] 這則神話實際上是上天授命於秦國，使之統轄宗族，擊敗所有敵人，並至繁榮昌盛。秦穆公之治的特點是，秦與其東邊強大鄰國晉國之間保持緊張競賽和偶發衝突。通過御駕親征與其他戰略措施，穆公確保秦國佔得上風。他的成功使人們毫不懷疑他受到神靈的保佑。在其統治早期，他強行吞併了十二個國家，從而擴張了秦國西邊的領土。前 645 年，他通過與晉國的戰爭來擴大秦國疆域，使之囊括了黃河以西的所有土地。[12] 周王對他在管治範圍外所行使實際權力表示認可，使他成為「伯」，意即王的伯父與守衛諸侯。在周代歷史上，他是五位獲得該地位之人的其中之一。[13]

　　秦穆公影響之大得以使其在似乎不受其他晉國貴族反對的情況下，讓「公子」重耳登上晉國王位。重耳這位東周時期的名人曾長期流落在外。重耳即位成為了晉文公（前 636–前 628 在位）。雖然他的統治比較短暫，但卻非常輝煌。他甚至繼承了他的保護者秦穆公而成為王的伯父與守衛諸侯。但這僅僅是證明秦穆公如何將秦國推上東周政治活動中心的一個例子而已。而在此後的四百年間，秦國都一直佔據著這個位置。事實上，我們可以說秦穆公的戰略性策略，當然也包括戰國時期

11　該神話保存在前四世紀的《墨子》中，見 Jeffrey Riegel, "Kou-Mang and Ju-Shou," *Cahiers d'Extrême-Asie* 5 (1989–1990): 55–83。【編按：即本書第三部分第一篇。】十九這個數字在古代曆法中意義重大，這是因為新月的初一與冬至大約每十九年重合一次。

12　卜德提供更多有關秦穆公政治成就的細節，見 Bodde, "State and Empire of Ch'in," 33–34。秦國在前 645 年前已控制了黃河以西的全部土地的說法是誇張之詞。事實上，秦國東邊的疆界受洛水東南方水道阻隔，這種情形一直持續到前四世紀中期商鞅在軍事方面獲得成功為止。

13　有些資料指出了其他五位，而非四位人物的名字，他們是齊桓公、晉文公、楚莊王、吳王闔閭、越王勾踐。

秦國的軍事勝利，都為秦始皇成功征服所有鄰國與創建統一帝國鋪平了道路。

秦穆公對秦國統治傳統的另一項貢獻，是他甘願自降身分而花費大量金錢，來為國家招攬傑出的顧問，這在〈秦本紀〉中是史無前例的。他成功得到百里奚的鼎力相助，而他以毅力得到其信任和忠誠的故事充滿傳奇色彩。另一個同樣著名的故事是秦穆公如何花費奢華的禮物去聘請他從未見過、但百里奚卻大力舉薦的蹇叔。[14] 由於這些故事都與司馬遷所讚許的秦穆公有關，故它們可能模式化的成分多過事實性描述。儘管如此，它們似乎反映了秦國統治者為了贏得賢人的忠誠而實踐的努力。

人們紀念秦穆公的另一個原因，是他在秦國國都內建造了令人印象深刻的建築物。大約在前 626 年，他向一位戎王派來的使者展示其宮殿，這位明顯受到威懾的使者說：「使鬼為之，則勞神矣。」[15] 整體而言，我們能從秦穆公一生中看到秦始皇之功業的先例和預兆。但將秦穆公視為秦始皇的榜樣，這種做法則恐怕不妥。前七世紀與前三世紀的政治環境差異畢竟相當不同。對秦始皇來說，秦孝公（前 361– 前 338 在位）才是他更直接的榜樣和實際動力來源。[16]

秦穆公死後在雍地舉行了大葬。據司馬遷所說，為了在死後服侍並陪伴他，有 177 名活人與他一起被埋葬。[17] 秦國這種

---

14 司馬遷：《史記》，卷五，〈秦本紀〉，頁 186。

15 同上注，頁 192。

16 這是秦始皇丞相李斯的判斷，見 Michael Loewe, "The Heritage Left to the Empires," in Michael Loewe and Edward L. Shaughnessy, eds., *The Cambridge History of Ancient China* (Cambridge: Cambridge University Press, 1999), 974。

17 司馬遷：《史記》，卷五，〈秦本紀〉，頁 194。

犧牲活人來為死者陪葬的做法可追溯至前 678 年，當時一位秦
國早期統治者與 66 名生前服侍他的活人一同遭到埋葬。司馬
遷將這次事件記載為秦國「初」，即第一次將活人與死者一同
埋葬。[18] 據其在〈秦本紀〉中所給出的數目，用於陪葬的活人
數目隨時間不斷上升，並在秦穆公被埋葬時達到頂峰。據說這
種做法在前 384 年就被秦獻公禁止了。[19]

三、征服巴蜀

前四世紀的戰爭與政治謀略的歷史既複雜又迷人。當時
的大國有秦、韓、魏、趙和齊，大約沿著黃河流域自西向東分
布，同時龐大而強勢的楚國則佔據了南方，而燕國則在東北
部。其中最具野心的國家為魏，它與一些鄰國試圖抑制秦國的
發展。那些支持秦國的國家形成了「連橫」同盟，而反對秦國
的國家則聯合楚國建立了「合縱」同盟。當時最重要的政治人
物是縱橫家，他們遊歷列國之間，並嘗試利用其邏輯與論辯的
能力來說服統治者加入其中一個同盟。他們的遊說技巧具有傳
奇性，而其功績則被收錄於流傳至今，名曰《戰國策》的一部
有關政治謀略的手冊之中。[20]

在這段時期，秦國最大的勝利可能就是在將近 130 年的戰
爭後，於前 316 年征服了位於今四川省東部，為數眾多的巴蜀

18　司馬遷：《史記》，卷五，〈秦本紀〉，頁 183。

19　同上注，頁 201。

20　陸威儀有關於前 350 年至前 250 年期間聯盟與辯士的更多細
　　節，見 Mark Lewis, "Warring States Political History," in Loewe and
　　Shaughnessy, eds., *The Cambridge History of Ancient China*, 632–
　　634。《戰國策》的翻譯見 J. I. Crump, *Chan-Kuo Ts'e* (Oxford: Oxford
　　University Press, 1970)。

民族。如果中國歷史文獻對巴蜀的稀少記載證明了甚麼，那就是古代四川雖然在前兩千年晚期是一個燦爛的文化中心，[21] 它後來，直至大約前五世紀中期為止，卻似乎變得落後。不過，我認為司馬遷敘述中的遺漏僅僅是由於無知而造成。較為可能的情況是，即使巴蜀相對黃河流域的華或夏民族來說是異國，但其文化水平還是相當高的。就如薛愛華（Edward Schafer）指出的：

> 正如具有安逸和雅致等特點的高度發達而又「野蠻」的文化在美國熱帶地區的土著中間發展起來一樣，文化複合體在真正的華族之南，即原始中國的異教徒中間發展得如此獨特而充實。所以現今四川境內的巴蜀人民（雖然中國人賦予他們爬蟲的名字，但是他們卻類似於老虎）在前四世紀末被中國人接納為文明人，並被其漸漸同化。[22]

到了前四世紀左右，巴蜀以銅和金為主的礦物資源一直被其長江下游強大的鄰國楚所覬覦。可能是受到楚國興趣的吸引，秦國亦渴望巴蜀所擁有的其他資源：土地、人口、牲口、鹽、兵器，以及最重要的穀物與其他食物供應。[23] 巴蜀人

---

21 我所指的是三星堆與金沙考古遺址所保存的「失落的文明」。見 Jay Xu（許傑）, "Sichuan before the Warring States Period," in Robert Bagley, ed., *Ancient Sichuan: Treasures from a Lost Civilization* (Princeton: Princeton University Press, 2001), 21–37。

22 Edward H. Schafer, *The Vermilion Bird: T'ang Images of the South* (Berkeley: University of California Press, 1967), 13.

23 Michele Pirazzoli-t'Serstevens, "Sichuan in the Warring States and Han Periods," in Bagley, *Ancient Sichuan*, 39.

民因夾在兩大勢力之間而無法保持其獨立地位。為避免其落入楚國勢力範圍，「秦軍佔領了漢水上游的蜀，以及巴在四川北部和東部剩餘的土地」。[24] 如畢梅雪（Michèle Pirazzoli-t'Serstevens）所言，秦在四川的殖民地不但為秦提供了實現其帝國野心所需要的財富與勞力，也成為了一個測試將異族人併入秦國社會與文化秩序之措施的「實驗室」。[25]

四、商鞅與范雎的「改革」

將秦代統治者與其人民誣衊為暴力、野蠻的人，在早期歷史記錄中幾乎是司空見慣的一件事。晚至前 266 年，鄰近魏國有一位貴族如是說：

> 秦與戎翟同俗，有虎狼之心，貪戾好利，無信，不識禮義德行。苟有利焉，不顧親戚兄弟，若禽獸耳。（〈魏世家〉）[26]

同時代學者甚至會拿強迫活人陪葬的習俗，作為談論秦國相對落後的證據。[27] 儘管秦國在文化上相對其他古老國家而言稍遜一籌，但只有很少人能在統治與戰爭方面譴責其落後，這

---

24 Michele Pirazzoli-t'Serstevens, "Sichuan in the Warring States and Han Periods," 40.

25 同上注。

26 這是引用來自〈魏世家〉的文字，見司馬遷：《史記》，卷四十四，〈魏世家〉，頁 1857。在周代中原地區人民的眼裡，翟與戎的牧民與戰士都一樣被看作是野蠻人。

27 例如張正明：〈楚墓與秦墓的文化比較〉，《華中師範大學學報（人文社會科學版）》2003 年第 4 期。

在前四世紀中期之後尤為如此。商鞅（卒於前 338）正是此時
離開祖國衛國，並在秦孝公手下當上丞相的。他在任職期間開
始實施一系列經濟與法律改革。這些改革據說極大地提高了秦
國的農業生產，並增強了秦國士兵在戰場上本已令人聞風喪膽
的表現。[28]

　　商鞅實施了一部詳盡的法典。它不僅關係到秦國政府的
行政，而且亦注重人民的舉止與行為。肉刑被引進成為處理多
種犯罪活動，甚至只是輕微罪行的手段，其目的是防止人民反
抗。為了強制推行這些刑法，百姓被分成一共五戶或十戶的細
小單位，其目的是要監督他們以及確保其履行共同義務。但商
鞅也創立了一套繁複的名目來獎賞那些尤其是在軍事上為國效
勞的人。正如早期中國暴力史權威陸威儀（Mark Lewis）所
言，「戰功以陣亡敵人的首級作為衡量標準，最後以晉升作為
獎賞」。[29] 商鞅被廣泛讚許的另一個功勞，是他的土地改革為軍
隊提供了更多糧食，並改進了秦國的經濟基礎。這些改革可能
有效地為秦國於前三、四世紀一系列包括征服巴蜀在內的軍事
勝利打下了基礎。這些軍事勝利大大削弱了秦國的敵人，且導
致秦朝的成功建立成為必然。

　　最後，正是商鞅建設了秦國最後一個國都咸陽。咸陽之
意為「陽氣之彙集處」。此處之所以得名，原因是它位於渭河
以北，在那些構成渭河盆地北部邊界山脈以南，而該位置非常

28　商鞅變法背後的哲學保存在《商君書》中，即使該書似乎是在前三
　　世紀才編輯完成的。見 J. J. L. Duyvendak, *The Book of Lord Shang*
　　(London: Probsthain, 1928)。有關商鞅變法，比本章更為詳細的討
　　論見 Bodde, "State and Empire of Ch'in," 34–38。

29　Mark Lewis, "Warring States Political History," 612。我在本章結論
　　部分借用了陸威儀博學的歷史敘述。

具有優勢。在設計秦國帝國力量的所在時，商鞅制定的軍事策略，是讓秦國將其邊界延伸至越過洛水那條看似不可通過的邊界，並且最終征服「關外」以東國家。

然而，即使，抑或確實因為——他對秦國的壯大作出了成就與貢獻，商鞅還是被判處了死刑。當秦孝公於前338年離世時，他那班對商鞅之權力久已忿恨的親戚與繼承人以或許最殘酷的手段，即車裂來處死商鞅。商鞅的生平與死亡顯示出當時統治者和政治哲學家所遭遇的最棘手問題：一個國家如何在內部政治的威脅下保持其統治世系長久的存續，而同時贏得與王位無關的賢能之人的忠誠與效力？戰國時期的政治文獻到處都有這問題的答案。但這個問題卻一直困擾著秦國以及後來的帝國統治王朝。

征服巴蜀之後，秦國幸運地有昭襄王（前306–前250在位）登基為王。人們紀念昭襄王的原因不僅僅因為他是始皇帝的祖父，更因為他是任用偉大的政治理論家范雎（卒於前255）作為宰相的君主。[30] 范雎為秦國思想和政治帶來了一次革命。作為最後一位「縱橫家」，他說服了昭襄王使用「遠交近攻」策略，使秦國踏上併吞秦國邊界國家的擴張之路。范雎另一個激進的主張是在攻佔鄰國時，秦國應當徹底摧毀其防衛軍隊。在此之前，人們採取饒恕戰敗士兵性命的方法。這是因為掌控大量人口被認為是一種優勢。范雎的大屠殺政策摧毀了大批軍隊，而其規模更使敵軍喪失戰鬥意志。[31]

---

30 范雎之名在相當早時期開始就被誤作范睢，這是因為雎、睢在字形上十分相似。因此，特別是對西方有關秦代歷史的研究來說，范雎即是范睢。如陸威儀提到范雎時是寫作范睢的，見 Lewis, "Warring States Political History," 638–641。

31「我們在這裡可發現將前三世紀的大屠殺作為政策的宣告」，見

五、呂不韋所建立的秦國學宮

　　卓越的政治家呂不韋解決了秦國在文化上的落後問題。據司馬遷所說，呂不韋是一位來自別國的狡猾商人。他在昭襄王落魄時通過金錢接近王室，並密謀策劃了王位繼承一事，而使嬴政登位為王，最終成為了始皇帝。前247年，呂不韋成為秦相，並著手將該國打造成思想活動與哲學辯論的中心。人們普遍認為至少是在短期內，他對秦的控制甚至超過了范雎。司馬遷為他寫的傳記雖然基本負面，但是他在此指出，呂不韋恥於秦國對待學者不如他國一事。因此「招致士，厚遇之，至食客三千人」。[32] 最後，呂不韋所召集的學者協助他完成了蒐集天下知識、成書於前239年的一部偉大百科全書，即《呂氏春秋》。[33] 呂不韋知道秦必將成為一個帝國，而這部著作旨在成為這個帝國的哲學。呂不韋的想法，在我看來，是相信這種帝國哲學不論在何時何地都會被認為是進步的哲學。他的著作主張如下：

　　—— 成為統治者的條件，是個人通過訓練而使得自己不偏不倚地為家庭與天下帶來平靜與安寧。

　　—— 世襲統治的方式乃建立於愚蠢之上。它以自私為基礎，並被諂媚與阿諛奉承者所強化。

　　—— 所有政府都必須依靠的基本原則，是統治者對於他們所有的工作都「必先審民心然後可舉」。

　　—— 教育對個人以及社會與政府來說是最重要的。所以

Lewis, "Warring States Political History," 640。

32　司馬遷：《史記》，卷八十五，〈呂不韋列傳〉，頁2510。

33　這部文獻的完整翻譯見 John Knoblock and Jeffrey Riegel, *The Annual of Lü Buwei* (Stanford: Stanford University Press, 2000)。

「教也者，義之大者也；學也者，知之盛者也」。

但是，這部著作對秦國的做法亦作出了具爭議性的攻擊。這種攻擊與儒家思想及其他早期思想學派有著同樣的元素，因此並不獨特。然而，《呂氏春秋》獨特的構想是為了對抗在整個前三世紀仍然支配著秦國的商鞅學派。據呂不韋所言，秦國訴諸嚴厲的刑罰，顯示它僅僅「多其威」是「不得其道」的。商鞅治國、軍事行動與刑罰制裁的嚴酷之處並不見於呂不韋的文集之中。

處於呂不韋保護之下的秦始皇最終拋棄了呂不韋與其哲學，而支持商鞅的法家傳人的學說與政策。他在前221年建立秦朝時全面實施了這些學說與政策。在軍事征服的偉大傳統、大屠殺、成功擴張、政治改革與文化昇華的秦國發展史中，他可能確實認為呂不韋及其哲學是不恰當的，且為無稽之談。

附錄一
詩意的注釋、正確的問題
——王安國教授訪談錄

訪　　談：黃冠雲（以下簡稱「黃」）

訪談對象：王安國（以下簡稱「王」）

文字整理：戚軒銘

翻　　譯：郭倩夢

校　　訂：高楓峰

黃：王教授，謝謝您接受此次訪談。我首先想問，您是如何對
　　中國研究產生興趣的？

王：很簡單。1963–1967 年期間，我在邁阿密大學讀本科時，
　　就深受王志民（John Knoblock）的課程影響。他開了
　　一門關於中國思想的討論課，當然我們主要讀的是英譯
　　本——其中包括華茲生（Burton Watson）剛出版不久的
　　《荀子》、《墨子》和《莊子》等各種精選章節的譯本。作
　　為初學者，我們被深深地吸引住了。引人入勝的文本佐以
　　絕妙的英譯，輔之王志民的指導，我對古代中國思想最早
　　的興趣也由此而生。

　　我記得很早時，我在考慮是否要考中文領域的研究生，王
　　志民對我說，這可是一個巨大的挑戰。他直言不諱道：「因
　　為你根本不瞭解中國歷史上發生了甚麼。」他是說，我對

中國歷史上發生了哪些事，無論是通史還是斷代史，全無瞭解。他認為我需要大量補課、大量閱讀才能順利讀完研究生。

但是他對我的想法十分支持。對我這樣準備不足的學生而言，當時的情況還有比現在更多的可能性。現在要做研究生，本科生所需要的正規訓練，比我當時多得多了。當時我並不具備這些條件。

在我大四那年，即 1966–1967 年，邁阿密大學首次開設了中文課程。因此在我的本科階段，我最終只學習了一年中文。這門課是羅慕士（Moss Roberts）教授的。他的著述廣為人知，不過最聞名的還是他後來翻譯的《三國演義》。當時他很年輕，剛從臺灣留學回來，並在哥倫比亞大學獲得了博士學位。他的漢語水準很高，但中文畢竟不是他的母語，因此我們在訓練中更注重閱讀、字元識別和詞彙記憶。當時的教科書並不完善，許多優秀老師不得不另起爐灶，自編教材。羅慕士用的是耶魯大學的一套教材。許多人都用這套教材來學習中文，我們也不例外。但對我而言，主要還是側重於背漢字。我準備了很多盒詞彙卡片，經常複習。我對詞彙的掌握還不錯，但理解長句方面就非常薄弱了。

第二個學期，羅慕士開了一門關於中國古代文獻的課，還是用英譯本。那是我第一次鑽研《論語》，這也是羅慕士的興趣之一。我至今仍記得他當時用的是理雅各（James Legge）的版本，裡面有中文原文、理雅各的翻譯和注釋，很大程度上是基於朱熹的注釋。羅慕士自己很喜歡嘗

試用其他方式來解讀《論語》。在課堂上,他詳細介紹了《論語》的相關段落,並讓我們充分討論。羅慕士對文本各方面的知識都十分淵博,現在回想起來,我當時並沒有認識到那些我後來發現的疑難之處。對學生們從各方面提出的問題,他都一一作答。我所受的訓練(如果還能稱得上是訓練的話)可以說融合了王志民和華茲生的翻譯,以及羅慕士的漢語教學。後來我還是向研究所提交了申請。

我被耶魯拒絕了,而哈佛錄取了我,但前提是我需要先進入一個特殊的項目。他們正準備建一所教育學院,如果我想作一些中文方面的研究也無妨,因為他們正試圖推動一個可以有不同專業側重的教育學學位。我考慮了一下。我想,這樣就可以上哈佛了。以我有限的經驗而言,哈佛當然應該去。我同時也申請了斯坦福大學。我可能也申請了伯克利。如果我申請了,那我就沒有被錄取,我確實記不太清楚了。但我可以確定,我申請了斯坦福。結果我不僅被錄取了,還獲得了令人滿意的獎學金,可以確保四年的學費和其他開支。這讓我感到非常驚喜。不用說了,有這樣的結果,哈佛對我來說就不再那麼有吸引力了,因為我被斯坦福的亞洲語言系錄取了,還有優厚的獎學金。當我申請、被錄取時,我都不知道哪些老師在此任教。我來此就讀,僅僅因為這是斯坦福,因為我知道這是一所名校。還有個原因,就是它位於加州,一個充滿異國情調的地方,更不用說我還拿到豐厚的獎學金!

黃:您當時知道倪德衛(David Nivison)和丁愛博(Albert Dien)兩位先生嗎?

王：不，我申請的時候並不知道。作為一名本科生，我還沒有
接觸很多關於中國的研究著作。當我來到斯坦福時，丁愛
博正向學校請假，在哥倫比亞大學任教，還沒回來。直到
1969 年他才回來。那時我已經跟隨倪德衛寫了我的碩士
論文，因為我在第一年就上了他的文言文課。

還有誰在那兒呢？韓南（Patrick Hanan）、劉若愚（James
Liu Jo-yü）、藝術史系的蘇立文（Michael Sullivan）。我
被錄取後，就開始關注有哪些老師在斯坦福，還查閱了他
們的著作，我感到異常興奮，希望接下來可以跟他們所有
人學習。我並不知道具體要學甚麼，只知道，我要研究古
代中國、古代的哲學家。我在邁阿密大學讀的是哲學專
業。我不是很擅長西方哲學，但我仍以榮譽成績畢業。我
對美學感興趣，上過美學的討論課。

當然，劉若愚研究的是詩歌、詩學和文學美學。我想跟他
學習，但我們的關係有一些問題，因為我有點兒咄咄逼
人，而且愛爭論。現在回想起來，我覺得有些羞愧。他容
忍了我的許多行為，如果換成我是老師，我就無法忍受。
然而，劉若愚本人有時也極具挑釁性，而且好辯。我有一
部分是以其人之道還治其人之身，但是我自己也一定夠讓
人討厭的。有許多事情我感到後悔，而且我的課堂表現並
不令人滿意。但從另一方面講，我從劉若愚身上學到了很
多東西。這些課程很有啟發性，也許正是因為我們這些爭
論。事實上我真的很投入其中。而且我覺得我在他課上寫
的有些論文都很棒。

黃：這些是關於中國詩歌的課程？

王：是的，主要以唐代為主，他研究的就是這個領域。還有文學批評的討論課，以及本科生關於中國文學史的小班課程，這些都會涉及到文學理論。那是劉若愚的專長。當時他已經完成了《中國詩學》，並已出版。劉曾在牛津大學讀書。在美國時，他曾在芝加哥大學任教，後來從芝加哥轉到斯坦福，正好是我在斯坦福讀研究生的第一年。劉還從芝加哥大學帶了一兩個學生過來，他們是高年級研究生。

我還上了蘇立文的課，但表現不好。我對中國青銅器很感興趣；我還在邁阿密讀本科時，就對幾個畫家產生了興趣。但僅僅追隨自己的興趣，並不能好好地上蘇立文開的課。而且我的表現也不是那麼規矩的。結果，我的整體成績不好，但蘇立文卻對我極為友善。

我的第一學期表現得並不理想，部分原因是我的語言能力有限。我們當時正在學文言文。毫不誇張地說，我每天會花八個小時，來準備一週三節、一節一個小時的文言文課。我們的第一位文言文老師是韓南，那一年他還兼任系主任。他聽說我在蘇立文和其他老師的課上表現不是很好，就把我叫到辦公室，問我：「你為甚麼表現不好？」而我答道：「嗯，我對這個和那個不太感興趣。」他說：「如果你先斷言了甚麼有趣、甚麼無趣，那你就沒法讀研究生。不管你是否有興趣，你必須盡力去做好每件事情。」他直言不諱，我也就接受了他的意見。我意識到我必須更有責任感。但這可不是一件容易的事，因為我對某些事很有興趣的原因是我很無知，然而有些事我毫無興趣。我只想做自己感興趣的事情，無法拿出精力來做所有其他的事。

剛才說過，我在本科階段接受的中文訓練極其有限，但我對中文有極大的興趣，我一直努力著。第二年夏天，我們需要開始學習日語，我熱情很高。我學日語非常努力。我的日語沒有那麼好，但是學習語言的挑戰以及日語本身的魅力卻讓我非常癡迷，我對它的熱情一直未減。

但是，總體而言，我並未拿出學生應該有的最好態度。我想早點鎖定注意力。而我來這裡是為了接受更廣泛的訓練。我最後做到了，因為這是要求。在中國歷史和人類學方面有一些必修課，我也上了。我想其中有一部分是我的興趣所在。畢竟我讀的是斯坦福大學，這裡的中文專業和其他領域都是一流的。做中國研究意味著要上不同系的課，像人類學、藝術史、歷史學、語言等。但我從邁阿密大學畢業，對這些其他領域，像人類學、歷史學等等，瞭解極為有限。因此可以說，我的專注和視野狹窄恰恰是一種自我防禦。換言之，我嘗試去做一些讓我覺得有信心的工作，而不是去處理那些我沒有信心的事情。我對此頗為防備。我花了很多年時間，才真正學會更加開放。我的意思是，作為一個研究生，我的策略是盡可能縮小範圍，將精力聚集到我真正感興趣的事情上。我很幸運。如果換個地方，他們可能會把我轟出去。但劉若愚很有耐心，倪德衛也是。他們沒有放棄我。他們看到了一些甚麼。這並不是說他們降低了要求。他們所有人，劉若愚、倪德衛、還有後來的丁愛博，他們所有人差一點就對我大喊大叫了。他們都直截了當地指出我的缺點和我所需要改進的地方，一而再再而三。這些都是很嚴肅的批評，但我還太年輕，沒有意識到問題有多嚴重。我最後說「好的，我會照做」，

但是沒有完全理解我需要怎麼做才符合他們的期望。我盡力做好把博士完成。

在斯坦福最初幾年,從 1967 年到 1970 年,我和王志民保持密切聯繫,他夏天總到斯坦福來。我在那裡的時候,他已經開始做《荀子》方面的研究。關於我的研究方向,我們討論了很多,但這樣做可能效果不好,因為這讓我的研究視野比較狹窄。我實際上依靠王志民,他告訴我該做些甚麼,而沒有利用我身邊那些斯坦福老師所具有的淵博專業知識。我好像過著一種雙重人格的生活。換句話說,我還是我,但我體現了王志民可能會感興趣的一些題目。我用這些代替了我自己,以此發展我自己的興趣,但我最終選擇的道路肯定還是和我自己真正的興趣相吻合的。

我記得是王志民最早向我介紹前蘇格拉底學派(Pre-Socratic)的哲學殘篇,以及德國學者赫爾曼·亞歷山大·迪爾斯(Hermann Alexander Diels)的輯佚著作。我記得當我從他那裡瞭解到這些時,我深受觸動。從文本中提取古人思想的殘篇,然後整合你對這些作品的意見——這個思路讓我覺得是一件很奇妙的事情。這是很久以前的事情了,我現在很難把整個前因後果都串起來。但因為這個興趣,我也瞭解到中國傳統也有類似的著作,就是馬國翰的《玉函山房輯佚書》。我最早用的本子是一個臺灣翻印的刻印本,現在還放在蘇州。我的碩士論文研究的是《漢書·藝文志》提到的一些儒家學派的著作。你知道,這些著作並沒有傳世。但是我究竟是如何從迪爾斯轉到馬國翰的,我只能講這麼多了。

黃：因為王志民的知識背景其實是前蘇格拉底哲學、希臘哲學，而不是清人考據。

王：是的，我也懷疑他是否知道馬國翰所作的類似的輯佚工作。有可能我在探索古代中國的殘篇時，有人向我提到夏倫（Gustav Haloun）的研究。也許我是從夏倫那裡接觸到馬國翰的。我覺得這很有可能。那麼我就是通過一位歐洲漢學家的指點，找到第一手文獻，因為夏倫為我介紹了很多中國傳統的一手資料，其中很多我以前並不瞭解。在本科階段我學過兩年德語，可以勉強閱讀他的研究。我就是這樣瞭解到馬國翰的。我想夏倫採集了一些與儒家相關的佚文，但沒有我最終所作的多。倪德衛答應幫助我，所以我和他一同閱讀了馬國翰著作的相關片段。我們每週見一、兩次面。斯坦福圖書館藏有一本馬國翰著作的清代原刻本，它的訂冊可能被我弄壞了，因為大約六到九個月期間我幾乎一直隨身帶著它們。我花了這麼長的時間來寫我的碩士論文。

黃：所以是你想出這個題目，而倪德衛……

王：倪德衛支持我做這個題目。與此同時，倪德衛也恰好在不久之前，出版了研究章學誠的著作。當時倪德衛門下所有學生都研究清代思想家，他們都想步其後塵。我還記得我當時的一個室友約翰‧齊默（John Ziemer），他也是倪德衛的學生，他問我：「你看上誰了？」他的意思是，你打算研究哪一位明代或者清代學者？而我一個也沒有選。但我後來找到了一個，我至今回想起來仍覺得很有意思。我當時恰好在研究《荀子》，而研究《荀子》讓我對王念孫及《讀書雜志》的注釋和學術研究極為熟悉。王念孫是

我心目中的英雄：一個考證學者，也是一個能夠解答所有文本問題的實證主義者。這非常符合我自己的思維方式。告訴我問題是甚麼，告訴我解決的方案是甚麼。我認為那也是王念孫的工作方式。王念孫和他的兒子都很出類拔萃，他們博覽群書，有扎實的音韻學知識，還有歷史語言學等其他方面的積累。我看上的就是王念孫。接著我和倪德衛一起讀了王念孫的傳記。這對我而言非常困難，因為是用清代文言所寫的。但現在我讀文言文的水準已經很不錯了。我不知道這是怎麼改變的。這些年就是持續不斷地讀而已。但是當時——可能你有一些現代漢語基礎，也在讀先秦和漢代的文獻，但當你去讀王念孫的清代傳記時，就仿佛讀另一種語言了。但在倪德衛的幫助下，我堅持了下來，而且那段時間我總想，也許我最後會專門研究王念孫。多年來，王念孫確實是我的一大興趣。但最終我還是改變了我的碩士論文題目。

相比之下，我覺得研究佚文更為浪漫。因此我在倪德衛的幫助下改變了計劃。我們閱讀了所有相關文獻，我把它們翻譯出來，並做了一些注釋。這是 1969 年春夏的事了。王志民對我完成碩士論文提供了許多幫助，因為我以夏倫作為範例，但論文的格式和規範需要自己來處理，像注釋、附錄、以及文獻綜述等等。我從傑瑞·卡瓦諾（Jerry Cavanaugh）那裡學過一些知識，他是斯坦福大學的一位藏書家，但我這方面的知識和技能還是有限。王志民熟知學術技巧，他教我如何作注釋、寫前言，以及其他的學術規範。因為倪德衛的指導，王志民的鼎力相助，我在 1969 年獲得了碩士學位。

黃：您可以再多說一些關於斯坦福的情形嗎？尤其是文言文訓練？

王：學習文言文的第一年，有三位老師教我。他們每個人負責一個學期：韓南、倪德衞和陳受榮。

韓南第一學期教我們《史記》。他要求我們通篇閱讀《史記》中的一些傳記。我就是這個時候一天花八個小時準備功課的。即使那時華茲生的譯本已經出版，我們還不知道。不管怎麼說，我們只有一套中華書局版《史記》的複印本。他給我們這個，一天大概只有一頁的閱讀量，但卻需要我花上八小時的時間，因為我一個字都不認識。我的意思是，我需要一字一字地查字典。因為這個工作量實在是太大了，所以我組織了一個閱讀小組。我們一共有三個人。我們每晚都會碰面，每個人查自己分到的部分，然後我們再一起討論其中的涵義。韓南對此很不高興。他說：「你不能這麼做，你像一個挑頭的。」直至今日，我都不明白他為甚麼反對。如果我的學生想要組織一個學習小組一起學習，我覺得完全沒問題。但韓南可能認為我這麼做會削弱他的教學。

倪德衞也教了我一學期文言文，是在第二學期。我們使用的文本絕大多數是從先秦哲學著作中挑選出來的。換言之，對倪德衞而言，我們當時所謂的文言文基本上就是漢代以前的哲學，「漢代」指的是《史記》。第三個學期由陳受榮教授指導。陳受榮是廣東人，是陳受頤的弟弟，我們都叫他 Dr. Chan。他教的可能是唐詩或南北朝詩歌。他是一個了不起的人。

但這也僅僅才三個學期。一個學期是大概八到十週左右，對吧？所以時間十分緊張，正如我所言，我爭分奪秒地工作。我在 1968 年至 1969 年下半年寫我的碩士論文。那時，也就是第二年快結束時，我已經能夠閱讀一些東西了。直到 1969 年還是 1970 年，我繼續跟倪德衛上閱讀課的時候，倪德衛終於說「哦，看來你已經開始能閱讀了」之類的話。情況真正開始好轉，應該是在第三年。

我的第四年是在臺灣度過的，不是在斯坦福中心，而是在師大的國語中心。我讀了《荀子》和一本名作《藍與黑》的臺灣小說，然而我只理解了一部分內容。這兩本書看起來像是漢語的兩極，這兩者我都難以掌握。教我《荀子》的老師相當敬業，非常負責任。她不僅準備了文本，而且還準備了注釋，並且她會逐字逐句地用白話告訴我所有的意思，然而我只學到了一小部分。我嘗試做筆記，通過這種方式我們幾乎讀完了整本《荀子》。這花了我們整整一年時間。根據我有限的理解，我開始對《荀子》有了一定的把握。我估計就是在那個時候，覺得《荀子》中的某些內容可能會成為我的博士論文，所以我才會讀完。但我這麼做的另一個原因是我想幫助王志民，因為他當時肯定已經在研究《荀子》了。

黃：劉若愚呢？聽起來，雖然您對他的態度不那麼恭敬，但他還是很包容您。

王：確實如此。他是我論文委員會的成員，而且我認為我們已經達成了某種共識。我覺得他對於我最終沒有從事文學研究可能有點不快。我沒有從事唐詩或類似的研究，他很不

高興。我本來可以和他談談這件事，而且我對此也感興趣。我非常敬佩宇文所安（Stephen Owen）和那些能夠真正讀懂唐詩、重構唐代文化語境的人，他們能說明為何一首詩在文學傳統中如此重要。但我確實沒有那方面的天賦。我上了劉若愚的高年級討論課，而且我覺得我寫出了還不錯的課堂論文。雖然有一些相關的課題我沒有完成，但他對此並不介意。

他英年早逝，太可惜了。他不贊成我去伯克利。他也不喜歡薛愛華（Edward Schafer）。他覺得我好像投靠了「敵人」似的。薛愛華也不喜歡他。我記得有一本由芮沃壽（Arthur Wright）和杜希德（Denis Twitchett）編輯的書叫 *Perspectives on the Tang*（關於唐代的多元視角）。他們發表新書的一個地點就是伯克利。那是因為簡慕善（John Jamieson）和丁愛博等人獲得了資助，他們舉辦了一場唐代學術研究的大型會議，重點討論這本書，例如，其中有一篇關於李白的文章是艾龍（Elling Eide）寫的。因此，那次會議上有一個關於唐詩或唐代文學的小組。我主持了這場討論，因為我是伯克利的一名青年教員。在座的還有劉若愚、薛愛華，可能還有其他人，我記不太清了。他們應該只是討論唐代詩歌，而劉若愚感覺非常不開心，整場會議都表現得很惱火。他看起來是不太滿意我，至少當時我是這麼認為的。然而除此之外，他可以說對我一直比較支持。

黃：您的其他老師呢？

王：我前面說過，我的老師們對我總是要求極其嚴格、極其嚴

厲、極其直接。在我完成學業後，這些年來我跟倪德衛和
丁愛博相處得越來越好。有一段時間，我和倪德衛的關係
如同我和丁愛博一樣親近，真的親近。倪德衛經常和我通
電話，有時候一週一次，我們會在電話裡聊上好幾個小
時。沒錯，他對我離開伯克利到悉尼大學不太高興。他試
圖說服我這是一個糟糕的決定，但我相信他的不快與我離
開伯克利的決定並沒有多大關係，更大一部分原因是因為
我離開加州，去了遙遠的澳洲。結果，在他生命的最後幾
年，我們漸行漸遠，很少交談。在我決定去悉尼大學之
前，也是在他還未對我感到不快之前，他決定給我一份他
所有年代學著作的副本。他就像司馬遷一樣，擔心自己作
品的命運，擔心自己過世後作品會遭到不測。因此他決定
將自己的文章存放在幾個不同的地方以妥善保存。我到現
在還留著它們。他讓我保存，我深感榮幸。儘管我沒有像
夏含夷（Edward Shaughnessy）與倪德衛那樣親近，但我
相信他覺得我是一個可以信賴的人。我衷心希望他能原諒
我離開伯克利。在我和他的最後幾次談話中，我覺得他已
經原諒我了。

很明顯，我和倪德衛的關係，說得婉約一點，是很複雜
的。他救了我，使我免於越南戰爭的徵兵。我的母親改嫁
的人——不是我的親生父親——收養了我。這個人二戰期
間曾被關在日本集中營裡，他去世後，正因為這個原因，
即使我只是被他收養，我仍被視為他的獨子。這意味著我
無需被徵召去越南。我對免服兵役這件事一知半解。1968
年還是 1969 年，我收到徵兵通知，那時我還在斯坦福，
就跟倪德衛說了。他說我們必須採取一些行動。我告訴他

我是退伍軍人的獨子，以及可能免服兵役的情況。在他的辦公室裡，他讓我給邁阿密的徵兵局打了電話，告訴他們這個情況。然後他堅持讓我跑一趟邁阿密徵兵局。他很瞭解我，他擔心如果讓我自己處理，我會為此擔憂，但不會做任何事情，那麼這就為時晚矣。他堅持我要立即採取行動。因為他就坐在那裡，我就按照他的吩咐做了。我與徵兵委員會預約了會見的時間，並在那個週末飛到邁阿密，拿到了免服兵役的證明。

我認為像我這樣在那個年代讀研究生是相當幸運的。對我的研究生，我不是像倪德衛對我那樣的好老師、好人。但倪德衛和丁愛博——我可能無法再找到比他們更支持我的老師了。在我寫博士論文的最後一年，1976 年到 1977年，我在英屬哥倫比亞大學做訪問教授。夏德安（Donald Harper）和我一起在溫哥華，並幫助我將定稿在打字機上打出。我需要飛回三藩市灣區向倪德衛和丁愛博請教。倪德衛到機場接我，並把我送到了丁愛博的家裡，週末就住在那裡。他們對我就是這樣好，真讓人感動。

我和倪德衛的關係，可以從這件事略見一斑。等一下我會說到丁愛博。英屬哥倫比亞大學之後，在我寫博士論文的最後一個月，我做了一個重大的決定：不再從子思佚文的角度專注於〈緇衣〉等四篇，而是將其作為《禮記》敘事的一部分。當時我正拼命研究洪業的《禮記引得序》。我在伯克利與斯坦福大學在三藩市聯合舉辦的一個論壇上，做了關於《禮記》的報告。整體而言，這個題目與我的博士論文並不直接相關，主要涉及與《禮記》編纂有關的重要背景問題。倪德衛也在場。我的策略是解釋我對《禮記》

的理解，但至少在論文的前半部分，那意味著複述洪業的論點。不用多說，倪德衛對此瞭若指掌，因為他曾跟隨洪業學習。我想倪德衛當時的印象，是我的發言只是重複洪業的研究而已。

因此，在我發言的前半部分，他就坐在那邊，皺著眉頭看著我。我對此並不擔心，因為我知道我接下來要講甚麼，而他並不知道。最後，到了我發言的關鍵部分，我說洪業的研究要麼是錯的，要麼至少不夠全面。我們需要採取下列步驟，以便更準確、更全面地理解《禮記》這本經書的編纂。倪德衛一下子坐直了，臉上的表情也變了。這是一個非比尋常的時刻，因為這時他才真正意識到了我論文的價值，我將注意力轉向《禮記》也意味著我要開闢新的領域。他對我皺眉的樣子影響了全體聽眾；倪德衛使得氣氛變得異常凝重。但是凝重的氣氛就這樣（打了個響指）一下子消失了，我知道我成功了。我還一度心存疑慮，但在發言過程中，我的論點一下子聚攏，形成令人信服的結論。這就是我論文的前兩章，我討論的問題就基於為那次發言所作的準備，包括倪德衛最後覺得具有說服力的論點。能夠超越洪業這樣的權威，這是讓倪德衛最高興的事了。我做到了這一點。

在我的學術生涯裡，有幾件事可以說是轉捩點。我的意思是，它們讓你有信心堅持下去，去完成下一個目標。這樣幾件事積累起來，就造就了現在的你。這些事加在一起，你就成熟了。這次發言是對我而言意義重大的最早的一件事，完全是我自己的努力，和任何人都沒有關係。因為儘管倪德衛和丁愛博非常支持我，但他們並沒有和我一同讀

《禮記》。這些觀點是我自己想出來的，但如果沒有丁愛博和倪德衞給我的支持和批評，恐怕我也不會形成這樣的見解。

黃： 或許我們可以順道談談您的博士論文。

王： 我寫的是《禮記》中的四篇，傳統認為是孔子的孫子子思所作。我在論文中否定了傳統說法，認為這四篇和《禮記》中其他篇章一樣，都是在漢代寫成的。結果，眾所周知，就是考古發現中出現〈緇衣〉一篇的先秦寫本，證明我完全錯了。當我聽到這個發現時，我感到十分震驚。

不過，過了相當一段時間，這件事不再困擾我了。我並不介意我的論文中有錯誤。我知道在我寫博士論文時，沒有人在做同樣的研究，而且也沒有任何新材料。我當時純粹是悶頭研究。根據當時所掌握的材料，我覺得我得出的結論是合理的。但我錯就錯在，應該事先想到有人會挖出一些材料，這些出土材料會削弱你所有的結論。當然，〈緇衣〉寫本的發現並沒有徹底顛覆我的論點。你也知道，我仍然高度懷疑子思與〈緇衣〉乃至所有四篇之間的聯繫。其實我更根本的錯誤是對《禮記》的看法。我想當然地認為，如果它基本上是漢代材料的彙編，那麼其中的材料應該絕大多數都是漢代的。當你思考這個問題的時候，你會發現這與我們所掌握的證據恰好相反。我應該更深入思考文獻編纂的性質、它們是如何彙集的。我當時應該瞭解更多一些。

當然，我一直難以釋懷，但我也沒有止步不前，而是努力在以後的研究中糾正自己的錯誤，也大方地承認錯誤。我

認為我後來的研究做得更好。能給別人樹立一個負面的榜樣，也不是一件壞事。我說的是心裡話。你總是希望自己能夠提供一些積極正面的例子，但如果你從他的研究中看到，他在應該左轉的時候卻向右轉了，這也算給別人上了一課。這意味著我可能是在幫助他人開闢道路，他們自己可以選擇是跟上來還是不認可。但你絕對不能批評我缺乏創意。除此之外，我認為我的論文中仍有很多可取之處。比如，我在〈坊記〉和〈表記〉中找到文本不同的分層，當然，這些層次歸屬哪種思想流派，我們可以採取不同的解讀。我讀後來學者有關《禮記》如何編纂與流傳的著作，覺得就我所發現和整理的第一手文獻而言，沒有人比我強過多少。我沒有很多真知灼見，但還是有幾個可圈可點之處。事實上，也有一些人對我評價很高。吳榮桂（Michael Ing）最近寫了一些關於禮儀主題的文章。儘管他和其他人可能會說，王安國在這裡和那裡犯了一些錯誤，但他們仍然表示，要對這些問題有基本瞭解，還是需要參考王安國。這與我們說的子思問題並不是一回事，我是說像〈緇衣〉材料的年代考察、以及如何被編寫進《禮記》中，我認為這仍是懸而未決的問題。我們需要更多的發現，而且今後肯定還會有新發現。

黃：您會如何描述博士論文與較早的碩士論文之間的關係？碩士論文所研究的輯佚問題，不就是去尋找源頭或者某位思想家、某個學派所遺留下來的最早著述嗎？您並沒有繼續這樣的工作，並沒有嘗試在文獻中找到核心或者時代較早的層次，您後來的博士論文好像走上了另一個方向。

王：是的，研究子思時，我放棄了這個想法。是的，沒錯。這

種看問題的方式，我覺得有點極端。我開始質疑自己先前對作者概念的假設，以及作者創作原創作品的想法。我開始更多地思考文本的有機生長。當我讀到顧立雅（Herrlee Creel）關於申不害的作品時，我已經開始有了這樣的想法，因為顧立雅運用有關申不害的材料重構了申不害的生命歷程。對他而言，二者的關係非常緊密。而我越看這些殘篇和顧立雅的研究，我就越相信事實並非如此。1976年，我在哈佛大學參加了由羅思文（Henry Rosemont）和史華慈（Benjamin Schwartz）組織的會議，論文集後來由美國宗教學院（American Academy of Religion）出版。顧立雅當時也出席了此次會議，並做了關於申不害的報告。在提問環節，我指出某些特定的殘篇不一定就真的與申不害這位歷史人物相關，證據比較薄弱。他很不高興，並且說：「我不相信這是一個『寫手』（hack）所作的。」那就是他的想法：創作者要麼是申不害，要麼就是一個「寫手」。因為在 1976 年，我仍在寫博士論文，並且思考著迪爾斯所提出的老問題，好像他正在做一種文獻考古學的工作，要將深層的文獻揭示出來。對我而言，這對古代中國的文獻來說是不可能的。事實上，我認為古代寫本的發現已經證明我是正確的，也就是一部作品的版本不斷演變的情形。而且我仍懷疑，是否應該將其歸結於單一作者。是吧？我們真能將《孟子》中所有文字都歸在孟子名下嗎？我們真的要把《論語》回溯至孔子嗎？不行。文本有不同組成部分，因為有人（我堅信這一點）的確聽到了孔子所說的話，並設法記錄下來。我相信有一種情感，就好像子女對父母孝順一樣，可以解釋為甚麼有人會對孔子忠心耿耿。但我仍然認為需要質疑「作者」這樣的概念和

預設。儘管我在博士論文中沒有提到，但這一點始終在我腦海中。

黃：聽您說到這裡，我忍不住拿您與夏含夷互相比較。夏含夷和倪德衛的關係非常緊密，特別是在倪德衛所從事的一些研究領域中，比如年代學。夏含夷可能是唯一真正瞭解他、而且緊緊跟隨他的人。夏含夷也緊緊追隨吉德煒（David Keightley）關於商代的研究。而您……

王：我沒有追隨任何人。

黃：您有意這麼做嗎？

王：這就像我前面說過的那樣。這也許是我的狹隘，或是別的甚麼。但我有我的興趣，我的老師，主要是倪德衛和丁愛博，他們對我有足夠的信心，所以他們認為應該放手讓我去做。這既是我的幸運，也是我的不幸。

我認為，正是由於夏含夷追隨吉德煒和倪德衛，他最終能在他們各自的領域都受到很好的訓練。他受到的訓練很扎實，相比之下，我的訓練就有一些巨大的缺口，至今也如此，因為我走的是自己的一條路。我剛才說過，我並未得到那樣的指導。一部分是我的錯，而一部分也是由於老師對我太過縱容了。我的意思是，他們在我快交白卷時會發出最後通牒。其他時候他們會縱容我，讓我做自己的事情。而我則猶豫不決，經常轉變方向，等等。你要知道，我讀了十二年研究生。從我獲得碩士學位到我完成博士論文，差不多有九年時間，九年，時間可夠長的。如果你讀我的博士論文，你可能會說：「哦，那一定花了不少時

間。」但這也說明我沒有將所有時間花在我應該做的事情
上。我很容易被其他事情分心，像考古學和教學。別忘
了，在 1973 年到 1977 年期間，在我博士畢業之前，我曾
兩次被邀請至亞利桑那大學、一次到英屬哥倫比亞大學去
教課。三年就這樣過去了。

反正我和夏含夷不大一樣。我們走了不同的道路。但從另
一方面講，我認為夏含夷不僅在這些領域有所貢獻，還與
吉德煒和倪德衛進行了公開、持續的討論。而且他們倆都
很關心他。我和他們也很親近，但不大一樣。

黃：您始終沒有出版博士論文。後來，開始在伯克利任教以
後，還繼續研究《禮記》嗎？

王：我要申請終身職位時，正在做《詩經》的研究項目。所
以，這是我在伯克利開始教書後進行的第一個項目。這與
我的學位論文幾乎沒有任何關係。大多數人在獲得一份工
作以後，都會花時間琢磨如何出版自己的博士論文。我從
沒想過出版我的博士論文，因為我知道它還不到火候。它
之所以寫完，是因為我需要完成它，而不是因為我得出了
驚天動地的發現或是結論。我只是需要完成它。我需要繼
續向前，找一份真正的工作，開始做其他事。因此我開始
了《詩經》研究。我沒有任何計劃就開始進行一個項目，
後來也沒有制定計劃。我後來從這件事裡也得到了教訓。
從那以後，包括我現在做的事，就不一樣了，我會非常注
意每個開始、過程和結束。基本上，我只是把《詩經》重
新翻譯一遍，並通過細緻的語文學研究展現我所有精妙的
見解（笑）。

當然，這也為我的馬王堆研究奠定了基礎。但馬王堆不在我的計劃之列，當時我也沒想過。如果沒有做過《詩經》研究，我就永遠也不可能寫出 1997 年在《哈佛東亞學報》（*Harvard Journal of Asiatic Studies*）上發表的那篇文章。我做了些實實在在的深入挖掘，我對《詩經》序言的理解、各個層次的理解，比當時的任何人都更深刻。大家對《毛詩》序言說了很多蠢話，但至少在英語世界，很少有人能真正理清頭緒。但在《詩經》研究的早期階段，我自己真的把它搞清楚了。

你可能會說，我在《詩經》方面沒有最後的成果。我寫了一部篇幅很長的書稿，只體現了研究項目的部分內容，我把書稿提交給斯坦福大學出版社。收到的回饋並不理想。他們就是不喜歡。不管是誰擔任評審——我想是柯睿（Paul Kroll），他和我關係還不錯——他指出了我工作中的諸多缺陷。他是對的。如今回想起來，我清楚地意識到可能分量還是不夠。這可能是個不錯的起點，但距離完成還遠呢。事後看來，我認為我的《詩經》研究確實產生了一些成果：我 1997 年的那篇文章，還有我為梅維恆（Victor Mair）編纂的哥倫比亞中國文學史系列所寫的文章。

關於《哈佛東亞學報》那篇文章，我應該說一下，編輯一開始出於各種原因拒絕了它。我在原稿中突出了孔穎達的「疏」，而他們認為這與我的主要論點相去甚遠。我一直以為孔穎達的注釋對我的研究至關重要，沒有注意到批評意見。最終，我意識到我需要認真思考這些批評，所以我刪除了關於孔穎達疏的大部分內容，並重寫了剩餘的部分。

這樣的修改使討論更加聚焦，論證也更為有力。我跟吉德煒說，我學到了重要的一課。有時，最好的辦法是接受批評，而不是固執地抵制它。我就這樣做了。我再次投稿，這一次文章被接受了。而且，我要補充一句，我在隨後的編輯過程中收穫更多。

我想說的是，當我申請終身教職時，我手邊有一部書稿，能展現一些潛力，但在很多方面也顯得薄弱。幸運的是，我資深的同事看到了我的潛力。我的支持者之一是海倫·麥卡洛（Helen McCullough），她對我的《詩經》項目很感興趣，部分是源自她對《平家物語》的研究。這是一部用《詩經》形式創作的日本經典詩集。海倫從我對《詩經》的處理中看到了一些價值，可以幫助她解決自己在翻譯過程中所遇到的一些問題。薛愛華同樣肯定我的研究。因為有他們的支持，系裡就同意我留在伯克利繼續教書。如果他們至今還在世的話，我希望他們看到，我後來的成果沒有辜負他們對我的信任。但我必須承認，我隨後的研究做了相當長的時間。

回想我的研究，我認為我寫《孟子·公孫丑》「知言養氣」章的文章，是我最早的文章之一，寫得不錯。我學會了很多東西，這篇文章也為我奠定了一個模式，我在寫作關於《孟子》、《論語》與其他主題的文章時多次使用。我的研究方法也改進了。也許其他人並沒有意識到這種進展，但我認為，每次我使用寫《孟子》那篇文章的模式時，都有一定進展。這篇《孟子》的文章是第一篇。我還沒有得到這方面的任何回饋，但我寫《孟子》的最近一篇文章，關於〈滕文公上〉「墨者夷之」章的一篇，我認為是我寫過

最好的文章。我希望以後有人能仔細看看。或許他們會意識到我在分析孟子的語言特徵時傾注了多少心血。

當然，我希望我關於梁玉繩的研究會做得更好，但這是一種截然不同的分析，因為它是歷史分析。我在「墨者夷之」章那篇文章中所作的，說明當你研究中國思想時，深入討論語言特徵是非常重要的。我的意思是，我展示了語言如何是思想的載體。所以，當有些人說「我們正在做一個哲學翻譯（philosophical translation）」，這讓我充滿困擾。萬百安（Van Norden）說何艾克（Eric Hutton）的《荀子》英譯是哲學翻譯。這是甚麼意思？它的意思是：忽視語言，提一些與文本無關的問題，這就是所謂的哲學翻譯。就是這個意思。讓他告訴我除此之外他還有甚麼別的意思。它絕對不意味著認真對待文本。它忽視語言。不然又如何解釋它過度依賴羅馬字的轉寫、而非翻譯呢？這也是安樂哲（Roger Ames）所作的，他也將自己的作品歸類為哲學翻譯。你無法將語言從思想上剝離。

所以我對「墨者夷之」章那篇文章最滿意，因為我認為我說明了仔細觀察語義就是在觀察思想的輪廓。這不僅意味著狹義的詞義，而是具有哲學深度與共鳴的意義。對我而言，發表在《哈佛東亞學報》的論文是我個人一個難忘的時刻，但是從《孟子》「知言養氣」章到「墨者夷之」章，我看到了發展的軌跡。換言之，你從實踐中學習。你自己去做，你就具有一種風格，而就風格而言，這兩篇並沒有太大的差異。我拿出一段文本，翻譯，然後評論。我的意思是，這裡有些東西可能會讓人認出我來，但這裡也有成長，思想的成長；還有更多的技巧，這些技巧的背後是更

多知識。我就是這樣理解我自己的。因此寫好那篇文章，比翻譯完整部《墨子》，更讓我滿意。也可能今後我對它們的評價會有所改變。

《墨子》的英譯基本上是我做的。王志民所作的部分，我切實感覺應該盡量保留，不能降低其重要性。然而我花了好幾年時間研究《墨子》的語言。我重寫了整個內容，譯文以及注釋。他做了一些校勘工作，和他過去翻譯《荀子》時一樣。他認為這是德國學者的風格，他認為他是在重建原始文本。而你不能那樣做。但除此之外，《墨子》的翻譯，當然還有《墨子》英譯本的前言——正是這些工作給了我研究梁玉繩的信心。因為在寫《墨子》前言的過程中，你必須跨越很多主題，而這些主題都沒有定論。但你又必須讓人信服。我是說，讀者們不應該感到不知所從，而是應當對學到該學的東西而感到滿意。那也是我在研究梁玉繩時需要做的，要讓人信服，但在某些事情上可以持開放的態度。因此我從寫作《墨子》相關文章中學到了很多。

但是「墨者夷之」章那篇文章更清楚地反映我如何思考古代中國文獻、思考哪些問題。如果你讀那篇文章，你就知道我是如何閱讀古文的。我寫那篇文章時，非常開心。文章大部分內容是我有一個暑假在悉尼寫的。我與好友陳順妍（Mabel Lee）和她的丈夫大衛·古德曼（David Goodman）一起待了一陣子。她翻譯了高行健的作品。暑假期間，我總是和他們一起，還一同在海邊租了一套房子。當我在那裡的時候，大衛和我早上會騎自行車或一起做些甚麼，然後就各幹各的。我通常會找個地方開始

工作，不是做研究，因為研究已經做完了，而是去修改論文。

好，回到剛才的話題。因為有這群人鼎力支持，我僥倖獲得了終身教職。你現在根本無法想像這些人有多棒。一群男士和一位女士。海倫‧麥卡洛是系裡唯一的女士，其他人幾乎都是白人，除了張洪年和張琨，後者後來由丁邦新所接替。我回想起，那時有麥卡洛夫婦，和唐納德‧夏夫利（Don Shively）——他作為東亞圖書館館長來到伯克利——還有白芝（Cyril Birch）、路易斯‧蘭卡斯特（Lewis Lancaster）、薛愛華。不管他們之間存在甚麼敵意，他們都很支持我和系裡其他資歷尚淺的成員。我是系裡這個大家庭的一個成員。我一直深愛這個系。

黃：伯克利東亞系有悠久的傳統和獨特的文化，您是如何融入其中的呢？

王：我是丁愛博的學生，這是個重要的關係，因為他是伯克利的博士。但是，即使一個系有自己的傳統，教師仍然是個體，是思想極為開放的個體。極為開放。我之前提到過，在做關於《禮記》的報告時，我知道自己做得不錯。我人生中第二次發生這樣的事，並非多年以後，而是我在伯克利應聘教職的面試。

我覺得我需要說服薛愛華就行了。我想歸根結柢，房間裡只有一個人需要我去說服。我對薛愛華的興趣有所瞭解。他對早期中國的研究主要是通過法國漢學。而法國漢學的經典著作我都讀過。我也一直在閱讀新考古學以及與經典相關的新發現，因為有一些發現與《尚書》有關。所以，

面試時我被問到的一個問題是如何教授儒家經典。我在回答中提到一般是如何做的，也提到法國漢學的一些觀點。但是，我補充說，關於經典文獻，有一些新的考古發現表明法國漢學的方法過時了，比如說，我們現在可以用全新的方式來思考《尚書》各篇的年代。薛愛華本來幾乎是背對著我坐著，但就在那時，他慢慢轉過身來，好像我說了一個有意思的意見。無論如何，我的回答有足夠的說服力，我獲得了這份工作。那天深夜，系主任路易斯·蘭卡斯特打電話過來，告知我全票通過。

黃：您在伯克利有時會跟別人一同開設聯合課程。您能談談這個嗎？比如像您對整個古代世界的研究。

王：當我還是學生的時候，丁愛博就邀請我幫忙開設一門關於東亞文明的課程。在邁阿密大學讀本科時，我協助王志民開設了一門有關古代和中世紀世界文明的課程。我是他的助教之一，而且我記得他讓我講了一次大課，我想想，主題是早期波斯考古學，或者可能涉及波斯波利斯（Persepolis）圖像學的演講。別人總會給我機會去做一些不合常規的事。但他們也會說：「如果你想講授這門課，那麼你需要閱讀這些書來做準備。」我就會照做，然後準備出一些東西出來。我就是這麼做的，甚至在我很年輕的時候，我就這樣做過幾次。在那些日子裡，我可以很快地學東西，而且我可以信心十足地講出來。顯而易見，你真正開始教書時，不能這樣，但這算是個起點。此外，我非常喜歡參與將不同文化綜合研究的比較課程。丁愛博邀請我在斯坦福大學嘗試了一下。幾年以後，伯克利的歷史系同事也讓我參與了類似的比較教學項目。我不能說這種教

學方式對我的研究產生了多麼深刻的影響。它確實沒有。但是，它讓我有機會與不同背景的同事一起工作，並且可以讓我把更多問題整合在一起，而在本系上課就無法做到了。當然，我也比以前有更多的學生。我與伯克利古典學系的蕾絲莉·庫珂（Leslie Kurke）一同開設了一門比較古代希臘和古代中國的課程，可以說，我在這些比較類課程的教學達到了頂峰。她是一位具有開創性的學者，也是一位好老師，我從她身上受益良多。

黃：作為學生，我總覺得您的講課很有感染力。

王：在伯克利任教末期，我做了一系列講座。這些講座基本上源自我對馬王堆的研究，我一直思考「內在性」（internality）的概念，因為我個人對這個概念有強烈的興趣。這些講座的內容在我《孟子》「墨者夷之」章的文章中、在《論語》「賢賢易色」章的文章中都有體現；甚至在我關於袁枚及其女弟子的文章中都有呼應。但內在性的想法、自我改造的概念、「更生」，這是一個引起我強烈共鳴的概念。我會設法在三到四次講座中把這些東西編織在一起，然後使之上升到另一個層次。並非每一次都奏效。有時候我做不到。我的意思是，有時候它就這麼掉下來，我無法把所有的球都保持在空中。但有時我做到了，事實上有那麼一次或兩次。當我做到時，它是極其有效的。我甚至覺得自己是把別人知道的一些東西，帶到他們不知道的地方。但我覺得，我差不多用一生所作的報告，才走到這一步。我認為我有那種不假思索的語言表達能力。我在這方面訓練過自己，這可以追溯到我在斯坦福設計那門課程的時候。我會嘗試不用任何筆記來講課。我故意那樣，

強迫自己在進入教室之前將所有的東西都記在腦子裡，沒有其他東西可依賴。但是之後，當我在伯克利教書時，你不僅需要證據，還需要非常具體的證據和詳細的參考文獻。如果沒有筆記的話，就會省略太多的細節，而學生應該知道這些重要細節。因此，我就不得不拿筆記去講課了。

黃：就您的寫作而言，您有一種精讀文獻的獨特風格。這是某位老師教給您的嗎？

王：我不知道它從何而來。是我自己的風格吧。這又和我們先前談到的事有關。坦率說，一開始是因為，我把注意力集中在具體問題上，來彌補我對某些領域缺乏信心和我的封閉心態。所以我認為對具體問題的專注，可能就是我細讀的原因。換言之，我一定要確定言之有物。但這還不夠。我記得蒲立本（Edwin Pulleyblank）寫過一篇文章，我年輕時候讀過。我剛上研究生時讀了那本書，我至今還保留著，是 *Historians of China and Japan*（中日史學家）。蒲立本說在分析文本時，你必須學會提出正確的問題。他的意思是，這些問題與背景、作者的文化來源、作者所生活的時代、作者所接受的影響，與這些東西有關。如果你討論的是一個漢語文本，你可以說「漢語文本」所具有的那些特質（Chineseness）。所以我反對以哲學方式來研究《孟子》或其他作品。在我看來，這樣做等於沒有提出正確的問題，因為這些問題並沒有基於文本本身或是語言。所以，我希望隨著時間的推移，隨著閱讀的進行，我能夠培養出一種能力，能提出正確的問題，那些根植於語言和上下文所得出的問題。當你提出正確的問題，文本就被打開

了。如果你沒有提出正確的問題，文本就依然是關閉的，如果問題設計得不好，文本就不會就範。它就像一個謎箱之類的東西，會有一個問題迫使你進入文本，然後文本就打開了，變得幾乎是透明的。當然，永遠不會完全透明，因為這些文本都是極為複雜和困難的。因此你可以提出正確的問題，但或許還有另外一個更好的問題，或者是有另一個類似的問題是你沒有想到的，所以你還沒有完全弄明白。

先前當我談到從《孟子》「知言養氣」章到「墨者夷之」章的寫作歷程時，我認為有部分是得益於蒲立本的指點，即學會提出正確的問題。我想作為一個研究《孟子》的人——其實我不專門研究孟子，只研究孟子的一些片段——如果我獲得任何的進展，我指的是這方面。當然，之前所作的一切都是有用的。經驗越多，你能提出的問題就會越來越好，因為你對上下文有了更深刻的認識。因此，我認為不同時期偉大的中國學學者都是那些對文本以及文本所處時代提出了正確問題的人。

黃：有一次您將您的作品描述為一種具有詩意的注釋，這個表述讓人浮想聯翩，我一直都記著。

王：這應該包括好幾層意思。注釋本身可以是具有詩意的，我承認我多少有些刻意這樣做。因為我就是這樣想的。我認為這些文本的語言相當優美，它們啟發我，而我相信它們同樣也會啟發其他讀者。它們啟發我在英語討論中做一些嘗試，這些嘗試不可能和原文一樣有詩意，但也可以具有一些詩意的特質。這裡我們談論的是哲學文本，例如《荀

子》和《孟子》，它們就等同於詩歌。我確信那種語言可以被解釋，但無法轉述。孟子表述的方式就是孟子表述的方式，沒有其他方式。你不能用其他語言來複製孟子所說的。我認為翻譯也是如此。我的意思是盡可能接近孟子的表述。注釋是一種嘗試帶出意義的方式。但是當你使用其他的語言來複述孟子時，你只是用其他的語言在複述孟子。而我試圖用我的其他語言使之變得引人入勝且更具表現力，因為我認為吸引別人是極為重要的，並不是通過我自己的想法，而是要吸引他們並將他們帶回《孟子》文本本身，或者是其他任何的哲學文本，促使你的讀者思考那個文本。

即使現在，當我在寫梁玉繩時，我不會稱之為具有詩意，但我會嘗試以某種風格和某種興趣來寫作。我是有意這樣做的。我也並非次次成功，但有時候，當我真正理解了梁玉繩針對《史記》所提出的問題時，我也真的認為我理解了他的想法，因而我也可以說出我認為他思想中的絕妙之處。當我理解它時。我也並非總能弄明白。我的意思是有時候它有點難，有時候它又會有點乏味。問題可能是一個小問題。當他問了一個我認為更大的問題時，我想他是極具洞察力的，而他的洞察也富有啟發性，他的思想很具啟發性。所以你就想忠實地呈現它，因此你希望對此說一些更讓人信服的東西，並且希望自己能說得對。這是另外一個問題了。當我寫這個時，我有些擔心：我認為我明白了，但是否真的明白了？這些都不是簡單的問題。它們都是歷史學的問題，但歷史學問題也可以如哲學問題一般複雜。因此，我總是不確定自己是否理解了其中的內涵，特

別是因為梁玉繩的表述有時也會模棱兩可。

黃：在您所有的著作中，您對《孟子》與《禮記》的興趣都比較容易理解。《詩經》呢？

王：我已經不能很確定了。這些事情我不太想得起來，到底是甚麼原因讓我下的決心。應該相當早。我想絕不會早於我開始在伯克利教書，因為當時我完成了《禮記》的研究。但有一點，我想我當時可能對別人說過，如果我再也不看《禮記》一眼，也無所謂了，因為我真的感覺有點疲倦了。如果有人說他不喜歡一個文本，我會覺得這話很愚蠢，但你確實會對閱讀同一個文本產生厭倦。我想我已經對《禮記》厭倦了。但是在《禮記》中也有《詩經》和《尚書》的引文，我在寫博士論文時，被這些嵌入的引文所吸引。甚至在我的博士論文裡，我也嘗試分析《詩經》的語言。我記得在更早的時候，是因為王志民。王志民確信高本漢（Bernhard Karlgren）是最高的權威。他對高本漢的注釋和所有的相關材料都這樣看。但當我開始寫博士論文時，我開始對高本漢的研究感到懷疑。我並沒有一個更好的答案，但是我開始懷疑高本漢是否絕對正確。我從那時起就開始意識到，《尚書》和《詩經》中還有更多值得探討的東西，而這些東西是高本漢所做的那種語文學無法揭示的。當時我確實對語境（context）很感興趣，我想你可以這麼說。我認為這是部分原因。

因此我開始閱讀葛蘭言（Marcel Granet）。雖然我沒有足夠的專業知識來下判斷，但我認為葛蘭言有點言過其實。我認為追求語境是一回事，而為詩歌創造一種語境則又是

另一回事了。我的意思是，有時葛蘭言能夠指出《禮記》或者其他禮制相關的文本中所提到的特定禮儀，我感覺有些道理。但當他談東南亞的宗教習俗，並將其與《詩經》並列在一起時，我認為這就走得太遠了。但我也認為，尋找一個歷史環境，這種做法是正確的。我們可以認識到《毛詩》和其他地方所看到的那種道德環境，雖然不一定完全合適，但一定源自某處，而這個背景或許在《毛詩》序言中留下一些線索，至少與那些討論存在某種共鳴。

所以回到你剛才對我著作的看法，就是尋找源頭和原始的聲音。這就是我早期的《詩經》研究。這種情況一直持續到 1990 年代，直到 1997 年我在《哈佛東亞學報》上發表了文章。宇文所安第一次讀到這篇文章時對我有這樣的評論，他說我強調有一個正確並且原創的聲音。在那篇文章裡——我已經比較低調了——我寫了一句話，而這句話是寫給宇文所安的，因為他說可以接受對〈關雎〉或〈燕燕〉有不止一種解讀。所以我在文章的最後幾行中寫道：「但有些解讀確實比其他的更好。」我是寫給宇文所安看的，因為我的確相信這一點。我不能絕對肯定馬王堆文本一定可靠，但有些解讀就是比其他的要好，因為當我們以中立的方式來處理一首詩的時候（這也是非常困難的），有些解讀更加符合詩的語言特徵。我是說，我們都有自己的想法和解釋，這會影響你所作的事，但這會扭曲蒲立本的說法，因為如果你自己想法過多干預的話，你就無法提出正確的問題。因為你的先入為主干涉了語言特徵，而你對那些語言特徵有某種責任。但我覺得在那篇文章中我履行了我的責任。我覺得我已經真正投入其中了，但可能做得沒

有那麼好。那時我比現在年輕。我認為自從那篇文章發表以來，事實上我又有了一些進步。考慮到當時的情況，我想我對這些詩篇、對馬王堆的寫本盡到了我的責任。而有些解讀比其他的更好，這也是我從那篇分析中得出的結論。

回到你剛才說的，它根植於這樣一個想法：通過我的分析，我可以找到《詩經》原始的聲音。我要弄清楚，而正確的解讀有助於我瞭解語境。這個想法從未實現。我的意思是，我對《詩經》的語言特徵提出了一些有趣的看法。你讀一下我為梅維恆編的哥倫比亞大學出版社那套書而寫的文字，同時看一下我的翻譯，它們能反映出我的知識水準。即使現在，我也不認為我已經做好了超越它們的準備。我不認為我完全明白了，即使是思考這些事情。我希望有人這麼做，因為我不認為葛蘭言、亞瑟·韋利（Arthur Waley）、高本漢——我不認為他們將謎底揭曉了。我覺得《詩經》是一個神奇的文本。我仍然有這樣的觀點，這也許有點天真，但我依然認為這裡的關鍵就是我們需要提出正確的問題。但我不認為我比以前知道更多。我對《詩經》的瞭解，你可以在我的《哈佛東亞學報》和梅維恆的文章中找到。但你知道我對此無所謂。我就寫了這些文章，但我不認為我浪費了時間，因為正如我所說的，我理解的儘管有限，但我現在可以打開《詩經》，而且我知道如何在那些文本中穿行。我可以將它分為幾部分。這並不意味著最後我已經達到了甚麼目標。但至少我知道我有了一條貫穿文本的路線圖。

我與夏德安的友誼也在我發展對《詩經》的興趣和我的著

作上起到了重要作用。他對早期中國宗教主題感興趣，因此注意到《詩經》可能有祝咒的一面，他也鼓勵我將其作為一種可能的方式來貫穿文本。事實上，我對《詩經》做了一些工作，它們最終發表在由梅維恆編輯的書中，那些內容我可以追溯至夏德安的想法和鼓勵。還有許多其他的情況，夏德安讀了我的作品並提出了建議使之大大改善。

黃：其他學者對您的《詩經》研究有沒有產生甚麼影響，比如您的老師或同事？

王：因為倪德衛的興趣與影響，我也參考過金文的語言特徵，而這一方面的工作也促發了我對《詩經》修辭結構的一些想法。倪德衛和吉德煒對占卜的研究一定也在某些方面影響了我。我幾乎每天都和他們談話、讀他們的論文、參加他們的討論課。有一段時間我在《詩經》裡尋找占卜與祝咒的成分，如同我們在中古前期的詩歌裡看到的那樣。我 1983 年關於《周易》的研究札記就是根據我在這方面的研究。在那篇論文裡，我的目標是擴充衛德明（Helmut Wilhelm）曾經提出的觀點。我感興趣的是如何分解文本，並且找到它形式上的組合成分。但是我從未企圖做像夏含夷或孔理靄（Richard Kunst）那樣關於《周易》的全面研究。我的工作聚焦於比較專門的話題。

黃：有一段時間，有好多位研究道教學者聚集在三藩市灣區，您與他們的交流對您的著作有影響嗎？

王：是的，柏夷（Steven Bokenkamp）選了我的《詩經》討論課，寫了一些極有意思的課堂論文，討論《詩經》宗教方面的主題、禮儀與占卜等問題。因為伯克利的很多學生與

同事都對道教感興趣，我努力做到對道教的材料至少有所
瞭解。但如果要做得更多，就意味著轉行到中古時期的歷
史與思想，而我對漢代以前與漢代早期的興趣太根深柢固
了。薛愛華、司馬虛（Michel Strickmann）這幾位研究道
教的同事對我很有啟發，他們都極其博學，發表了很多著
作。或許受到他們的影響，可能是間接影響，我想讓我做
的先秦研究，也能達到他們做中古時期研究那樣的深度。
但並沒有做到，我決不是謙虛。但是回想這一切，我認為
最重要的是我努力過了。我對道教文獻的接觸，很清楚地
反映在我部分的著作中。我想到的是我為《墨子》英譯寫
的前言，以及在某種程度上馬王堆《五行篇》的研究。

黃：這是您很久之前跟我說的，在您職業生涯中有一個轉捩
　　點，就是您在這個領域的活躍程度發生了變化。有一段時
　　間您很有影響力。

王：我不認為我從來有過甚麼影響力。我想人們只是知道我的
　　名字，並且我想他們或許是從《呂氏春秋》的翻譯中知道
　　我的。我希望我翻譯的《墨子》能夠引起更多關注，因為
　　艾喬恩（Ian Johnston）的譯本，雖然是全譯，卻有嚴重
　　的缺陷。而且我寫的前言也比他更勝一籌。我不認為我
　　具有很大的影響力。但是是的，有過一個轉變，那是因
　　為……嗯，好吧，我不是很有影響力，但我確實很活躍。
　　例如，在伯克利的第一年，我在美國東方學會（American
　　Oriental Society）就非常活躍。我是這個協會西部分會的
　　主席，那是自動當選的。因為如果你被選為秘書長，並且
　　組織了一些會議，那麼你就會被提拔成為主席。我就是這
　　樣。但是，當我開始給大班授課時，我對在伯克利盡職盡

責更有興趣，超過在中國研究領域做好一名學者的興趣。很早以前，我還和丁愛博一起去參加各種會議，但後來就不這樣了。我認為我從伯克利舉辦的活動中獲得的個人滿足感，遠勝於我從這個領域中所獲得的。尤其是我擔任系主任以後，我實現了幾個重要的改革，包括將系別的名稱從東方語言（Oriental Languages）更改為東亞語言與文化（East Asian Languages and Cultures）。而在預算緊張的時候，我也能夠保護系裡的利益及其課程設置的完整性。

黃：回到您職業生涯的早期，有一段時間您是《古代中國》（*Early China*）學報的編輯。

王：當吉德煒在休學術年假的時候，我為《古代中國》做了一年編輯。我當時剛被伯克利聘用，南希‧普萊斯（Nancy Price）和夏德安給予了我諸多幫助。鮑則嶽（William Boltz）是書評編輯，在我和夏德安位於奧克蘭的房子裡，我們編了這一期。進行工作的同時，我還組織了由美國學術團體理事會（American Council of Learned Societies）資助的關於馬王堆的夏季工作坊。夏德安和我用一臺IBM電子打字機製作了最後的定稿，是加州大學大衛斯分校的賈士傑（Don Price）寫的書法。

黃：您剛才提到了馬王堆的工作坊。

王：是的，那是一個重要的時刻，因為前一年秋天（1978年），我第一次去中國，認識了李學勤。當時中國社會科學院及其歷史學部剛剛成立。我們是社科院接待的第一個代表團。李學勤作為社科院歷史研究所的成員，是接待我們的東道主之一。當然，考古所後來也成為了社科院的一

部分，所以我在 1978 年還認識了夏鼐。我後來不想過多參加其他地方的活動，而越來越願意參與伯克利的活動，也是因為伯克利是中國訪問學者舉辦會議和活動的一個中心。伯克利是一個常規的停靠站，是來自中國的訪問學者的必至之處。所以我才有機會組織第一個由中國人文學者參與的會議，參會者就是李學勤。李學勤是由美國國務院接待並資助的，他們還帶他去了荷里活，還在美國各地轉了一大圈。

黃：您曾講過一個他和荷里活明星的趣事。

王：是的，李學勤遇見了好幾位荷里活明星。自此之後，每一位來伯克利訪問的中國學者都希望我帶他們去荷里活見那些明星。我記得當時我接待過王仲殊和徐蘋芳。我能做的就是帶他們去加州大學洛杉磯分校與約塞米蒂國家公園。

我還接待了夏鼐，非常難忘。夏鼐在美國進行了一次巡迴演講，基本上是在哈佛和伯克利。夏鼐在伯克利的演講吸引了大批聽眾。我介紹了他，我記得我說如果有一個名字能跟中國的考古項目聯繫起來——因為大多數的項目都是由匿名團隊進行並發布成果的——那就是夏鼐了。我記得他對我的介紹感到非常滿意。

我為夏鼐舉辦了一個大型的派對，就在我與夏德安居住的奧克蘭的房子裡。我還有夏鼐在那個房子的照片。而夏鼐在他的回憶錄中也提到了我以及他在伯克利的訪問。回憶錄寫得有點像筆記，保存在考古所裡。幾年前，我在考古所參加一個會議的時候還見到過。

夏鼐的美國之行，以及王仲殊和徐蘋芳的訪問都是簡慕善安排的。他是我在伯克利的一位同事，曾擔任過使館的文化專員，先是在中美聯絡處，然後是在美國駐北京大使館。

關於來自中國的訪問學者，我還應該提到，我與國家地理學會（National Geographic Society）的長期聯繫可以追溯至 1979 年。通過這個聯繫，我也有機會接待了段文傑，他當時是敦煌研究院的院長。他在伯克利做了一系列演講，而我也陪同他去華盛頓特區參觀了《國家地理》雜誌的總部，然後去洛杉磯受到了蓋蒂文物保護研究所（Getty Conservation Institute）的接待。蓋蒂為敦煌的文物保護出過很多力。後來，1992 年夏天，段院長邀請我去敦煌。我在《國家地理》的贊助和資助下在敦煌度過了整整一個月，雜誌委託我撰寫一篇有關敦煌、莫高窟及當地文物保護工作的文章。但這篇文章最終被雜誌「槍斃」了，因為他們無法從文物局獲得攝影許可。

黃：這許多交流是不是都是您第一次到中國時開始的？

王：是的，在中國的許多聯繫都是因為在 1978 年，我作為美國國家科學院（National Academy of Science）組織的代表團成員首次訪問中國。我很幸運被選中了，因為我對中國歷史的瞭解還很有限，尤其是與代表團中的其他成員相比——張光直、余英時、畢漢思（Hans Bielenstein）、芮效衞（David Roy）、卜德（Derk Bodde）等人。當時我的漢語口語能力也有限。但是我也學到了很多東西，這都要感謝接待我們的東道主和我的同行旅伴。

黃：您在談話中多次提到丁愛博，但似乎還沒有機會詳談。

王：自我研究生時期開始，丁愛博就一直很支持我和我的研究。他不僅幫我找到了繼續下去所需的經濟支持，還允許我與他一起開展聯合項目。其中最早的一項工作是為使用中文參考資料編寫一本研究手冊。我們還一起合作了中國考古學摘要的三冊大書。最初是我提出這個想法的，但正是丁愛博使之成為現實，他組織了整個項目，並聘請我來做部分的工作。但我恐怕令他失望了，我並未完成最終的工作。部分原因是我剛剛被伯克利聘用，並承擔了其他的職責。但也有這樣的原因，我並不擅長從頭到尾完成一個項目，弄清所有的細節。我相信隨著我作為一個學者不斷成長，我在這方面也做得較以前要好。但那時，在編寫研究手冊和考古學摘要的日子裡，我沒有堅持到底。由於這個原因，許多工作都落到了丁愛博身上。他對我很不滿意，但他還是完成了項目所需的一切工作。

儘管之前有這種不愉快——他曾坦率地向我表達了這一點——丁愛博仍然對我非常支持，而我也相信他對我如今的工作習慣會感到更加滿意。不久之前，在一次電話交談中，他祝賀我為這個領域做出了「一個真正的貢獻」。丁愛博從不隨便發表溢美之詞，所以我很高興他在我的工作中發現了一些值得祝賀的東西。我想毫無疑問，正是因為丁愛博的支持和鼓勵，我才得以完成他所認為的「一個真正有貢獻」的工作。而更讓我感到高興的是，丁愛博與他的合編者南愷時（Keith Knapp）在《劍橋中國史》六朝卷的工作取得了圓滿的結果。

黃：您在寫完碩士論文後，為甚麼不繼續跟隨倪德衛呢？

王：當我完成碩士論文後，我還是繼續跟隨倪德衛的。我密切關注著倪德衛對《孟子》的研究，而我自己對這個文本的工作沒有他的榜樣也是不可能完成的。但是倪德衛也逐漸對銘刻學產生了更多的興趣──中國歷史最早時期的甲骨文和青銅銘文──以及與金石學和更廣泛的早期中國歷史有關的年代學問題。儘管我對年代學的興趣可以追溯到我讀研究生時期寫的最早的一篇論文──我對孺子瑕和魏國的研究──但我的興趣遠不及倪德衛的那麼濃厚、那麼持久。此時我已經不再上課了，而是正處於寫博士論文和尋找一份長期教學工作的最後階段。倪德衛對銘刻學和年代學的興趣吸引了他新一代的學生──夏含夷和班大為（David Pankenier）──他們都與他有著緊密的合作。

我最終在 1978 年提交了博士論文，倪德衛認真仔細地讀了。我清楚地記得他是如何指出字母拼寫錯誤和其他錯誤的，他讓我一定要在他簽字之前當場改正。雖然我無法跟上他的年代學研究，但我總是支持他的研究，並總是樂於傾聽他在該問題上的最新發現和想法。正如我之前所提到的，我們相識的大部分時間裡一直保持著密切的聯繫。

倪德衛堅持要我糾正我論文中哪怕是最微小的拼寫錯誤，這個例子可以說明他多麼有原則。另一個例子或許更能說明問題。當我申請伯克利的工作時，他為我寫了一封推薦信。當他完成並寄出時，他對我說：「我為你的這份工作寫了一封信，但我想讓你知道我的心情有些複雜，因為我認為鮑則嶽至少也同樣勝任這份工作。」對我這樣一個毫

無把握的求職者，這番話是難以接受的。其實任何人聽到這樣的話，都難以接受。倪德衞畢竟是我的導師，而我當時年少無知，認為他應該因此而偏愛我。我認為他實際上是提醒我要尊重同輩的資歷，而且當我獲得這一職位時不要過於自以為是。我相信，他給他支持的其他同學也上過同樣的一課。

我很懷念倪德衞。我和他很不一樣。他研究的是章學誠，而我則對袁枚感興趣，這很說明問題。儘管如此，我很懷念他，懷念他給我打的電話，那些深夜打來的電話，有時我們能聊好幾個小時。我仿佛現在還能聽到他的聲音：「喂，傑夫？我是倪德衞。」

黃：如果他沒有將您從徵召入伍中解救出來，您的人生肯定會大不相同。這跟學術沒有多大的關係，但實在太充滿戲劇性了⋯⋯

王：我的母親結過幾次婚，也離過幾次婚。在我出生後，與她結婚的那個人收養了我和我的姐姐。我的妹妹是在那段婚姻中出生的。他收養了我，但我的母親後來又與他離了婚。但因為他收養了我，他們的離婚並未影響到我作為他兒子的身分，他在法律上依然是我的父親。他二十多歲的時候入伍，參加了第二次世界大戰，並在太平洋戰場服役。他被日本人所俘虜，關到集中營中，受到了虐待。戰爭結束後很多年，牢獄生活仍給他留下了累累傷痕。他在四十多歲的時候過世了。雖然我幾乎不記得他了，因為我在法律意義上是他的兒子，他對我的人生還是產生了意想不到的影響。

因為他在法律上是我的父親，故而我從美國政府那裡繼承了他的社會保險金，我妹妹也是如此，我的姐姐因為年紀太大而無法繼承。他的退伍軍人津貼以大學學費的形式發給我。因此，我在邁阿密大學的本科學費就是通過這些津貼來支付的，學費其實很貴的。此外正如我之前提到的，我也被免除了兵役。

我的母親並未與我的親生父親結婚。當我母親還健在時，她一直否認他是我的父親。在我生命中的大部分時間裡，我母親還在世的時候，我從來沒有機會和她談起過他，更不用說從她那裡瞭解到更多關於他的事情了。我母親聲稱我的父親是我姐姐的父親，她嫁給了他；但這並不屬實。當我姐姐的父親在第二次世界大戰中服役時，我母親與一個相當富裕的人好上了，他的姓氏，實際上是我的真實姓氏，是溫斯頓（Winston）。上世紀九十年代初，在我母親過世後，我姐姐決定讓我與溫斯頓家族的孩子取得聯繫，也就是我同父異母的哥哥姐姐，其中的一些人是她的高中同學。如果我母親在世，我姐姐是不會這樣做的。我姐姐年輕時，非常留心大人的談話，並逐漸瞭解了整個事件。她永遠不會拿這件事與我母親對峙。她對母親的否認和拒絕感到非常不滿，因為她認為這對我而言很不公平。

不管怎樣，在我母親過世十年後，我姐姐讓我與我一個同父異母的哥哥取得了聯繫。「我有你一個哥哥的郵箱地址」，她在電話裡告訴我，「你要嗎？」我給我同父異母的哥哥 Edward，寫了一封電子郵件道：「我叫某某某，我是伯克利的一個教授。我姐姐 Richel 跟你一起上過學，我知道你認識她。我有充分的理由相信我是你父親的一個不為

人知的兒子。」不到 30 分鐘，我就收到了回覆。他說：
「我們一直都在找你。」他們早就知道了這件事。同樣，
他們也從未跟他們的父母談過這個，因此他們缺乏關鍵的
細節。我在溫斯頓這一些同父異母的兄弟姐妹們都比我
大。到目前為止，我已經見過他們其中所有在世的人，還
有他們的配偶和孩子。

附錄二
王安國先生著作目錄

書籍

Chinese Archaeological Abstracts (中國考古摘要). Edited with Albert Dien and Nancy T. Price. University of California, Los Angeles, Institute of Archaeology, 1985.

The Annals of Lü Buwei (《呂氏春秋》英譯). With John Knoblock. Stanford University Press, 2001.

Mozi: A Study and Translation of the Ethical and Political Writings (《墨子》倫理與政治篇章英譯). With John Knoblock. University of California, Berkeley, Institute of East Asian Studies, 2013.

A Journal of My Misgivings: Liang Yusheng, Sima Qian, and the History of Qin (梁玉繩《史記志疑》、司馬遷與秦史). University of California, Berkeley, Institute of East Asian Studies, 2023.

論文

"A Summary of Some Recent *Wenwu* and *Kaogu* Articles on Mawangdui Tombs Two and Three," *Early China* 1 (1975): 10–15.

"Some Notes on the Ch'ing Reconstruction of Lost Pre-Han Philosophical Texts," *Selected Papers in Asian Studies* 1 (1976): 172–185.（本書第四部分第二篇：〈清代學者對漢代以前散佚哲學文獻的重建〉）

"Mawangdui Tomb Three - Documents: II - The Maps," *Early China* 2 (1976): 69–72.

"Ju-tzu Hsi and the Genealogy of the House of Wei," *Early China* 3 (1977): 46–51.（本書第四部分第三篇：〈孺子痎與魏氏家族的世系〉）

"The History of Chinese Civilization: An Interpretive Summary," Introduction to *The Year of the Snake, the Year of the Horse* (Tucson, 1978).

"Reflections on an Unmoved Mind: An Analysis of *Mencius* 2A2," *Journal of the American Academy of Religion* 47.3S (1979, actual publication 1980): 433–458.（本書第二部分第二篇：〈有關不動心的反思：《孟子·公孫丑上》二章的分析〉）

"Early Chinese Target Magic," *Society for the Study of Chinese Religions Bulletin* 10 (1982): 1–18.（本書第三部分第二篇：〈早期中國的箭靶巫術〉）

"Epigraphy and Ancient Texts," *The Cambridge Encyclopedia of China* (Cambridge, 1982), 357–358.

"A Textual Note on the *I Ching*," *Journal of the American Oriental Society* 103.3 (July 1983): 601–605.（本書第四部分第四篇：〈《易經》文本札記〉）

"Poetry and the Legend of Confucius's Exile," *Journal of the*

American Oriental Society, 106.1 (January 1986): 13–22.
（本書第一部分第四篇：〈詩歌與孔子流亡的傳說〉）

"Liu Hsiang," in W. Nienhauser, ed., *The Indiana Companion to Traditional Chinese Literature* (Bloomington, 1986), 583–584.

"Kou-Mang and Ju-Shou," *Cahiers d'Extrême-Asie* 5 (1989–1990): 55–83.（本書第三部分第一篇：〈句芒與蓐收〉）

"*Li chi,*" in Michael Loewe, ed., *Early Chinese Texts: A Bibliographic Guide* (Berkeley, 1993), 293–297.

"*Ta Tai Li chi,*" in Michael Loewe, ed., *Early Chinese Texts: A Bibliographic Guide* (Berkeley, 1993), 456–459.

"A Checklist for Self-Study for Departments of Foreign Languages," *ADFL Bulletin* 25.3 (Spring 1994): 57–64.

"Do not Serve the Dead as You Serve the Living: the *Lüshi chunqiu* Treatises on Moderation in Burial," *Early China* 20 (1995): 301–330.（本書第二部分第六篇：〈勿事死如事生：《呂氏春秋》論節葬的篇章〉）

"Eros, Introversion, and the Beginnings of *Shijing* Commentary," *Harvard Journal of Asiatic Studies* 57.1 (June 1997): 143–177.（中譯本見〈情愛、內向性與早期《詩經》詮釋〉，《中華國學研究》創刊號（北京：中國人民大學書報資料中心，2008 年）；修訂本即本書第一部分第一篇：〈性愛、內省與《詩經》注解之起源〉）

"Ancient China," a chapter contributed to the Harcourt Brace textbook, *Ancient World Civilizations* (1998).

"Digital Approaches to Recently Excavated Ancient Chinese

Texts," *1999 EBTI, ECAI, SEER & PNC Joint Meeting: Proceedings* (Taipei, 1999), 571–574.

"New Evidence for the Zisi School of Early Confucianism?"（1999 年郭店楚簡國際學術研討會論文；本書第四部分第一篇：〈郭店《緇衣》：早期儒家子思學派的新證據？〉）

"*Shih ching* Poetry and Didacticism in Ancient Chinese Literature," *The Columbia History of Chinese Literature*, edited by Victor Mair (New York: Columbia, 2001), 97–109.（修訂本即本書第一部分第五篇：〈《詩經》與古代中國文學中的說教〉）

"Confucius," an entry in the online *Stanford Encyclopedia of Philosophy*, first published in 2002; substantive revision, 2013. Now archived.（本書第二部分第三篇：〈孔子〉）

"The *Lüshi chunqiu*: A Philosophy for Empire," an entry in *Encyclopedia of the History of Science* (*Enciclopedia Italiana*, in collaboration with the Academie Internationale d'Histoire des Sciences, 2002).（修訂本即本書第二部分第七篇：〈《呂氏春秋》：為帝國而設的哲學〉）

"The Archaeology of the First Emperor's Tomb" (A Keynote Address Delivered to the Fiftieth Anniversary Conference of the Oriental Society of Australia), *Journal of the Oriental Society of Australia* 38 (2006) [Actual publication 2007]: 91–103.（本書第五部分第一篇：〈秦始皇陵墓之考古〉）

"Emperor Qin Shi Huang," Introduction to Albert Dien, ed., *Terra Cotta Warriors: Guardians of China's First Emperor*

(Santa Ana: Bowers Museum, 2008), 23–37.（本書第五部分第二篇：〈秦始皇〉）

"A Passion for the Worthy," *Journal of the American Oriental Society* 128.4 (October – December, 2008) [Actual Publication Date November 2009]: 709–721.（中譯本見〈賢賢易色——試論早期儒家思想中的欲望理念〉,《出土文獻》第 3 輯（2012 年）；修訂本即本書第一部分第二篇：〈好色與好賢〉）

"Yuan Mei (1716–1798) and a Different 'Elegant Gathering,'" *Chinese Literature: Essays, Articles, Reviews (Clear)* 32 (2010): 95–112. [A preliminary version of this article appeared in *ARTS: The Journal of the Sydney University Arts Association* 30 (2009): 54–73.]

"Master Kong versus Master Mo: Two Views of Cosmopolitanism and Multiculturalism in the Early Chinese Philosophical Tradition," in Duncan Ivison, ed., *The Ashgate Research Companion to Multiculturalism* (Farnham Surrey: Ashgate, 2010), 277–293.（本書第二部分第四篇：〈孔子與墨子：早期中國哲學傳統中關於世界主義與多元文化主義的兩種理解〉）

"Qin Before the First Emperor," in Liu Yang, ed., *The First Emperor: China's Entombed Warriors* (Sydney: Art Gallery of New South Wales, 2010).

"Five Decisive Events in the Rise of the State of Qin," in Liu Yang, ed., *China's Terracotta Warriors: The First Emperor's Legacy* (Minneapolis: Minneapolis Institute of Art, 2012),

19–28.（本書第五部分第三篇：〈秦國崛起的五件決定性事件〉）

"Defining the Demonic in Ancient China," in L.E. Semler, Bob Hodge, and Philippa Kelly, eds., *What is the Human? Australian Voices from the Humanities* (Melbourne: Australian Scholarly Publishing, 2012), 203–218.（本書第三部分第三篇：〈論古代中國的鬼神〉）

"Curing the Incurable," *Early China* 35 (2013): 225–246.（本書第一部分第三篇：〈治癒不可為者〉）

"Yuan Mei," an entry in Kerry Brown, ed., *Berkshire Dictionary of Chinese Biography* (Barrington, MA: Berkshire Publishing Group, 2014), 1226–1240.

"Homicide, Same-Sex Rape, and the Pursuit of Justice in Early 19th-century China," *Fudan Journal of the Humanities and Social Sciences* 8.2 (2015): 271–290.

"A Root Split in Two: *Mengzi* 3A5 Reconsidered," *Asia Major* 28.1 (2015): 37–59.（本書第二部分第一篇：〈一本與二本：重讀《孟子・滕文公上》五章〉）

"Some Glosses on the *Xunzi*: A Review of Eric Hutton, *Xunzi: The Complete Text*," *Journal of Chinese Studies* 中國文化研究所學報 62 (January 2016): 203–322.

翻譯

"A Summary of the Excavation of Han Tombs Two and Three at Mawangdui, Changsha (translated from *Wenwu* 1974.7)," *Chinese Sociology and Anthropology* 10.2 (1977–1978):

51–104.

"Selections from the *Shi jing*," in Victor Mair, ed., *The Columbia Anthology of Chinese Literature* (New York, 1994), 149–170.

書評

"Review of B. Scharfstein, *The Mind of China*," *The Journal of Asian Studies* 37.1 (1977): 108 110.

"Review of B. Watson, *Courtier and Commoner in Ancient China*," *Literature East and West* 17 (1976, actual publication 1978): 432–436.

"Review of H. Maspero, *China in Antiquity*," *The Journal of Asian Studies* 39.4 (1980): 789–792.

"Review of D. Roy and T. H. Tsien, eds., *Ancient China: Studies in Early Civilization*," *Harvard Journal of Asiatic Studies* 42.2 (December 1982): 684–691.

"Review of Mizukami Shizuo, *Chūgoku kodai no shokubutsugaku no kenkyū*," *Harvard Journal of Asiatic Studies* 46.1 (June 1986): 317–323.

"Review of Li Xueqin, *Eastern Zhou and Qin Civilizations*," *American Anthropologist* 89.1 (March 1987): 193–194.

"Review of Edward Machle, *Nature and Heaven in the Xunzi*," *China Review International* 1.2 (Fall, 1994): 201–202.

"Review of Geoffrey Lloyd and Nathan Sivin, *The Way and the Word*," *Isis* 96.1 (March 2005): 101–102.

"Review of Ian Johnston, *The Mozi*," *New Zealand Journal of*

Asian Studies 12.2 (December 2010): 124–126.

"Review of Wu Hung, *The Art of the Yellow Springs*," *Fudan Journal of the Humanities and Social Sciences* 4.1 (March 2011): 129–134.

"Review of Lillian Lan-ying Tseng, *Picturing Heaven in Early China*," *Journal of Chinese Studies* 54 (January 2012): 340–347.

"Review of Valerie Hansen, *The Silk Road: A New History*," *TAASA Review* 22.4 (December 2013): 27.

"Review of Michael Hunter, *Confucius Beyond the* Analects," *Journal of Chinese Studies* 66 (January 2018): 275–289.

後記

本書的籌備歷時多年，現在終於告一段落，身為主編，我要特別感謝幾位同仁：

——鄧益明先生承擔了本書多章的翻譯。他的譯文準確、齊備，且優雅，為其他篇章樹立了極高的標準。柯雨函、紀揚今、顏子健、簡似竹、陳厚安數位亦皆有程度不一的貢獻。

——戚軒銘先生對多位同仁的譯稿進行了統籌、編輯。在他手中，本書的輪廓方始浮現。

——在進入最後出版程序前，刁小龍先生審閱且校訂了全稿，對文字進行了統一改寫；蔣秋華先生在校對過程中提出了許多寶貴的建議。

——高楓峰先生是加州大學伯克利校區的博士，與王安國先生多有過從。他翻譯了王先生特地為本書所撰寫的前言，此前也審閱了作為附錄的王先生訪談，為兩篇文字增添不少可讀性。

——在出版的每個階段，由黎詠美女士率領的饒宗頤國學院的同仁無不盡職盡責。沒有她們的督促，本書的出版不會如此順利。

——陳致先生對學術的熱忱與支持，多年來對我們一直是最大的動力。

王安國先生是古文獻研究的資深學者。他的學思歷程，在

本書作為附錄的訪談中多有描述，請讀者參閱。作為本書附錄亦有王先生的完整著作目錄，其中有多種不為本書所收，可以特別提到王先生的書評，尤其他評論馬伯樂（Henri Maspero）《古代中國》（*La Chine Antique*）英譯本（1980 年）、芮效衛（David T. Roy）和錢存訓所編論文集（1982 年），以及水上靜夫（Mizukami Shizuo）《詩經》專著等數篇，皆包含評者本人對相關議題的許多灼見，可與其正式論文互參。近年王先生的一大力作是針對何艾克（Eric Hutton）《荀子》英譯的長篇書評，其評論方式是徹底檢討何譯與更早的王志民（John Knoblock）英譯的優劣，乃是使用二書所必備的參考著作。附帶提到，王先生尚有多篇有關清代文學與文化的論文，礙於體例，本書不予收錄。不過，王先生在這方面的見解，部分反映在他有關清代學者梁玉繩的最新專著中。此書已在 2023 年由加州大學伯克利校區的東亞研究中心出版。

王先生是我的啟蒙老師，是我在學術與為人處世上，始終追隨的一位謙謙君子。謹以本書紀念這段情誼，同時也揭開此則故事令我期待的最新一頁！

黃冠雲

2023 年 12 月 29 日

□ 責任編輯：黃杰華
□ 封面設計：簡雋盈
□ 版式設計：陳美連
□ 印　　務：劉漢舉

王安國漢學論文集

□
著者
王安國（Jeffrey Riegel）

□
編譯
黃冠雲

□
出版
中華書局（香港）有限公司
香港北角英皇道 499 號北角工業大廈一樓 B
電話：（852）2137 2338　傳真：（852）2713 8202
電子郵件：info@chunghwabook.com.hk
網址：http://www.chunghwabook.com.hk

□
發行
香港聯合書刊物流有限公司
香港新界荃灣德士古道 220-248 號
荃灣工業中心 16 樓
電話：（852）2150 2100　傳真：（852）2407 3062
電子郵件：info@suplogistics.com.hk

□
印刷
美雅印刷製本有限公司
九龍觀塘榮業街 6 號海濱工業大廈 4 樓 A

□
版次
2024 年 8 月第 1 版第 1 次印刷
© 2024 中華書局（香港）有限公司

□
規格
特 16 開（228 mm × 151 mm）

□
ISBN：978-988-8860-71-5